21世纪应用型本科财税系列规划教材

财 政 学

（第五版）

蒙丽珍　古炳玮　主编

东北财经大学出版社
Dongbei University of Finance & Economics Press
大　连

图书在版编目（CIP）数据

财政学 / 蒙丽珍，古炳玮主编. —5版. —大连：东北财经大学出版社，2019.8（2020.7重印）
（21世纪应用型本科财税系列规划教材）
ISBN 978-7-5654-3659-8

Ⅰ. 财… Ⅱ. ①蒙… ②古… Ⅲ. 财政学-高等学校-教材 Ⅳ. F810

中国版本图书馆CIP数据核字（2019）第177465号

东北财经大学出版社出版
（大连市黑石礁尖山街217号 邮政编码 116025）
网 址：http://www.dufep.cn
读者信箱：dufep@dufe.edu.cn
大连天骄彩色印刷有限公司印刷 东北财经大学出版社发行

幅面尺寸：185mm×260mm 字数：369千字 印张：15.75
2019年8月第5版 2020年7月第17次印刷

责任编辑：孙晓梅 吴 奂 责任校对：吴 非
封面设计：张智波 版式设计：钟福建

定价：42.00元

教学支持 售后服务 联系电话：（0411）84710309

如有印装质量问题，请联系营销部：（0411）84710711

第五版前言

财政学是经济学知识宝库中的一颗宝石，是认识社会、理解经济、创造财富的重要工具。财政学课程的教学目标简单地说就是：传播人类文明，科普财税知识。对于大学生来说，我们觉得："财政学"的教学目的在于让大家学会从财政学的视角来观察现实世界，用财政学的方法思考和分析社会问题。

2018年召开的新时代全国高等学校本科教育工作会议强调"以本为本"，要求"广泛开展探究式、个性化、参与式教学，推广翻转课堂、混合式教学等新型教学模式，把沉默单向的课堂变成碰撞思想、启迪智慧的互动场所，让学生主动地'坐到前排来、把头抬起来、提出问题来'"。本次修订贯彻落实教育部的要求，积极运用多媒体和网络技术，同步开发建设在线开放课程，拍摄了微课，把课堂教学与学生自主学习结合起来，将课堂搬到网络上，让学生可以随时随地学习，有问题也可以随时提出来，随时得到老师的指导，通过学习积分来记录平时成绩，学习痕迹全程记录，变被动学习为主动学习，进一步提高教学效果。

我们认为：讲解财政学知识只是财政学教学的一个方面，传授分析方法及培养提高思维能力则是更重要的另一个方面。因此，我们在教材理论知识及练习、案例分析中着重介绍分析思路，不提供问题的答案，让学生独立思考，自己探索，形成自己的看法或结论，潜移默化中培养他们的创新和探索精神；不单纯传递和灌输某些结论，更多的是介绍历史背景，传授分析思路和方法，为学生未来发展与成长奠定基础，提供源源不断的动力；引导学生思考，让他们体验探索科学的乐趣，拓展他们的成长空间，挖掘他们的潜力。在人工智能的社会中，学习不是为了记住一堆现成的结论，不是复制和备份一个答案，而是挖掘每个人自己的潜力与兴趣，寻找自身价值的制高点，为认识和解决现在及未来的未知问题增加一把钥匙和一个工具，提高每个人智慧的增加值。

我们努力的目标是：让财政学知识成为大学生的基本常识，让分析能力、财经素养成为青春地平线上最亮丽的底色，让读书和思考成为青年学子人生道路上每天的必修课、日常生活的乐趣和基本内容，让学习成为“我们的快乐老家”，为青春岁月增加一抹亮色，不仅带来知识与力量，而且带来充实与快乐。我们希望同学们明白这样的道理：最重要的是学习思路而不是套路，要形成自己的见解或解决方案，而不是死记硬背唯一标准答案。

基于上述思考，本次修订除了更新数据和案例、阶段练习外，还进一步吸收近几年教学实践经验：一是注重基本理论的历史背景及分析方法的介绍，不贪大求全，将原来第八章“非税收入与公债”与第十一章“财政管理制度”并入其他章，每章增加知识运用的内容；二是注重学用结合，学中用，用中学，将实务题从案例分析题中分出来，加强技能训练，防止单纯背记理论、不会分析和运用的“书呆子倾向”。同时，我们为实务题和案例分析题提供了示例，引导学生学会正确的分析思路；三是注重运用最新的多媒体手段和网络技术，力避艰涩难懂的叙述方式，通过二维码链接、小视频等引人入胜的方式吸引青年学子遨游知识海洋，探索未知世界的奥妙；四是因人导学，因材施教，根据学生的知识背景和思维能力、认知水平组织教学内容和教学方法，减少概念等理论阐述，更多地采用通俗易懂的叙述方式。

本书主要面对普通本科院校经济管理类专业学生。从结构上看，本书的总体思路是：财政是什么（定义）–为什么需要财政（市场与政府）–财政做什么（财政职能、财政支出、财政收入）–财政怎样做（政府预算、财政政策）。全书以公共产品为主线，各章内容安排顺序为：公共产品存在的理由（第一章）、公共产品理论及发展（第二章）、公共产品决策机制（第三章）、公共产品供给内容（第四、第五章）、公共产品资金筹集（第六、第七章）、公共产品供求管理（第八、第九、第十章）、全球性公共产品（第十一章）。本书在内容上反映最新实践进展，有助于学生深入理解所学知识，培养职业技能，同时为学生认识社会打开一扇窗，开启智慧之门。

本书配有教学大纲、教学日历、学习指南、学习方法建议、推荐教材及学习资源、教学案例集、电子课件、习题库，详情请登录东北财经大学出版社网站（www.dufep.cn）查询。需要微课、阶段练习参考答案及其他资料的授课教师请与编者古老师联系（200101@163.com）。本书附有16个二维码，包括怎样学好财政学、财政学教学建议、如何解答案例分析题、怎么样处理和分析数据等，帮助师生更好地了解和使用本书。

本次修订由广西财经学院古炳玮副教授负责，蒙丽珍教授审稿，蒙强研究员参与第七章的修订工作。在本书修订过程中，我们吸收了理论界及同行的研究成果，在此谨向作者表示衷心感谢。

由于视野和能力所限，书中可能存在疏漏和不足，希望使用本书的老师和同学们提出宝贵意见，以便下次修订时不断完善。在此，我们还要感谢东北财经大学出版社的精心组织和策划，感谢编辑人员付出的大量心血。如果没有他们的辛勤劳动，本书也难以按时与读者见面。

编　者

2019年6月

怎样学好财政学　　财政学教学建议

目 录

第一编 为什么需要财政

第二编 财政的钱用到哪里

第三编　财政的钱从哪里来

第四编　财政的钱怎么管

第一编　为什么需要财政

第一章　财政起点：政府与市场

知识结构图

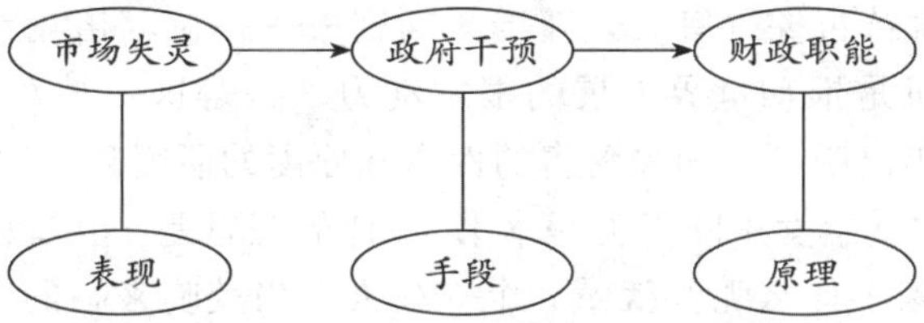

引　言

2017年以来，全国几十个城市出台吸引人才新政策，给出了从几万元到几百万元不等的大红包，长沙、武汉提出要吸引百万大学毕业生就业，呼和浩特市则别出心裁地出台了大学毕业生半价购房的诱人政策。2016年3月，我国开始实施新的税收政策，从此淘宝一族网购国外产品要考虑征税问题。此外，对出租车公司该不该补贴？公园该不该免费？自己居住的房子要不要征收房产税？对平价商店给予补贴好不好？物价补贴是补给生产者好，还是补给销售者、消费者更好？近年来，越来越多的城市开通了轨道交通（地铁、轻轨），大家都很关注票价问题……这些都是财政问题。

经济学专业的同学可以结合本专业知识思考经济与财政的关系，国际经济与贸易专业的同学可以思考采用什么样的财政政策促进贸易发展，会计学专业的同学可以思考财政政策与企业利润的关系、对企业投资决策的影响，工商管理专业的同学可以关注工商管理中财政因素的影响，农业经济专业的同学可以关注财政为农业发展带来哪些好处，市场营销专业的同学可以关注财政与流通的关系，统计学专业的同学可以运用统计方法分析财政现象……其实，不管什么专业的学生，都是纳税人，都会关注我们所交的税用到哪里了，都希望享受到更多、更优质的公共服务。一句话，财政的“朋友圈”很大。

让我们一起从身边的事例开始了解和认识财政，从市场与政府的角色分工来理解为什么需要财政，财政做什么、怎么做。同时，为帮助大家尽快迈入财政学的大门，本章还对财政学的发展历程和学习方法做了简要介绍。希望对大家认识自己的专业、了解外面的社会有帮助。

待解问题——

政府与市场的楚河汉界在哪里？

为什么我国的民办教育不容易发展壮大？

为什么我国的制盐、烟草、石油、供热、自来水、煤气、电力、航空、铁路等行业由国家垄断？

垄断行业与非垄断行业之间收入差距明显，有什么解决办法？

怎样进一步缩小我国收入分配差距？

第一节 政府与市场

一、市场失灵

（一）市场是万能的吗？

为什么几千年来，人们总是起早贪黑，辛勤劳作？为了生存？为了出名？为了发财？是什么力量在引导、推动着他们？不需别人催促，每个人都如此自觉。也许大家觉得这是小事，但有心之人一直苦苦探寻答案。亚当·斯密——一位苏格兰青年冥思苦想，最后提出：人的利己主义动机是推动世界发展的根本动力，正是这一神奇力量使人们不断努力，生生不息。他在1776年出版了《国民财富的性质和原因的研究》（又被称为《国富论》）一书。书的扉页上写着"献给女王陛下的一本书"。他的意思是，女王陛下，请您不要干预国家经济，回家去吧!国家干什么呢？就做一个守夜人，当夜晚来临的时候去敲钟，入夜了看看有没有偷盗行为，这就是国家的任务。只要国家不干预经济，经济自然就会发展起来。[①] 他的思路可以这样描述：劳动分工–市场交易–互通有无–逐利经营–经济发展–社会进步。

亚当·斯密发现，自从有了商品交易，市场就被一只无形的手牵引着，根据供给与需求的关系决定生产什么、如何生产、为谁生产。他分析说，我们每天能够吃到面包、喝到牛奶，不是面包师、奶农的恩赐，而是他们对自己利益的追求（原文是：我们每天所需的食物和饮料，不是出自屠户、酿酒商或面包师的恩惠，而是出于他们自利的打算[②]）。这一机制被称为"看不见的手"，每时每刻都在起作用。市场就在供给和需求之间，根据价格的变动，引导资源向着最有效率的方面配置。在经济领域，市场扮演着主要角色，不需要政府插手。这是自由主义经济学派的主张，在1936年凯恩斯发表《就业、利息和货币通论》以前，这一理论颇为盛行。

经济学研究的三个假定是资源稀缺假定、经济人假定、产权明晰假定。经济学的三个基本原理是：福利最大化原理、供求原理、等价交换原理。亚当·斯密指出：毫无疑问，每个人生来首先和主要关心自己；而且，因为他比任何其他人都更适合关心自己，所以他如果这样做的话是恰当和正确的[③]。

亚当·斯密进一步分析道："由于他管理产业的目的在于使其生产物的价值达到最大化，他所盘算的也只是他自己的利益。在这个场合，像在其他许多场合一样，他受着一只看不见的手的指导，去尽力达到一个并非他本意想要达到的目的。也并不因为事非出于本意，就对社会有害。他追求自己的利益，往往使他能比在真正出于本意的情况下更有效地促进社会的利益。"[④]

亚当·斯密的研究结论将人们每天满足自己需求的普通劳动变为了"高大上"的理

① 韩秀云．推开宏观之窗［M］．北京：经济日报出版社，2003：16．有改动。
② 斯密．国富论：上卷［M］．郭大力，王亚南，译．北京：商务印书馆，1972：14．
③ 斯密．道德情操论［M］．蒋自强，等．译．北京：商务印书馆，1997：101-102．
④ 斯密．国富论：下卷［M］．郭大力，王亚南，译．北京：商务印书馆，1972：27．

论，指出了社会进步的奥秘所在，为分析企业和个人的各种行为提供了新的理论依据，为政府确定自己的行为边界指明了基本方向。

那么，政府为什么存在？政府应当做些什么？市场与政府的边界在哪里？这些问题时时困扰着经济学家和政府决策者，特别是人类社会进入21世纪之后，各种经济和社会问题不断出现，迫切需要弄清上述问题，并且为实践指明方向。

知识之窗1-1　　亚当·斯密——经济学与财政学之父

亚当·斯密（Adam Smith）于1723年6月5日出生在苏格兰法夫郡的柯卡尔迪，父亲是一位律师，还是海关监督，在他出生前几个月就去世了。他和母亲相依为命，共同生活了60年，终身未娶。据说，他4岁时，和母亲到亲戚家玩，大人们在屋里聊天，他在门外玩，被一群路过的吉卜赛人抱走。听到哭声的叔父一路追赶，终于把他抢回来，平安地送回母亲身边。他成名后，人们都称赞他叔父为世界追回了一个伟人。1737年，14岁的斯密进入格拉斯哥大学学习，得到了名师指导，认识了当时著名的哲学家大卫·休谟，并与之成为密友。

1740年，斯密作为优秀学生获得斯内尔奖学金，被保送到牛津大学。他在那里度过了六年时光，受益于校内藏书丰富的图书馆。1748年他到爱丁堡大学任教，1750年回到格拉斯哥大学担任逻辑学教授。1759年，斯密出版了《道德情操论》，引起轰动。1764—1766年他受聘作为巴克勒公爵的家庭教师，一起游历欧洲大陆近三年，结识了当时法国著名思想家、哲学家伏尔泰、杜尔哥，经济学家魁奈，扩展了视野。回到英国后，他闭门不出，潜心研究，历经6年写出了《国民财富的性质和原因的研究》，1776年3月9日正式出版，获得了广泛赞誉。当时英国首相皮特也是他的学生，对他非常尊敬。在一次非正式聚会中，斯密到来时，包括皮特在内的众多名流全体起立欢迎他，等斯密坐下后，皮特和大家才落座。斯密晚年担任了格拉斯哥大学校长，还兼任爱丁堡海关专员，1790年去世。

有学者指出，斯密在《道德情操论》中“研究道德世界的出发点是同情心”，而“研究经济世界的出发点则是利己主义”，将两者理解为一对不可调和的矛盾，这就是所谓的“亚当·斯密问题”。

有人评论说，牛顿为工业革命创造了一把科学的钥匙，瓦特拿着这把钥匙开启了工业革命的大门，那么，亚当·斯密则是挥动一只看不见的手，为工业革命的推进缔造了一个新的经济秩序。

（二）市场失灵现象

我们不妨看看这样一些现象：

1.公共服务缺乏。生活在城市的人们每天都有不少时间耗费在路上，大热天挤公交车的滋味很不好受；让孩子就近接受优质教育是每一个家庭的共同愿望，但赞助费把不少人挡在校门外；以前，人们根据经验总结了很多预测天气的民谚，今天则希望得到更加准确的天气预报；温饱问题解决之后，人们又被食品安全问题所困扰，期待有人为食品质量把关……这些公共服务总是难以尽如人意。

2.垄断。一些行业被一个或几个企业占据了多数市场份额，控制着生产和流通，通过制定过高的价格，企业及职工享受着高工资、高福利、高利润，其他企业难以与之竞争，这既违背了公平原则，也侵害了消费者利益。尽管我国价格管理部门先后几十次调低药品出厂价，但老百姓仍然感觉不到医药负担减轻。美国高通公司开发的CDMA手机通信技术在中国拥有很大市场份额，但其滥用市场支配地位，收取不公平的高价专利许可费，国家发改委价格监督检查与反垄断局2015年经调查后对该公司处以60.88亿元的罚款。2015年，云南省发改委查处了云南省通信管理局违反《中华人民共和国反垄断法》，滥用行政权力，组织电信运营商达成价格垄断协议，排除和限制相关市场竞争的案件，对中国移动通信集团云南分公司、中国电信股份有限公司云南分公司、中国联合网络通信有限公司云南分公司、中国铁通集团有限公司云南分公司共计罚款1 318万元。2014年，河北省交通厅、物价局和财政厅出台规定，本省的客运企业可以享受过路过桥费半价优惠，但是其他省客运企业跨省运输就不能享受该优惠，这就是滥用行政权力实行歧视性价格。Google公司被欧盟反垄断委员会指控利用搜索引擎优势，推广本身的销售服务，可能面临几十亿欧元的罚款。垄断现象似乎伴随着市场经济，禁而不绝。

3.收入分配不公。俗话说："不比不知道，一比吓一跳。"自古以来，贫富不均就伴随着人类社会的发展。进入21世纪，各国在财富增加的同时，贫富差距扩大不断挑战人们的承受底线，收入分配不公成为人们热议的话题。有些人通过炒股一夜暴富，有些人买彩票中百万元大奖，而不少农民、环卫工人辛苦劳作，收入仅能达到温饱水平。而亿万富翁们又通过投资房产、股票、理财产品等不断增加财富，低收入者却只能勉强度日，贫富两极分化加剧。

4.失业。目前我国上大学的人越来越多，随之而来的就是就业问题，每年大学毕业生就业难都是热点新闻。近年来，临近毕业的几个月被称为"史上最难就业季"，媒体评论称"没有最难，只有更难"。2016年春节刚过，杭州灵隐寺微信公众号就发布"文宣部招聘通知"，招聘岗位是网站新闻采编和摄像/视频后期，不限性别。这引起了强烈关注，被戏称"不是和尚也能进"。大学生找工作都难，更不要说其他群体了。失业成了市场经济中一种普遍现象，影响每一个人的生活和社会稳定。就业这个人人衣食住行都离不开的基础，成了市场经济中不少人无法轻松实现的梦想。

5.外部效应。一些企业和个人只顾追求自己的经济利益，将社会和他人的利益抛在一边。近年来，多地爆发儿童血铅超标事件。2009年8月，陕西凤翔县接受检测的1 016名儿童中，共查出851名儿童血铅超标，进而引发恶性群体性事件。此后，湖南武冈市、福建上杭县、广东清远市也发生类似事件。经调查，这些铅中毒事件均与当地企业的污染物排放有关。2012年1月15日，因广西金河矿业股份有限公司、河池市金城江区鸿泉立德粉材料厂违法排放工业污水，广西龙江河突发严重镉污染，污染团顺江而下，污染河段长达300千米，对龙江河沿岸渔民和柳州300多万市民的生活造成严重影响。近年来，雾霾对我国京津冀地区造成严重影响，机动车尾气排放是重要污染源之一。市场中有些经济活动不仅对买卖双方或当事人造成影响，而且涉及他人，这被称为"外部效应"或"外部性"。有利的影响是正外部性，不利的影响是负外部性。上面提及的环境污染自然属于负外部性，而治理环境、发明创造、慈善事业则属于正外部性。

6.经济动荡。经济发展并不像人们想象的那样平稳顺畅，不仅起伏波动，而且时常"上蹿下跳"，甚至会发生经济危机，严重扰乱人们的正常生活。进入19世纪末，周期性的经济振荡使失业问题更为严重，众多企业倒闭使大量资源白白浪费，社会稳定也受到严重挑战。

上述种种现象暴露了市场的盲目性，经济学家称之为"市场失灵"。为什么会出现市场失灵呢？经济学家经过研究发现，市场经济本身存在盲目性、自发性、信息不对称等问题，它自己是无能为力的，如果任由它自由发展，人们追求美好生活的愿望将化为泡影。市场失灵的具体表现以及政府的职责如图 1-1 所示。

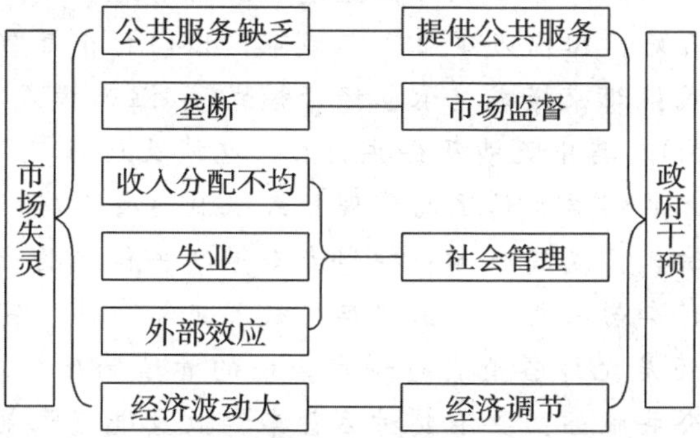

图 1-1　市场失灵的具体表现及政府的职责

市场并非完美无缺，面对种种不足和问题，市场自感无力回天，只能寄希望于外力干预。于是，人们首先想到了政府。那么，它能否承担这一重任？第三章将作进一步分析。政府公共服务与财政的关系如图 1-2 所示。

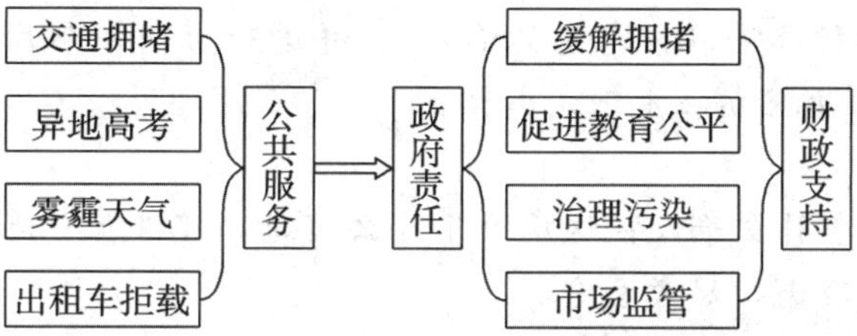

图 1-2　政府公共服务与财政的关系

在资本主义自由竞争时代，人们相信市场是万能的，市场这只“看不见的手”能够实现资源的最优配置。维多利亚女王是英国历史上在位时间最长的君主，她在位的 64 年（1837—1901）是英国最强盛的所谓“日不落帝国”时期。在国事上，她被认为几乎什么都不做，而恰恰是这位看起来什么都不做的女王，让那只“看不见的手”发挥了作用，开启了让英国人至今仍津津乐道的兴盛时期。究竟是什么原因让这样一个面积仅有 24 万平方千米、人口仅有几千万的岛国，孕育了如此超凡的能量，改变了自己，也影响了世界？答案是工业革命。工业革命使英国走进了现代化的大门，成为第一个现代化国家，也迫使整个世界追随英国向现代化方向前进。而艾萨克·牛顿、詹姆斯·瓦特、亚当·斯密是对这一切变化居功至伟的三大巨头。①

20 世纪 30 年代的经济大危机打破了市场万能的神话。当时有这样一个故事：一位银行家有一天在路边擦皮鞋的时候，擦皮鞋的人一边给他擦皮鞋，一边跟他大谈炒股如何赚钱。回到家后，他仔细一想，连一个擦皮鞋的人都知道炒股能赚大钱了，这股市不是太热了吗？他当机立断，卖出手上所有股票。在这场灾难中，只有他这样的极少数人幸存下来，其他人都在这场股市大崩盘中血本无归，很多人因此而跳楼自杀。②面对新的形势，以前的古典经济学说已经无法作出解释，于是，英国经济学家凯恩斯提出了新的观点：在

① 于中鑫. 亚当·斯密——经济学鼻祖［M］. 北京：人民邮电出版社，2009：109. 有删节。
② 韩秀云. 推开宏观之窗［M］. 北京：经济日报出版社，2003：19. 有改动。

市场失灵的情况下，政府应实行干预，从幕后走到前台，通过实行财政、货币政策，调控宏观经济，熨平经济周期，以实现充分就业、经济增长、物价稳定和国际收支平衡。

案例讨论1-1　　滴滴打车掀起的革命与争论

俗话说：在家千日好，出门万事难。在城市，出门打车是常事。全国的城市出租车大体有三种经营模式：北京模式（承包经营模式）、温州模式（个体经营模式）、上海模式（公车公营模式）。其中既涉及公共利益，也涉及政府部门利益、运营企业的利益，还涉及司机、顾客的利益。传统的管理模式限制运营车辆数量，这样的垄断产生了寻租空间。在网络时代，滴滴专车、神州专车等冲击传统的出租车市场，一些地方出现了专车司机与出租车司机打架、出租车司机罢工等事件。究竟怎么管理最好？是统一采取一种模式，还是允许各地自行制定合适的管理制度，或者由市场自行调节？出租车提供的是不是公共服务？要不要对运营车辆数量进行限制？是否应当实行经营权期限制？经营权是否应当有偿使用？运营价格是否应当由政府定价？这些问题都考验着决策者的智慧。2015年10月8日，合并后的滴滴和快的获得上海市交通委颁发的网络约租车平台经营资格许可。2015年10月10日，交通运输部正式公布《关于深化改革进一步推进出租汽车行业健康发展的指导意见（征求意见稿）》和《网络预约出租汽车经营服务管理暂行办法（征求意见稿）》，并进行为期一个月的公开征求意见。直至2016年7月26日，管理办法才正式出台。

讨论：

1.为什么滴滴打车引发争议？这反映了什么问题？可以在当地开展社会调查，并结合经济学和财政学原理进行思考和分析。

2.市场、政府在现实社会中担负什么角色？你怎么看待上述争议？可以在班上开展辩论。

二、政府该做什么

人们一般认为，在市场经济条件下，社会资源的主要配置力量是市场，而不是政府。只有在市场失灵领域，政府的介入才是必要的。政府只能在社会资源的配置中起补充作用，它所要解决的只能是通过市场不能解决，或者通过市场解决不能令人满意的问题，主要包括：提供公共产品、纠正外部效应、维持有效竞争、调节收入分配、稳定经济运行（如图1-3所示）。

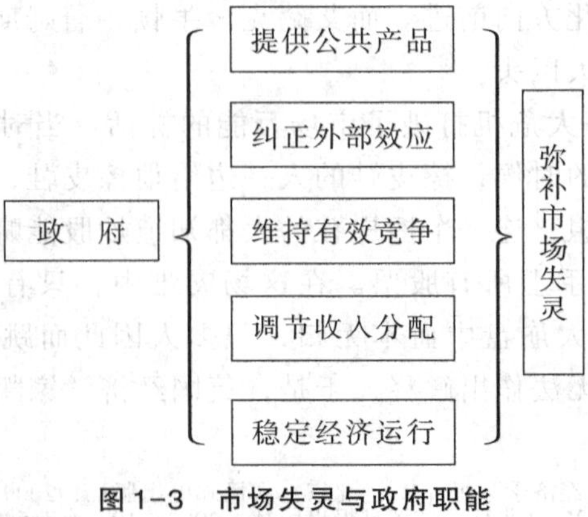

图1-3　市场失灵与政府职能

政府干预其实早已有之，并非美国20世纪30年代应对经济危机的时候才出现的新生事物。政府干预的范围有宽有窄，力度有大有小，存在不少争议，不同国家不同时期也不可能有统一标准。西方经济学界一般按主张市场自由竞争还是主张加大政府干预力度，将经济学流派划分为古典经济学派、凯恩斯主义学派，两派之间的争论贯穿了经济学发展的全过程。

政府干预不等于财政出钱，可以通过立法鼓励或限制某些产业发展、某些消费行为，可以通过行政手段设立审批程序，禁止或限制某些行业的发展，提高或降低某些行业的准入门槛，比如禁止枪支买卖，要求经营网吧、学校、银行前除办理营业执照外，还要办理特殊行业许可证，这些都是干预手段，这些政府管制措施可以通过阅读公共经济学、公共管理学书籍了解。当然，本书更多的是讨论通过征税、减税、补贴、投资等财政手段干预。第二、第三编将具体讨论这些内容。

提出政府干预理论的学者首推凯恩斯，他的《就业、利息和货币通论》与亚当·斯密的《国富论》、马克思的《资本论》并称为经济学三大经典。他以非充分就业经济学和危机经济学否定了自由放任的古典经济学理论基础——萨伊定律，主张政府积极干预经济生活。他开出的"药方"包括：发行国债、举办公共工程、扩大政府财政支出，以赤字财政政策拉动需求以应对经济危机。

上面的分析似乎完美无瑕，但它是建立在这样的假设基础上的：市场做不好的事，政府一定能做好。后来，人们又反思凯恩斯的理论有没有不足之处，究竟政府干预对不对。大家可以阅读相关文献了解详细情况，并参与讨论。

随着时间的推移，人们发现市场做不好的事情，政府也并不一定能做好，于是，又产生了第三部门。表1-1对它们作了简单比较，本书第二、第三章还要继续探讨这一问题。

表1-1 **市场与政府、第三部门的比较**

主 体	市 场	政 府	第三部门
特点	自愿、竞争	强制、垄断	自愿
追求目标	效率、利润	公平、社会福利	兼顾效率与公平
产品	私人产品	公共产品	公共产品
成本承担	消费者	纳税人	第三方
交易原则	等价交易	依法进行	平等协商

三、财政现象和财政的定义

（一）财政现象

自古以来，税收将居民与国家紧密联系在一起，税负的轻重牵涉到每一个人的生活，也影响国家的发展与稳定，是财政收入的重要形式；投资35亿元建成的国家体育场"鸟巢"，其经费属于财政支出的内容；近几年来，要求全面且详细地公开政府预算的呼声日渐高涨，特别是公款出国、公款吃喝等问题引发人们对预算的高度关注，预算这一财政管理工具逐步为普通百姓所认识。上述事例都是典型的财政现象，都为人们所熟悉。

财政现象无处不在、无时不有，因为我们身处现代社会，很多事情需要政府来做，政府做任何事情都得用钱，当然就跟财政沾上边了。不管是吃喝拉撒、衣食住行，还是经济、教育、文化、卫生、科技、军事等各类事务，没有钱都办不成。政府的钱从哪里来？

显然，天上不会掉下个大馅饼，只能是大家你一块、我一毛，一起凑起来的，最终也是用到我们大家身上。所以，财政学实际上就是百姓经济学、生活经济学、普通人的常识。了解财政现象、学习财政知识、掌握财政理论，不在于背记多少概念、学说，而在于认识财政经济的基本原理，学会观察社会生活中的相关现象，正确理解其中的规律，理智地看待政府的政策，作出有利于自己也有益于社会的选择。

学习过历史的同学都不会对下列内容感到陌生：西周的贡助彻，鲁国的初税亩，秦朝的田租、户赋、徭役，唐朝的租庸调、两税法，宋朝的青苗法，明代的一条鞭法，清代的摊丁入亩。这一系列制度勾勒了中国古代税制改革的脉络，反映了作为财政收入主要形式的税收不断发展变化的历史。这些现象说明，财政既与国家政权的稳定息息相关，又与每个人的生活密不可分，是联系政府与居民经济关系的重要纽带，是人类历史不可忽视的重要组成部分。

（二）财政的定义

关于财政的定义，人们有不同的看法。国家分配论认为，财政是以国家为主体，为实现国家职能而参与国民收入分配形成的分配关系，财政产生需要两个条件，生产力发展和剩余产品出现是经济条件，也是首要条件，国家产生是政治条件。公共产品理论认为，财政是国家提供公共产品的物质条件，是政府弥补市场失灵、干预经济的重要基础。其他学派也提出了不同的观点，呈现出百花齐放、百家争鸣的景象。社会科学有与自然科学不同的特点，难以通过计量器具或实验证明观点的对错，各种社会问题及政策选择没有唯一正确的答案，需要人们根据科学原理、社会实践、严密的思维进行验证、判断。千百年来，无数学者思考经济现象和问题，发表了不少名篇巨著，提出了很多颇有见地的观点，形成了各种学派。学习前人的成果无疑是我们认识世界和现实的捷径，大家不妨多选择一些图书翻阅，“开卷有益”嘛，哪怕一本书只看小部分章节，也一定会有不小的收获。近年来，通俗解读和趣谈经济学的书籍层出不穷，对于普及经济学常识起到了很好的作用。经济管理类大学生当然有必要“攀登书山放激情，论剑学海抒豪情”，今日坐而论道，为的是明天起而行之，为社会进步贡献自己的智慧和力量。

第二节　财政学发展历程

一、财政学起源

在《国富论》中，亚当·斯密不仅运用价值、货币、价格、社会分工、交换、工资、利润、地租等经济范畴分析资本主义市场经济，而且对财政问题进行了专门研究，分别论述了君主（国家）的费用、公共收入的源泉及国债问题，初步建立了国家的经费理论、收入理论、国债理论，创立了系统的财政学理论，因此，亚当·斯密被称为经济学及财政学的开山鼻祖。不同的人对亚当·斯密的观点有不同的理解，大有“乱花渐欲迷人眼”之势。最准确的理解方法无疑是直接阅读原著。此外，本书的中文版也已面世，为我们认识这位巨人的思想提供了便利条件。

创立一个新的理论流派不是芸芸大众所能做到的，但仍有人提出了一个个新见解，由此形成一个个财政学流派，老师带徒弟，一代代人衍生出精彩纷呈的理论体系，造就了上百位理论大咖。要取得真经，最好的办法是翻开原著，细细品味，从大师原汁原味的叙述中获取真知，肯定会有茅塞顿开的感觉。

在这些流派中，在我国影响较大的是国家分配论。该理论认为财政是以国家为主体的分配，随着国家的产生而产生，也将随着国家的消亡而消亡，其理论基础是马克思的阶级学说和再生产理论。按照国家分配论的观点，财政分配的主体是国家。20世纪90年代以来，从西方市场经济国家传入的公共产品理论对学界影响很大，为大多数人所接受，并应用于对各种经济社会现象的分析。

比较上述两种影响较大的财政理论，可以看出：国家分配论是站在财政历史起源的角度，基于阶级学说进行分析的。它从国家是阶级统治的工具出发，认为财政的出现是为了满足国家的需要，进而把财政定位为维护政权机关运转、调节分配关系、调控经济运行的工具。公共产品理论是站在现代社会的角度，基于市场理论（如经济人假定等）进行分析的。它从市场失灵需要政府干预出发，认为财政的存在是为了提供公共产品，它的活动范围应界定在配置资源、调节分配、稳定经济等方面。表1-2对这两种理论进行了简单比较。

表1-2　　国家分配论和公共产品理论的比较

理　论	国家分配论	公共产品理论
理论背景	实行计划经济	实行市场经济
角度	历史起源	现实需要
基础	阶级学说	市场理论
观点	财政是以国家为主体的分配关系	财政是政府弥补市场失灵的手段
研究方法	历史分析方法	计量分析方法

财政学理论的发展不仅体现在研究内容上，而且体现在研究方法上。在研究内容上，从单纯研究政府财政收支逐步扩大到研究公共资源的配置和利用、政府活动的范围、政府宏观调控，并有学者提出将财政学改称为政府经济学或公共经济学；在研究方法上，不仅进行定性分析，而且运用数理统计方法进行定量分析，将规范分析与实证分析结合，极大地丰富和发展了传统财政学理论，也拓宽了财政研究的领域，为政府公共经济活动拓展了空间。从学科之间的联系上看，财政学研究的方法逐步由经济学方法扩大到管理学方法、社会学方法、政治学方法、法学方法等，研究的问题也不再是简单的收支问题，还涉及政府治理、预算民主、资源利用、循环经济、社会和谐等诸多领域，成为全社会高度关注的显学。

二、财政学发展概述

随着科学技术的发展和经济研究的深入，财政学理论也在不断发展。在西方国家，古典经济学派影响深远，其财税理论占据重要地位，先后产生了威廉·配第、亚当·斯密、大卫·李嘉图、西斯蒙第、斯图亚特·穆勒、亚瑟·庇古等著名经济学家，提出了税收原则、公债性质、财政支出增长规律等理论，逐步形成了较为完整的财政学理论（见表1-3）。马克思在《哥达纲领批判》中提出了社会总产品的分配理论，即“六项扣除”原理，还在《资本论》中分析了税收和公债问题。福利经济学派、凯恩斯学派、新古典综合学派、新剑桥学派、货币学派、供给学派、理性预期学派都在不同程度上对财政理论进行了研究，并提出了自己的看法和主张。其中，公共产品理论经过几代经济学家的研究和发展，异军突起，成为当代影响东西方的重要财政理论，本书第二章将作具体介绍。20世纪60年代诞生的公共选择理论将经济学方法应用于政治领域的研究，密切了经济学与其他学科的联系。该理论通过对选举机制的分析，揭示政府干预同样可能出现失灵问题。它认为公共产品的提供是一个公共选择过程，是由政治家作出决策的。在这里，政府是生产者，选民是消费者，选票好比货币，选举制度等同于市场制度，公共决策就像一个市场交易过程，因此，可以用经济学方法来研究政治决策过程。传统理论认为政府总是大义为公的，而该理论的代表人物布坎南对此持否定态度，他认为政府是由具有人类一切缺点的人组成的，也会犯错误。总之，政府不是神，也不是超凡至圣的超级机器，政府干预并不一定能解决所有问题，这就是“政府失败论”。公共选择学派强烈反对凯恩斯的经济干预政策，主张经济自由。他们说：“政府就如同一个拙劣的保姆，有时想讨好主人，却往往把饭烧糊；更多的时候，她忙于自己梳洗打扮，而把主人的孩子扔到一边。”美国《独立宣言》宣称：“人生而平等，享受生命、自由以及追求幸福这些不可让渡的权利。为了保障个人的这些权利，人民才建立起政府。政府的权力是自下而上来自被统治者的同意，一旦政府违背了这一原则，人民便有权改变这种政府，并建立新政府。”显然，这与君权神授的说法大相径庭。这一观念的变化催生了政治改革和财政改革，财政制度朝着决策科学化、民主化、程序化的方向迈进，也进一步推动了国家政治生活的民主进程。在历史上，英国资产阶级革命的胜利成果之一就是通过预算制度约束君主的王权，将征税和财政资金分配等权力逐步转移到资产阶级控制的议会。本书第三章将对公共选择理论作进一步阐述。

表1-3　**西方主要代表人物财政观点一览表**

姓　名	国别	年　代	主要观点
威廉·配第	英国	17世纪	财政支出应用于国防、行政管理、宗教、教育、救济、公共工程等；最早提出税收原则；创立现代政治经济学
亚当·斯密	英国	18世纪	首次建立了财政学的理论体系；主张自由竞争、“廉价政府”；财政支出主要是国防、司法、公共工程、维持君主尊严；应谨慎举债
大卫·李嘉图	英国	19世纪初	提出级差地租理论、“李嘉图等价定律”；详细分析了税收转嫁、财政补贴对经济的影响
西斯蒙第	法国	19世纪初	主张政府干预、减轻税负；认为公债有害
约翰·斯图亚特·穆勒	英国	19世纪中叶	对古典经济学进行综合；主张政府有选择地干预、适度课税
亚瑟·庇古	英国	20世纪初	创立福利经济学、福利财政观；主张政府干预，实现国民收入均等化；认为公债有益；首次提出矫正性税收“庇古税”
约翰·凯恩斯	英国	20世纪初	提出有效需求学说、赤字财政，主张政府干预
密尔顿·弗里德曼	美国	20世纪	主张减少政府干预，反对相机抉择的财政政策；是货币主义的代表人物
阿瑟·拉弗	美国	当代	主张平衡财政收支、减税；是供给学派的代表人物

资料来源　曾康华．西方财税理论研究［M］．北京：中国财政经济出版社，2007.

中华人民共和国成立以来，在吸收和借鉴苏联和西方国家理论研究成果的基础上，先后产生了国家分配论、剩余产品分配论、国家资金运动论、共同需要论等理论学派，许廷星、许毅、邓子基、陈共、何振一、王绍飞等知名学者对我国现代财政学理论的形成和发展做出了重大贡献。

财政学理论发展的背景是人类社会经历了深刻的变化。在自然经济时代，经济活动以一家一户为主进行：你耕田来我织布，我挑水来你浇园，夫妻恩爱苦也甜，比翼双飞在人间。进入市场经济时代，社会分工越来越细：你耕田来我织布，我卖布来你卖粮，等价交换没商量，互通有无奔小康。至于每一个人是耕田还是织布，是建房子还是办学校，作为理性的、自利的人，他以赚钱与否、赚多赚少来决定生产什么、生产多少、卖多少钱。资本主义社会之前，财政管理的资金被认为是君主的“家计”，即整个国家的资源都是君主的，财政的职责主要是为帝王服务，所以古代文献中有“普天之下，莫非王土；率土之滨，莫非王臣”的说法。资本主义革命后，君权受到严格限制，财政管理的资源属于国家所有，由政府代表全体民众进行管理，财政的职责主要是为政府服务。20世纪30年代罗斯福新政的成功实践，使宏观调控成为政府一项新的职责，财政的职能扩大到稳定经济。20世纪中期以来，随着公共产品理论的出现，财政资金的使用进一步扩大到市场无法调节的领域及全体居民，财政管理的范围从资金拓展到一切公共资财或公共资源。之所以称为公共财政，一方面是因为财政管理的对象是公共资源；另一方面是因为财政服务的目的是维护全体公民的公共利益。近年来，在欧盟的示范效应下，各区域国家间的合作日趋增多，国际财政研究日益受到重视，财政的支出范围突破国家的边界，提供全球性公共产品的需求变得更为紧迫。本书第十一章将对国际财政关系进行具体分析。

三、公共财政

（一）什么时候提出的“公共财政”

公共财政是与市场经济相适应的财政模式或类型。它的出现与下面的历史轨迹有关：

1992年，中国共产党第十四次全国代表大会将建立社会主义市场经济体制确立为经济体制改革的目标。

1998年全国财政工作会议提出建立公共财政体制的目标。

1999年3月召开的第九届全国人民代表大会第二次会议上，财政部部长在《关于1998年中央和地方预算执行情况及1999年中央和地方预算草案的报告》中再次提出了构建公共财政的基本框架问题。

2013年我国进一步把财政提升到“国家治理的基础和重要支柱”的地位。

近年来的一系列财政支出和收入改革，都是直指公共财政建设目标的。在财政支出上，逐步退出一般竞争性领域，将更多财政资金投向公共设施、教育、医疗、养老、科研等市场失灵的领域。在财政收入上，税收已经成为我国最主要的财政收入，税制也尽量做到对不同经济主体一视同仁。财政收支管理得到加强，部门预算、政府采购制度、国库集中收付制度、税收征管制度等都按照公共财政的要求建立起来或得到进一步完善。更有意义的是，我国对农村实行了“少取、多予、放活”的政策，取消了农业税，加大了对“三农”的公共财政投入。让公共财政的阳光照耀全国，让城乡居民享受同样的公共服务，是我国公共财政建设中值得大书特书的一笔。

（二）为什么提出“公共财政”

开始于1978年末的中国经济改革是渐进式的改革，10多年后的1992年才真正明确改革的目标是建立社会主义市场经济，与此相适应，就要求财政领域也应当进行相应改革，在财政的方方面面奏响激昂豪迈的奋进乐章。原因可以从以下几个方面分析：

1.发展社会主义市场经济的需要

既然明确了由计划经济转向市场经济体制，那么就存在市场失灵，就需要政府在市场不能高效配置效率、保障公平等领域发挥作用，包括提供公共服务、加强市场监管、实施宏观调控等等，也就是从计划经济时期的生产建设型财政向社会主义公共财政转变。

2.政府职能转变

以前政府的职能是管理社会，大量财政资金用在政府部门人员经费、办公等方面，甚至直接举办国有企业，资金使用效率不高，有些财政资金没有能让广大群众从中得到实在的好处。进入21世纪，适应新形势的要求，我国提出建设服务型政府，政府的职能主要是服务社会，财政资金应当更多地为公众提供公共产品和服务，让每一位城乡居民从改革开放中受益。

3.构建社会主义和谐社会

2006年，我国提出了构建社会主义和谐社会的新目标，相应地就要求财政管理科学化、民主化、法制化。公共财政的特点就是科学理财、民主理财、依法理财。只有实行公共财政，坚持依法治财和依法理财，才能为构建和谐社会营造良好的经济基础。

公共财政是为全体居民提供公共服务的财政。以前我们仅注重城市居民，行政事业单位、国有企业职工，而占全国人口大多数的农村居民享受到的公共服务极少。转变到公共财政模式后，意味着农村居民、没有单位的居民、非国有单位的职工及个体户也享有与国有单位职工一样的养老保险、失业保险、医疗保险、免费基础教育、清洁空气、廉价水电等。换句话说，就是全体居民都沐浴在公共财政的阳光之下。

案例讨论1-2　　公交地铁票价调价的纠结

2007年，北京市实行公交优先发展战略，通过低票价调节交通流量，鼓励市民优先选择公交出行，缓解交通拥堵，减轻汽车尾气污染。为此，地面公交下调票价，实行公交刷卡4折（12千米以内0.4元）、学生刷卡2折（12千米以内0.2元），地铁票价统一2元的政策，公交和地铁票价双双成为“全国最低”。2007年底，北京市民公交出行比例达34.5%，首次超过乘坐私人小汽车的出行比例（32%）；2008年更是高达36.8%。显然，低票价政策发挥了重要的政策导向作用。而如果没有强大的财政实力，那么通过低票价调节交通流量只能是黄粱美梦，纸上谈兵。从2010年到2013年，北京市对公共交通的补贴从135.3亿元上升到200.1亿元。

就全国来说，2006年12月5日，建设部、发改委、财政部、劳动和社会保障部联合发布的《关于优先发展城市公共交通若干经济政策的意见》明确指出：“城市公共交通是公益性事业，必须实行低票价政策，以最大限度吸引客流，提高城市公共交通工具的利用效率。”从这一政策导向出发，不少城市都对公交实行或多或少的财政补贴。

低票价尽管减轻了上班族的经济负担，但公共交通企业亏损严重，财政负担与日俱增，同时线路不合理、服务跟不上等问题也让居民不满意。北京市2013年的统计数据显示，地铁每人次的成本为8.56元，而每人次的票款收入仅为1.87元，即每运送一名乘客的亏损达6.69元，仅收回运营总成本的22%，一年的亏损就可以造一座“鸟巢”。

为缓解矛盾，北京市在征求社会各界意见的基础上，从2014年12月28日起执行公共交通新票价：地铁价格6千米以内3元，超过6千米按千米数加价；公交10千米以内2元，使用公交一卡通乘坐公交车成人卡5折、学生卡2.5折。调价引起市民极大关注，大家在基本认可调价的同时，也对调价幅度及服务质量提出了多种意见。

讨论：

1.低票价政策能否复制到其他城市？需要什么条件？

2.还有哪些公共服务应当实行低票价政策？这与政府的角色转变、财政的发展有什么联系？试结合当地的实际情况作具体分析。

第三节　财政职能

财政职能是指财政在社会经济生活中所具有的职责和功能，它是财政这一经济范畴本质的反映，具有客观必然性。通俗地说，就是指财政能干些什么。按照现代西方财政理论，市场化国家的财政一般具有资源配置职能、收入分配职能、经济稳定职能。

一、资源配置职能

资源配置职能就是通过财政的手段，筹集财政资金，用于政府提供公共产品或服务，引导社会资金的流向，弥补市场的缺陷，最终实现全社会资源配置效率的最优化。

经济学的核心问题是资源配置，财政学的核心问题是公共资源配置。

具体来说，财政的资源配置职能可以在几个方面发挥作用：一是调节社会资源在政府部门和非政府部门之间的配置，主要是调整财政收入在国内生产总值中所占的比重，相应调节政府提供公共服务的范围和数量，努力提高资源配置的效率；二是在政府部门内部配置资源，也就是调节政府用于市政设施、教育、医疗卫生、社会保障等公共服务的支出结构，最大限度地满足公众对各种不同公共服务的需求；三是调控非政府部门的资源配置，通过税收、补贴等政策工具，引导非政府部门的资金投向。如对某些需要大力发展的产业，在市场机制难以引导资金投入时，财政可通过提供补贴或税收优惠等手段，鼓励和支持其发展。

二、收入分配职能

收入分配职能是指政府运用税收、财政补贴及转移支付等手段来调节微观经济主体的收入差距，以达到分配公平的目标。

政府干预的原因是：有人出生于大城市富裕家庭，从小接受优质教育，继承父辈的产业，过着无忧无虑的生活；而有人出生于贫瘠山区的贫困家庭，无法接受良好教育，只能从事收入低微的工作，过着吃了上顿没下顿的生活。更有人仅靠炒股、倒卖土地或房产、开矿、买彩票等一夜暴富，挥金如土；而老弱病残群体即使拼命工作，仍然难以过上温饱生活。贫富差距持续增大，既打击部分人群的劳动积极性，也会引发社会成员的怨言，社会稳定面临极大挑战。

下面的故事或许让你对收入分配不公有更形象的认识，并了解政府调节收入分配的必要性。1929—1933年世界性经济危机发生时，美国发生了这样一件耐人寻味的事：一位煤矿工人的孩子从学校回到家里，时值严冬，天气非常寒冷，但他发现家里并不像往常那样烧煤取暖。于是，他问父亲为什么不烧煤，得到的回答是家里没有煤了。他又问为什么不去买煤呢，父亲说因为失业没有钱了。当他再问为什么失业时，他得到了难以理解的回答：因为煤太多了，卖不出去，矿山只好裁减员工。挖煤的没有煤烧、建房子的没有房子住、造汽车的买不起汽车、种粮食的吃不饱饭……诸如此类，生活中有不少这样不合常理的事情。

美国2004年消费金融普查数据（如图1-4所示）让人们对财富分配不均有了更深刻的认识：美国最富有的1%家庭拥有全国34.3%的财富，最富有的5%家庭拥有全国58.9%（即34.3%+24.6%）的财富，而最贫穷的40%家庭只拥有全国0.2%的财富。

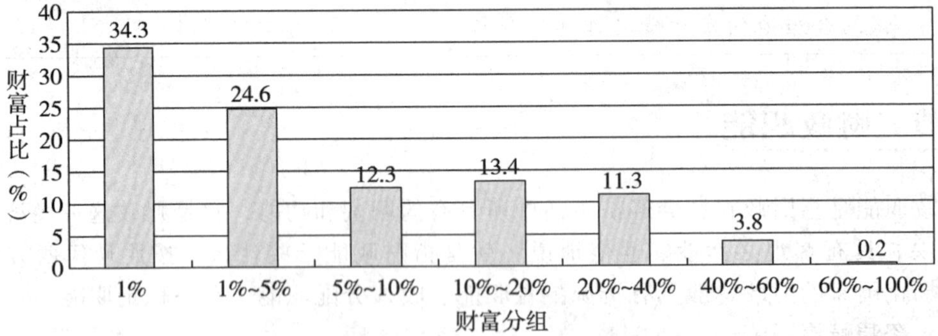

图1-4　美国2004年消费金融普查数据

数据来源　郭凯．王二的经济学故事［M］．杭州：浙江人民出版社，2012：31-32．

如何衡量收入分配状况呢？经济学家经过研究，提出了不少判断分配均衡度的指标：方差、标准差、平均差、极差、四分位数、变异系数（离散系数）、洛伦茨指数（基尼系数）、泰尔指数、欧希玛指数、库兹涅茨比率、阿鲁瓦利亚指数、沃尔夫森极化指数、贫困指数、偏离值、恩格尔系数、贫困发生率、帕尔玛比值等等。我们在后文中再具体进行计算分析。

收入分配不均不等于分配不公，不同劳动者的收入不可能完全相同，有差异是正常的，不应当追求绝对平均，而且绝对平均只能导致人人都偷懒，没有人愿意卖力创造财富。分配不均侧重于主观原因造成的问题。分配不平则既有客观原因，也有主观原因：客观原因主要是资源禀赋差异，因为各个地区自然条件不一样，每个人生存条件差别很大，这样就导致获得的收入差异巨大；主观原因是个人努力程度不同、工资制度等不够合理，进一步拉大差距。政府干预应当区分上述两种原因分别采取不同手段，尽量防止诚实劳动的人吃不饱、偷奸耍滑的人轻松度日的现象出现。对于客观原因造成的问题，可以通过税收、福利政策适当调节收入差距；对于主观原因造成的问题，可以通过完善制度缩小差距。

收入分配不公、两极分化是各国普遍存在的问题，引起各国政府及经济学家的高度关注。英国经济学家庇古创立了福利经济学理论体系，被称为“福利经济学之父”。福利经济学的核心目标是研究怎样增进个人乃至整个社会的福利。庇古提出了两个途径：一是增加全社会的财富；二是促进个人之间收入均等化。这就需要把富人的一部分财富转到穷人手中。具体办法有四种：一是自愿捐赠，举办慈善事业；二是政府对富人征税，救济穷人；三是建立社会保险和社会福利设施等社会保障制度；四是通过补贴，降低穷人必需的生活品价格。①

政府干预的目标简单地说就是避免出现"朱门酒肉臭，路有冻死骨"的现象，促进地区之间、城乡之间、不同行业之间、不同群体之间收入分配相对公平，并不是追求绝对平均。如果过度追求平均，就会导致没有人积极创造财富，效率低下，回到贫穷状态，违背发展的初衷。

财政是政府调节收入分配的有力手段，具体来说有两种做法：一是通过个人所得税，对高收入者征收一定的税收，意在"抽肥补瘦"；二是通过社会保险、补贴等工具，帮助无收入者、低收入者维持基本的生活和福利水平。个人所得税怎样调节收入分配差距，怎样设计科学的税收政策，大家可以在学习税收方面的课程时思考和讨论。

知识之窗1-2　　马太效应

《新约·马太福音》中有这样一个故事：一个国王远行前，交给三个仆人每人一锭银子，吩咐他们："你们去做生意，等我回来时，再来见我。"

国王回来时，第一个仆人说："主人，你交给我的一锭银子，我已赚了10锭。"国王奖励他10座城邑。第二个仆人报告说："主人，你交给我的一锭银子，我已赚了5锭。"国王奖励他5座城邑。第三个仆人报告说："主人，你交给我的一锭银子，我一直包在毛巾里存着，我怕丢失，一直没有拿出来。"国王命令将第三个仆人的一锭银子赏给第一个仆人，并且说："凡是少的，就连他所有的也要夺过来。凡是多的，还要给他，叫他多多益善。"这就是马太效应。

在现实生活中，马太效应的例子很多。有钱人投资房地产，越来越富有，而穷人只能一分钱掰作两分用，差距不断扩大；"富二代"不仅有读书机会，而且能进更好的学校，穷人家的孩子早早辍学，素质差距拉大；人们对学习好的学生期望值更高，激励他进步更快，而后进的学生往往受到忽视，于是更没有信心，两者的距离也越来越大……

资料来源　陈鹏飞．经济学的100个故事［M］．北京：新华出版社，2008：137.

三、经济稳定职能

经济稳定职能是指通过财政分配实现经济稳定的目标，即充分就业、物价稳定、国际收支平衡、合理的经济增长率。

经济本身不一定能保持平衡快速增长，原因在于市场中的企业、个人往往盲目追求自身利益，容易导致经济剧烈波动，出现周期性的经济动荡。图1-5反映了1978—2017年中国经济的发展态势，无论世界经济还是各国经济，都呈现出忽高忽低的周期性发展态势，这会导致资源浪费、失业、社会不稳定等现象出现。由于经济本身不会自动保持稳定增长，需要外力推动，政府就是这样一只"看得见的手"，通过财政、金融等手段进行调控。

要实现财政的经济稳定职能，必须保持社会总供求的基本平衡，包括总量平衡和结构平衡。要达到这一目标，就要选择正确的财政政策工具与财政政策组合。在我国，主要通过收入与支出的变化来合理调节。实行扩张性财政支出政策，增加支出，将扩大社会总需

① 王东京，等．教你读懂西方经济学［M］．广州：广东经济出版社，2012：269．有删改。

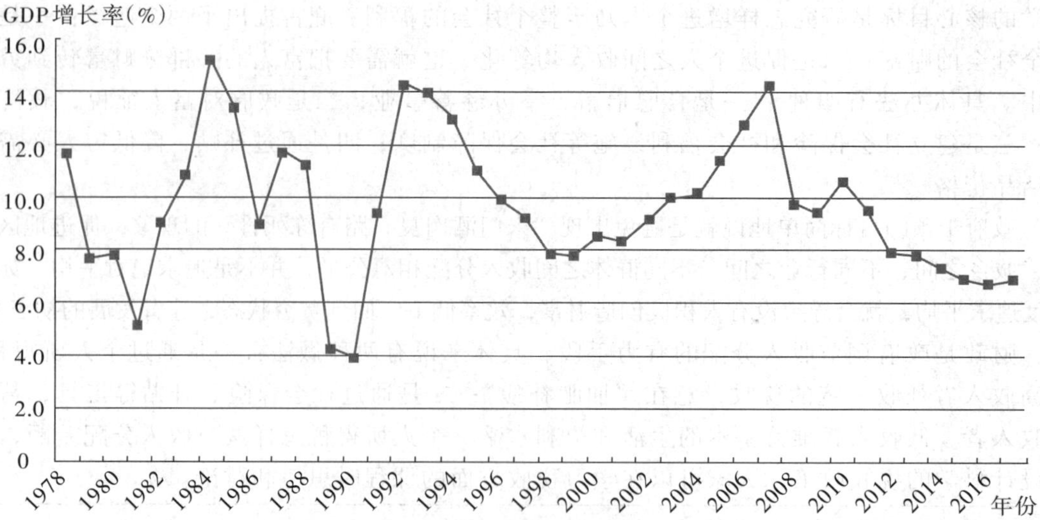

图 1-5　中国 1978-2017 年经济增长率

资料来源　中国国家统计局. 中国统计年鉴（2018）[M]. 北京：中国统计出版社，2018.

求；反之，实行紧缩性财政支出政策，减少支出，社会总需求将相应减少（如图 1-6 所示）。同时，灵活的税收政策能调节微观经济主体收入的增减，影响社会总需求。财政收支可间接调控社会总供给。

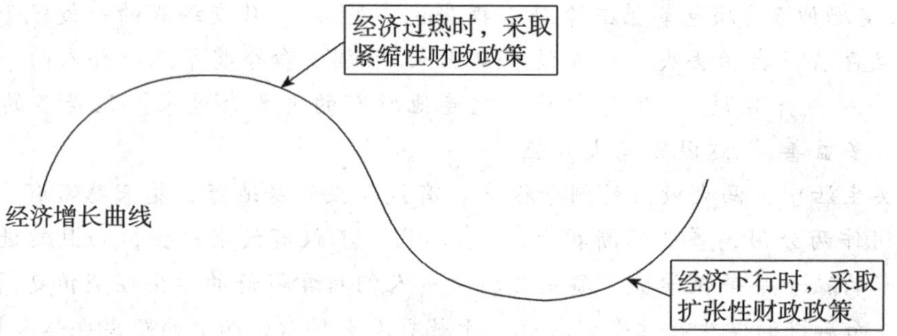

图 1-6　经济周期与财政政策

知识之窗 1-3　　挖坑的故事

凯恩斯在《就业、利息和货币通论》中写了一则寓言：乌托邦国陷入了经济危机，整个国家的经济完全崩溃了：企业破产，工人失业，人心惶惶。政府为了缓解这种状况，决定以政府的名义建一个公共工程——一个大坑。这需要雇用 200 个人，而且要为他们配备 200 把铁锹。因为有了 200 把铁锹的需求，所以生产铁锹的企业恢复生产了，进而生产钢铁的企业也恢复生产了。挖大坑的工厂开始给工人们发工资，这样一来，工人们有钱购买食物了，食品的消费也兴盛起来。大坑挖好之后，政府又雇用 200 个人把它填上，这样又需要给每个人配备铁锹……如此一来，崩溃的市场开始慢慢复苏了。国家经济恢复以后，国家通过增加税收还清了为挖大坑所发行的国债，乌托邦国又变得像以往一样繁荣了。

资料来源　于跃龙. 趣味经济学：把握经济脉动的绝佳教材 [M]. 北京：中国纺织出版社，2012：180-181. 有删节。

第四节　财政学的分析与学习方法

每门课都有自己的特点，要根据每门课的具体情况采取相应的学习方法，这样才能收到事半功倍的效果。对于财政学这门课来说，它属于应用经济学范畴，不能采用死记硬背的办法，也就是说，“背多分”是行不通的。有个故事说一位博士回到中学的母校看望老师，看到老师正在批改作业，题目与以前几乎一模一样。他感到不解，老师意味深长地回答“问题没有变，可是答案变了”。经济社会不断变化，死记硬背某些理论知识是不顶用的，只有活学活用，才能解决各种实际问题。我们的目标是学习理论、理解知识、掌握技能，学会用财政学的眼光观察现实世界，用财政学的方法思考和分析社会问题。

一、财政学的分析方法

财政学是经济学的一部分，经济学的研究和分析方法都可以采用。尽管分析方法林林总总、数不胜数，但首先要有全面、辩证的思维方法。例如，要弄清为什么人们捐款不积极这一现象，就要运用所学专业知识，从多个角度来分析。一是捐款得不到发票，没办法按照税法的规定申请税前扣除，这涉及税收公平理论；二是大家捐款给民政部门或红十字会等组织，然后委托它们转交给受灾群众，但由于管理上的原因，信息公开不够，人们对捐款用途不清楚，对资助对象的具体情况也不了解，这涉及委托–代理理论；三是富人不热心，对于收入不高的普通民众来说，大家觉得心里不平衡，这涉及社会学的社会责任问题。

王东京（2004）把经济学的精髓归纳为三个假定、三个原理、三个方法（如图1–7所示）。

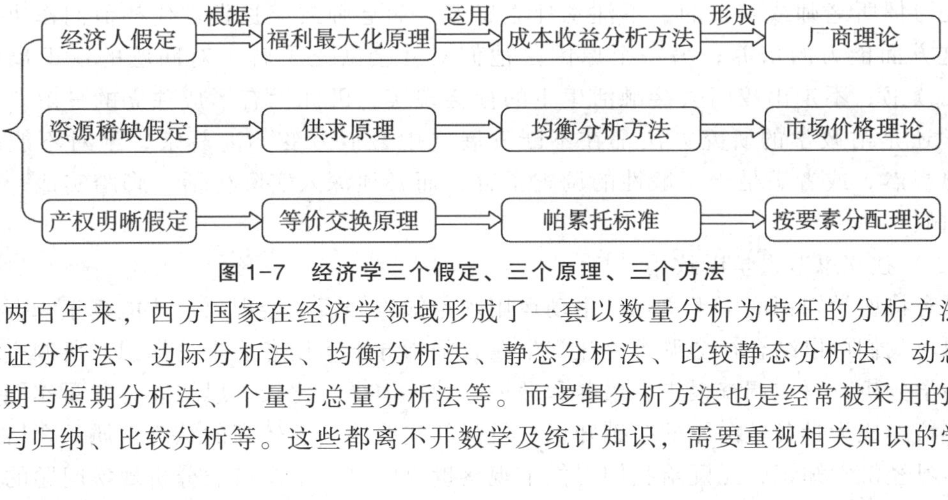

图1–7　经济学三个假定、三个原理、三个方法

近两百年来，西方国家在经济学领域形成了一套以数量分析为特征的分析方法，包括：实证分析法、边际分析法、均衡分析法、静态分析法、比较静态分析法、动态分析法、长期与短期分析法、个量与总量分析法等。而逻辑分析方法也是经常被采用的利器，如演绎与归纳、比较分析等。这些都离不开数学及统计知识，需要重视相关知识的学习和运用。

财政学既要通过实证分析客观反映财政分配活动的历史和现实状态，准确描述财政分配各实际要素间的现实联系，又要运用规范分析方法分析判断财政分配活动的状态是否符合客观规律的要求，根据科学的价值判断提出改善财政分配状态的有关措施，从而使财政分配更好地实现其目标。西方学者运用实证分析和规范分析对一般公共经济行为和现象进行了详尽和深入的探讨，形成了著名的经济学理论，如均衡价格理论、消费者行为理论、生产理论和厂商理论等。这些理论是社会化生产中经济规律的客观反映，具有跨国界的科学性，构建了人类丰富的理论宝库。

实证分析离不开数据的收集、计算、处理，其逐步发展为系统的计量经济学，数理分析方法成为重要的分析方法，因此，学习并掌握数学、统计、计量经济方面的知识、技能就显得非常重要。只有学会文献检索、数据处理、统计分析，才能增强说服力，从纷繁复杂的现象中发现规律、问题，找出原因，提出新观点、新思路、新办法。

运用各种理论来分析经济学、财政学现象，又产生了很多分析方法，如运用制度经济学来分析称为制度分析方法，运用博弈论来分析称为博弈分析方法，运用阶级分析理论来分析称为阶级分析方法等；还可以从其他学科的角度来研究、分析经济学问题，如从法学角度分析、从管理学角度分析、从社会学角度分析、从历史学角度分析、从政治学角度分析等。

二、财政学的学习方法

同学们都渴望“飞上天和太阳肩并肩”“相信青春没有地平线，相信自由自在，相信希望”。大学给大家提供了无限宽广的舞台、尽情思考的学习空间，只要大家抓紧时间，方法对正确，大学将成为你“心中最美的乐园”。

（一）理论联系实际

财政学是一门与社会现实联系非常紧密的课程，只有紧密结合财政改革与发展的实际，不断创新，才能跟上时代前进的步伐。因此，学习财政学必须始终贯彻理论联系实际的原则，针对现实生活中的新现象、新问题进行有的放矢的分析，开展互动式讨论，才能够学有所得、学以致用，实现人才培养与社会需求的良好对接。

从一些大学生就业的案例中，我们发现，缺乏主见是不少大学生的通病。一个原因可能是习惯听老师或家长的，不注意独立思考，而老师或家长常常代替他们作决定，忽视了这方面能力的培养；另一个原因是他们对社会缺乏了解，对问题的认识局限于书本，死读书，不走出校门去接触活生生的社会现实，因此没有形成独立的见解。不管是经济学还是财政学的研究方法都在不断发展之中，但万变不离其宗，绝对不能闭门造车、想当然，或者满足于一般性的调查了解，而必须深入实际生活，脚踏实地，来不得半点虚假。

（二）独立思考，学以致用

只有将所学知识应用于实际，主动运用理论知识分析社会现象，才能真正掌握这些理论知识。我们可以结合社会调查，让学生在教师指导下运用专业理论知识对所调查的情况进行科学分析，写成调查报告，培养和锻炼归纳、演绎、比较等思维能力和写作能力，逐步将其培养成为具备较深厚的基础知识、较强的实践能力、较高的综合素质的合格人才。

学习经济学知识，无疑给我们提供了观察世界的另一个窗口、分析现实问题的另一种方法。学习是为了运用，也只有通过运用才能真正学好。所以，在学习过程中不应死记硬背，而应主动地用经济学理论和知识判断和分析生活中的各种现象，提出自己的看法。其实，不管是什么现象和问题，都没有标准，无所谓对与错、好与坏。只要能说得通，能自圆其说，符合基本的道理和逻辑，都是应当鼓励的。真理并不掌握在某个专家手里，应允许争论，鼓励探讨，在真理面前人人平等。古诗云“众里寻他千百度，蓦然回首，那人却在，灯火阑珊处”。只要积极思考，一定能够找到解决问题的方法。

有些人是“两脚图书馆”，记了很多东西，但没有弄明白，更不能学以致用。对大学生来说，要提倡读书、实践、思考三结合。要想知道昨天，就得多读书；要想弄清今天，就要真实践；要想预见明天，就应勤思考。实践就是到社会这所大学中翻开那本没有页码的书，通过观察、动手、亲身体验，读懂这本无字之书。

在生活中不难发现，不少学生学到了不少知识，但仅停留在知识上，仅停留在记忆中，不会或不善于通俗表达、灵活运用，也就是说，处于囫囵吞枣、一知半解的状态，甚至考完试就忘得差不多了。食而不化就是这个意思，因为平时上课只是老师讲，大家没有思考，或者没有思考和分析的机会，也没有养成这样的习惯，更没有机会去运用，对实际了解得也很少。从毕业论文的写作来看，抄袭是老问题，根源是平时教学重内容、轻能力培养，特别是没有教会学生如何检索和收集文献资料、如何进行社会调查、如何进行观点综述、如何分析问题、如何形成自己的观点和看法、如何用专业语言描述问题并表达观点和看法等。

对于初学者来说，只有不迷信专家，敢于质疑，才会养成独立思考的好习惯，才能有主见，学习也才能有好的效果。为了引导和帮助大家注意观察，积极思考，学以致用，本书安排了案例、讨论题、练习、作业，供大家选用。

在这里，我们举一个典型的例子来说明不要盲从，更不要想当然，必须认真分析才能作出结论。大家都知道，灯塔是经济学中的有趣现象。新制度经济学的创始人罗纳德·科斯在《经济学中的灯塔》一文中考察了英国早期的灯塔制度，发现经济学家对灯塔现象的理解与事情的真相相去甚远。17世纪初，英国领港公会（这个公会起初由海员自发组织而成，后来由政府授权专门管理）建造了两座灯塔。虽然领港公会有权修建灯塔并向过往船只征收费用，但是它不愿在灯塔上投资。1610—1675年，该公会未建成一座新灯塔，而同期私人却投资建造了10座灯塔。这些私营灯塔是私人投资者通过向政府租用土地建造起来的，租约期满，多由政府收回，由领港公会经营。到1820年，英国私营灯塔只剩下22座，国营的有24座。这46座灯塔中，有34座是私人建造的。1834年，英国政府通过法令，要求领港公会将其余的私营灯塔逐步收归国有。1842年以后，英国没有私营的灯塔了。英国政府解释，对灯塔实行国有化的原因并不是收费困难，而恰恰相反，是私营收费太高。从科斯的调查可以看出，即便对于灯塔这样的公共产品，私有化也是可能的。[①]

（三）理论学习与提高思维能力相结合

在学习中，需要培养和提高自己的观察、判断、分析实际问题的能力，并在此基础上形成解决问题的能力。没有前三个能力作为基础，形成解决问题的能力就无从谈起。从以往组织大学生到财税部门、企业、农村进行的社会调查中，我们可以深切感受到，走出校门让大学生们眼前一亮，看到了课本和课堂上未曾了解的诸多新气象、新情况，发现了不少新问题，激起他们对未来的信心，碰撞出知识的火花，唤起对科学的追求，升腾起成功的希望，也使他们逐步成熟起来。通过社会调查，大学生们从活生生的现实中汲取营养，在调查和思考中增长见识，通过自己的眼睛和其他感官感受社会变化的脉搏，丰富了自己对现实社会的认识。

---

① 胡庆龙，科斯：新制度经济学的创始人［M］. 北京：人民邮电出版社，2009：41.

把财政学放到经济学的大背景中去思考，将宏观经济学、微观经济学、管理学、社会学、法学等方面的知识应用于财政经济现象的判断与分析，就会发现财政现象和财政知识很有趣，学习和思考的过程将是一个思维能力的锻炼和提升过程，是我们对社会不断认识的过程。一方面，我们需要学会用专业知识判断和分析生活问题。比如，有人用降低生活成本、规模效应的原理来说明人为什么要结婚，有人用供求理论说明房价为什么上涨。另一方面，我们要学会用生活语言表述专业问题。比如，可以用“十个锅九个盖”说明政府财政资金供求矛盾，入不敷出；用做大蛋糕比喻发展经济，用切蛋糕比喻财政工作。大家如果在课堂上作为主人参与到教学活动中来，不是被动地接受知识，而是主动地实践，就能在尝试与体验中认识理论、学习知识、掌握技能。

李开复2005年2月在“开复学生网”发表了一封给中国学生的信：大学四年应是这样度过。下面是信的一部分，或许能给各位同学一些有益的启示：

“在大学期间，学习专业知识固然重要，但更重要的是学习独立思考的方法，培养举一反三的能力，只有这样，大学毕业生才能适应瞬息万变的未来世界。我认识不少在中国读完大学来美国念研究生的朋友，他们认为来美国后，不论是学习、工作还是生活，自己最缺乏的是独立思考能力，因为在国内时他们很少独立思考和独立决策……”

事实上，很多问题都有不同的思路或观察角度。在学习知识或解决问题时，不要死守一种思维模式，不要让自己成为课本或经验的奴隶。只有在学习中敢于创新，善于从全新的角度出发思考问题，潜在的思考能力、创造能力和学习能力才能被真正激发出来……

案例讨论1-3　　经济学的分析方法

经济学家萨缪尔森曾讲过一个故事：一位物理学家、一位化学家和一位经济学家漂流到孤岛上，十分饥饿。这时海面上漂来一个罐头。物理学家说：“我们可以用岩石砸开罐头。”化学家说：“我们可以生火，然后将罐头加热。”经济学家说：“假设我们有一个开启罐头的起子……”表面看来，这几名学者过于迂腐，但也说明科学研究是需要假设的，经济学也不例外。也可以说，假设是一些前提条件，如果这些条件不满足或发生变化，那么结论将不一样。经济学有著名的三大假定：资源稀缺假定、经济人假定、产权明晰假定。

再来看一则幽默故事：小宝在班上受到老师的表扬，他高兴地跑回家告诉妈妈。他说：“老师说我们班45名同学在这次考试中，大部分同学成绩有所下降，只有我还不错，依然保持着上学期的成绩。”妈妈高兴地问：“你排在第几名啊？”“第45名。”妈妈听了差点没昏过去。从上面的幽默中我们可以得到这样的启示：比较是我们认识、判断事物的重要方法，也是经济学包括财政学的研究方法之一。比较要有一个参照物，与不同的参照物进行比较将得到不同的结论。小宝的成绩与他自己上学期相比，确实没有退步，但与全班同学本学期的成绩比，他是最差的。

讨论：

1.你在财经类专业课学习中如何运用演绎法、归纳法？举例说明。

2.说说其他你觉得比较好的分析或学习方法，举例谈谈体会或感想。

知识运用

本章所学的政府与市场的关系、财政职能可以用于分析哪些事情应当由政府来办、为什么某些事情由政府介入、为什么财政安排某方面的支出。下面分别列出现象（案例）、分析的理论依据、分析思路。

现象：政府对公交企业给予补贴。

分析的理论依据：市场失灵、财政具有资源配置职能。

分析思路：公共交通领域存在市场失灵现象（如果由私人企业经营，偏僻线路将无人经营，而且价格会随行就市，市民难以承受）-政府介入-由国有企业直接提供公共交通服务-实行低价，出现亏损-财政补贴，维持企业运转-市民得以享受廉价优质的公交服务。

其他案例：同学们毕业时选择“促进乡村旅游繁荣发展的财政对策分析”、“推进某地区县域内义务教育均衡发展的财政学思考”和“加大财政扶贫力度的调查与分析”之类的主题时，可以首先分析旅游发展、教育均衡发展、扶贫工作与财政的关系（逻辑分析中的大前提），从政府与市场的关系论证财政支持是旅游发展、教育均衡发展、扶贫工作的必要条件，然后用数据证明目前财政对旅游发展、教育均衡发展、扶贫工作的投入还不能满足需要（小前提），最后才能得出增加财政对旅游发展、教育均衡发展、扶贫工作的投入的结论。

怎样培养专业兴趣，适应大学专业课学习？

第二章 财政职责：公共产品

知识结构图

公共产品理论

- 公共产品的性质：
  - 公共产品的概念
  - 公共产品的特征
  - 公共产品的分类
  - 公共产品的界定
- 公共产品的供求：
  - 公共产品的需求
  - 公共产品的供给
  - 公共产品有效供给的方式
- 公共产品理论与供给制度的变迁：
  - 公共产品产生的思想萌芽
  - 公共产品供给制度的萌芽
  - 公共产品理论的建立与公共产品供给制度的形成
  - 公共产品理论与供给制度的发展

引 言

如果回到30年前，普通中国老百姓对公共产品是非常陌生的。而现在，大家每天都可以在报纸、杂志、电视、广播中看到、听到这一词语。更重要的是，我们的生活就置于公共产品的海洋之中。小学、初中免学费，农村学校免费提供营养午餐，公园、博物馆、图书馆、文化馆免费开放，城市里可以申请经济适用房或廉租房，儿童、老人享受到更多的福利，更多的人受益于养老保险、医疗保险、失业保险、工伤保险，贫困地区的水电路网等条件不断改善。在1998年我国应对亚洲金融危机的实践中，财政政策与货币政策作为政府的左膀右臂，力挽狂澜，避免了经济发展的大起大落，保证了经济社会的平稳协调发展；面对2008年年末来势汹涌的全球金融危机，财政政策担当了我国宏观调控的主力军，发挥了中流砥柱的作用。随着公共财政体系的构建，人们不仅缴纳各种税费，而且得到了这些税费带来的好处，越来越多地感受到财政与自己的生活是如此息息相关，公共财政理念逐步深入人心。对于每一个普通百姓来说，自己的菜篮子、米袋子、新房子都离不开财政这个“钱袋子”，说明不再是“旧时王谢堂前燕”，已经飞入了寻常百姓家。

公共产品理论是公共财政的基础理论。在本章中，我们将了解公共产品的内涵、特征、分类以及如何界定公共产品；理解公共产品供给的最优化以及如何有效地提供公共产品；了解公共产品理论与供给制度的变迁，并结合案例探讨公共产品的是非曲直。

待解问题——

在我国当前阶段，究竟哪些属于政府的公共服务？哪些应当由政府提供？比如，幼儿园、养老院该不该由政府举办？

为什么我国政府2010年出台“鼓励民间资本以独资、控股、参股等方式投资建设公路、水运、港口码头、民用机场、通用航空设施等项目”的政策？

为什么《中华人民共和国国民经济和社会发展第十三个五年规划纲要》提出要“引导社会资本参与公共产品提供”？

第一节　公共产品的性质

一、公共产品的概念

公共产品是相对于私人产品而言的，最初的概念由兰度尔提出，后来萨缪尔森、奥尔森、布坎南等人对公共产品理论进行了发展。公共产品概念的提出被看作“公共财政理论发展的主要突破之一”。

萨缪尔森对公共产品的定义是从其消费属性出发的。他认为，公共产品是所有成员集体享用的集体消费品，社会全体成员可以同时享用该产品，而每个人对该产品的消费都不会减少其他社会成员对该产品的消费。他用数学方法表述如下：

$X_k = X_k^i$（i=1，…，i；k=j+1，…，j+k）

式中：i为消费者的序号，k为商品的序号，X_k表示对第k种商品的全部消费，X_k^i表示第i个消费者对第k种商品的消费。由于$X_k = X_k^i$，因而任何一个消费者的个人消费都等于全体消费，即每个消费者都消费了整个公共产品。很显然，萨缪尔森是从公共产品消费的非竞用性来界定公共产品的。

奥尔森认为，任何物品，如果X_1…，X_i…，X_n中的任何个人X_i都能够消费它，而且不能适当地排斥其他人对该产品的消费，则这种产品就是公共产品。这是从公共产品受益的非排他性来定义的。

布坎南认为，任何集团或社团因为任何原因通过集体组织提供的商品或服务，都被定义为公共产品。

要给公共产品下个准确的定义是比较困难的。我国教科书上大多把公共产品定义为由公共部门（或政府）提供的用于满足社会公共需要的商品和服务。我们认为，从公共产品的两个特征来把握公共产品的内涵比较符合我国当前实际，这对认识公共产品理论也具有重要意义。我们这样表述：公共产品是指具有消费或使用上的非竞用性和受益上的非排他性的产品。

一个经典的案例是：在黑夜茫茫的大海上，有一座灯塔，它为过往的船只提供光明，引导它们绕过暗礁，安全地航行。很多船只都因此受益，但它们没有付费。灯塔的主人也无法准确地判别哪艘船“偷看”了灯塔发出的光线，从而无法去收取相应的费用。

在市场上，我们购买了别人的商品或是接受了别人的服务，是要付钱的，而在这里，市场经济条件下普遍适用的交换关系为什么不存在了？原因在于，灯塔具有公共性，或者说它是一种公共产品。

公共产品的种类很多，除灯塔之外，像国防、法律、社会治安、消防、道路、教育、基础科学研究、气象服务等，都属于公共产品的范畴。与公共产品相对应，我们平时所购买的一些商品，如食品、衣服等则被称为私人产品。

二、公共产品的特征

（一）基本特征

公共产品具有两个基本特征，也是公共产品与私人产品的本质区别。

公共产品具有消费的非竞用性，可以由多人共同消费，而不影响其效用。比如说路灯，你可以用它来照明，我也可以，而且任何人对它的消费并不影响其他人的消费效果。

相比之下，私人产品就不能供许多人同时消费。比如一套衣服，你穿了我就不能穿；一块蛋糕，我吃了你就不能吃。从另一个角度分析，一般的商品，多一个人消费，产品成本就会提高，比如家里多来一个人，做饭就得多下一些米。用数学公式来表示，用数学公式来表示，当消费者为X时，成本为C_1；当消费者为X+1时，成本为C_2；$C_2-C_1=\Delta C>0$。我们又发现有些东西并不因为消费者的多少而增加成本，如一个班50个人，或者49、51个人，都是一个老师上课，在一个教室，使用同样的教学设施。也就是说，增加一个消费者，增加的成本：$\Delta C=0$，边际成本为零。又如，不论我国是10亿人，还是12亿人、13亿人，军队人数并没有跟着增加，国防费用与保卫的国民人数没有直接对应关系。

公共产品与私人产品在这方面的差异，可以分别通过式（2-1）和式（2-2）加以说明，MC_i为新增加的个人i所引起的边际成本。

公共产品：$MC_i(x)=0$ （2-1）

私人产品：$MC_i(y)>0$ （2-2）

受益的非排他性是指公共产品一旦提供了，便会有众多的受益者，（一定范围内的）社会成员将共同消费它，不可能通过收费的方式将其中的任何人排除在外。也就是说，公共产品一旦生产出来，不管你是否支付了费用，都可以自由地消费，而无须经过某个人或组织的批准。像大海上灯塔发出的光亮，根本无法阻止过往的任何一艘船看到。而私人产品则具有排他性，只有支付了费用，你才能消费。比如你想拥有一台电冰箱，就得花钱买；否则，就别想得到它。又如，消除空气中的污染是一件能为人们带来好处的事情，它能使所有人生活在新鲜的空气中，要让某些人不能享受到新鲜空气是不可能的。大家去看过城市广场的喷泉吗？太美了!你看的时候交钱了吗？那是谁出钱建的呢？既然那么多人喜欢看，为什么没有商人出钱建，然后向游人收费呢？我们知道，企业生产的产品出售时，谁付钱就给谁，没交钱就享受不到，排他性很明显。但想让交钱的人才看到喷泉、不交钱的人看不到，就得将喷泉围起来，这就需要比较高的费用，可能接近甚至超过收取的观赏费用，那么商人就没有动力出钱建喷泉了。那些不交钱就享受的人就是所谓的“搭便车”。

纯粹的非排他性包含三方面内涵：第一，任何人都不可能不让别人消费它，即使有些人有独占的欲望，但或者在技术上不可行，或者在技术上可行但成本过高，因而独占是不值得的。第二，任何人都不得不消费它，即使有些人可能不情愿，但无法拒绝。第三，任何人都可以恰好消费相同的数量。

根据以上三方面内涵，分析政府为公民提供的警察等安全保障可以发现：即使那些最狭隘自私的人也不可能要求警察为他一个人的安全提供保障，即使那些不想得到保护的人也无一例外地得到了这种公共服务；同时无论是谁，都同等地得到了政府为其提供的安全保障。政府加强食品安全监管，那么所有人都能享受到食品安全带来的好处，很难对受益人按照受益情况收费；政府的社会治安治理、环境污染监管、执法、反腐败、反垄断等都有这样的特点。

如果是私人产品，结果则相反。如某一食物，如果想消费它，只要付款购买就可以轻易地排除他人对同一食物的消费；同时，你不想消费它，也可以对它置之不理。并且，一旦某人消费了这一食物，可供别人消费的同种食物就减少了。

公共产品与私人产品在这方面的差异可以用式（2–3）和式（2–4）来加以说明。其中，X_s和Y_s分别为公共产品与私人产品的总供给；n为经济中的消费者人数；X_i和Y_i为个人i消费公共产品X和私人产品Y的数量。式（2–3）表明，公共产品的总量一旦提供出来，它就可以被社会中的每一个成员等量地进行消费，即个人在消费公共产品时相互间是不排斥的；式（2–4）表明，私人产品的总量一旦提供出来，若被社会中的第一个人消费了Y_1单位，则其余的人就只能在（$Y_s - Y_1$）的范围内进行选择了，即个人消费私人产品时是相互排斥的。

$$X_s = X_1 = X_2 = \cdots = X_n \tag{2–3}$$

$$Y_s = Y_1 + Y_2 + \cdots + Y_n \tag{2–4}$$

（二）其他特征

公共产品与私人产品的不同之处还在于它的不可分割性。一种私人产品，比如一块面包，可以用多种不同的办法，将它分给10个人享用；而桥梁和道路只有作为一个整体才能发挥作用，如果将它锯成若干段分给居民，让他们各自搬回家，那就失去了它原有的作用。

此外，公共产品还具有外部性特征。外部性也叫外部效应，是指在实际经济活动中，生产者或消费者的活动对其他生产者或消费者带来的非市场性影响。这种影响可能是有益的，也可能是有害的。如前文所说，有益的影响称为正外部性；有害的影响称为负外部性。正外部性的例子很多，如墙内开花墙外香，外部沾光；一所大学有多个运动场，周围居民都来散步或锻炼。负外部性的例子有：一户人家煮臭豆腐臭气熏人，化工厂对环境造成污染等。外部效应如图2–1所示。

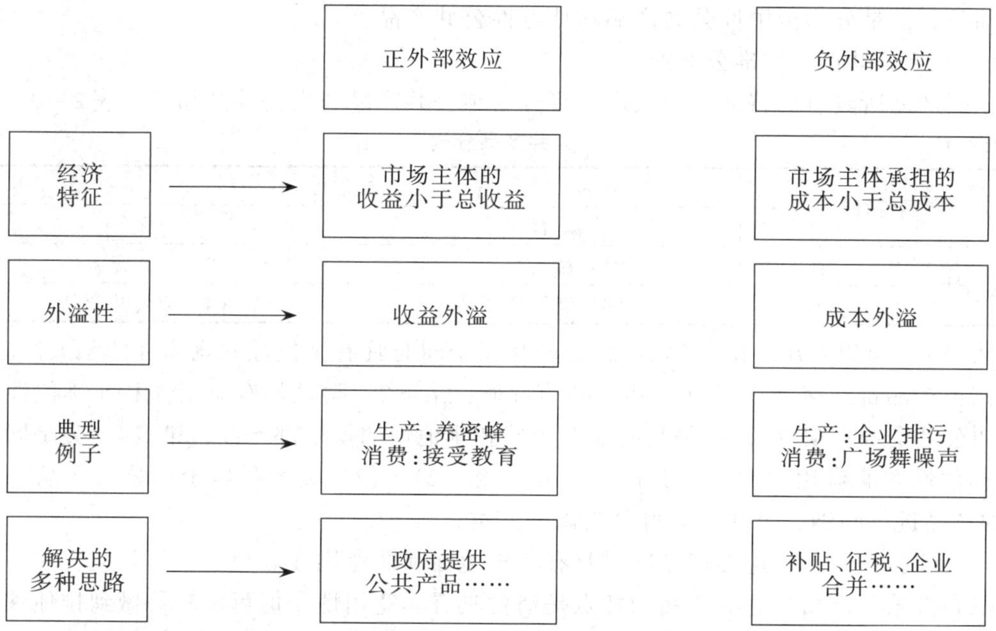

图2–1　外部效应图示

由于人通常首先考虑自身的利益，有人不愿意为公共产品付费，总想让别人提供后自己免费享用，这种行为被现代经济学称为“搭便车”。就像乘公共汽车不买车票一样。结果怎样呢？每个人都指望别人自费提供公共产品，自己坐享其成，结果谁也不生产，最终导致公共产品的供给量为零。由于每个人都有占便宜的动机，容易产生“搭便车”行为，所以经济学家认为，公共产品不可能像私人产品那样通过自由市场实现最优配置。我们平时使用的公共产品，大多是由政府或集体提供的。古代有“凿壁偷光”的故事，从经济学上讲，就是“搭便车”现象，自己不掏钱，却得到了光亮。2010年广州承办亚运会，原定自2010年11月1日起，地铁、公交车免费乘车1个月，结果人满为患，拥挤不堪，地铁日均客流量成倍增加，这也是典型的“搭便车”现象，最后政府只好取消亚运公共交通全民免费措施，改为发放交通补贴。

综上所述，公共产品具有非竞用性、非排他性、不可分割性、外部性几个特征，这是判断一个产品是不是公共产品的重要依据。

需要指出的是，公共产品并不是我们经常说的公共财产，这是两个差别较大的概念。公共财产一般是指有形的物品，是看得见、摸得着的，是指产权属于国家或集体的财产。公共产品既包括有形的产品，也包括无形的产品和服务，如文化、教育、卫生服务等，它不是根据所有权来划分的，而是根据上述基本特征来界定的。

三、公共产品的分类

公共产品分类

公共产品的分类有三种：一是分为纯公共产品与准公共产品；二是分为混合产品和公共中间品；三是分为全国性公共产品和地方性公共产品。

（一）纯公共产品与准公共产品

依据产品所具有的特征，公共产品可分为纯公共产品与准公共产品（见表2-1）。

表2-1 **公共产品分类**

产品特征		排他性	
		有	无
竞用性	有	（1）私人产品	（2）公共资源
	无	（3）俱乐部产品	（4）纯公共产品

从表2-1可以看出，除了第（1）类产品属于同时具有排他性和竞用性的私人产品外，其他三类产品都或多或少具有公共产品的特征：第（2）类是具有竞用性和非排他性的产品，叫公共资源；第（3）类是具有非竞用性和排他性的俱乐部产品；第（4）类是同时具有非排他性和非竞用性的纯公共产品。其中第（2）、（3）类产品属于准公共产品。将表2-1的产品进行归纳，公共产品可分为以下三类：

（1）纯公共产品。这类产品同时具有非排他性和非竞用性。

（2）俱乐部产品。这类产品的特点是消费具有非竞用性，但可以轻易做到排他性，即不付费者可以被排除在消费之外。

（3）公共资源。这类产品的特点是消费具有竞用性，却无法有效地实现排他性，即不付费者不能被有效地排除在消费之外。例如，海中的鱼，当一个人捕到鱼时，留给其他人捕的鱼就少了，但这些鱼并不是排他性产品，因为对渔民所捕到的鱼收费十分困难。这类产品还有森林、草原、矿藏、野生动物、清洁的空气和水等。公共资源就是这样，具有非排他性——想使用公共资源的任何人都可以免费使用，会产生“搭便车”现象，但又具有竞用性——一个人对公共资源的使用减少了其他人的享用，其结果经常是公共资源被过度开发和使用，造成“公地悲剧”。

将公共产品分为纯公共产品、俱乐部产品和公共资源，对分析公共产品的属性及经费筹措方式具有重要意义。

思考与讨论：大家观察一下身边的事物和现象，分别举出若干上述各类产品的例子，并加以讨论，看看是不是准确理解了这些内容。一个班级通过缴纳班费共同组织郊游、聚餐等活动，是不是俱乐部产品？能不能把一个班级比喻为一个国家或地区，以便把复杂、抽象的问题简单化，帮助我们更好地理解和分析相关现象和问题？

（二）混合产品和公共中间品

混合产品就是同时具有公共产品性质和私人产品性质的产品。这些产品的非竞用性和非排他性是不完全的，虽然含有私人产品的成分，但同样产生外部效应。如个人为预防疾病而注射疫苗，在使自己增强免疫力的同时，也让所有他可能接触到的人不会受到病毒传染，因而产生了正外部效应。又如一个人受教育，首先使自己受益，为个人事业的发展和财富积聚奠定基础，同时，教育也有正外部效应，即可以通过受教育者为社会提供产品（或服务）使社会受益，促使社会劳动生产率提高，也可以使整个社会的文化素质不断提高。正是存在这种外部性，个人对混合产品的提供总是先考虑自身受益的大小；就整个社会而言，对这种产品的提供总是供给过少。这种外在性的存在影响生产者和消费者的决定，从而使得资源配置与不存在外部效应时完全竞争的市场所产生的配置结果大不相同。

公共中间品是指未被最终消费，而是被用作投入，进入生产过程的公共产品。显然，这与前面讨论的公共产品存在不同之处：对于公共中间品而言，消费的主体是生产者，具体来说是厂商，而不是一般消费者。但厂商对这种产品的消费和一般消费者对某种产品的消费在特点上是极为相似的。因为当厂商消费这些产品的时候，从某种意义上讲，厂商也是一个消费者，只不过是一个特殊的消费者而已。在本书中我们没有对此进行具体分析。

（三）全国性公共产品和地方性公共产品

按照公共产品的受益范围，可以把公共产品划分为全国性公共产品和地方性公共产品。这种划分对确定一国（地方）的财政体制，如事权与支出的划分等，具有至关重要的意义。分清楚受益范围，才好界定由哪一级政府负责提供，由哪一级财政出钱，避免权责不清、互相扯皮，具体如图2-2所示。

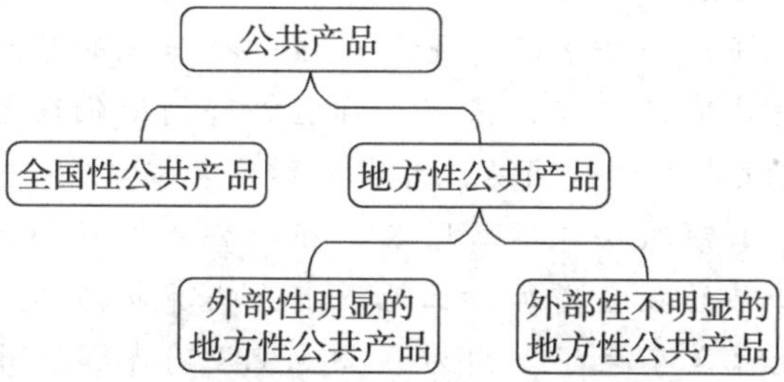

图2-2　公共产品分类

1.全国性公共产品

全国性公共产品是指由全国居民享用的公共产品，像国防、外交、宏观调控、全国范围的环境保护等显然属于全国性公共产品，大家一般没有异议。但是对于义务教育、高等教育、司法事务等是不是全国性公共产品，存在着不小的争议，还需要大家继续研究和探讨，解决实践中事权划分不清、支出责任重叠的问题。

2.地方性公共产品

地方性公共产品是指由某一区域居民享用的公共产品，像绿化、市区道路及路灯等市政设施，交通警察负责的公共交通安全等，大家都认为属于地方性公共产品。但对于社会稳定、教育、农业扶持、文化遗产传承等究竟是不是属于地方性公共产品，则存在着争议。还有一些地方性公共产品的好处会惠及其他区域，可以称为具有正外部效应的地方性公共产品，比如，某条河流的上游地区出资治理环境污染，改善水质，不仅使本地居民受益，而且使中下游居民受益；又比如，某个地区政府开办职业学校，通过职业技术教育培养本地青年的就业技能，这些青年既可以在本地就业，也可以到外地就业。若到外地就业，就会给外地的经济发展带来好处。由于存在正外部效应，当地政府投入财政资金提供这些公共产品的积极性就会受到影响，需要在财政体制等方面采取有效办法来解决。

多年来，大中专院校跨地区招生一直存在矛盾，就有上面提到的原因。比如，江苏省财政出资的苏州大学将部分招生指标分配给贵州省、云南省，一方面，这两个省的学生到江苏省来读书，为江苏省增加了学费收入，也扩大了消费；另一方面，由于苏州大学的部分资金来源于江苏省财政拨款，省外的学生也受益，如果他们回到贵州省、云南省就业，就等于江苏省出钱为这两个省培养人才。所以，各省都会首先考虑照顾本省居民，分配给外省的招生计划都比较少。2016年，教育部要求东部10个省份的高校调出12万个招生名额，分配给中西部12个省份，引起江苏省等地区家长的强烈反应，主要原因就是上面分析的情况。教育部部属高校的招生名额分配也是一个焦点问题，备受争议。比如，北京大学是由中央财政拨款的，资金来自全国的纳税人，但分配给北京市的招生名额比较多，按总人口比例，或者按报考学生比例计算，远高于贵州、广西等省区。也就是说，北京市考生考入北京大学的机会远大于贵州、广西等省区，欠发达地区的居民当然会有很大意见。这背后就是社会公平问题，只有划分清楚各种公共产品的属性，才能科学合理地制订各种经济社会发展计划，既提高生产效率，又维护社会公平。对这些问题，你怎么看？可以和老师、同学、家长一起讨论，也可以组织辩论会进行探讨。

知识之窗2-1　　公地悲剧

17世纪，某小镇的居民从事各种各样的工作，养羊是其中最主要的经济活动。小镇的很多家庭都以养羊为生。平时，羊群都在小镇周围的草地上吃草，这块地就是镇公地。这块草地不属于任何一个家庭，它是小镇所有居民的集体财产，任何居民都可以在草地上放羊。这块草地很广阔，任何人都能够得到他们理想的优质牧草，大家不用花钱在这里放羊，也没出现什么问题，大家感到很幸福。

随着时间的推移，小镇的人口不断增长，在镇公地吃草的羊不断增加。土地的承载能力是有限的，随着羊的数量增加，土地逐渐失去养护能力。最后，羊的数量变得非常多，而这块镇公地寸草不生了。因为镇公地上没有草了，小镇居民不能再以养羊为生了，而之前小镇上因养羊而兴盛起来的羊毛业也衰败了。就这样，小镇的很多家庭失去了收入来源。

古代著名军事谋略家刘伯温在《郁离子》中记述过这样一个有趣的故事：一名叫瓠（hù）里子的官员打算从吴地乘坐官船回家乡广东，到河边时发现船很多，大概有一千艘，没法分辨哪艘是自己要乘坐的官船。他问送行的人怎样才能找到官船，得到的回答是："这太简单了!船篷很旧、船橹折了、布帆也很破的船肯定就是官船了。"他按照这样的说法去找，果然找到了。他叹气说："唉，世风日下，官府的东西竟然被破坏得这样严重。"

资料来源 于跃龙. 趣味经济学：把握经济脉动的绝佳教材［M］. 北京：中国纺织出版社，2012：203-205. 有删改。

四、公共产品的界定

前文讨论公共产品是从非竞用性和非排他性的角度来进行的，但对公共产品的认识不应仅停留在这上面。

第一，公共产品的非竞用性和非排他性存在紧密关系。许多非竞用性产品也是非排他性的，如国防、外交、环境保护等就是最好的例子。但必须明确，这两个特征并不总是同时出现。对有些产品而言，它可能只具有这两种属性中的一种。如桥梁，从桥上通过是非竞用性的，却可以通过收费来实现排他；然而，到了过桥高峰期，假设没有收费，虽然在大多数情况下是非排他性的，任何人都可以从桥上通过，但是由于拥挤，要让更多的车通行，就得增加投资，拓宽桥面，边际成本提高，消费就具有竞用性了。

第二，即使每个人消费公共产品的数量都一样，也不必要求所有人对这种消费的评价都一样。如国家增加国防费开支，就是增加这种公共产品的供给，每个人都别无选择地增加对其消费，但这对于那些认为增加国防费就提高了其安全性的人来说，价值是正的；对于那些认为增加国防费开支只会引起国家间军备竞争的升级，从而认为这会危及国家安全的人来说，价值是负的。

第三，公共产品的划分是相对的。例如，一个公园是一个公共产品，但随着入园人数的增加，产生了经济学上所谓的"拥挤"问题，从而使消费质量下降了。在这种情况下，公共产品的非竞用性条件就无法满足。再如，通过收费来解决道路的堵塞问题，可以采用某种先进的技术，利用设备自动识别经过的车辆，并自动从预先指定的账户中扣除路费。显然，这时道路已经不属于公共产品范畴了（最多算是准公共产品）。因此，公共产品是相对的，它取决于一定的市场和技术条件。

第四，对公共产品的认识是不断发展的。随着时间的推移，许多原来的私人产品在新形势下被认定为公共产品。如诚信就是这样，如果每个居民或企业在商品交易时都讲诚信，则整个社会就会因此节省交易成本进而获益，这种成本的减少当然既表现为非竞用性，也表现为非排他性。

第五，公共产品可以由公共部门提供，也可以由私人部门提供。传统理论认为，公共产品尤其是纯公共产品理所当然应该由公共部门提供，但理论研究与实践结果都表明，传统理论观点是片面的。在现实中，不少私人产品由政府提供，同样，也有一部分公共产品由私人提供。如在某些场合，人们认为，居民用水和医疗服务就是由政府提供私人产品的例子；而当私人把私家花园捐赠给社区的时候，这种公共产品就是由私人来提供的。美国政治学家、行政学家埃莉诺·奥斯特罗姆冲破了公共事务只能由政府管理的教条，打破了政府既是公共事务的安排者又是提供者的传统看法，提出了公共事务管理可以有多种组织和多种机制（多中心主义）的新看法，为此，2009年她成为历史上第一个获得诺贝尔经济学奖的女性。

第六，公共部门（或政府）要提供某种公共产品并不一定意味着必须由公共部门来生产该产品。政府可以通过一定的途径，如授权经营、付费等方式，由私人来生产某种公共产品。如桥梁建设，可以由政府授权某一企业来修建，政府承诺允许其在一定期限内收费来回收成本，或者政府直接付费让其修建。在美国，有37%的消防服务、23%的图书馆、48%的公交服务由私人企业承包经营（罗森，2003）。

思考与讨论：根据政府有没有财政实力来判断某项事务是不是属于公共产品，这种判别方法是否可行？同样，有人以乡镇政府财政实力弱为由，认为学前教育、医疗卫生服务不属于乡镇政府的支出责任，应当由高一级政府来提供，这样的观点是否科学？结合上面的知识思考，在师生、同学间讨论的基础上，提出自己的看法。

案例讨论2-1　　市民进入校园锻炼应不应当收费？

1995年起，我国推出全民健身计划。2009年8月19日《全民健身条例》出台，自2009年10月1日起施行。该条例规定，“公办学校应当积极创造条件向公众开放体育设施；国家鼓励民办学校向公众开放体育设施”。全国各地都陆续出台了相关规定。

2007年，北京市制定了《北京市关于学校体育设施向社会开放的指导意见》，规定有条件的学校应免费开放露天体育设施。据了解，对外经贸大学田径场的收费标准是每人次10元。有人算了一笔账，如果每天都到学校操场跑步，一年就得花费3 650元。

2010年8月8日起施行的《广州市全民健身条例》规定，公办中小学校、中等职业学校、普通高校在优先满足本校学生体育健身需求的前提下，在非教学期间，应当积极创造条件向公众开放学校体育设施。公办学校向公众开放体育设施实行有偿服务的，应当按照物价部门核定的收费项目和标准收取费用，专项用于学校体育场馆设施的维护和管理，不得挪作他用。不过，还是有不少学校以安全难保障为由不积极实行。

2015年的调查显示，贵阳市不少高校体育设施已经向社会开放。另据了解，香港特别行政区的中小学都在当地政府倡导下对市民开放体育设施，有时只象征性地收费。

那么，学校的体育设施该不该对外开放？怎么开放？该不该收费？怎么收费？各方对此存在很大争议，市民和学校站在不同立场上有不同看法。

讨论：

1.结合上述例子，谈谈你对公共产品的理解及你对上述问题的看法。

2.靠市场的力量能否有效解决这些问题？公共服务能不能按受益者交费原则由市场提供？政府是否应当制定统一的收费标准？

第二节　公共产品的供求

一、公共产品的需求

在讨论公共产品的有效供给之前，必须对公共产品的需求有全面的了解。而对公共产品需求的理解，应从私人产品的需求分析开始，通过对比来认识公共产品的需求。

学习了经济学知识，我们知道私人产品的需求可以通过需求曲线表示，曲线上的任意一点表明，在其他条件不变的情况下，消费者愿意在某一价格上消费多少该产品。也就是说私人产品的需求数量是受价格影响的，但必需品、奢侈品的价格弹性不一样，必需品的需求数量受价格的影响比较小，而奢侈品的需求数量受价格的影响比较大。

同学们可以复习经济学课程所学知识，加深对需求理论的理解，运用这些理论知识分析现实中一些具体产品的需求情况、特点，并且比较不同产品的需求差异。进一步来说，还可以思考这些需求理论能不能运用到公共产品的分析上来，比较私人产品需求与公共产品需求的差异，以便更准确地把握公共产品需求的特点。

由于人们对公共产品存在“搭便车”的现象，往往会隐瞒自己的真实需求，无法通过他（她）所愿意支付的价格来表达自己的需求。为了弥补市场失灵，政府出面提供公共产品，人们通过交税来为政府筹集资金，这样就可以把税收看作公共产品的价格。

公共产品的需求不是个人需求的总和，因为它是一个整体，大家共同消费，每个人缴纳的税收（即支付的价格）跟享受的公共产品是不对称的。

可以通过问卷调查来进行统计分析，了解居民对公共产品的需求。一个社区可以对所有居民进行问卷调查，一个城市、一个国家则可以抽样调查，这样就可以弄清大家需要哪些公共产品、需要多少公共产品、需要什么档次的公共产品，然后，根据政府财力来决定提供公共产品的种类、数量、品质。以后随着政府财力提升逐步增加提供公共产品的种类、数量，提升品质，还可以通过满意度调查评估政府提供的公共产品是否符合大家的意愿、评价财政支出预算的绩效。

二、公共产品的供给

（一）公共产品的最优供给问题

从对私人产品和公共产品需求与供给的分析中可以看出，公共产品与私人产品一样，存在需求。其消费规模所适用的基本原理与私人产品是一致的，即存在帕累托最优：只有当社会边际效益等于社会边际成本、个人边际效益等于个人边际成本时，公共产品供给才会达到最佳。公共产品具有非竞用性，说明公共产品消费的边际成本为零，这使得理性的生产者不愿意为市场提供这种产品；同时公共产品的非排他性则使得消费者产生“搭便车”心理，消费者不愿意在市场上通过购买显示自己的偏好，市场无法提供这种产品。公共产品的提供只能通过非市场的手段进行。

（二）公共产品供给的范围与层次

公共产品供给的范围可以从财政支出的具体项目看出（详见第四章的内容）。由于各国政府所承担的职责不同，公共产品的供给范围也呈现出差异。一般来说，福利国家政府承担的职责较多，供给的公共产品的范围相对大一些；而一些深受自由主义影响的西方国家政府，其公共产品供给的范围就相对小一些。其原因主要在于各国所提供公共产品的客观环境存在差异。各国的选民要对本国政府提供的公共产品作出选择，首先必须了解公共产品的相关信息。公共产品是通过非市场方式提供的，这就使得公共产品的提供缺乏像私人产品那样的市场价格，这也决定了公共产品供给的选择与私人产品有着极大的差异。因此，公共产品的提供有着天然的灵活性，而这种灵活性的实现取决于人们的意愿。这就决定了公共产品供给范围的差异性。

公共产品的供给呈现出分层次的特点，即依据公共产品覆盖范围的大小，可以将其区分为全国性公共产品和地方性公共产品；地方性公共产品还可以依据其区域的大小，再细分为不同层次的地方性公共产品（这一问题在第一节已经讨论过）。一般来说，受益范围遍及全国的公共产品由中央政府提供，受益范围主要是地方的公共产品则由相应层次的地方政府或各个受益的地方政府共同提供。

三、公共产品有效供给的方式

前面我们通过分析了解了公共产品的提供只能通过非市场的手段进行。在此我们分析通过非市场手段进行公共产品有效提供的问题。

（一）纯公共产品的有效供给

1.自愿捐献与成本分担

为了说明这个问题，我们举一个例子。假设一个社区需要警卫维持秩序，雇佣三个警卫对该社区来说是最有效率的，那么如何实现这一目标呢？

一种可选的方式是该社区的所有成员分担为此而发生的成本。假定由三个消费者甲、乙、丙决定方案，如果这三个消费者在解决他们共同需要的安全保障问题方面进行合作，并为此分担雇佣警卫所需的费用，三个消费者就可以将其所拥有的资金集中在一起，用于雇佣警卫。如果以这种方式可筹措到足够的资金，他们就能够通过享受警卫所提供的安全保障来使自己的境况变好，而这种效益是他们中的任何一个人都无法或不愿意凭借自己的资金实力来完成的。在这种情况下，他们愿意以这种合作方式来雇佣警卫，并将雇佣数量增加到其所集中的资金不再足以承担最后一个警卫的雇佣费用为止。

在雇佣一个警卫（每人花费900元，下同）时，甲愿意为此自愿捐献600元，乙愿意为此自愿捐献500元，丙愿意为此自愿捐献400元。这些数额代表三个消费者在警卫的雇佣数量为一人时所获得的边际效益。可以看出，由于捐献的资金总额大于第一个警卫的边际成本，所以这个社区会得出结论，将雇佣警卫数量增加到两人是值得的。从另一角度看，如果警卫的雇佣数量只有一人，用于安全保障的预算肯定会有剩余，这就表明，该社区所雇佣的第一个警卫的社会边际效益超过了其社会边际成本。

在雇佣两个警卫时，甲愿意为每个警卫自愿捐献500元，乙愿意为每个警卫自愿捐献400元，丙愿意为每个警卫自愿捐献300元，即该社区雇佣两个警卫时的边际效益总和为1 200元，这同样超过了第二个警卫的边际成本，该社区用于安全保障的预算肯定会有剩余。为雇佣两个警卫，社区共愿意捐款2 400元，收支相抵，剩余的数额为600元。

在雇佣三个警卫时，甲愿意为每个警卫自愿捐献400元，乙愿意为每个警卫自愿捐献300元，丙愿意为每个警卫自愿捐献200元，即该社区雇佣三个警卫时的边际效益总和为900元，这刚好等于第三个警卫的边际成本，该社区用于安全保障的预算没有剩余。为雇佣三个警卫，社区共愿意捐款2 700元，这恰好与雇佣三个警卫的总成本2 700元完全相等。这就是该社区雇佣警卫的最佳数额。这个时候，如果每个人都按照自己的受益情况支付费用，从而使大家的支付费用总额刚好等于提供公共产品的成本，这种均衡状况称为“林达尔均衡”。纯公共产品成本分担金额具体见表2-2。

表2-2　　纯公共产品成本分担金额　　单位：元

雇用警卫人数	甲	乙	丙	合计
1	600	500	400	1 500
2	500	400	300	2 400
3	400	300	200	2 700

在社区成员人数较少的社会中，通过自愿捐献和成本分担的合作方式，有可能使得公共产品的供给达到最佳水平。但林达尔均衡是有前提条件的：

（1）每个社会成员都能够准确说出自己可以从公共产品的消费中获得的边际效益。

（2）不存在隐瞒或低估自己边际效益从而逃避自己应分担的成本费用的动机。

在现实生活中，由于前提条件不具备，自愿捐献和成本分担的合作方式无法运转，公共产品的市场供应将遇到一系列困难：一是收费问题，灯塔难题就是典型的例子；二是排他性问题，因为存在“搭便车”现象；三是偏好显示问题，囚徒困境就是典型的例子；四是决策问题，在人数众多的社会中，如何达成一致意见是一个难题；五是供给问题，“公地悲剧”就是典型的例子，大家熟知的“三个和尚”故事（一个和尚挑水喝，两个和尚抬水喝，三个和尚没水喝）就说明了这个道理。

也就是说，公共产品如果由市场提供，将遇到诸多困难，靠自发的市场机制无法实现最佳资源配置。于是，强制性融资与公共选择相结合的财政预算供应方式就成为人们的必然选择。

2.强制性融资——解决“搭便车”问题

“搭便车”是对那些寻求不付任何代价而又获益的人的一种形象说法。如果所有社会成员都“搭便车”，其结果就是公共产品将没有任何资金来源，也就谈不上公共产品的效益了。这就是休谟分析的“公地悲剧”的内涵。

从经济学角度看，“搭便车”对任何人来说都是一种理性选择。也就是说，只要存在公共产品，“搭便车”现象就不可避免。在合作性的自愿捐献和成本分担制度下，公共产品的供给量不足，低于其应当达到的最佳产量水平，就是一件不言而喻的事情了。那么，如何才能保证公共产品的供给并尽量达到最佳水平呢？答案是依靠强制性的融资方式来解决公共产品的供给问题，这时，政府的出现就可以使问题迎刃而解。政府一方面以强制性征税来解决资金来源问题，另一方面可以将征税所取得的收入通过一定的形式用于公共产品的供给上。

（二）混合产品的供给方式

现实生活中，纯公共产品是比较少的，大量的是混合产品，也就是介于私人产品与公共产品之间的准公共产品。混合产品的市场均衡表明，若想实现最佳的资源配置，其费用支付既不能只由私人来承担，也不宜由政府全部包下来；其供应一般采用混合方式，即市场供应加政府预算供应相结合的方式。

至于以谁为主的问题，应视产品性质灵活决定。一般来说，准私人产品以市场供应为主，政府预算为辅（补贴、收费，解决外部性问题）；准公共产品以政府预算供应为主，私人参与为辅（适当收费，解决拥挤问题）。在西方国家，私立大学与公立大学、私立医院与公立医院鼎足而立的现象比比皆是，就属于这种情况；而100%的义务教育和100%的公费医疗倒是鲜有所见，因为教育和医疗都是混合产品，100%的政府供应不可取，宜采用混合供应方式。

在现实生活中，混合产品的例子无处不在。首先，我们需要判别它是哪种类型的公共产品；其次，需要从效率与公平的角度确定究竟应当效率优先还是公平优先，对于不同的领域、不同的公共服务，要求当然是不同的；再次，要根据市场的能力和政府的财力作出取舍，也就是要看私人的“钱袋子”、政府的“钱袋子”鼓不鼓。比如，教育服务就要区分学前教育、初等教育、中等教育、高等教育，因为不同阶段的教育对社会发展的贡献不一样，外部效应也就不一样，而且社会需求不同，对社会公平的影响大不一样。再如，住房问题不能一概而论，需要区分不同的住房需求，建设多少、建设什么样的房子、谁出钱、给谁住、由谁建、如何管理、产权归谁等都得具体问题具体分析。大体上来说，侧重效率的混合产品可能更适合由市场来提供，政府可以通过某种方式给予扶持；侧重公平的混合产品可能更适合由政府来提供，市场可以通过某种方式参与。

需要指出的是，任何理论上的推理、研究都须拿到实践中去检验，否则只能是闭门造车、纸上谈兵。其实，公共产品并非只能由市场或政府来提供，所谓“条条大路通罗马”，非此即彼的思维方式有时会让人走进死胡同。近几十年来，有些学者研究通过第三部门提供或参与提供公共产品的可能性，并且已经在实践及探索中取得了一些不错的经验。奥斯特罗姆从小规模公共资源问题入手，开创了自主组织和治理公共事务的创新制度理论。她指出，当前解决公共事务问题要么单纯依赖政府途径，要么单纯依赖市场途径，这种方法是有问题的，公共事务管理可以有多种组织和多种机制（多中心主义）。她的观点拓展了公共产品供给的视野。

可以说，很多领域并不是一定要走市场化或政府垄断的路子。供给数量较多、供给需求多样化的公共产品，可能更适合由市场来提供，这样可以更好地发挥市场灵活的特点；而供给需求比较单一、变化不大的公共产品，可能更适合由政府来提供。但绝没有一个统一不变的模式，不少领域可以多种途径并存，如城市公共交通既有靠政府举办及补贴运营的公共汽车，也有完全市场化运作的出租车，还有一些政府免费提供的观光巴士。政府购买服务是市场介入公共服务领域的典型例子，而PPP（public private partnership）模式则是政府与市场联手共同提供公共服务或准公共产品的新办法。公共产品的提供不是非此即彼的问题，而是不断探索、不断创新的领域。

案例讨论2-2　　高等教育成本谁承担？

2014年，不少省份提高大学学费标准。这一轮“涨价潮”再次引发人们担忧，究竟学费标准定多少合适？培养成本是多少？能不能公开？学生家庭应当承担多少？这些问题成为热议的焦点。

中华人民共和国成立至1988年，在我国读大学是完全免费的，1989年起收学费，标准为200元，1993年提高至610元，1996年提高至1 319元，1999年提高至2 769元，2000年提高至3 550元，目前普遍在5 000~10 000元之间。

近年来，各高校纷纷扩招，建设新校区，债务攀升。在这种情况下，高校提高学费的愿望非常强烈，但社会公众对此难以接受：一是培养成本不公开，经费使用不透明；二是就业困难，学生毕业后的收入预期不乐观。专家指出，关于学生分摊成本的比例，国外有两个基本衡量标准：一是不高于生均培养成本20%；二是不超过人均可支配收入20%。按两者的最小值来选择。我国1999年规定“高等学校的学费占其年生均日常运行费用的比例按25%掌握”，2015年政府再次明确“学费标准应严格按照不高于生均培养成本25%核定”。

近年来我国财政对高校的拨款不断上升，但学生家庭仍感到学费负担较重。美国、英国、日本、新加坡、澳大利亚等国都有助学贷款制度，同时还出台了多种资助政策。

讨论：

1. 为什么我国政府承诺“不让一个大学生因贫困而辍学”？请从公共产品理论的角度来进行分析。

2. 高等教育是不是公共产品？它的成本应当由谁承担？如何分担？说说理由。

第三节　公共产品理论与供给制度的变迁

公共产品供给制度的变迁是与公共产品理论的形成与发展相对应的，它是伴随着市场经济的发展而逐渐形成和发展变化的。

一、公共产品产生的思想萌芽

公共产品产生的思想萌芽最早可以追溯到1793年大卫·休谟的《人性论》。休谟指出，人性的弱点决定了其只考虑眼前利益而忽视长远利益，只有依靠执行正义的政府才能克服这个问题。他举例说：“两个邻居可以同意排去他们所共有的一片草地上的积水，因为他们容易互相了解对方的心思，而且每个人必然看到，他不执行自己的任务的直接后果就是把整个计划抛弃了。但是要使一千个人同意那样一种行为，乃是困难的，甚至是不可能的……因为各人都在寻找借口，要想使自己省却麻烦与开支，而把负担全部加在他人身上。”那么如何解决这一问题呢？休谟进一步提出：“政治社会就容易补救这些弊病。执政的长官……可以拟订促进那种利益的任何计划。”他接着指出，诸如桥梁、海港、城墙和运河的修建，舰队的装备和军队的训练等，都只有在政府的关怀下才能做到，因为政府是“在某种程度上免去了人类所有这些弱点的一个组织”。

休谟的分析至少包含了若干公共产品的思想：（1）人类在生产和生活中存在某些共同需要的产品；（2）这类产品的提供存在坐享其成心理且具有可能性，这与后来经济学家提出的“搭便车”心理不谋而合；（3）这种问题只有政府才能有效解决。由于历史原因以及真正的贸易和经济自由还没有形成，休谟的思想在当时及以后相当长的时期内并未受到重视，这些思想也仅被视为公共产品产生的思想萌芽。

二、亚当·斯密和约翰·穆勒与公共产品供给制度的萌芽

英国资产阶级革命为自由资本主义理论的形成奠定了实践基础，亚当·斯密的自由主义理论应运而生，尤其是1776年《国富论》的出版，奠定了其在经济学领域的地位。

亚当·斯密作为财政学理论体系的奠基人，在公共产品理论方面提出了一些对后人影

响较大的观点。他主要从自由放任的经济理念出发，确立了市场优先的基本原则，在此基础上确定了政府的职责和活动范围。他分析了国家的费用问题，认为政府的职责主要在于：（1）保护国家的安全；（2）保护人民不受其他人的欺侮或压迫；（3）建立并维持某些公共机关和公共工程。显然，亚当·斯密在此描述了公共产品的存在，并指出公共产品应该由政府提供，不能指望私人来创办或维护公共产品，因为私人提供公共产品的成本无法得到补偿，即市场在配置公共产品方面是失灵的。这就从理论上第一次系统地分析了公共产品提供的基本依据，但其分析仅此而已，没有进行更深入的分析。

19世纪中叶，英国另一位古典经济学家约翰·穆勒对公共产品供给理论进行了较为深入的分析和研究，尤其是在政府活动的适应范围方面，提出了许多有影响的观点。他提出了明确政府职责范围的界限标准：（1）当个人不具备正确评价事物所能带来的利益的能力时，需要政府干预；（2）当个人缺乏远见而签署无法废除的契约时，政府应加以限制；（3）当利益有分歧的劳工与经理人员谈判时，政府应加以调节；（4）政府对股份公司尤其是垄断公司也应加以调节。

穆勒比斯密更进一步分析了公共产品的经济内容，明确提出公共产品应该由公共部门提供的思路。很显然，他在斯密的基础上又进了一步，他提出的“灯塔问题”“囚徒困境”等成为许多教科书引用的例子。

穆勒和斯密生活的年代处于英国工业革命已经发生和完成的时期，他们的理论和观点体现了当时自由资本主义已经建立、自由贸易已全面展开的客观要求。尽管他们信奉的是自由放任的理念，但他们在痛斥政府活动无效的同时，无可奈何地承认政府必须履行某些职责，某些产品和服务（公共产品和服务）必须由政府提供。这无疑是现代公共产品供给制度萌芽的标志。

三、公共产品理论的建立与公共产品供给制度的形成

公共产品理论作为一种系统的理论，最初出现于19世纪80年代的奥地利和意大利，它建立在边际效用价值论的基础上，是“边际革命”在财政学领域的最重要的成果之一。“边际革命”被运用到财政问题的分析上来，使得人们能以崭新的视角看待公共财政与公共产品问题。奥地利学者萨克斯在其《国家经济导论》中首次将边际效用理论运用到公共财政问题上，使公共服务成为具有价值的公共产品。这标志着公共产品理论的建立。

边际效用理论对公共财政理论的影响集中体现在19世纪80年代意大利学者潘塔莱奥尼和马佐拉等人身上。边际主义被用来进行“关于国家的经济行为的各项问题的考虑，导致人们创立了所谓的‘财政学’”。马佐拉在其1890年的论著中，对公共产品理论作了较为全面的阐述。他将国家视为合作社，将国家财政视为公民的合作社活动，国家提供公共产品用以满足个人的需要。

奥地利和意大利学者的主要贡献在于：（1）将公共产品与社会成员个人以消费者身份所作的主观效用评价相联系，使得政府活动成为创造价值的公共产品提供活动；（2）在公共产品供应与个人纳税间建立起等价交换关系，使得私人经济的效率原则也适用于公共经济；（3）将财政活动的目的从根本上转到个人需要上来，使得政府提供公共产品的活动得到了经济学原理上的证明。这些学者的贡献使得关于公共产品问题的分析形成较为系统的财政理论，标志着公共产品理论的建立与现代公共产品供给制

度的形成。

四、公共产品理论与供给制度的发展

（一）威克塞尔和林达尔的贡献

威克塞尔（1851—1926）和林达尔（1891—1960）是二战后欧洲三大主流经济学派之一的瑞典学派的第一代和第二代经济学家。

威克塞尔在1896年的论著中指出，公共产品的供给应该使个人效用最大化，而利益赋税原则能实现这一目标。他明确地将公共部门决策看成一个政治性与集中性的选择过程，这为其后公共选择理论的创立奠定了基础，也使得他作为公共选择理论的先驱在财政学史上居于重要地位。

威克塞尔的学生林达尔进一步对边际主义财政学和公共产品理论做出了贡献。这主要体现在他建立了林达尔模型，用以分析两个政治上平等的消费者共同分担公共产品成本的问题。林达尔模型可以视为对公共产品供给的虚拟的均衡过程的一种描述（如图2-3所示）。他指出，消费者A承担的公共产品成本越多，消费者B承担公共产品成本越少。在既定的收入下，A对公共产品的需求，从B的观点看，可视为供给曲线；反之亦然。当A与B的两条需求曲线被标于同一矩形图上时，该模型产生了唯一和稳定的交点。这一交点被称为林达尔均衡点或均衡解，它决定着公共产品供应的均衡数量，以及A与B各自的均衡税收份额。在这一点上，每人所支付的税收份额即著名的林达尔价格，它等于每个人所获得的公共产品边际效用价值，并且两人的税金总计等于公共产品供给的总成本。

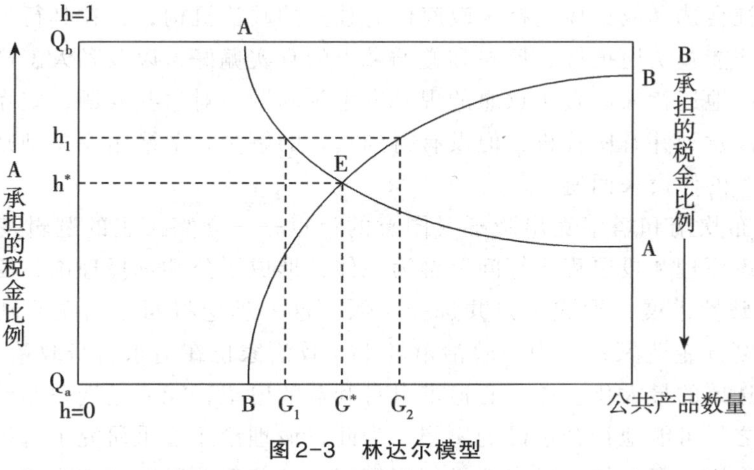

图2-3 林达尔模型

林达尔模型是对威克塞尔理论的进一步发展。林达尔模型的本质是对市场行为的一种模拟，而这恰好是威克塞尔所否定或忽视的。这一模型也肯定了市场效率原则在公共产品有效供应上的根本作用，当然政治在保证公共产品供应上起了很大作用，但它只是作为一种手段和途径，保证公共产品的供应符合市场效率的要求。

（二）萨缪尔森的贡献

1.对公共产品进行定义

萨缪尔森在其代表作《公共支出纯论》中，分析并得出了公共产品的定义。他认为，公共产品是每个人对这种产品的消费并不能减少任何他人也对该产品的消费的产品。

2.在分析公共产品内涵时，指出公共产品消费时具有非排他性和非对抗性

在此基础上，他运用一般均衡方法分析了公共产品的最佳供应问题。

3.提出了萨缪尔森模型

在此模型中，他假定存在一个无所不知的计划者或全知全能者，他知道每一个公共产品的消费者对于公共产品的真实偏好。在既定的资源和技术条件下，这个计划者决定一组最优解的集合，其中每个解都包含公共产品和个人产品的产量组合，以及个人产品在消费者之间的分割状态。由于该集合中的每个解都反映消费者的不同福利位置，为此应运用一条社会福利函数曲线确定整个社会唯一的“极乐点”。每个解都反映公共产品的最佳配置的不同位置，并且该解的集合都满足消费者的边际替代率之和等于生产的边际转移率的条件。这就是关于公共产品最佳供应的帕累托效率条件，也称为萨缪尔森条件。它不同于个人产品最佳供应效率之处在于，个人产品的最佳配置条件是每个消费者的边际替代率都相等，并且等于边际转移率。这样，公共产品从根本上看是遵循与个人产品相同的帕累托效率准则的，只不过根据公共产品不同于个人产品的特性作了相应的变动而已。

（三）公共选择理论的提出标志着公共产品理论与供给制度进入一个较高的发展阶段

前面我们分析了公共产品的供应不是由私人（或私人组织）提供的，而是由作为公共机构的政府提供的。政府安排供应公共服务及由此而相应展开的政府支出与收入活动，并不是通过市场交易进行的，而是由政治程序来作出的。政府汇总所有成员的意愿和偏好，代表私人进行社会选择或集体选择。政府作为独立的政治机构，存在其行为与意愿怎样发挥作用，如何才能真实地把握、反映和遵循私人的真实偏好，以及私人怎样才能防止和克服政府随心所欲地违背人们真实意愿的现象发生等问题。对这些问题，威克塞尔和林达尔模型中都已经注意到并有所分析，但没有得到真正的解决，萨缪尔森模型则干脆以“无所不知的计划者”的假设来回避。

1962年，布坎南和塔洛克出版了《同意的计算——立宪民主的逻辑基础》一书，将集体选择、决策原理和投票程序等问题融为一体，形成了公共选择理论，使公共选择问题的研究有了突破性进展，形成了公共选择学派。这一理论将西方的政治制度视同市场制度，将政治家视同企业家；认为在政治市场里，政治家也在追求自身政治利益的最大化，并为此而追求选票的最大化。选民有追求自身利益的愿望，能通过选票制约政治决策的过程和结果，使之尽可能地符合选民的愿望。为此，该理论还着重研究了选举制度在公共选择中的影响和作用，以及如何确定选举制度等问题。此后，以布坎南为首的公共选择学派逐步完善其理论体系，形成了对当代财政理论影响最深远的理论体系之一，这标志着公共产品理论与供给制度进入了一个较高的发展阶段。

本章对公共产品理论进行了介绍，我们应当怎样运用这一理论判断、分析现实中的种种经济社会现象呢？图2-4归纳了公共产品理论应用的基本思路，供读者参考，大家也可以思考、总结自己的分析框架。后面各章我们将多次运用这一分析步骤对具体事例展开讨论，践行学以致用、用以促学、学用相长。

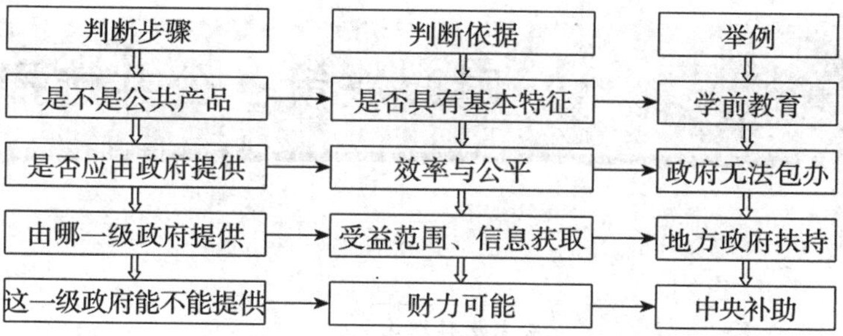

图2-4　公共产品理论应用思路

知识运用

本章所学的公共产品理论是财政学的基础理论，可以在很多问题的分析中广泛应用。比如第一章提到的公交补贴问题就可以首先分析公共交通具有非竞用性、非排他性等特征，市场无法满足供应，然后继续按第一章章后的分析思路论证。前文提到的应用思路进一步细化了论证的步骤。第五章将运用上述思路分别分析教育、基础设施、农业、社会保障制度、创新创业，大家可以模仿这些做法分析公共文化、公共体育、科学技术、医疗卫生、保障性住房、环境保护等为什么由政府介入、由财政出钱。

怎么样提高专业素质及综合能力?

第三章　财政决策：公共选择

知识结构图

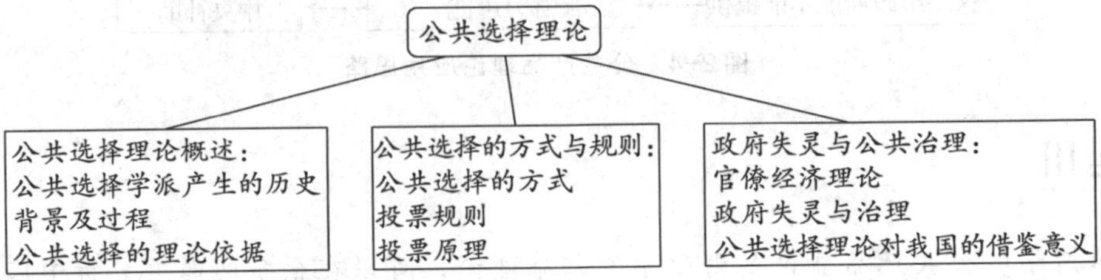

引　言

假如现在财政有1 000万元，有的人希望用于建幼儿园，有的人希望用于建公园，有的人希望用于提高工资。总之，大家的想法不一样，那么这笔钱究竟该怎么用呢？如果只有两个人，最简单的办法就是“石头剪刀布”来决定，但是一个县、一个城区有几十万人，这种办法肯定行不通。如果用投票的办法，会有两个问题：一是全民投票很费时间；二是票数不集中，每种意见都不超过半数，甚至各方人数差不多，没有办法作出决定。这其实就是公共选择问题，包括政府的钱怎么用、由谁来决定、平时怎么管、怎样监督等。这些与大家关心的反腐败问题密切相关，只有扎牢权力的铁笼，让公权力不再任性，才能使公权力真正为公众服务，让每一分财政资金惠及亿万民众。

公共选择理论是现代财政学理论的发展，它在解释公共选择行为或政府行为上有较为成熟的理论体系。下面我们一起来了解公共选择学派产生的背景及过程，公共选择的理论依据、规则的判定标准，公共选择与私人选择的区别，投票机制与官僚经济理论，公共经济决策的科学化、民主化问题。

待解问题——

怎样建立铲除腐败的体制、机制？

为什么我国前几年在政府部门中推行权力清单制度？

我国实行了招投标及政府采购制度，为什么采购中的腐败行为仍然存在？

第一节　公共选择理论概述

财政决策是财政学的核心问题。财政决策即政府为社会成员提供什么公共产品和提供多少公共产品的政策决定，从经济学的角度看是公共资源的配置机制问题。企业在生产过程中需要对生产什么和生产多少进行决策，家庭和个人需要就需要什么和需要多少进行决策，但是，从方式上看，这三种决策是不同的，后两者属于私人决策行为，而财政决策是集体行为，是公共选择的结果。在民主政体下，这一决策过程是通过政治程序完成的。公共选择理论就是以现代经济学的基本假设为前提，依据自由的市场交换能使双方都获利的经济学原理，分析政府的决策行为、民众的公共选择行为及两者的关系。

一、公共选择学派产生的历史背景及过程

（一）公共选择学派产生的历史背景

公共选择理论产生于20世纪60年代初的美国。当时在经济学理论界占主导地位的是凯恩斯主义，公共选择理论是建立在个人自由基础之上的非市场决策理论研究，显然与当时经济学界的主流观念有很大差异，因此这方面的研究受到官方和一些大学的干预。而以布坎南为代表的研究团体以独特的经济学视野、令人刮目相看的成果，不仅受到了学术界的重视，而且为许多国家制定公共经济决策提供了崭新的视野。布坎南于1986年获得诺贝尔经济学奖，瑞典皇家科学院的贺词这样写道："第十八届获奖者詹姆斯·布坎南是公共选择理论的创建者。传统经济理论主要是关于消费者和企业家如何作出关于商品购买、工作选择、生产及投资决策的，而布坎南则相应地创建了公共部门的决策理论，被称作新政治经济学或公共选择理论。布坎南的主要贡献在于，他将经济学中个人间相互交换的概念移植到了政治决策的领域中，于是，政治过程便成为一种旨在达到互利的合作手段。但政治秩序的形成要求人们接受一套规则、一种宪法，这反过来又强调了规则形成的极端重要性和宪法改革的可能性。布坎南认为，劝导政治家或试图影响特定问题的结局常常是徒劳的，事情的结局在很大程度上是由规则体系决定的。"将经济学中的市场理论应用到政治领域是布坎南等公共选择学派代表人物的创新。通过将经济学的分析方法应用于政治领域，用经济交易的思维方式分析政治行为，让人们耳目一新。他提出，政客和官员就像经济体系中的其他参与者一样，都是出于自利的动机采取行动。由于政策制定者的最终目的是获得连任或维持其自身的权力，他们并不总是根据公共利益行事，有时甚至无视公共财政的原则。

一种新理论的诞生绝非偶然，它必然有特定的历史背景。长期以来，受传统自由主义的影响，在经济理论的研究中，很少涉及国家（或政府）行为。第一次世界大战以后，遍及西方世界的经济危机使人们认识到，自由放任的市场经济并不能有效地维持市场经济体系的运行，市场这只"看不见的手"越来越需要政府这只"看得见的手"来控制。在凯恩斯理论的主导下，政府对市场的调控越来越多，尤其是在一些福利国家，政府对社会事务几乎无所不包、无所不管。政府调控的加强使得政府部门与公共经济活动领域逐步扩大，刺激了公共经济活动的理论分析；同时，过度的政府干预引发了各种各样的问题，如失业、通货膨胀等。这种非市场的集体决策即政府干预的失败，也促使人们像分析市场失灵的原因一样，把用来研究市场经济失灵和缺陷的经济学方法应用于公共经济部门，以探求政府干预失灵的原因。原来的政治经济学以及现代宏观经济学所探讨的政府经济事务的政策选择问题，已经不能满足政府公共经济运行的需要。这主要是由于政府作为国家政策的制定者，往往被看成经济体系的一个外生变量，这导致在分析政府的各种经济政策及效果时，忽视了对经济政策制定过程的分析，并把政治过程与经济过程截然分开。

当然，政府经济政策的失误并不完全是经济理论的缺陷与政策执行者的失误造成的，在公共选择学派看来，经济政策的制定过程（或政治过程）才是决定经济活动的内在因素。政府在政策制定过程中，应抛弃政府为公的幻想。政府官员也是追求利益

最大化的经济人，必须有一整套规范化、科学化的决策程序来限制政府及其官员的任意行为。

知识之窗3-1　　特立独行的诺贝尔经济学奖得主——布坎南

詹姆斯·布坎南（James Buchanan）是公共选择学派最有影响、最有代表性的经济学家，是公共选择学派的创始人与领袖，被称为“公共选择之父”。1919年10月2日，他出生于美国田纳西州的穆尔弗里鲍尔。布坎南家族与美国第15任总统（1857—1861年任职）有着不远不近的血缘关系，有趣的是，那位总统的名字也是詹姆斯·布坎南。布坎南的父母以务农为生，但同样热心当地的政治事务。

布坎南的童年正是美国经济繁荣时期，第一次世界大战促进了美国的发展。他年轻时的理想是当一名出色的律师，但1929—1933年的经济大萧条使他去范德比尔特大学读书的梦想破灭了。限于财力，他只得就读中田纳西州立师范学院，并于1940年6月获得理学学士学位。由于成绩出色，他获得了田纳西大学诺克斯维尔分校1940—1941学年的经济学研究所奖学金，师从查尔斯·怀特教授，并于1941年取得硕士学位。

1941年年末，美国参加第二次世界大战，布坎南的求学之路被打断了。硕士毕业后，他应征入伍，加入美国海军，度过了有声有色的4年军旅生涯。1946年1月，他进入芝加哥大学冬季班攻读经济学博士，开始了辉煌的学术生涯。

芝加哥大学先后产生了75位诺贝尔奖获得者，是有名的学术重镇。在这里，他选修了弗兰克·奈特的价格理论课程，并与导师结下深厚的友谊。奈特一直秉持这样的观点：一切都必须以智力获取，很多看似真理的事物，其实都大有问题，有勇气冲破知识的迷雾，才不愧是真正的学者。克努特·维克塞尔（1851—1926，瑞典著名经济学家）被认为是他毕生的精神导师。布坎南于1948年获得博士学位，到田纳西大学经济学研究所任副教授，两年后晋升为教授。1951年、1956年先后出任佛罗里达州立大学、弗吉尼亚大学经济学系主任。

1962年，布坎南与塔洛克共同出版了《同意的计算——立宪民主的逻辑基础》（The Calculus of Consent：Logical Foundations of Constitutional Democracy），为现代公共选择理论奠定了坚实的基础。他提出了与当时主流看法不同的观点，认为政客、官员的道德和觉悟并不可靠，政府干预不一定会得到有利于选民的结果。凯恩斯主义指导下的政府干预导致举债过多、赤字高企，应当限制政府权力，回归市场。1978年，他推动通过加利福尼亚州第13号税收法案，逐步使加州政府预算85%的决定权掌握在选民手中。1986年，他因把经济学方法运用于政治过程的研究所取得的杰出成就而获得诺贝尔经济学奖。

布坎南自1983年至逝世前一直待在乔治·梅森大学，他是该校首位诺贝尔奖获得者。他于2013年1月9日去世，享年93岁。

（二）公共选择理论产生的过程

公共选择理论是在对原有各经济学流派的批判中产生的，继承了若干理论成果，受到新福利主义经济学的影响，其发展和壮大经历了一个曲折的过程。

公共选择理论产生于20世纪40年代末，并于20世纪五六十年代形成了公共选择理论的基本原理和理论框架，20世纪60年代末以来，其学术影响迅速扩大。英国经济学家邓肯·布莱克被尊为“公共选择理论之父”，他于1948年发表《论集体决策原理》一文，为公共选择理论奠定了基础。他在1958年出版的《委员会和选举理论》被视为公共选择理论的代表作。公共选择理论的领袖人物当推美国经济学家布坎南。他从20世纪50年代开始从事公共选择理论研究，发表的第一篇专门研究公共选择的文章是《社会选择、民主政治与自由市场》。布坎南与塔洛克共同出版的《同意的计算——立宪民主的逻辑基础》被认为是公共选择理论的经典著作。此外，阿罗和唐斯对公共选择理论的建立和发展也做出了重要贡献。阿罗在1951年出版的《社会选择与个人价值》一书影响了公共选择理论的发展。

20世纪八九十年代，越来越多的学者和政治家受到公共选择理论的影响。1982年，公共选择研究中心从弗吉尼亚工艺学院迁至乔治·梅森大学，成为公共选择理论的大本营。布坎南的贡献在于将人们从相互交易中各自获益的概念应用于政治决策领域，弥补了传统经济理论缺乏独立的政治决策分析的缺陷。

二、公共选择的理论依据

公共选择理论认为，经济学的基本命题不是选择而是交换，即不同经济个体之间的交换。在交易发展过程中，因为交易双方的博弈，交易最终会达到一种帕累托最优状态，此时，交易的任何一方的任何变动都不可能在不损害他人利益的前提下使自己的利益有所增加。公共选择理论最大的突破在于，从交易的角度看，经济学和政治学没有什么不同，在政治活动领域中，重要的不是社团、党派和国家等基本行为主体，而是这些行为主体之间及主体内部各个成员之间出于自利动机而进行的一系列交易过程。

公共选择学派认为，为了保证个人的利益追求不受他人阻碍，同时也不妨碍他人对利益的追求，以及政治过程中理性经济人的交易能够顺利进行，一个社会必须制定合理的政治行为规则。

公共选择学派以经济人假设作为其理论分析的出发点，即以人的自利为出发点来解释人类行为，特别是政治家的行为。政治家和官僚的行为与经济学家所研究的其他人的行为并无本质上的区别。

公共选择理论把人类的经济与政治活动归入两个市场，即经济市场和政治市场。在经济市场上从事经济活动的主体是消费者（需求者）和厂商（供给者），消费者通过货币选票来选择能给其带来最大满足的私人物品，厂商则通过竞争获得消费者的货币选票。在政治市场上进行政治活动的主体是选民、利益集团（需求者）和政治家（决策者）、官员（供给者）。在政治市场上，人们通过政治选票来选择预期能给他们带来最大利益的政治家、法律制度、公共政策和社会改革方案。在经济市场上的行为是经济决策，在政治市场上的行为是政治决策。在民主政治制度下，社会中的每个人都要参与这两类市场上的决策。

公共选择理论试图用经济学的经济人假设和成本收益的经济分析方法来统一分析人的经济和政治行为，将经济学分析范式引入政治市场，从而打通了经济学和政治学，使两者融为一体，构建新政治经济学体系。

第二节　公共选择的方式与规则

公共选择机制就是公共决策机制，它需要确定公共选择作出的方式，还要对这些方式进行分析，确定其是否符合公共选择规则的要求。公共产品的存在及其所具有的特性，使得它的提供和生产必须借助政府的集体活动。由于公共产品的政治行为性，它的提供是由对它的供给和需求共同决定的。这就出现了一个问题：公共产品的社会需求是通过什么途径从不同的个人需求中确定的，同时公共产品供给的规模、方向、结构又是如何选择的？这就涉及公共选择的机制问题。

一、公共选择的方式

公共选择的方式是指选民参与投票的方式，即选民是否直接参与投票活动，据此，可将公共选择分为直接民主制和间接民主制两种方式。

（一）直接民主制

直接民主制就是选民或投票人通过亲自投票参与决策，一般适用于人数较少的投票。在人数较多的情况下，让所有公民经常为政策投票，需要动用过多的人力、物力，是不切实际的。在现实生活中，大多数民主国家使用的都是间接民主制，只在制定少数极为重要的政策时才举行全民公决。西方国家只有瑞士经常通过全民投票决定政策。

（二）间接民主制

间接民主制也叫代议民主制，是选民或投票人通过特定的形式指定特定的人员代表自己代行决策权。相对直接民主制来说，决策成本低，决策效率高，比较适合人数较多的公共选择。多数实行民主制的国家都实行间接民主制。

二、投票规则

投票规则是指通过投票进行决策的一种公共选择程序规则。根据备选方案只有被选民一致同意才能通过，还是不需要一致同意即可通过，投票规则分为两种：一致同意规则和多数同意规则。

（一）一致同意规则

一致同意规则实际就是一票否决制，政策或方案所有人一致赞同才能获得通过，每个人都有否决权。只要一个人不同意，政策或方案就无法通过并实施，显然，这个规则在现实中基本上行不通。

（二）多数同意规则

由于一致同意规则很难实现，除非在关系重大的场合（如联合国安理会常任理事国对国际重大事件决议的表决），一致同意规则在现实中很少采用。在以民主方式进行公共选择的过程中，最常采用的是多数同意规则。

多数同意规则的优点在于，与一致同意规则相比，其决策成本相对较低，容易作出决策。但它也存在很多不足，主要表现在：第一，存在多数人强制现象（多数人暴政），这就是它的外部成本。第二，与一致同意规则相比，单个参与者的选择行为不再具有决定性，这会影响个人参与投票的积极性，最终影响真实的偏好显示。第三，存在多种结果的可能。比如投票悖论，无法得出明确的结果是因为投票次序的原因。第四，无法表达偏好强度。个人只能排列出对不同议案的偏好顺序，但无法反映偏好的强度。这可能导致无效率的结果，也可能产生投票交易行为。

三、投票原理

（一）投票悖论

投票悖论又称为循环的大多数，是指在集体投票时容易出现投票结果随投票次序的不同而变化，大部分甚至全部备选方案在比较过程中都有机会轮流当选的循环现象。

投票悖论最早由法国人孔多塞在18世纪80年代提出，他注意到多数同意规则的一个重要特性——它不能在多个备选方案中达成均衡，而是在各种选择之间循环，这种现象被称为投票悖论，又称为孔多塞效应。利用数学对其进行论证的则是阿罗。

假设有经济学博士甲、乙、丙三人，分别在中国、韩国和美国接受经济学教育，他们是分别多年的好朋友。三人久别重逢，欣喜之余，决定一起吃饭叙旧，但是，不同的文化背景使他们形成了不同的饮食习惯，对餐饮的要求各不相同、风格各异，三人对三种餐饮的偏好顺序见表3-1。

表3-1　　三人餐饮偏好排列顺序表

个人	第一选择	第二选择	第三选择
甲	中餐	西餐	韩国餐
乙	韩国餐	中餐	西餐
丙	西餐	韩国餐	中餐

如果用多数同意规则表决，决定用何种餐，结果如下：

首先，在中餐和西餐中选择，甲、乙喜欢中餐，丙喜欢西餐；

其次，在西餐和韩国餐中选择，甲、丙喜欢西餐，乙喜欢韩国餐；

最后，在中餐和韩国餐中选择，乙、丙喜欢韩国餐，甲喜欢中餐。

三人的最终表决结果是：中餐>西餐，西餐>韩国餐，韩国餐>中餐。

利用少数服从多数的投票机制，产生不了一个令所有人满意的结论，此时投票结果不可传递，这就是著名的投票悖论。

对投票悖论产生的概率采取数学手段进行计算的是坎普布尔和塔洛克。坎普布尔等人运用蒙特卡洛法来计算投票悖论产生的概率，并且指出，投票者数量或选择值越多，产生投票悖论的可能性就越大。

（二）阿罗不可能性定理

多数同意规则会导致投票悖论，是否存在一种政治机制或社会决策规则能够消除这种现象？阿罗在1963年出版的《社会选择和个人价值》一书中研究了这个问题。阿罗认为，在非独裁的情况下，任何一个体系，若要人们对三个或三个以上方案作出一项集体抉择，不存在任何加总社会个体成员偏好的方法。他得出结论："如果我们排除效用人际比较的可能性，各种各样的个人偏好次序都有定义，那么把个人偏好综合为表达社会偏好的最理想方法，要么是强加的，要么是独裁性的。"不可能存在一种能够把个人对N种备选方案的偏好次序转换成社会的偏好次序，并且能够准确表达社会全体成员的各种各样的个人偏好的社会选择机制，这就是阿罗不可能性定理，或称阿罗悖论。

案例讨论3-1　　少数服从多数还是多数服从少数

多数国家规定，适龄公民有接受教育的权利，但在美国，有一个奇怪的群体叫阿密绪，他们奉行的是15岁以上的青年必须离开学校，务农劳动。阿密绪有大量15岁以上的青年离开了学校，警察认为他们违反了法律，强制这些青年进入学校接受教育，但大多数人不愿意，于是爆发了警察与阿密绪人的正面冲突。阿密绪人觉得法律伤害了自己民族的权利，便告上法庭。按说这是违反国家法律的事情，不可能打赢官司，但法官作出判决，保护阿密绪人的“不受教育权”。判决认为：全体人民的利益是不存在的，不能压制少数人的宗教自由，阿密绪人的“不受教育权”并没有危害社会，也没有任何证据证明这种独特的生活方式是错误的。

讨论：

1.少数服从多数是不是解决公共选择问题的唯一可行办法？你对上面的事例有什么看法？法官的做法是否妥当？

2.当少数人的利益与整体利益发生冲突的时候，怎样保护少数人的利益，使社会总体福利水平提高，达到帕累托最优状态？说说自己的看法。

阿罗不可能性定理实际上是指如果众多的社会成员具有不同的偏好，而又有多种备选方案，那么在民主制度下不可能得到令所有人都满意的结果。由此，阿罗获得了1972年诺贝尔经济学奖。这一定理说明，依靠简单多数投票规则，要在各种个人偏好中选择出一个共同一致的顺序，是不可能的。这样，合理的公共产品决定只能来自一个可以胜任的公共权力机关，要借助投票过程来达到协调一致的集体选择结果，一般来说是不可能的。

思考与讨论：三位政府官员张先生、王先生、李先生准备在会议上表决如何分配总额为4亿元的财政预算方案。这个预算方案有甲、乙、丙三个提案（见表3-2），分别确定了三位官员可以获得的预算资金数额。投票规则是：首先对甲、乙两个方案表决，然后再对胜出的方案与丙方案进行表决。

表3-2　　**三个提案**　　金额单位：亿元

官　员	甲提案	乙提案	丙提案
张先生	2	1	0
王先生	1	0	2
李先生	1	3	2

那么，张先生、王先生和李先生应当怎样投票才能确保自己的收益最大？如果改变投票规则，会有什么影响？

第三节　政府失灵与公共治理

一、官僚经济理论

以布坎南为代表的公共选择学派主要有两个方面的成果：一是政治市场学说，把国家的预算决策看成类似市场的由公共产品供求双方相互决定的过程。该学说的中心是对投票制度的分析。二是对财政制度中官僚主义行为的分析，即政府机构和政府官员行为分析。在此，主要对第二个问题进行分析。

（一）官僚机构的特点

布坎南认为，由官僚机构提供公共产品与由私人企业提供商品、劳务之间是不同的，这体现在它的三个特点上：

第一，在官僚机构中，不存在竞争。这种竞争当然是指提供同种公共产品的竞争。缺少竞争意味着缺少刺激，会降低公共部门服务的效率。

第二，公共机构的官僚不以追求利润为自己的目标。追求利润必然要降低成本，公共机构不以营利为目标，就难以降低成本。当某个公共机构压缩了支出后，节余资金不是转入下一年的基金，就是上缴国库，这不利于鼓励官僚们节省开支。

第三，公共服务通常不是以价格形式出售的，因此，社会成员对公共机构的评价不能像对市场价格的反应那样敏感。

官僚将以公共机构权力极大化为自己追求的目标，而公共权力的大小又与其所控制的社会资源的数量正相关，从而与政府预算的规模正相关，即追求公共机构权力极大化必然带来政府预算规模极大化。官僚对政府预算极大化的追求，必然导致公共产品或劳务的供给量过剩，而公共产品生产过剩就是国家机构规模过大的同义语。

（二）官僚行为的特征

官僚机构提供公共产品的行为与市场环境下的企业提供私人产品的行为存在很大差别，具体表现如下：

1.官僚行为具有一定的相对独立性

官僚机构的成员实行任命制，他们通常只对任命自己的政府机关和政治家负责，不直接对选民负责，因而并不受选民的制约。选民只能通过社会舆论，通过组成一定的利益集团或通过对政党和政府的影响来影响官僚，所以选民对官僚的制约实际上是一种软约束，作用的过程也相对比较长，官僚行为具有相对独立性。

2.官僚行为具有相对稳定性

官僚机构的成员构成一般比较稳定，机构内部有一套严格的等级制度和晋升规则，没有明确的考核指标。私营企业一般有利润这一硬性考核指标，而官僚机构的产出都是非营利性的，也就不能使用这个考核指标，因此官僚行为的稳定性牺牲了效率。

3.官僚行为具有一定的特殊性

政治家与政府官员的政策主张要转变为有条不紊的规章制度，在实际中安排执行，就需要起草政策法案。官僚还负责审议、选择议案时收集、分析和提供信息，所以他们与社会各界的关系十分密切，他们提供的信息直接影响政治家的决策。由此可见，官僚行为的影响力较大。

此外，经济人假设同样适用于官僚。官僚的行为动机也是利益最大化，只是这种利益最大化与市场行为有所不同，它不以营利为目的，而是通过追求公共权力极大化来实现。

（三）官僚主义与公共产品的供给

政府官员追求利益最大化的动机造成了公共权力的过度运用，公共产品的供给量逐渐增多，社会资源浪费，最终加重了人民的负担。为了解释这种趋势，威廉·尼斯克南提出了一种官僚模型。他认为官僚追求的个人利益是其所属部门权力最大化，由于部门权力和其控制的资源规模相关，因此官僚所作的政府预算成本必然超出实际所需的成本，每个部门的预算成本都扩大了，那么整个政府的公共支出必然会增加。

二、政府失灵与治理

为了弥补市场的缺陷和纠正市场失灵，现代市场经济国家的政府采取了一系列干预行为来调节市场机制。第二次世界大战后，西方各国采取干预措施，对其经济持续二三十年的繁荣起到了一定的作用。然而，人们逐渐发现，如同市场本身有缺陷、市场会失灵一样，政府本身的行为也有其内在局限性，政府同样会失灵；市场解决不好的问题，政府也不一定能解决好，而且政府失灵将给社会带来更大的灾难，造成更大的资源浪费。特别是从20世纪70年代开始，西方国家出现了以低经济增长、高通货膨胀、高失业率和高财政赤字为特征的滞胀现象，这正是政府过度干预、政府失灵的集中表现。

（一）政府失灵的含义

所谓政府失灵，就是指政府干预经济不当，未能有效克服市场失灵，阻碍和限制了市场功能的正常发挥，从而导致经济关系扭曲、市场缺陷和混乱加重，以致社会资源最优配置难以实现。具体地说，政府失灵分为以下三种情况：其一，政府干预经济活动达不到预期目标；其二，政府干预虽达到了预期目标但成本高昂；其三，政府干预达到预期目标且效率较高但引发了负效应。

（二）政府失灵的原因

1.内部性

公共机构尤其是政府部门及其官员追求自身的组织目标或自身利益而非公共利益或社会福利，这种现象被人们称为内在效应或内部性。就像外部性被看成市场缺陷及市场失灵的重要原因一样，内部性或内在效应被认为是政府失灵的一个基本原因。市场缺陷理论的核心是外部性，而政府失灵理论的核心是内部性。

2.萨伊定律

法国经济学家让·萨伊在亚当·斯密的“看不见的手”基础上创立了著名的萨伊定律。该定律有三个要点：一是产品生产本身就能创造自己的需求。二是市场经济有自我调节能力，不可能产生遍及国民经济所有部门的生产过剩现象。三是货币仅是流通的媒介，商品的买卖不会脱节。萨伊定律的实质是市场经济机制能够确保经济资源得到充分有效配置，不会发生普遍的生产过剩危机。萨伊定律意味着政府不是万能的，政府是有限的，所以，政府有失灵的可能。

3.斯蒂格里茨的观点

斯蒂格里茨分析了政府失灵的七个主要原因，包括公共部门缺乏竞争会削弱人们的积极性等，大家可以阅读相关文献深入了解。

（三）政府失灵的表现

1.公共政策失效

政府对经济生活干预的基本手段是制定和实施公共政策，以政策、法规及行政手段来弥补市场缺陷，纠正市场失灵。与市场决策相比，公共决策是一个更复杂的过程，存在种种困难、障碍和制约因素，这使得政府难以制定并执行好的或合理的公共政策，从而导致公共政策失效，造成政府的政策偏差。政策失效不但不能起到补充市场机制的作用，反而加剧了市场失灵，带来更大的资源浪费，甚至引发社会灾难，这是政府失灵的一个基本表现。按照公共选择和政策分析学者的看法，公共决策失误或政策失效的主要原因是公共决策过程本身的复杂性以及现有公共决策体制和方式的缺陷。

2.政府政策效率低

政府政策的低效率指两个方面的内容：第一，政府执行的政策不是最好的政策，即这种政策不能确保资源的最优配置。第二，政府作出决策的时限和效率受到限制。

首先，政府政策的选择之所以难以达到最优状态，是由民主决策程序本身固有的弱点决定的：其一，选民和政治家都是经济人。其二，即使政府提供的政策、方案确实是最好的，但选举中较多使用的是多数同意规则，而这种规则最终所体现的只是中间选民的意愿，所以最终的决策结果难以达到最优。其三，存在利益集团的影响。其四，主管部门领导人受到自身利益的驱动。

其次，政府作出一项决策要比私人部门慢得多，因为政府决策存在认识时滞、决策时滞、执行与生效时滞，这使得政府的政策不可避免地存在低效率。

案例讨论3-2　　奇葩证明的背后

开证明是我们经常遇到的事情，大家已经习以为常了，可众多奇葩证明还是让小伙伴们惊呆了！

像证明“你是你”“你还活着”“你妈是你妈”“菜刀确实已经丢失”“某人在哪儿借住”等是居民常常要面对的问题，这些证明让人啼笑皆非。有人买车被要求证明“收入都是合法来源的”，离婚诉讼要找社区开个夫妻经常吵架的证明，而“未婚证明”已经存在多年。据北京市相关部门调查梳理，由居委会开具的各类证明有240多种，分为居住类、身份类、关系类、死亡类、收入财产类、家庭困难类、就业情况类、无犯罪记录类、人身财产损害类和其他类别十大类。现在，不少地方办事还要开具“无犯罪记录证明”，让人无可奈何。

这些证明让群众跑断腿、磨破嘴、多交钱、活受罪。说轻了是一些政府部门官僚主义，说重了是将为人民服务变为“为人民币服务”，因为民众办证明的同时往往要缴纳费用。2015年11月，国务院常务会议审议并原则通过了《国务院办公厅关于简化优化公共服务流程方便基层群众办事的通知》，要求简化办事程序，改进公共服务，从源头上避免各类奇葩证明、循环证明的出现。

讨论：

1.出现上述问题的原因是什么？为什么政府部门效率不高？

2.结合身边实际，看看还有没有类似例子？有没有政府干预造成不良后果的例子？分析其中的原因。

3.政府机构工作效率低

政府机构工作低效率主要表现在三个方面：一是政府工作缺乏竞争机制；二是缺乏利润动机；三是监督机制存在缺陷。

4.政府部门自我扩张

公共选择学家缪勒从多个方面分析了政府扩张的原因，他认为，政府扩张有五种类型：一是政府以供给公共产品和消除外部效应为唯一职能时的扩张；二是政府作为收入与财富的再分配者时的扩张；三是利益集团存在时的政府扩张；四是官僚机构与政府扩张；五是财政幻觉与政府扩张。财政幻觉的要点是：假设选民用他们所支付的税款来测量政府规模，政府可以采用让选民意识不到税收负担在增加的办法来扩充政府支出。政府支出的扩张会导致财政赤字，而财政赤字又会导致政府部门的扩张。

5.政府的寻租活动

寻租是官僚经济理论中一个非常重要的问题，它在分析日常政府机构及其官员行为的原因方面有很大的指导意义。可以这样说，寻租既是政府失灵的典型表现之一，也是政府低效率的重要原因。从政治学角度看，寻租是公职人员为获取其私利而违反制度和法律的一种权力滥用行为；从经济学角度看，寻租则是一些人通过合法或非法手段谋求经济租金的政治活动和经济活动。公共选择学派同时从政治学和经济学的角度分析了寻租行为，认为寻租是指利益集团为了追求一种高额的垄断利润（租金）而进行的游说、行贿等行为。我们到其他城市旅游或出差，经常会乘坐出租车，政府一般通过发放经营牌照的办法来限制出租车的数量。出租车公司为了得到更多的经营牌照，司机要想开出租车，就会贿赂掌握这一权力的政府官员。在现实中，司机缴纳“茶水费”以获得出租车经营权就是一个典型的例子。

寻租行为的典型特征是政府权力对市场交易活动的介入。在市场经济中，政府对经济进行干预是必要的，这个干预过程必然伴随着政治活动中的权力直接介入经济活动中，从而影响经济人之间的正常交易。在这种情况下，必然有一部分人为了在交易过程中获得额外的收益，进行争取政府特许从而垄断地享有某些紧缺资源或政府庇护等寻求租金的行为，其本质是权钱交易。寻租活动会使“看不见的手”失去作用，被比喻为“看不见的脚”踩了“看不见的手”。

寻租主要包括以下几种：（1）经济管制中的寻租；（2）政府订货中的寻租；（3）政府特许权中的寻租；（4）关税和配额的寻租；（5）贿选。

政府寻租行为是一种非正常的、对经济发展和社会进步有消极影响的政府行为：第一，寻租行为会造成市场竞争不公平；第二，寻租行为会导致社会分配扭曲；第三，寻租行为会导致政治权力扭曲。

案例讨论3-3　　《武林外传》折射的现实

前几年，电视剧《武林外传》颇为引人注目，第13集的斗鸡大赛反映了现实中的一些问题。它折射出政府部门及其工作人员有时出于自身的利益需要，会利用手中的权力，作出有利于自己或本部门利益的决策。其他例子还有政府部门主持的评奖时不时曝出内幕，职业资格证书泛滥，而且对报名者的资格审查不严，来者不拒；滥设年审程序，结果是乱收费，加重了企业和居民的负担，影响了公共产品供给的公平与效率。正因为如此，中央要求政府部门决策权、执行权、监督权分离，制定了行政许可法，严禁政府机关滥设行政许可。第14集中，邢捕头及捕快实施防盗八法折腾百姓又是一个典型的例子。在实际生活中，一些地方政府在提供公共产品、为公众服务时，有时出于自身的利益需要，如政绩、升迁、金钱等，会作出不符合社会公众意愿的决策，或者出现公共产品过度供给。比如，交通警察为了完成罚款任务，滥抓违章行为；城市过度美化，节庆活动泛滥，结果是加重了老百姓的负担，降低了公共产品供给的效率。因此，当政府代替市场来提供公共产品时，不一定能实现公众利益的最大化。

讨论：

1.结合所学财政学知识，谈谈你观看这一电视剧的感想。

2.说说生活中的类似现象，分析其经济原因，提出解决的思路。

（四）政府失灵的纠正和防范

1.市场与政府的两难选择

在市场和政府失灵后，人们在现实中面临着两难选择：是要市场，还是要政府？在两者之间简单地作出选择是困难的。

西方学者有两种观点。一些人是从技术角度来看问题的，他们认为政府失灵是技术的缺陷，并不是不可救药的。政府对市场体制的补充是必要的，因为政府失灵不过是技术故障，是可以通过自身的努力得到补救的，尽管做到这一点很难。但是，政府经过努力，是完全可以把工作做得更好的。这是自由主义经济学派的主张，其代表人物是萨缪尔森，他曾说："当今没有什么东西可以取代市场来组织一个复杂的大型经济。问题是，市场既无心脏，也无头脑，它没有良心，也不会思考，没有什么顾忌，所以，要通过政府制定政策，纠正某些由市场带来的经济缺陷。"

保守主义学者则认为，政府是无能的，市场万能，政府失灵是必然的，其缺陷是不可救药的。市场虽然有不完善之处，但经过努力完全可以得到纠正。政府干预的结果往往是成事不足、败事有余，不仅不能纠正市场的失误，还破坏了市场的正常运行，公共选择学派是这一方的代表。事实上，在现实中，人们应当追求中庸之道，当市场面临危机时，政府就要承担补充的责任；当政府面临失灵问题时，就要充分借助市场机制的作用。从逻辑上看来，政府与市场的关系应该是市场先于政府，市场的毛病要靠政府来克服，这也许是比较合理的方法。

2.公共选择学派的主张

应当如何纠正和防范政府失灵呢？公共选择学者以及政策分析学者主要围绕改革公共决策体制及政治制度、引进市场竞争机制（用市场力量改进政府效率）两个方面来加以说明。

（1）改革公共决策体制及政治制度。政府失灵是西方公共选择或公共决策体制的缺陷所造成的，实质上是西方政治制度的失败。因此，要避免政府失灵，必须改善现有的西方民主政体，发明一种新的政治技术和表达民主的方式。

（2）引进市场竞争机制。他们主张用市场力量改进政府的功能，提高政府工作效率，以克服"政府失败"。他们认为，以往人们只注意用政府来改善市场的，却忽视了相反的做法——用市场的力量改善政府。

公共选择学者和政策分析学者提出了如何用市场力量来改进政府的功能、提高政府工作效率的具体措施。加州大学伯克利分校公共政策学院的威廉·尼斯克南在《官僚机构与代议制政府》中提出了三个措施：一是在政府内部重新确定竞争机制；二是在高层行政管理者中恢复发挥个人积极性的制度；三是更经常地采用由私营企业承担公用事业的政策，即更多地依赖市场机制来生产某些公共物品和公共服务。

案例讨论3-4　　和珅困境

随着电视剧《铁齿铜牙纪晓岚》的播出，人们对清朝大贪官和珅非常熟悉。历史上确实有这么一位又贪又能干的人，乾隆知道他爱钱，但因为他能够鞍前马后地服侍自己，且内政外交都能应付，所以非常重用他。

和珅当政20多年，中饱私囊，敛财无数，据说家产超过国库收入，被诛后民间流传"和珅跌倒，嘉庆吃饱"的说法。究竟这样的人该不该用？怎样防止出现这样的贪官？这是历朝历代治国理政的重大命题。

乾隆时期被称为盛世，但官场腐败非常严重。当时两淮盐业的税收占全国税收的四分之一，乾隆二十八年，两淮盐运使由尤拔世接替，引出了著名的“两淮盐引案”。1768年，刚上任的尤拔世上奏折反映两淮盐业中的贪腐案，此案与风流倜傥的纪晓岚还有些关系，他因被牵连而降罪革职，发配新疆长达三年。2014年起，央视八套播出了以此为背景拍摄的电视剧《大清盐商》。

我们曾经用提高官员们的道德水准的办法来解决问题，但似乎效果不佳。怎样从经济学的角度来分析和解决这一难题呢？

讨论：

1.为什么官场贪腐难以根绝？主要症结是什么？

2.有什么办法约束官员，同时又激励他们热心为公众服务？

三、公共选择理论对我国的借鉴意义

我国的政治制度不同于西方国家，但不能说公共选择理论的全部内容都与中国的实际情况不相干，公共选择理论对我国经济建设与社会发展仍然有着现实意义。

第一，公共选择理论中的经济人假设为我们的财政决策机制设计提供了富有启发性的思路。尽管政治市场中的经济人假设存在争议，但大多数情况下是接近实际的，要使政治决策符合公共利益最大化要求，就必须建立起一套能约束和监督决策者的有效机制。诸多实践表明，仅靠当事人的思想觉悟和道德约束，是难以形成理想的财政决策和实现财政有效运行的。

第二，公共选择理论揭示了偏好显示机制在公共决策中的重要性，这对我们完善财政决策机制具有一定的借鉴意义。财政决策应当体现人民的意愿和要求，仅凭决策者的良好愿望和优良素质是不够的，还必须有一套把人民的利益和要求由下而上及时传达的机制，即公民的偏好显示机制。只有充分了解人民的偏好，重大决策让群众知情，让群众讨论和参与，政府的决策才会符合人民的利益和要求。当前，亟待解决的是财政信息的透明度问题，要尽快建立规范、及时、准确的财政信息发布制度。在此基础上，建立和完善有保障的、顺畅的公民财政偏好显示机制，以保证财政决策的科学性和民主性。

第三，公共选择理论对政治决策程序和规则的研究，对我国完善财政决策程序和规则有重要的借鉴价值。决策的结果取决于决策程序和规则，从一定意义上说，在决策中，程序和规则更重要。在我国以往的财政决策实践中，在一定程度上存在重结果、轻程序，重人的素质、忽视规则的作用等问题。这在财政立法中则表现为重实体法、轻程序法。举例来说，我国的政府预算决策程序和运作程序都存在不科学、不规范的问题，从预算的编制、审批、执行、调整到最后的决算，人为的、主观的因素太多，制约了预算绩效的提高。这种现象若要改观，就必须加强对科学的财政决策程序和规则的研究。

第四，公共选择理论中的特殊利益集团理论为分析我国一些经济和财政现象并制定相应的财政对策提供了一个有益的视角。在市场经济中，利益和决策具有分散化特点，因此在我国也是存在利益集团的，如行业利益集团、地区利益集团、生产者利益集团、消费者利益集团等。在一些地方盛行的地方保护主义就是以行政区划为单位的地区利益集团行动的结果；又如我国的农民利益集团问题，该集团由于人数众多、组织松散，难以形成强有力的“特殊利益集团”，对公共决策的影响力较小，其利益常受到侵害，负担较重；再如我国的垄断行业价格（是指公共定价）过高问题迟迟难以解决等。公共选择理论都可给出一些令人信服的解释，这对我们制定有关对策无疑是有所助益的。

怎么样检索文献及获取数据？　　怎么样阅读文献？

知识运用

本章所学的公共选择理论为我们认识政府公共管理中的各种问题提供了理论武器，让我们清醒地认识到人的自觉是不可靠的，需要建立健全内部控制、外部监督制度，保证政府及财政的行为真正让公众受益。下面分别列出现象（案例）、分析的理论依据、分析思路。

现象：扶贫资金使用中出现一些干部以权谋私的问题，如四川省甘孜州前几年通报的扶贫领域典型案件，包括乡城县扶贫和移民工作局局长挪用扶贫资金的问题、理塘县君坝乡火古龙村支部书记、村委会主任克扣、截留扶贫资金的问题。

分析的理论依据：政府也存在失灵。需要注意的是，政府失灵有多方面原因和表现，不完全等同于腐败。

分析思路：政府及其工作人员也是经济人，同样存在私心，不一定能够自觉地按照贫困户意愿用好管好扶贫资金——一些政府部门及其干部掌握着分配、管理扶贫资金的权力，可能在监管不严的情况下损公肥私——必须加强制度建设，完善科学的决策机制、信息公开制度，确保权力在阳光下运行，保证公众利益不受损害。

阶段练习一

一、单项选择题

1.按照国家分配论的观点，财政分配的主体是（　　）。

A.企业　　B.居民　　C.国家　　D.财政部门

2.按照国家分配论的观点，（　　）是财政产生的首要条件。

A.国家的产生　　B.市场失灵

C.收不抵支　　D.生产力的发展和剩余产品的出现

3.国家分配论认为，财政研究的是（　　）关系。

A.生产　　B.消费　　C.交换　　D.分配

4.亚当·斯密认为，推动人类社会发展的根本动力是（　　）。

A.人的欲望　　B.人的自利行为　　C.道德　　D.自然规律

5.（　　）为政府介入或干预提供了必要性和合理性的依据。

A.经济波动　　B.公共产品　　C.市场失灵　　D.公平分配

6.主张平衡财政收支、减税的供给学派代表人物是（　　）。

A.约翰·凯恩斯　　B.阿瑟·拉弗　　C.西斯·蒙第　　D.亚瑟·庇古

7.在财政职能中，能实现社会分配公平的职能是（　　）。

A.资源配置职能　　B.收入分配职能

C.经济稳定与发展职能　　D.监督职能

8.主要发挥财政的收入分配职能的是（　　）。

A.政府投资　　B.预算　　C.税收　　D.公债

9.消费上具有非竞争性，但可轻易做到排他的是（　　）。

A.私人产品　　B.纯公共产品　　C.俱乐部产品　　D.公共资源

10.以下各项中属于纯公共产品的是（　　）。

A.研究生教育　　B.工业生产　　C.社会治安　　D.住房建设

11.2009年诺贝尔经济学奖得主（　　）提出了多中心主义。

A.布坎南　　B.奥斯特罗姆　　C.马斯格雷夫　　D.弗里德曼

12.英国经济学家亚当·斯密在（　　）一书中专门论述了财政问题。

A.《通论》　　B.《资本论》　　C.《国富论》　　D.《财政学原理》

13.提出有效需求学说，主张政府干预的经济学家是（　　）。

A.亚当·斯密　　B.威廉·配第　　C.西斯·蒙第　　D.约翰·凯恩斯

14.应由地方政府提供的地方性公共产品是（　　）。

A.中央银行　　B.外贸管理　　C.宏观经济稳定　　D.警察

15.应由中央政府提供的全国性公共产品是（　　）。

A.市政建设　　B.绿化　　C.协调地区发展　　D.社会治安

16.以下各项中属于正外部效应比较明显的地方性公共产品的是（　　）。

A.治理环境　　B.环境污染　　C.兴办工业区　　D.反腐败

17.提出“每人所支付的税收份额等于每个人所获得的公共产品边际效用价值”的经济学家是（　　）。

A.萨克斯　　B.马佐拉　　C.威克塞尔　　D.林达尔

18.公共选择理论产生于二十世纪60年代初期的（　　）。

A.美国　　B.英国　　C.德国　　D.法国

19.被称为公共选择理论的领袖人物的是（　　）。

A.邓肯·布莱克　　B.戈登·塔洛克　　C.詹姆斯·布坎南　　D.阿罗

20.公共选择学派以（　　）作为其理论分析的出发点。

A.资源有限假定　　B.产权确定假定　　C.有效需求不足　　D.经济人假定

二、多项选择题

1.市场失灵主要表现在（　　）。

A.企业经营不善　　B.垄断　　C.外部效应

D.收入分配不公　　E.经济波动

2.市场经济条件下，政府的主要职责是（　　）。

A.提供公共产品　　B.纠正外部效应　　C.维持有效竞争

D.调节收入分配　　E.扶持亏损企业

3.公共产品的基本特征是（　　）。

A.竞用性　　B.非竞用性　　C.排他性

D.非排他性　　　　　　　　E.效用的不可分割性

4.从财政宏观调控目标角度看，可以把财政职能概括为三个方面，即（　　）。

A.调控经济职能　　　　　　B.资源配置职能　　　　　　C.收入分配职能

D.经济稳定发展职能　　　　E.组织收入职能

5.根据公共产品的受益范围，可将其分为（　　）。

A.全国性公共产品　　　　　B.纯公共产品　　　　　　　C.地方性公共产品

D.准公共产品　　　　　　　E.俱乐部产品

6.以下各项中属于地方性公共产品的是（　　）。

A.国防　　　　　　　　　　B.市政设施　　　　　　　　C.消防服务

D.外交　　　　　　　　　　E.绿化

三、判断题

1.（　　）俱乐部产品的特点是消费具有竞用性，却无法有效地实现排他性。

2.（　　）公共产品的非排他性是指公共产品一旦提供了，便会有众多的受益者，社会成员将共同消费它，不可能将其中的任何人排斥在外。

3.（　　）亚当·斯密于1776年发表了人类历史上第一部财政学说的专门论著《公共支出纯论》。

4.（　　）公共财政是与计划经济相对应的特有的财政模式。

5.（　　）萨缪尔森在其代表论文《公共支出纯论》中，分析并得出了著名的公共产品定义。

6.（　　）公共选择学派赞成凯恩斯的经济干预政策，反对经济自由。

7.（　　）政府出面提供公共产品的原因是存在市场失灵。

8.（　　）公共产品具有非竞用性，说明公共产品消费的边际成本为零。

9.（　　）英国经济学家布坎南被尊为“公共选择理论之父”。

10.（　　）公共选择理论是将政治学分析方法用于经济领域。

11.（　　）亚当·斯密主张国家干预，反对经济自由。

12.（　　）美国经济学家密尔顿·弗里德曼主张减少政府干预，反对相机抉择的财政政策。

13.（　　）英国经济学家邓肯·布莱克因在公共选择理论上的成就，获得1986年度诺贝尔经济学奖。

14.（　　）公共选择学派认为政府部门的自我扩张是政府失灵的表现之一。

15.（　　）官僚经济理论不属于公共选择理论的内容。

16.（　　）公共产品是产权属于国家的财产。

17.（　　）一个人缴纳税收多，相应享受公共服务也就多。

四、简答题

1.市场失灵有哪些表现？

2.简述公共产品的定义及基本特征。

3.列举一些各国普遍提供的公共产品的具体例子，并说说自己的理由。

4.列出具体哪些属于外部性明显的地方性公共产品，并作出必要的解释。

5.准公共产品依据什么分类？二者有什么不同？准公共产品是怎样供给的？

6.简述财政具有哪些职能，并且作出简要的解释。

7.简述公共产品理论的基本内容。

8.公共产品一定由政府提供和生产吗？说说理由。

五、实务题（运用财政学专业知识分析图表中的数据，作出判断）

示例：

近年来，我国采取税收、财政补贴等多项措施努力促进居民收入公平分配，尽力缩小收入差距。请运用统计学方法对表3-3的数据进行技术处理，对收入分配差距及变化趋势作出判断，并分析政府收入调节政策的实际效果。你还可以继续搜集连续多年的城镇居民、农村居民按收入五等份分组的人均收入数据，按类似方法进行统计分析，并结合学过的经济学、财政学知识作出判断，提出自己的看法。

表3-3　**2013—2018年全国居民按五等份分组的人均可支配收入**　单位：元

组别＼年份	2013	2014	2015	2016	2017	2018
低收入户	4 402.4	4 747.0	5 221.2	5 528.7	5 958.4	6 440
中等偏下户	9 653.7	10 887.0	11 894.0	12 898.9	13 842.8	14 361
中等收入户	15 698.0	17 631.0	19 320.1	20 924.4	22 495.3	23 189
中等偏上户	24 361.2	26 937.0	29 437.6	31 990.4	34 546.8	36 471
高收入户	47 456.6	50 968.0	54 543.5	59 259.5	64 934.0	70 640

数据来源：2013—2017年数据来自各年中国统计年鉴，2018年数据来自《2018年国民经济和社会发展统计公报》。

解答：首先，需要根据科学的统计方法和指标进行计算，才能得出准确的结论。其次，可以在同一年度内对不同组别进行横向比较，对不同年份进行纵向比较，运用倍差、增长指数（速度）等指标进行分析。表3-4计算其他收入组别人均可支配收入相当于低收入户的倍数，可以看到五年间各组收入差距（倍数）总体仍在扩大；表3-5计算各年各组收入增长指数，从中可以发现2014年、2015年中等收入组增长相对较快，2017、2018年低收入户增长逐步加快，表明近年政府调节措施效果逐步发挥作用，但仍不太理想，还需要继续加大调节力度。再次，有必要说明的是，如果从逻辑严密的角度来说，还需要通过计量经济方法分析收入差距的变化与政府调节措施之间是不是存在必然联系。联系第一章第三节所学的知识，高收入户相对于低收入户的倍数实际就是欧希玛指数，大家还可以试着计算变异系数，看看这几年这一系数有何变化，能够得出什么结论。

表3-4　**其他收入组别人均可支配收入相当于低收入户的倍数**

组别＼年份	2013	2014	2015	2016	2017	2018
低收入户	1	1	1	1	1	1
中等偏下户	2.19	2.29	2.28	2.33	2.32	2.23
中等收入户	3.57	3.71	3.70	3.78	3.78	3.60
中等偏上户	5.53	5.67	5.64	5.79	5.80	5.66
高收入户	10.78	10.74	10.45	10.72	10.90	10.97

表 3-5　　计算各年各组收入增长指数

组别 \ 年份	2013	2014	2015	2016	2017	2018
低收入户	100	108	110	106	108	108
中等偏下户	100	113	109	108	107	104
中等收入户	100	112	110	108	108	103
中等偏上户	100	111	109	109	108	106
高收入户	100	107	107	109	110	109

1.观察表3-6的统计数据，对广西2010—2018年城乡居民收入分配状况及变化趋势作出判断，并运用财政学知识分析近几年政府采取的收入调节政策发挥了哪些作用。

表 3-6　　广西壮族自治区2010—2018年城乡居民生活改善情况

组别 \ 年份	2010	2011	2012	2013	2014	2015	2016	2017	2018
城镇居民人均可支配收入（元）	16 613	18 356	20 681	22 689	24 669	26 416	28 324	30 502	32 436
农村居民人均可支配收入（元）	5 214	6 003	6 894	7 793	8 683	9 467	10 359	11 325	12 435
城镇居民家庭恩格尔系数（%）	38.1	39.5	39.0	37.9	35.2	34.4	34.4	33.2	30.7
农村居民家庭恩格尔系数（%）	48.5	43.8	42.8	40.0	36.9	35.4	34.5	32.2	30.1

数据来源　广西壮族自治区统计局《2015年广西壮族自治区国民经济和社会发展统计公报》、《2017年广西壮族自治区国民经济和社会发展统计公报》、《2018年广西壮族自治区国民经济和社会发展统计公报》。

2.回顾改革开放的历史，可以看到我国已经发生了巨大变化，经济社会各领域都取得了举世瞩目的成就。南宁市1986年市区公交线路仅有8条，而到2016年地铁开通时最多达到183条，同时财政对公交企业的补贴也大幅增加。思考以下问题：为什么需要政府给予补贴？公共交通能不能交由民营企业经营，政府不干预行不行？随着城市化推进，城市的公共服务需求有哪些变化，是增加还是减少、不变？如果要合理界定财政补贴的金额，应当设定哪些考核指标与补贴金额挂钩？除了公共交通外，还有哪些公共服务增加？南宁公共交通有限责任公司获得财政补贴数据见表3-7。

表 3-7　　南宁公共交通有限责任公司获得财政补贴数据

补贴年度	2012年	2013年	2014年	2015年	2016年
成本规制补贴（万元）	4 915	7 754	16 288	15 299	21 780

数据来源　佚名．刘国平：南宁公交成本规制补贴经验介绍［EB/OL］．［2019-05-30］．http://www.sohu.com/2017-11-23.

3.2005年起，我国建立家庭经济困难学生资助政策体系。《2018年中国学生资助发展报告》显示：2018年累计资助金额2 042.95亿元（不包括义务教育免除学杂费和免费教科书、营养膳食补助，以下口径相同），比上年增加160.81亿元，增幅8.54%，连续12年保持快速增长。学生资助资金中，财政投入共计1 290.08亿元，比上年增加79.46亿元，增幅6.56%。财政资金占当年资助资金的比例为63.15%。此外，高校学生国家助学贷款（银行发放）325.54亿元，学校从事业收入中提取支出资助资金291.97亿元，企事业单位、社会团体和个人捐助等各类资助资金共135.36亿元。根据公共产品理论，结合表3-8数据，分析政府建立上述政策的必要性、各个教育层次财政投入占比为何存在差异。

表3-8　**2018年学生资助财政投入金额及占比**

教育层次	学前教育	义务教育寄宿生生活费补助	中职教育	普通高中	普通高校
财政资金投入（亿元）	108.47	190.99	284.20	176.11	530.31
占该项资助资金总额的比例（%）	96.93	100	71.06	92.79	46.10
资助人次（万人）	951.57	1499.58	1629.70	1332.74	4387.89

六、案例分析题（要求既有理论依据，又结合实际进行分析，提出自己的看法）

示例：

2009年5月，中央组织部等部门联合下发了《关于建立选聘高校毕业生到村任职工作长效机制的意见》，明确指出：大学生"村官"的工作、生活补贴比照本地乡镇新录用公务员试用期满后工资水平确定，中央财政补贴按照西部地区人均每年1.5万元、中部地区1万元、东部地区0.5万元的标准拨付，同时，按人均2 000元的标准发放一次性安置费。你如何看待财政的支持措施？可以根据财政职能、财政支出、财政政策等知识进行分析。

解答：①出台这一政策的背景之一是高校毕业生数量不断增加，大学生出现就业难问题，这样做可以拓展大学毕业生就业渠道，缓解就业难问题；②背景之二是人才资源配置不合理，城市出现就业难，而农村人才短缺，此举可以引导大学毕业生到农村工作，发挥财政的资源配置职能；③大学生"村官"是特设岗位，在服务期内可以锻炼大学毕业生，同时可以优化村组织干部队伍结构和素质，只有保障他们的工资及生活待遇，才能吸引优秀人才积极报考这一岗位；④由于需求大的地区财政相对困难，因此，根据东中西部地区财力差异，中央财政应给予不同的补助，发挥财政调节作用。

1.面对共享单车的冲击，公共自行车的发源地杭州市2017年3月27日决定借鉴共享单车的模式，试点"无桩停放"，破解停车难问题。有关负责人表示更换智能锁及搭建虚拟"电子驿站"的成本由公共财政承担，原因是它属于公共交通。请从政府与市场的边界、财政的职能等角度说说自己的看法。

2.据统计，2018年，北京市有机动车600万辆左右，停车位缺口达250多万个；深圳、上海、广州、南京等一线城市的停车位缺口都超过150万个。这种情况在三线城市也不例外。截至2016年5月底，河南省信阳市市区小汽车共有11.8万辆，需要停车位2万个，但实际仅有停车位7 200个，缺少1万多个停车位。究竟该由政府来建设及管理，还是由社会资本建设与运营呢？如果是后者，有什么办法既让经营者有一定盈利，又避免收费过高？请结合自己所在地的情况，提出自己的意见与解决办法。

3.2016年6月，北京市民政局通过政府购买服务的方式，为全市1万名有需求的老年人免费配备防走失手环，提供实时定位、紧急呼叫、运动轨迹、离开安全区域提醒等功能，保障老人出行安全。这对于提升资金使用效率、满足多元化需求、提高服务质量等无疑是一种创新之举。遗憾的是，有些地方抱着服务"外包"就万事大吉的心态，既不监督委托单位，也不重视群众反馈。比如西南某市的公厕大多是通过委托给环卫公司等主体运营、政府补助、免费向社会公众开放使用的方式运作。环卫局等部门会不定时检查卫生，但忽视公厕设施的维护，门把手损坏、冲水阀使用不正常等情况比较普遍。结合所学财政学知识思考，谈谈自己的看法。

4.近两年，南宁市通过招商招标引进企业投资建设村级收集站、乡镇中转站或集中处理中心，对生活垃圾进行源头分类捡拣，回收有价垃圾，实行资源利用，实行“户分类、村收集、镇中转或处理”模式。县区财政部门按每吨100～140元的标准向企业支付垃圾处理费用，并许可企业经营20年，企业可实现保本微利运行。同时，各乡镇村聘请村级保洁员，对受益农户按照每户每月5～10元的标准收取卫生费，用于村级保洁工作。逐步实现农村环境保护从“政府大包大揽、负重前行”的局面转变为“谁受益，谁负担”和“村民自治”的格局。运用财政学知识分析上述做法，提出你的看法。

5.广西柳州市融水县汪洞乡产儒村才龙屯位于贝江发源地。全屯65户220多人隔江住在两边，其中有5户共24人住在贝江对岸，且对岸数百亩的田地、山林需要大家渡江耕作。洪水季节，两岸居民来往、孩子上学只能蹚水而过，危险重重。2016年底，村民自筹资金，自行设计、施工建设跨江桥。各种材料费、机械费共花费50多万元，其中35万元由5户居民出资，社会捐款12万元，柳州市美丽乡村办捐款10万元，市鱼峰水泥厂捐出80吨水泥。最近工程将收尾，但还差十余万元让他们很头疼。按照财政部门规定，如果申请一事一议项目拨款需要超过20户以上才行。县交通局只负责管辖县道、乡道、村道及桥梁，不负责这样的屯级道路。你怎么看这一事件？从财政学角度作出分析。

6.贵州省贵阳市自2015年以来，组建农投集团，以公益性与市场化结合方式试点建设惠民生鲜超市，有效解决了“买菜难、买菜贵”问题。惠民生鲜超市所有农产品由蔬菜基地直供，蔬菜基地将分散在农户手上的土地流转过来，按每亩地500元支付流转费，农民还可以到蔬菜基地打工，每人每天领到80元工资，年底还可以分红。超市按“保本微利”的原则经营，鲜菜价格比周边农贸市场均价低20%～30%，全市鲜菜价格涨幅低于全国、全省平均水平。2015年至2018年，市与城区两级财政累计投入3亿余元用于惠民生鲜超市建设，主要用于支付超市门店租金。从政府与市场的关系、财政职能等方面分析上述做法，提出自己的看法。

7.据媒体披露，广东省中山市查处一起案件，该市港口镇社会事务局民政事务股股长陈某自2007年1月至2017年11月，作案529次，虚报冒领扶贫专项资金共计3 587万元。陈某通过虚报资助对象、涂改单据等手段，仅2016年就骗取扶贫资金726万多元，接近当年全镇实际发放扶贫资金总额的60%。按规定，资金申请需要经过镇社会事务局和财政分局局长、分管民政事务和财政工作的镇党委委员、镇长、镇党委书记分别审核确认，然后由银行对收款人及账户逐一核对后才能发放，财政分局对银行实际发放的明细清单还要对账核实。但在实际工作中，后面的审核环节都认为已经有人核对，就简单签名了事。结合政府失灵分析上述案例，提出自己的看法。

阶段练习一参考答案

第二编　财政的钱用到哪里

第四章　财政支出的规模及原则

知识结构图

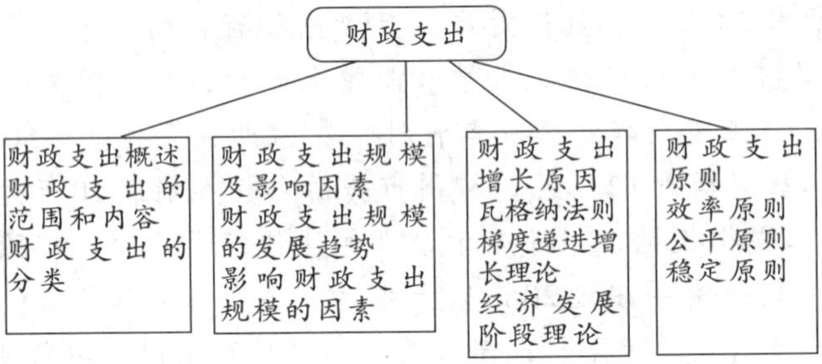

引　言

近年来，我国财政收入连年大幅增长。作为纳税人和国家的主人翁，社会公众非常关心这些钱究竟用到哪里去了，用得是否合理。从最近几年的政府工作报告来看，财政每年花在民生方面的钱增长很快，反映出财政支出结构正在发生深刻变化。目前，我国财政总支出已经达到20万亿元，这一巨大的财政“蛋糕”将如何切分，引起了全社会的高度关注。在各种媒体中，经常能看到与我们的衣食住行相关的领域增加了财政支出，免费享用的公共服务越来越多，但也会看到一些财政资金浪费或低效使用的报道，审计署每年的审计报告都披露出不少问题。可以说，公共财政支出已经成为社会关注的热点，要弄清个中缘由，必须搞清楚财政支出的基本理论，并结合实际进行具体的分析。

待解问题——

对民办学校是否应当给予财政补贴？

对公办科研机构、剧团应当给予财政拨款吗？

为什么财政收入连年大幅增长，但财政支出仍然难以满足需要？

第一节　财政支出概述

一、财政支出的范围和内容

财政支出是政府将集中起来的资金按照社会公共需要进行分配和使用，实际上就是提供公共产品的过程。资金的使用最终将购买商品和服务，形成社会需求，所以，财政支出的规模影响社会供求平衡，财政支出的结构影响社会需求结构，进而影响供给结构。财政支出可以调节经济，对经济运行发挥引导作用。

财政支出的规模、结构、内容和形式的变化，主要取决于政府财政职能及范围的变化；从另一个角度看，政府财政职能及范围的变化又主要体现在财政支出的变化上。财政支出的内容与公共产品的范围密切相关，同时它又直接影响财政支出的规模。

根据公共产品理论，财政支出的范围应根据公共产品的范围来确定，也就是说，政府的责任主要是提供公共产品，私人产品则由市场提供。公共产品的内容和结构不是一成不变的，而是随着社会的发展而不断丰富的。财政支出的内容取决于政府职能的范围，因此，从具体项目上看，财政支出的内容应包括以下几方面：

第一，提供公共秩序产品，主要包括行政司法和国防外交等内容。行政司法维护国内政治秩序，国防外交维护对外关系稳定。这一支出内容体现的是政府的传统政治职能。

第二，提供公共基础设施，主要包括交通、能源、水利、环保等内容。其中有些是同时具有私人产品与公共产品性质的混合产品，但有一些外部性比较突出的可以归于纯公共产品。这一支出内容体现的是政府的经济职能。

第三，提供社会公共服务，主要包括教育、医疗、文化、气象等社会事业。这一支出内容体现的是政府的社会公共服务职能。

第四，提供社会保障，主要包括社会保险、社会救济、社会优抚等内容。这一支出内容体现的是政府的社会保障职能。

政府公共职能的发展演变是由人类生活的社会化推动的。在自然经济条件下，人们的生活方式高度分散，对公共产品需求很少。而在市场经济条件下，人们以城市为中心，集中进行生产、生活，公共基础设施、公共事业和社会保障作为公共产品，由政府无差别地向全社会提供，具有最大的社会价值，从而提供公共产品和服务很自然地演变为政府的重要职能之一。

二、财政支出的分类

（一）按财政支出产生效益的时间分类

国际货币基金组织按照财政支出产生效益的时间，将财政支出分为经常性支出、资本性支出和净贷款三大类。这是公共经济学的一种重要分类方法，我国新的财政收支分类也是这样设置的。

1.经常性支出

经常性支出就是用于维持公共部门正常运转和保障人们基本生活所必需的开支，主要包括人员经费、公用经费和社会保障支出。之所以称为经常性支出，是因为这种支出具有将当期一次性消耗直接转换为当期收益的特点，如一般公共服务支出包含公务员的工资、办公费、会议费、差旅费等内容，这些支出将直接转换为当期的公共服务，即维持社会正常秩序、维护市场交易的规范、维护法律的尊严等。按照“谁受益、谁负担”的公平原则，当期享受公共产品的纳税人应承担其成本，因此，经常性支出的成本补偿是通过征税来进行的。

2.资本性支出

资本性支出就是用于生产或购买能够长期受益的公共产品的支出，既包括用于基础设施建设、农田水利设施投资等的生产性支出，也包括用于购买汽车、办公电脑和桌椅等的非生产性支出。这类支出将形成能够长期使用的固定资产，也就是说，不但当期纳税人能够从中获益，远期的纳税人也可以从中受益。与此相对应，资本性支出的一部分成本应在当期得到补偿，即税收；其余大部分则应合理分摊到未来使用期内补偿，即公债。公债被视为延期的税收，即假设偿还公债的资金主要是通过增加税收的方式来筹集的，那么这部分增加的税收负担将落到未来的纳税人头上。

3.净贷款

净贷款是弥补政府经常性收支不平衡的项目，包括支付政府性债券、贷款等负债的本金和利息的支出。

（二）按财政支出的经济性质分类

1.购买性支出

购买性支出是指政府在商品和劳务市场上购买商品、劳务或工程的支出，如政府各部门的事业费和政府各部门的投资拨款。这类支出具有一个共同点：政府一面付出了资金，另一面相应地购得了等价的商品、服务或工程，并将其用于实现政府的职能和满足社会的公共需要。购买性支出主要用于维持政府部门正常运转以及用于国防、外交、基础科研、教育、社区设施、运输通信、农林牧副渔等方面的支出。在这类支出中，政府和其他经济主体一样，在市场上从事等价交换的活动，它所体现的是政府市场性再分配。按照购买的对象不同，又可以将其分为消费性支出和投资性支出，前者是指政府在市场上购买商品和劳务所发生的支出，后者是政府投资工程类项目的支出。

根据需求主体的不同，可以将国内总需求分为私人需求和公共需求，后者又分为消费性需求和投资性需求。按照一般需求理论，当政府购买支出增加时，意味着社会产品的需求增长，在短期内社会供给相对稳定的情况下，这将使市场价格水平上升、企业利润率提高。企业将扩大生产规模以增加供给，这就促进了生产资料和劳动力市场需求增长，前者将刺激生产资料的生产企业扩大投资；后者则使劳动力整体收入水平提高，并增加对消费资料的社会需求，进而导致生产消费资料的企业扩大生产规模。在广泛存在社会分工的条件下，由政府购买支出增加所引发的上述过程，将在全社会范围内产生一系列连锁反应，从而导致社会总需求在短期内快速膨胀。但从长期来看，缺乏理性和远见的市场主体可能出现过度投资问题，这些过度投资一旦形成产能过剩，将对市场产生不利影响。

相反，如果政府减少购买支出，全社会的投资和就业都会随之减少，从而导致连锁性的社会需求萎缩。这既可能导致需求不足，又可能对过度的总需求起到一定的抑制作用。

西方学者认为，这种由政府购买支出变化引致的社会投资、就业和生产规模的变化，往往数倍于政府支出变化的规模，故被称为政府支出的乘数作用。凯恩斯主义者正是以此为依据，主张政府通过财政活动干预经济。

2.转移性支出

转移性支出是指政府不获得直接经济利益补偿的单方面支出，如社会保障支出、各种补贴以及捐赠、对外援助支出等。这类支出具有一个共同点：政府财政付出了资金，只是转移了资金的所有权，却没有任何所得。它并不减少私人部门可支配的资源总量，只是在结构上调整不同社会集团之间可支配资源数量的比例，以更好地促进社会公平的实现。在此不存在交换的问题，它所体现的是政府的非市场性再分配。

这种分类便于分析财政支出对经济的影响，购买性支出主要影响商品和劳务的生产和消费，可以调节经济结构，体现财政的资源配置职能；转移性支出主要影响收入分配，体现财政的收入分配职能，具体如图4-1所示。

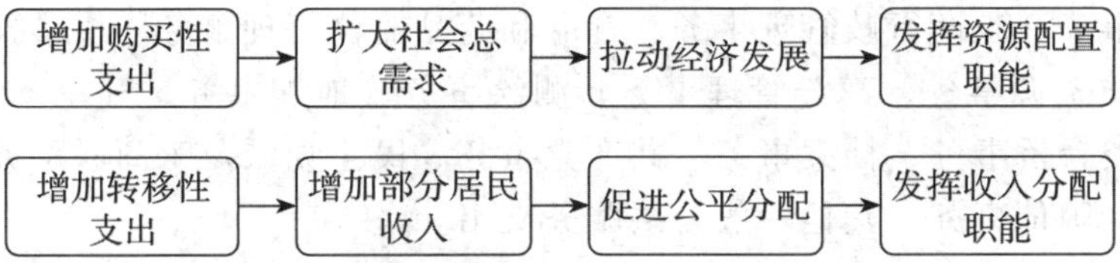

图4-1　购买性支出和转移性支出的不同影响

（三）按具体用途分类

这是指按财政资金的具体使用方向分类，比如2000年的一般预算支出设置了32个“类”级科目：（1）基本建设支出；（2）企业挖潜改造资金；（3）地质勘探费；（4）科技三项费用；（5）流动资金……

2007年以前，国家预算科目就是按照这种分类方法设置的，这种分类便于正确安排各项支出，及时组织资金供应，也便于对各种资金进行管理和监督，但各项目之间有交叉，不利于部门预算的编制，比如教育部门的基本建设支出不包含在教育事业费类中，而是单独统计，而且它与国际组织的分类不一致，不利于比较和国际交流。为进一步改革和完善政府预算管理制度，建立和完善公共财政体制，从源头上治理腐败和促进社会主义民主政治建设，经国务院批准，政府收支分类改革于2007年全面实施，具体内容将在政府预算管理课程学习。

（四）国际货币基金组织对公共支出的分类

1.按功能分类

按照国际货币基金组织最新政府公共财政统计标准，政府支出按功能主要分为：（1）一般公共服务；（2）国防；（3）公共秩序和安全；（4）经济事务；（5）环境保护；（6）住房和社会福利设施；（7）医疗保障；（8）娱乐、文化和宗教；（9）教育；（10）社会保护。

2.按经济性质分类

按照国际货币基金组织最新政府公共财政统计标准，政府支出按经济性质主要分为：（1）雇员补偿；（2）商品和服务的使用；（3）固定资产的消耗；（4）利息；（5）补贴；（6）赠与；（7）社会福利；（8）其他开支。

（五）我国现行政府支出分类

我国从2007年1月1日起实施政府收支分类改革，新的财政支出分类如下：

1.支出功能分类

支出功能分类主要反映政府活动的不同功能和政策目标。根据社会主义市场经济条件下政府职能活动情况及国际通行做法，将政府支出分为类、款、项三级。其中，类级科目有：（1）一般公共服务；（2）外交；（3）国防；（4）公共安全；（5）教育；（6）科学技术；（7）文化体育与传媒；（8）社会保障和就业；（9）社会保险基金支出；（10）医疗卫生；（11）环境保护；（12）城乡社区事务；（13）农林水事务；（14）交通运输；（15）工业商业金融等事务；（16）其他支出；（17）转移性支出。

值得注意的是，一般公共服务支出容易与财政的一般公共预算支出混淆，其实它与改革前的行政管理费接近，具体从其下设的32个款级科目可以看出来：人大事务、政协事务、政府办公厅（室）及相关机构事务、发展与改革事务、统计信息事务、财政事务、税收事务、审计事务、海关事务、人事事务、纪检监察事务、人口与计划生育事务、商贸事务、知识产权事务、工商行政管理事务、食品和药品监督管理事务、质量技术监督与检验检疫事务、国土资源事务、海洋管理事务、测绘事务、地震事务、气象事务、民族事务、宗教事务、港澳台侨事务、档案事务、共产党事务、民主党派及工商联事务、群众团体事务、彩票事务、国债事务、其他一般公共服务支出。

2.支出经济分类

支出经济分类主要反映政府支出的经济性质和具体用途，设类、款两级，科目设置情况见表4–1。

表4–1 **支出经济分类科目**

科目编码	科目名称	说明
301	工资福利支出	反映单位开支的在职职工和编制外长期聘用人员的各类劳动报酬，以及为上述人员缴纳的各项社会保险费等，包括基本工资、奖金、社会保障缴费、伙食费、伙食补助费、绩效工资等
302	商品和服务支出	反映单位购买商品和服务的支出（不包括用于购置固定资产的支出、战略性和应急储备支出，但军事方面的耐用消费品和设备的购置费、军事性建设费以及军事建筑物的购置费等在本科目中反映），包括办公费、印刷费、咨询费、手续费、水费、电费、邮电费、取暖费、物业管理费、交通费、差旅费、出国费、维修（护）费、租赁费、会议费、培训费、招待费、专用材料费、装备购置费、工程建设费、作战费、军用油料费、军队其他运行维护费、被装购置费、专用燃料费、劳务费、委托业务费、工会经费、福利费等
303	对个人和家庭的补助	反映政府用于对个人和家庭的补助支出，包括离休费、退休费、退职（役）费、抚恤金、生活补助、救济费、医疗费、助学金、奖励金、生产补贴、住房公积金、提租补贴、购房补贴等
304	对企事业单位的补贴	反映政府对各类企业、事业单位及民间非营利组织的补贴
305	转移性支出	反映政府的转移性支出
306	赠与	反映对国内、外政府、组织等提供的援助、捐赠以及缴纳国际组织会费等方面的支出
307	债务利息支出	反映政府及各预算单位的债务利息支出
308	债务还本支出	反映政府归还各类借款本金方面的支出。债务利息列入“债务利息支出”，不在此科目反映
309	基本建设支出	反映各级发展与改革部门集中安排的用于购置固定资产、战略性和应急性储备、土地和无形资产，以及购建基础设施、大型修缮所发生的支出
310	其他资本性支出	反映非各级发展与改革部门集中安排的用于购置固定资产、战略性和应急性储备、土地和无形资产，以及购建基础设施、大型修缮和财政支持企业更新改造所发生的支出
311	贷款转贷及产权参股	反映政府部门发放的贷款和向企业参股投资方面的支出
399	其他支出	反映不能划分到上述经济科目的其他支出（预备费、补充全国社会保障基金等）

资料来源 财政部.2016年政府收支分类科目［M］.北京：中国财政经济出版社，2015.

三、财政支出结构

（一）财政支出结构的初步考察

财政支出结构随着一个国家在不同时期政治、经济、社会发展和国际形势的变化而变化。通过对各国财政支出结构的实证分析，可以找出一些规律性。

1.各国在经济建设方面的支出

一些国家用于经济建设方面的支出占全部公共支出的比重分布情况见表4-2。

表4-2 部分国家的经济建设支出比例

比例	国家
5%以下	法国
5%~10%	西班牙、澳大利亚、英国、加拿大、德国、美国、埃及、巴基斯坦
10%~20%	肯尼亚、智利、新加坡、印度、土耳其、马来西亚、韩国、瑞典
20%~30%	印度尼西亚、菲律宾、泰国
30%~35%	赞比亚、墨西哥

从表4-2可以看出，一般来说，经济发展程度较高的发达国家，如法国、美国、英国、澳大利亚等，它们的公共支出中用于经济建设方面的支出比重较低；而发展程度低一些的发展中国家，如菲律宾、印度尼西亚、泰国、墨西哥等，在经济建设方面的支出比重比发达国家高一些。

2.各国在社会保障方面的支出

一些国家用于社会保障方面的支出占全部财政支出的比重分布情况见表4-3。

表4-3 部分国家社会保障支出比例

比例	国家
2%以下	肯尼亚
2%~5%	菲律宾、泰国、土耳其、新加坡
5%~10%	印度、加纳、马来西亚、摩洛哥
10%~20%	韩国、斯里兰卡
20%~30%	罗马尼亚、墨西哥、俄罗斯
30%以上	巴西、英国、澳大利亚、美国、日本、加拿大、法国、德国、阿根廷、瑞典

从表4-3可以看出，社会保障支出在公共支出中的比重与经济发展程度呈正相关关系，经济发展程度越高，社会保障支出在公共支出中的比重越高。发达国家的社会保障支出一般占公共支出的30%以上，而发展中国家一般在10%以下。

3.其他支出项目

各国一般性公务支出，即国家行政管理费支出，发达国家一般在5%~10%之间，日本甚至控制在5%以下。从政府教育支出占各国公共支出的比重看，发达国家一般在5%~10%程度，如美国、德国、英国、法国、瑞典等；而发展中国家这方面的支出比重相对高些，一般在15%以上，如泰国、马来西亚、墨西哥等国在20%以上。从政府医疗卫生支出占各国公共支出的比重看，发达国家一般在10%~15%程度，如美国、德国、英国、法国、澳大利亚等；而发展中国家这方面的支出比重相对低得多，一般在5%左右，如印度、印度尼西亚等国。

此外，一般来说，发达国家转移性支出要比发展中国家的比重高，发达国家该比重大约是40%，而发展中国家一般只有20%，这说明发达国家政府的公共支出更重视收入分配功能，而发展中国家则更多地参与资源配置。

（二）市场经济国家公共支出结构变化的一般规律

从各国的情况看，公共支出结构的长期演变趋势与经济发展阶段有着密切的关系，在市场经济发展的不同阶段，政府公共支出政策会有不同的侧重点（马斯格雷夫和罗斯托的经济发展阶段理对此进行了分析），财政公共支出结构也有明显不同的变化。根据经济发展阶段理论和政府在不同阶段职能重点的转变，公共支出结构呈现出以下几个带有规律性的变化趋势：

（1）经济性支出占全部公共支出的比重将逐步下降，社会服务性支出比重将逐步上升。

（2）在经济性支出内部，基础设施投资的比重将从较高的水平逐步下降，经济发展初级阶段的政府财政投资比重最大，经济发展中期阶段后会有一定程度的下降。

（3）在社会服务性支出内部，转移支付的比重将经历一个逐步提高的过程。

图4-2显示的是部分国家购买性支出与转移性支出比重的情况，可以看到，美国等发达国家转移性支出比重普遍较高，而中国由于社会保障制度建立相对较晚，比重相应较低。

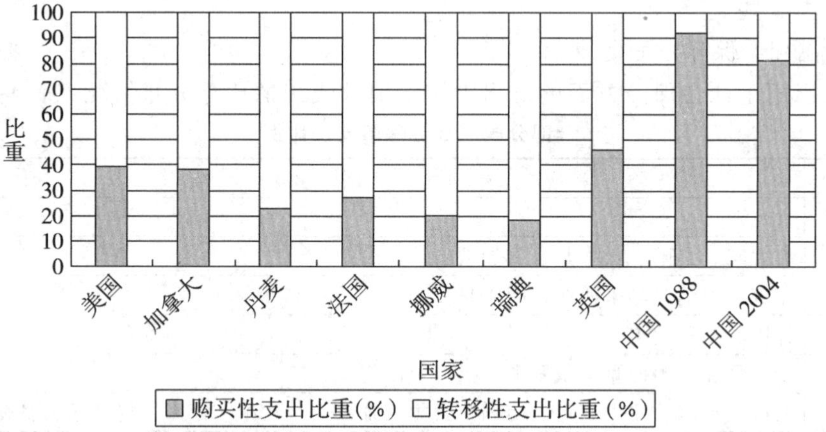

图4-2 购买性支出与转移性支出比重国际比较

注：中国数据来自《中国统计年鉴》；其他国家为1988年数据，来自国际货币基金组织《政府财政统计年报》。

思考与讨论：上述分析使用的是什么分析方法？结合第一章第四节的内容思考，互相讨论，加深对分析方法的理解。

第二节 财政支出规模及影响因素

一、财政支出规模的发展趋势

（一）财政支出增长的历史考察

从统计数据看，我国2015年财政支出总额是1978年的100多倍，绝大多数年份增长速度超过10%。这其中有物价因素，但支出规模增长是不可否认的事实。

统计资料表明，从全球范围来看，财政支出无论是绝对量还是相对量都呈不断增长的趋势。经济发达国家的财政支出占国内生产总值（GDP）的比重从19世纪末的10%左右，上升到20世纪末的45%左右。就我国来说（如图4-3所示），1978年以来，财政支出增长速度波动较大，但财政支出占GDP的比重有明显的规律性：1994年分税制改革之前，这一比重呈现逐年下降的态势，之后则呈现逐年上升的态势。

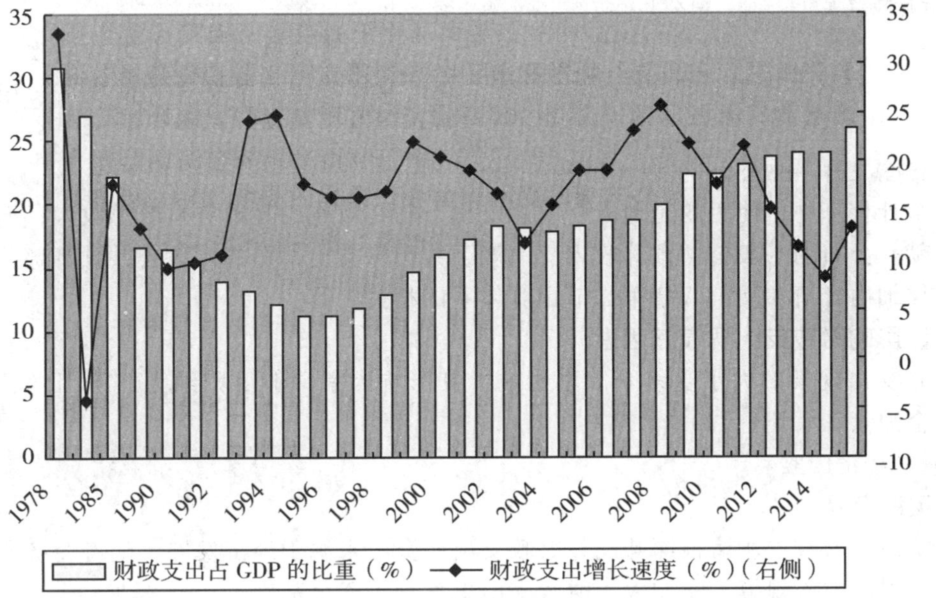

图4-3　我国1978—2015年财政支出增长速度及占GDP的比重

注：这里的财政支出是指一般公共预算支出，财政支出占GDP的比重根据相关数据计算得出。

数据来源　①国家统计局.中国统计年鉴（2015）[M].北京：中国统计出版社，2015.②2015年财政支出数据来自财政部《关于2015年中央和地方预算执行情况与2016年中央和地方预算草案的报告》，③2015年GDP数据来自《2015年国民经济和社会发展统计公报》。

财政支出规模不断扩大是各国普遍存在的现象，但是，由于各国国情不同，政府公共支出规模扩大的幅度也有所不同。根据国际货币基金组织（IMF）和经济合作与发展组织（OECD）的统计资料，OECD各成员的政府支出占GDP的比重，1870年为9%左右，1995年上升到48%左右。发展中国家政府支出占GDP的比重也呈较快增长趋势，1960年，发展中国家中央政府支出占GDP的比重为15%左右，1990年这一比重已经提高为28%左右。世界各国政府支出占GNP的平均比重，1975年为39.53%，1983年增长到42.68%。

需要说明的是，虽然从较长的时期观察，各国的政府支出规模呈现不断扩大的趋势，但是这并不表明各国的支出规模将无止境地扩大。可能的情形是，政府支出规模在扩大到一定程度后，就会基本稳定下来，增长曲线趋于水平。

（二）控制财政支出的基本思路

在公共资源稀缺的假设前提下，财政资金总是难以满足实际的需要，于是，控制财政支出就成了各国政府必须面对的现实问题。杨斌（2007）提出以下几个思路：一是缩小政府职能范围，把更多的事情交给市场来调节，减少政府管理与干预，简称缩小法；二是降低政府提供公共产品的质量，简称粗放法；三是委托企业或第三部门承担政府提供公共产品的部分职能，简称代替法；四是通过制度创新、管理创新、技术创新，提高财政资金使用效率，简称绩效法或节约法。[①]要寻求解决问题的办法，必须弄清影响财政支出规模的各个因素，并根据各国或地区的实际情况分析各因素的影响程度。

在我国，财政支出有多个口径，很容易搞混。其中一个指标是地方财政总支出，用公式表示为：

地方财政总支出=当地一般公共预算支出+上解上级支出+调出资金

另一个指标是一般公共预算支出，是指用一般公共预算收入及上级补助收入安排的财政支出，在不考虑上年结余、结转下年、调入预算稳定调节基金等情况下，用公式表示为：

一般预算支出=一般公共预算收入+上级补助收入

在会计核算中，使用的是地方财政总支出，与之对应的是地方财政总收入；而统计年鉴等文献，公布的一般公共预算收入、一般公共预算支出，是指一般公共预算部分的财政资金，详细内容请参阅第八章第二节预算体系的相关内容。

二、影响财政支出规模的因素

财政支出规模的大小受多个因素影响，其影响因素一般可归纳为经济因素、政治因素、社会因素三大类。

（一）经济因素

1.经济发展水平

经济决定财政，所谓根深叶茂，财政支出的资金来源于经济发展。随着经济发展水平的提高，财政收入规模不断增大，财政支出也就有了资金基础。

2.经济体制模式

高度集权的计划经济与自由竞争的市场经济影响财政支出的规模与结构。一般来说，在高度集权的计划经济体制下，政府全面介入生产领域，包揽了经济和社会各个领域的资金供应，财政支出规模庞大；而在自由竞争的市场经济体制下，政府主要从事国防、外交、行政管理、社会治安、社会保障等公共事务活动，财政支出规模相对较小。

3.经济发展阶段

在不同的发展阶段，政府财政支出的规模是不同的。对于尚未完成工业化的国家来说，由于其还处于经济发展的“起飞”阶段，政府用于基础设施等生产性的支出较多，财政支出规模必然较大；而对于已经完成工业化，进入市场经济成熟阶段的发达国家来说，政府从一般竞争性领域退出，不再参与生产性投资，财政支出的规模相对较小。

4.国家的经济政策

在20世纪30年代资本主义世界经济危机之后，西方国家政府按照凯恩斯等人提出的政策主张，积极采取财政金融等宏观调控手段干预经济发展，包括发行国债、扩大财政投资等，拉动了经济增长，这也是财政支出规模扩大的重要因素。

（二）政治因素

1.政府机构的规模

政府机构越多，财政供养的人员越多，财政的行政管理支出必然越多，财政负担越

① 杨斌.财政学［M］.大连：东北财经大学出版社，2007：91.

重。各国政府在压缩财政支出时，都把精简机构、裁减人员作为重要措施。

2.行政效率

政府行政效率的高低直接影响行政成本的高低。如果政府部门铺张浪费，腐败严重，那么行政管理支出必然庞大，财政支出规模将不可避免地扩大。

3.国内外安全形势

如果国内外安全形势恶化，政府为了维护社会稳定，必然加大安全等支出。例如，近几年由于恐怖主义活动猖獗，一些国家用于反恐行动的财政支出大幅增加，直接扩大了财政支出规模。

（三）社会因素

1.人口状况

人口数量增加，要求政府提供的公共产品也会增加，比如用于促进就业、义务教育的经费必然增加。另外，一国人口构成的变化也会影响财政支出的规模，比如进入老年型社会的国家，养老支出将大幅上升。

2.政府的社会政策

对于高福利国家来说，政府用于社会保障等方面的支出比重高，规模大；对于实行免费教育、免费医疗等社会政策的国家来说，相应的社会事业支出也较多，财政支出总规模也跟着扩大。

案例讨论4-1　　政府行为如何影响财政支出规模

2010年以来，陕西省汉中市每年举办一次“油菜花节”启动仪式，由油菜种植面积较大的区县轮流承办，形式也一年比一年新颖。2013年，启动仪式由汉台区承办，并由一家中标的广告公司组织实施。为此，组织者半年前就开始选址、策划、布置，花费上千万元对会场周边的水库、道路进行整治，投资130万元对周边农户房屋、企业围墙进行粉饰，还以2 000元（外加800元青苗补偿费）/亩的价格租下50多亩良田，搭建会场及停车场。

类似政府办会展、办节庆的活动很普遍，“文化搭台、经济唱戏”模式已经为各地政府所接受。

讨论：

1.结合上面的例子，分析这一影响财政支出规模的因素是什么，为什么这一现象具有普遍性。

2.结合当地实际，说说这类活动的经济及社会影响、利与弊。

第三节　财政支出增长原因

考察世界各国几百年来财政支出总额的发展变化，可以看到财政支出不断增长，经济学家对此进行了深入研究，提出各种理论剖析其原因。瓦格纳在对欧洲国家和美国、日本等国的资料进行分析后得出，当国民收入增长时，财政支出会以更大比例增长。随着人均收入水平的提高，政府支出占经济总量的比重将会提高，这就是财政支出的相对增长理论，即瓦格纳法则。此外，皮科克和怀斯曼提出了梯度渐进增长理论，马斯格雷夫和罗斯托提出了经济发展阶段论。

一、瓦格纳法则

瓦格纳法则也称政府活动扩张法则，是由19世纪的德国经济学家阿道夫·瓦格纳提出来的，概括来说就是：随着经济中的人均收入的增长，公共部门的相对规模也增长了(如图4-4所示)。他从政治因素和经济因素两个方面解释了财政支出增长的原因。

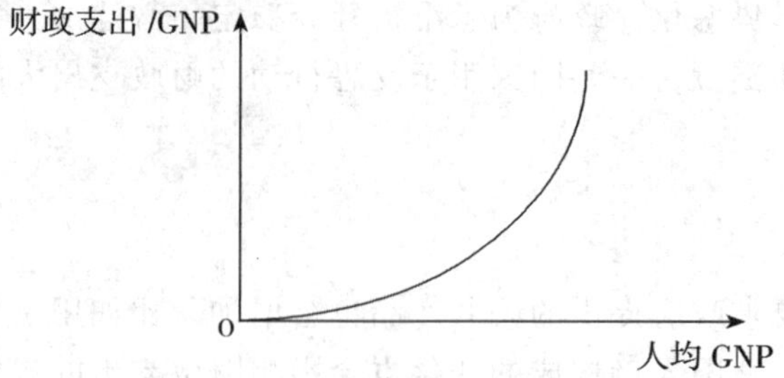

图4-4　瓦格纳法则

(一)政治因素

随着社会的发展，完善国内外法律规章以及维护社会秩序的要求随之增加，以保证市场机制发挥作用所必需的社会环境条件，这就有赖于公共部门活动的加强，促使政府规模扩大。

(二)经济因素

工业发展推动了都市化进程，人口的居住将密集化，由此将产生拥挤等外部性问题，这就需要政府进行管理与调节，需要政府不断介入物质生产领域，因而形成了很多公共企业。

据此，瓦格纳得出结论：政府活动不断扩张带来公共支出不断增长，这是社会经济发展的客观规律。

二、梯度渐进增长理论

这是由英国经济学家皮科克和怀斯曼提出来的，他们利用英国1890—1955年间有关公共支出的统计资料，对瓦格纳的政府活动扩张法则进行了验证。他们发现，瓦格纳法则在现代经济条件下仍然是有效的，但他们提出了一个更为复杂的解释。他们认为，在二战以后，除了国防开支以外的其他公共开支，无论是绝对数额还是相对数额都未能回到二战前的水平，而且还在不断增长。公共支出的增长只是由于公共收入的增长造成的，而不是其他别的什么原因造成的。基于这种判断，他们将导致公共支出增长的因素归纳为以下两种：

(一)内在因素

在税率不变的税收制度下，随着经济的发展和国民收入的增加，政府所征得的税收收入必然呈不断增长态势。而追求政治权力最大化的政府是喜欢多支出的。除非既有的公共收入水平构成对其扩大支出欲望的约束，否则，政府公共支出的增加必然同GNP的增加以及由此带来的公共收入的增加呈线性关系。

(二)外在因素

外在因素即在社会发展过程中总会遇上动荡时期，如战争、饥荒及其他灾难。在动荡时期，政府的支出不得不急剧增加，于是，政府会被迫提高税率、增加新税，不愿意多交税的公众也会被迫接受提高了的税率和新增加的税种。但动荡时期过后，税率水平并不会回落到原来的水平，有些新税还要继续征收，因而政府能够维持动荡时期的高额支出。

因此，他们得出以下结论：公共收入和公共支出总是同步增长的。

这一理论认为，财政支出的增长并不是均衡、同一速度地向前发展的，而是在不断稳定增长的过程中，由于社会激变（如战争等）的出现，不时出现一种跳跃式的发展过程，所以他们将这一理论称为“梯度渐进增长理论”。该理论的关键之处在于：社会激变后的财政支出仍将保持激变期间的增长态势。

三、经济发展阶段论

与前面两种解释不同，马斯格雷夫和罗斯托倾向于用经济发展阶段论来解释公共支出增长的原因。

他们认为，在经济发展的早期阶段，政府投资在社会总投资中占有较高比重，公共部门为经济发展提供基础设施，如道路、运输系统、环境卫生系统、法律与秩序、健康与教育以及其他用于人力资本的投资等。在经济发展的中期阶段，政府投资还应继续进行，但这时政府投资只是对私人投资的补充。一旦经济发展达到成熟阶段，公共支出将从基础设施支出转向不断增加的教育、保健与福利服务支出，且这方面的支出增长将大大超过其他方面支出的增长，也会快于GDP的增长速度，导致财政支出规模膨胀。

知识之窗4-1　　现代财政学之父——马斯格雷夫

理查德·马斯格雷夫（1910—2007）是20世纪最知名的政治经济学家之一，也是著名的现代财政学（公共经济学）家。由于他在公共经济学方面的杰出贡献，被誉为“现代财政学的真正开拓者”之一、“现代财政学之父”。

马斯格雷夫1910年出生于德国的柯尼希施泰因，于1930年在慕尼黑大学开始了经济学研究。他于1931年转到海德堡大学，获得经济学硕士学位。1937年获得哈佛大学经济学博士学位。他留在哈佛大学一直到1941年，然后作为华盛顿联邦储备委员会的经济学家工作到1948年。1947—1981年，他先后在美国约翰·霍普金斯大学、普林斯顿大学、哈佛大学和加州大学伯克利分校任教，1965年被哈佛大学文理学院和法学院同时聘为教授。他在这两个学院讲授财政学、税收政策与经济发展、税制改革，直到1981年退休。

马斯格雷夫是政府积极干预主义的倡导者，他坚定地认为政府是社会正义的工具和有效的宏观经济政策制定者。他的著作《财政学原理》（1959）被称为后凯恩斯时代的代表作，在现代财政学中具有里程碑意义。在财政学研究上，他首先提出了按照消费的非竞用性和非排他性来划分公共物品和私人物品，并提出了财政的三大职能：资源配置、收入分配和宏观经济稳定。

表4-4对上述理论做了比较，大家也可以梳理相关内容，进行比较和归纳。

表4-4　　财政支出增长理论比较

理　论	代表人物	观　点
瓦格纳法则	瓦格纳	政府活动不断扩张导致公共支出不断增长
梯度渐进增长理论	皮科克、怀斯曼	政府有扩大支出的欲望，公共收入和公共支出总是同步增长的
经济发展阶段论	马斯格雷夫、罗斯托	在经济发展的不同阶段，不同的支出内容促使支出总额不断增加

哈维·罗森在《财政学》中还提及公民偏好论、社会态度变化论、收入再分配论等观点，大家可以阅读和思考，结合实际分析财政支出规模增长的原因，并进一步寻求控制财政支出过快增长的办法。

思考与讨论：上述理论使用的是什么分析方法？结合第一章第四节的内容思考，与其他同学开展讨论，加深对分析方法的理解。

案例讨论 4-2　　广州新电视塔与不断涌现的第一高楼

2003年，广州决定建设新电视塔，作为该市的新地标。新电视塔2005年开工建设，2010年完工，在亚运会前启用。新电视塔高600米，当时是全国第一高楼、世界第二高楼。广州市审计局2014年11月28日公布了《广州新电视塔建设和运营绩效情况专项审计调查结果》，披露广州塔公司自2010年10月开业以来持续亏损，至2012年年末，已累计亏损16 996万元；至审计报告公布时，尚未办理竣工决算，实际登塔人数、经营收入、净利润都没有达到原定目标，广播电视发射用房闲置，利息负担重，偿债压力大；超出可研批复总投资44 413.99万元，超出15.06%；实际支出的建设管理费3 674.79万元，比控制数多支出2 652.54万元，超出259.48%。2009年5月，广州塔项目完成了614.2米的海拔高度建设；2010年3月，根据中国民用航空中南地区管理局的要求，实施了天线桅杆下降14.2米的工程，施工变更造成增加支出1 666.49万元，由财政埋单。

近年来，各地兴建第一高楼热度不减，被称为“跳高”比赛。有的地方为了争坐第一的位置，在开建后又加高。

讨论：

1.层出不穷的地标建筑说明什么问题？各地政府为什么积极支持地标建设？

2.搜集当地这方面的案例，结合本节知识谈谈自己的看法。

第四节　财政支出原则

公共财政支出问题概括起来就是规模、结构、效益三个方面的问题，财政资金的安排和使用关系到政府职能的实现，也关系到国民经济和社会事业的稳定与增长。为有效控制财政支出的规模，优化财政支出结构，提高财政支出效益，必须遵循具有客观规律性的基本准则。

在长期的财政工作实践中，人们总结了不少财政支出原则。例如，我国在中华人民共和国建立初期提出了“一要吃饭，二要建设”的财政支出原则，强调在财政资金比较紧张的情况下，财政支出安排的顺序是首先保证维持当前经济和社会的需要，然后才能考虑发展的资金需求。在计划经济体制下，我国财政理论工作者通过总结财政支出分配活动的实践经验，提出了系统的财政支出原则：量入为出；统筹兼顾、合理安排、按比例分配资金；厉行节约、讲求效益。西方国家的学者则提出了效率、公平、稳定三原则。

一、效率原则

财政支出的效率原则是指财政支出应有助于资源的配置，并能促进经济效益的提高。在市场经济条件下，市场在资源配置中发挥决定性作用，但由于市场失灵的存在，需要政府这只“看得见的手”对资源配置发挥辅助作用，包括运用财政支出等手段提高经济运行的效率。

财政支出的配置效率是指通过财政资源配置职能，实现资源配置的合理化，避免出现改变资源配置状况后社会净效益（或净所得）减少的情况。简单地说，就是追求低投入、高产出、高效率。政府存在的意义就在于提供公共服务，所以，财政支出应当用尽量低的成本提供高质量的公共服务。如果财政的钱只是用于养一帮官员，纳税人得不到什么好处，那么，这些钱当然就没有效率，这个部门就没有必要存在。

财政支出的效率体现在调节资源配置的效果上，主要是经济效益和社会效益。在计划经济时代，财政支出效率主要体现在经济建设方面，虽然取得了很大成绩，但总体上效率并不高。有人分析，改革开放前30年的财政投资有一半是低效和无效的。改革开放初期，部分投资实行“拨改贷”，20世纪90年代实行“债转股”，但无论改革以什么样的形式进行，效率都是一个突出问题。如2000年前后四大国有银行剥离不良资产1.4万亿元，基本上靠财政解决。财政解决了银行已产生的不良资产，但并不能保证银行以后不产生不良资产，即财政只能解决问题的“表”，不能解决问题的“里”。近年来，财政部门提出要开展绩效评价工作，并逐步推开，确实是抓到了群众关注的关键问题，也就是要做到通常所说的“要把钱用到刀刃上”“花钱不多，办事不少”。

改革开放以前，我国政府几乎包办一切，所有行业都由政府直接投资经营，由于责权利不挂钩，效率当然不高。改革开放以来，国有经济从大部分行业撤离，有研究者指出，在196个工业行业中，国有经济应逐步从146个行业撤离，在35个行业保持一定的控制力，在15个行业居于垄断地位。比如，以前由财政直接投资的服装、纺织、食品、饮料、日用品、家电等一般性竞争行业，将转由市场生产经营，财政资金改为投向教育、医疗卫生、社会保障等公共事业领域。

怎样评价财政支出的效益？有这样一个例子：一个县的水利局向财政局打报告，申请拨款在某乡镇打一口井，钱拨出去后，很快把井打出来了，但没有水；过了一段时间，交通局向财政局打报告，申请拨款把这口井填上，使道路畅通，且避免有人不慎落入井中，钱拨出去后，也很快把井填上了。可是有人说，县财政花了两笔钱，群众一点好处都没得到，这钱花得值不值？从职责看，水利局、交通局都做事了，没闲着，但是花的是冤枉钱。衡量其政绩不能简单看做了什么，还要看做好没有、是否有实际效益。

针对上面的问题，有人提出了绩效评价的思路。在预算绩效评价指标体系中，分别用产出指标、效果指标来评价“绩”与“效”。效果指标包括经济效益、社会效益、环境效益、可持续影响。怎样衡量“效”也令人颇费思量，只有尽量以量化、高标准的指标来衡量，才能真正反映财政支出的效果。举例来说，技术研究与开发经费可以用新技术使生产时间比原来缩短多少、每年的经营收益增加多少等来衡量。此外，还有“公众满意度”这样一个综合评价指标，能够从最终的受益对象方面评价财政的钱用出去后给公众带来多少好处。

二、公平原则

财政支出的公平原则是指财政支出应有助于社会公平的实现，提高社会上大多数人的福利水平。在市场经济条件下，财富的分配取决于财产所有权和财富积累的分布状况；而收入的分配则取决于能力、职业训练和技能的市场价格。如果单纯依赖市场，则不可避免地会出现贫者愈贫、富者愈富的“马太效应”，从社会稳定角度出发，就要进行社会再分配，实现社会的相对公平。

我国从2005年开始，由中央财政每年出资10亿元实行“国家助学奖学金”制度。“国家助学奖学金”分为两部分：“助学金”面对全国公办全日制普通高校在校本专科学生中的特别贫困家庭学生，每人每月资助150元生活费，资助人数为53万人。“奖学金”面对全国公办全日制普通高校在校本专科学生中品学兼优的贫困家庭学生，每人每年资助4 000元，资助人数为5万人。在这10亿元的助学奖学金中，多大比例作为助学金？多大比例作为奖学金？也就是说，在公平与效率这两个原则中，哪个原则优先？大家可以思考并展开讨论。2007年国家奖学金标准提高到8 000元，同时设立励志奖学金；助学金标准2010年提高到每生每年3 000元。奖学金体现的是效率原则，即鼓励学生努力学习，全面发展；而助学金则体现公平原则，帮助家庭困难的学生。民办高校（含独立学院）依法规范办学、按照规定比例从事业收入中足额提取经费用于资助家庭困难学生的，所就读的学生也可以申请“国家助学奖学金”。

思考与讨论：政府办的供暖企业如果对所有城市家庭免费供暖，由于没有盈利，企业自然就没有积极性，所以供暖效率就低；如果按成本加利润向所有家庭收费，那么，一些低收入家庭就承受不了，对他们就不太公平。北方地区的同学可以讨论一下这个问题，运用公共产品供求原理、帕累托效率准则等知识分析、探讨解决问题的途径。南方地区的同学可以讨论燃油价格提高的问题，分析政府为什么要对部分行业或用户给予补贴，效果如何。最好组织社会调查，运用合适的分析方法进行探究，也可以在老师的带领下组成课题组进行专门研究，并参加学校、省（自治区、直辖市）、全国的大学生挑战杯科技作品比赛、其他征文比赛，锻炼和提高自己的分析和写作能力。

公平与效率是一个让人头疼的问题，比如，按照市场规则，谁有钱、交得起学费谁就能读大学，但这样就会对穷人不公平，会导致穷者越穷、富者越富；如果免费上学，举办教育的机构就没有多少积极性，效率就会受到影响。公共产品的提供要兼顾公平与效率，尽可能做到既顾及公众的利益，又符合经济规律，而不是由政府包办一切。对于公平与效率的矛盾，不少经济学家做了研究。美国经济学家阿瑟·奥肯（Arthur Okun，1928—1980）提出了著名的“漏桶原理”：政府如果用向富人征税的办法，将富人的一部分收入补贴给穷人，穷人实际得到的比富人失去的要少一些。原因是税收影响了富人创造财富的积极性，也影响了穷人工作的积极性。换句话说，公平与效率总是“鱼和熊掌不可兼得”。从这个角度来说，政府的任务就是促进效率提高，促进社会公平，重点是在后者，政府所有的活动都围绕这两点进行。

三、稳定原则

稳定原则是指财政支出应促进社会经济的稳定发展。在市场经济条件下，市场体系无法有效协调自身的所有活动并使之达到平衡，会出现经济周期的更迭、失业和通货膨胀等现象。经济发展的过度波动带来很多消极影响，比如，就业机会减少，资源配置效率降低，居民收入下降，社会动荡等，这些都会影响全体社会成员的幸福感和福利水平。政府作为公共机构，负有振兴经济、稳定社会、保障民生的神圣职责，当然不能坐视不管。20世纪30年代以来，凯恩斯主义提出了政府干预的思路，美国的罗斯福新政也在一定程度上让人们看到政府在促进经济增长方面可以大有作为，此后，世界各国在经济下行时普遍采取政府干预的积极态度。财政作为政府宏观调控的重要手段，可以利用财政投资、政府采购、税式支出等工具调节和引导经济运行，促使经济稳定发展，避免大起大落。各个政策工具的作用、我国财政政策的实践，请参见本书第十章的介绍。

有意思的是，人们本来以为，政府干预后经济可以回归正常发展轨道，但从20世纪70年代开始，西方国家出现了“滞胀”现象，使一部分人开始怀疑政府的干预是否必要、是否有效。有些学者开始倡导回归自由竞争时代，充分发挥市场的调节作用，反对政府过度干预。此后，全球多次面临经济衰退，各国都在探求有效的调控方略，争论也持续不断。就我国来说，2008年年末受到全球金融危机的强烈冲击，政府推出了4万亿元刺激措施，社会上对此有褒有贬，同学们可以了解各方观点，开展讨论，加深认识。

在我国的财政实践中，在改革开放初期，比较注重提高效率，进入新千年后，则比较重视推进社会公平。财政资金是实现国家职能的财力保证，不论是中央财政还是地方财政，在用于发展生产和推动社会进步的同时，都会涉及社会不同群体的利益再分配。这几年，国家在财政收入分配方面相继出台了一系列惠民政策，关注贫困群体的民生取向日渐突出。地方财政能否响应国家号召，在财政收入的使用和分配上也来个重心向下，是对各级政府贯彻落实执政为民理念的一个考验。人们常听到地方财政是“吃饭财政”，即财政收入能保全地方公职人员的工资就不错了。在一些总是喊穷的地方，听说要发展民生工程，不是大喊囊中羞涩，就是千方百计向上伸手。可奇怪的是，往往就在这些地方，进出机关的车子一辆比一辆豪华，楼堂馆所一幢比一幢气派，用公款搞吃喝招待比谁都大方。随着财政预算决算制度的不断完善和公共财政建设的力度逐步加大，人们有理由相信，各级地方财政会给予民生越来越多的关注。在实现社会公平方面，财政是大有作为的。

案例讨论4-3　　公平优先还是效率优先？

农副产品价格关系到每一个家庭的切身利益，影响城乡居民的基本生活水平。国家从2012年起要求建立主要蔬菜品种价格稳定机制，按一定要求建设平价商店。广州市审计局于2015年1月12日发布的《稳定“菜篮子”价格平价商店（专区）建设补贴资金绩效审计调查结果》指出，在部分平价商店，商品的品种数量不符合规定、销售价格不符合规定，农副产品价格降幅不明显。从问卷调查结果看，认为平价商店平价农副产品价格与市场价格差不多甚至比市场价格更高的市民占70.1%，仅有29.9%的市民认为平价商店的价格比市场价格略低。总体来看，市民对这一政策认同度不高。有5.15%的市民认为平价商店经营的商品品种能满足基本生活需求，只有10.42%的市民认为平价商店经营的商品品质好于农贸市场，而认为平价商店商品品质好于其他非平价超市的市民仅占7.37%。

全国有很多城市实行类似的补贴政策，从相关报道和财政部门组织的绩效评价来看，也有不少地方存在上述问题。“平价商店不平价”现象在多地出现，广东珠海市2011年就提出了“万人一店”计划，但几年下来消费者“不感冒”、经营者“吐苦水”，两边不讨好。广西桂林市2013年起设立了5家平价商店，但2016年元旦起暂停平价商店建设试点工作，停止对平价商店实施补贴。究竟该不该补贴？应该怎样补贴？怎样补贴更有利于低收入群体？这些问题仍然有待解决。

讨论：

1.平价商店（专区）建设补贴政策应当首先体现公平还是效率？结合本节内容分析和讨论。

2.财政的钱如何用才好？政策设计的目标与具体做法应该怎样完善？

知识运用

本章所学的财政支出的范围、规模及影响因素、原则等知识为我们认识政府财政支出管理中的各种问题提供了重要工具。下面分别列出现象（案例）、分析的理论依据、分析思路：

现象：统计数据显示，海南省教育财政支出总额低于大多数省份，教育水平低于大多数省份。

分析的理论依据：支出规模的影响因素有多个方面。

分析思路：首先，不能仅从海南省教育财政支出总额低于大多数省份就得出海南省不重视教育事业发展的结论，因为教育支出规模受当地经济发展水平、财力、发展阶段、受教育人数、工资水平、原来的教育设施状况等多方面因素影响，需要比较上述多个因素才能对海南省的教育财政投入满足情况作出判断；其次，海南省教育财政支出相对低与教育水平低之间是否存在因果关系也需要通过计量经济方法、实地调查、问卷调查等方式进行科学分析，才能得出符合实际的结论；再次，分析上述因素需要注意区分不同影响因素的重要程度，在构建计量模型中注意其排列顺序；最后，即使能够得出“财政投入不足是教育发展较慢的重要原因”这样的结论，也不应简单地提出要求海南省大幅增加教育财政支出的建议，需要客观衡量海南省的财政实力，区分中央与地方在提供教育公共服务中的支出责任，有针对性地提出调整支出结构、加大上级政府补助等政策建议。

怎么样扩大知识面？

第五章　财政支出内容

知识结构图

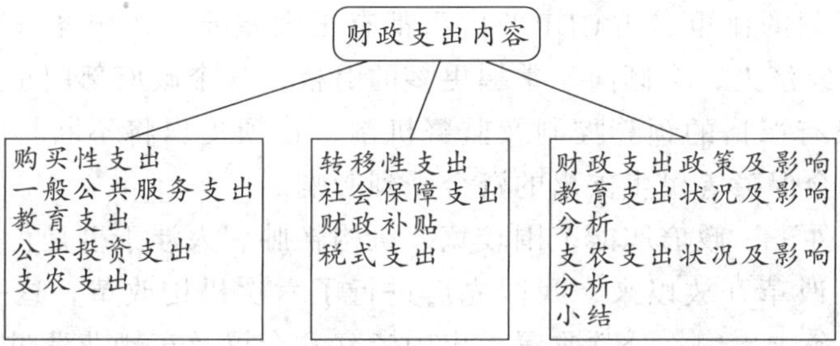

引　言

财政支出关系着每一个纳税人的切身利益。我们能享受多少公共服务、公共服务的质量如何与政府财政支出的多少、使用方向息息相关。2019年，我国中央财政专项扶贫资金安排1 260.95亿元，同比增长18.9%，增量主要用于深度贫困地区；中央财政支持学前教育发展资金安排168.5亿元，同比增长13.1%，促进公办民办并举扩大普惠性学前教育资源；中央财政现代职业教育质量提升计划专项资金安排237.21亿元，同比增长26.6%，支持职业教育改革发展，深化产教融合、校企合作。设立中等职业教育国家奖学金。上面的财政信息跟我们有什么关系呢？纳税人所缴纳的税款用到哪里去了？用得是否合理？近些年增加的十几万亿元财政资金为我们带来哪些好处？我们将通过上述问题的阐述一起走进财政支出的大门。

待解问题——

要不要延长义务教育年限？

要不要降低社会保险的缴费率？

退休人员还要不要交医疗保险费？

目前我国部属高校给各省的招生名额分配是否合理？

第一节　购买性支出

购买性支出是政府财政支出的重要组成部分。在保证国家安全、行使政府职能以及确保社会公共安全和公共投资方面，购买性支出发挥着举足轻重的作用。在实践中，购买性支出一般包括一般公共服务支出、国防支出、教育支出、科学研究支出、文化支出、卫生支出和基础产业投资支出、支农支出。其中，一般公共服务支出、国防支出、教育支出、科学研究支出、文化支出、卫生支出等属于消费性支出，而基础产业投资支出、支农支出则属于投资性支出。

一、一般公共服务支出

这是用于政府行政管理的支出，是政府机构运行的财力保障。以前我国称之为行政管理支出，包括国家各级权力机关、行政管理机关和外事机构行使其职能所需的各项费用支出。通俗地讲，就是各个政府部门养人及办公的开支，也就是人员经费、公用经费。

一般公共服务支出与政府职能范围、机构规模、人员数量、行政效率有关。不同国家由于政治体制、机构设置、行政管理体制、行政管理水平的差异，一般公共服务支出的总量及占财政支出总额的比重、占GDP的比重都有很大差异。按照经济人假设，公共选择理论认为政府也是经济人，会倾向于掌握更多的财权，各个政府部门也有拥有更多财政资金的偏好，如果没有严格的预算控制及监督机制，这项支出将不断膨胀，使政府用于教育、医疗卫生、社会保障等民生支出的资金受到影响。

在计划经济条件下，政府职能范围较宽、机构臃肿、人浮于事是行政开支过快增长的重要原因，为此，改革开放以来，我国先后进行了六次机构改革，这一问题得到逐步改善。在一般公共服务支出中，公款吃喝、出国考察、会议及车辆花费过高等问题一直难以遏止，成为管理中的老大难问题，引起社会舆论的高度关注。其中，公务接待费、公务出国（境）经费、公务车辆购置及维护费被称为“三公”经费，在预算编制及使用中有不少问题，典型的如2008年年底曝光的江西省某市、浙江省某市有关部门出国考察的详细票据，前者出访目的是“考察人力资源和政府人事管理制度”，实则全程在温哥华、尼亚加拉大瀑布等地游览，14天花费33万多元；后者出访目的是“考察美国政府机构管理职能以及先进的行政管理经验”，实则前往夏威夷、洛杉矶、华盛顿等10个美国大城市的著名景点，23人共花费公款64万多元。山东省某市工商局在抗震救灾期间用公款组织旅游一事经媒体曝光后，社会各界纷纷谴责。究其根本，一方面是因为一些行政部门及其工作人员道德水准下降；另一方面是因为行政经费的管理和控制也存在漏洞，以致屡屡出现违犯财经纪律的现象。因此，加强经费支出的控制和监督成为我国下一步政府改革的紧迫任务。

思考与讨论：为什么食品安全监管支出不断增加，但食品安全形势仍然非常严峻？近年来，食品安全事件频发，原因何在？请从公共产品供给范围、预算编制、绩效评价、政府支出用途公开、问责等方面进行分析。有人提出，如果政府提供的公共服务不符合纳税人的要求，纳税人有权要求退回所缴税款，你认为是否合适？依据是什么？请分组讨论，然后由代表向全班同学阐述。

二、教育支出

对于教育是不是公共产品，学术界存在争议。国外经济学界有三种不同观点：第一，布坎南等认为，大多数类型的教育在技术上可以实现排他性，且具有“拥挤的公共产品”特性，因此，教育是准公共产品。第二，巴罗（Barlow）认为，教育是公共产品。第三，阿特金森、斯蒂格利茨、罗森、范里安等从教育服务的直接消费效用出发，将教育视为“公共供应的私人产品”①。

国内学术界对此也有三种不同看法：一是厉以宁等认为，教育具有准公共产品性质；二是王善迈等认为，教育是一种具有正外部效应的准公共产品；三是薛澜等认为，教育特

① 杨斌.财政学［M］.大连：东北财经大学出版社，2007：103.

别是高等教育具有完全的私人产品性质。[①]

用公共产品理论判断教育的属性是普遍的思路，但将不同层次的教育一概而论、不加区分，恐怕不利于准确地把握它们各自的特点。比如，小学教育、初中教育属于初等教育，其外部效应特别明显，只要财政有实力，各国一般都将其列为义务教育，由政府举办学校，通过法律强制要求家长送适龄孩子入学接受教育。而高等教育、职业教育则不太一样，北京大学教育学院教育经济研究所对2015年高校毕业生的就业状况的统计分析表明，与就业相关的高等教育、职业教育受教育年限与收入水平呈正相关关系，即受教育时间越长，平均收入水平越高（如图5-1所示）。所以有人认为，教育费用应当主要由受教育者承担。从是否具有竞用性看，教育成本与受教育人数不完全成相关关系；从排他性看，现代教育采取的学校班级制很容易将不交费的人排除在外。在实践中，各国政府普遍重视教育的财政投入，通过直接举办教育、给予补助、税收优惠等方式扶持教育事业的发展。

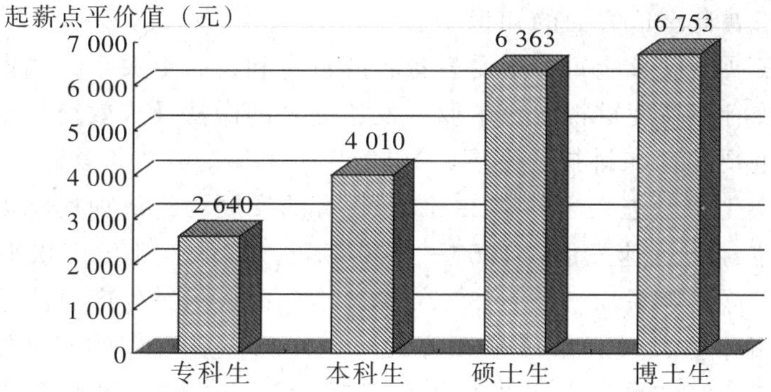

图5-1　2015年不同学历毕业生起薪点平均值

我们可以运用第二章的分析步骤来讨论教育支出问题。

※第一步，教育是不是公共产品？

☞我们讨论的依据是公共产品理论，也就是按照公共产品的两个基本特征来判断。我们不妨把问题简化，以一个班级为例。当学生人数为50人左右时，教育成本是相对固定的，多一个学生、少一个学生不会影响教育成本，也就是边际成本为零，可以说教育在一定范围内具有非竞用性；另外，学生只有缴纳一定的学费进入学校，取得学籍，才能接受教育、学到完整的知识和技能、取得文凭，因此，它具有排他性。可见，教育属于准公共产品中的俱乐部产品。

※第二步，教育服务是不是应当由政府提供？

☞这是政府与市场的关系问题，即哪些事该由市场来做，哪些事需要政府介入。简单来说，如果是纯公共产品，一般由政府提供比较合适。对教育来说，其营利性是不确定的，既可以由政府举办，也可以由社会举办。政府办的学校主要提供大众化教育，满足普通人的需要，侧重于公平；民办学校可以提供高端教育服务，满足高收入群体的需要，侧重于效率。

※第三步，教育服务应由哪一级政府提供？

☞这是政府间的事权划分问题，也是财政体制的重要问题。不管哪一个阶段的教育，所培养的学生都不一定在本地就业，所以存在效益外溢，属于有正外部效应的公共产品。由于低层级政府最了解当地居民对幼儿园、小学、中学的需求，所以这几个阶段的教育由

---

① 杨斌.财政学［M］.大连：东北财经大学出版社，2007：103.

它们来举办比较合适，但高层级政府应当给予一定财政补助；大学的覆盖面更广，由高层级政府举办比较合适。

※第四步，由哪一级财政出钱？

☞这是政府间的支出责任问题，与第三步密切相关。由于教育的受益人群很广，需要的经费很多，如果低层级政府承担不了，高层级政府应当给予一定的补助。

进一步来说，对幼儿园、小学、中学、大学分别讨论才更加科学，因为不同教育阶段的特点不一样，对社会的影响也不尽相同。

由于运用公共产品理论分析教育应不应当由政府提供存在争议，而且公共产品的两个基本特征比较抽象，分析起来不容易把握，有学者提出运用“优值品理论”来分析教育。优值品是指消费者由于个人偏好中对不确定性的忽视，从而不愿意选择消费的产品[①]，比如基础教育、社会保险等，政府可以采取强制消费或免费提供的方式干预。大家可以阅读公共经济学书籍拓展自己这方面的知识。

教育事业的发展不仅影响每一个受教育者的自身利益，更关系到国家、民族的长远发展，所以，各国政府都高度重视教育事业，发达国家的做法及成效充分说明了这一点。日本在二战后特别重视教育和科技的发展，1950年，日本九年义务教育普及率就达到99%；1970年，日本高中生中考进大学的有23.6%。教育的发展为经济现代化提供了高素质的劳动力，推动了日本经济迅速发展。1960—1970年间，日本工业生产水平年平均增长率高达16%，国民生产总值年平均增长11.3%。1968年，日本国民生产总值超过联邦德国，成为仅次于美国的资本主义世界第二号经济大国。1986年，日本的黄金储备达到421亿美元，位居世界第二；1987年，日本的外汇储备超过联邦德国，居世界首位；1988年，日本的人均收入高达1.9万美元，超过同期美国的1.8万美元。1988年，根据美国《商业周刊》统计，当时世界排名前30位的大公司中，日本占了22家。

随着认识的深化、政府财力的增强，我国各级政府也逐步加大对教育的投入力度，中央先后于1993年、2001年、2003年出台了《中国教育改革和发展纲要》《国务院关于基础教育改革与发展的决定》《国务院关于进一步加强农村教育工作的决定》。《中国教育改革和发展纲要》明确提出“改革政府包揽办学的格局，逐步建立起以政府办学为主体，社会各界共同办学的体制”，并首次提出“逐步提高国家财政性教育经费支出占国民生产总值的比例，20世纪末达到4%，达到发展中国家20世纪80年代的平均水平”和“中央和地方政府教育拨款的增长要高于财政经常性收入的增长，并使按在校学生人数平均的教育费用逐步增长，切实保证教师工资和生均公用经费逐年有所增长”的“三个增长”原则。[②] 2012年，国家财政性教育经费支出占国民生产总值的比例已经达到4%的要求。

教育支出涉及社会的多个热点问题，如教育公平、农民工子弟入学、教师收入、代课教师、教育经费分担等，与教育管理体制、财政管理体制也有密切关系。大家可以结合生活中的例子，运用所学的公共产品理论、公共选择理论、公平理论、财政体制知识进行思考和分析，和老师及同学交流自己的看法。

思考与讨论：我国广东省珠海市、重庆市、河北省石家庄市、陕西省宁陕县等地近几年尝试推行12年义务教育，四川省成都市、山西省长治市等地也在酝酿实施这一公共政

---

① 朱柏铭.公共经济学若干概念辨析［M］.北京：中国财政经济出版社，2016：28.

② 赵路.财政支持教育事业发展三十年回顾与思考［J］.中国财政，2008（15）：25-28.

策。对于将9年义务教育延长至12年，社会上有不同的看法。请你从财政角度分析这一做法的利弊，提出自己的见解。

异地高考、高考移民问题也与教育公平息息相关。开放异地高考是解决外来务工子女升学问题的公平之举，可以让非户籍地考生享有与本地考生相同的高考资格，从而能享受父母务工所在地的优质教育资源，享有公平竞争的机会。请了解你当地的情况，互相讨论各自的看法。

从国际比较来看，发达国家的班级规模多数在20人左右，而我国教育行政主管部门的规定为50人左右。在现实中，大班额现象困扰着一些地方，也牵涉受教育者的利益及教育质量。那么，班级规模缩小是不是一定能够提高教育质量呢？想当然地下结论并不可靠。据一些专家研究，班级规模似乎并不影响教育质量。使用传统的方法来衡量教育质量，教一个20人的班并不比教一个30人的班更有效。①这项研究提醒人们，要谨慎看待增加财政投入缩小班级规模，要看这样做是否能够带来效率的提高。值得注意的是，上述研究是针对西方国家的情况，至于我国将50人的班级缩小到20人左右能不能提高教育质量，还需要进行深入细致的研究。总之，只有用科学的方法进行严谨的分析，才能为公共政策的制定和实施提供科学的理论依据。

我们再从现实来看，教育应当由政府办好还是由市场提供好？这个问题似乎没有确定的答案。从美国来看，私立学校有不少办得好的，比如哈佛大学、耶鲁大学等常青藤名校就因办学质量高、声名卓著而备受欢迎。我国教育事业主要由政府举办，一般公办学校的办学质量都比私立学校有保障，但近年来也有一些民办学校脱颖而出。

思考与讨论：大家可以选择当地代课教师、大班额、免费午餐、民办学校、幼儿园入园难等典型事例，分组开展社会调查，获取相关数据，并进行统计分析，讨论后撰写调查报告，向全班同学汇报，锻炼自己的分析能力。

案例讨论5-1　　学校应当市场办还是政府办？

在西方发达国家，私立学校比比皆是，不少名校也是私立的，如哈佛大学、剑桥大学、耶鲁大学、麻省理工学院等。而我国基本上是公办学校的天下，民办学校鲜有名气大的，大家也都想把孩子送到公办学校读书。20世纪90年代末，我国曾经出现过教育市场化的热潮，有的地方将公办学校改制，转让或租赁给私人办学，也确实出现了一些办得好、社会影响大的民办学校，但贵族学校的高收费让人吐槽，而名校办民校、变相乱收钱的现象更激起民愤。

2006年6月29日，《中华人民共和国义务教育法》由第十届全国人民代表大会常务委员会第二十二次会议修订通过，规定“县级以上人民政府及其教育行政部门不得以任何名义改变或者变相改变公办学校的性质”。据此，教育部依法规范义务教育办学行为、清理规范改制学校，一些名校办的民校回归公办本色。

讨论：

1.你如何看待上述问题？请对其利弊进行全面的分析。

2.如果我国的学校主要由民间资本建设和经营，情况会有什么么不同？你愿意进入这样的学校就读吗？说说自己的看法。

---

① 罗森.财政学［M］.郭庆旺，等，译.7版.北京：中国人民大学出版社，2006：63.

三、公共投资支出

（一）公共投资的前世今生

公共投资是指政府将一部分公共资金用于购置公共部门的资产，以满足社会公共需要所形成的支出，它是政府提供公共产品的基本手段，也是政府提供公共劳务的前提与基础。

公共投资具有公益性、无偿性、政策性的特点，是政府干预市场的重要手段。由于投入金额巨大，自古以来，水利、道路、国防等工程项目一直是政府独占的领域，个人和民办企业一般没有能力挑起这么大的担子。在西方国家，尽管市场化程度高，但仍然有大量公共投资：一是有些公益项目没有收入，或者不可能营利，自然需要由政府出手承担；二是政府在经济不景气时，为了拉动需求，主动举办公共工程，刺激消费，增加就业机会。我国在计划经济时期，政府几乎垄断了各种投资项目，这固然可以集中力量办大事，但也存在很多弊端。改革开放以来，特别是1992年明确实行社会主义市场经济体制之后，我国逐步向民间资本开放市场，越来越多的社会资本进入以往政府垄断的交通、供水、电力、钢铁、煤炭等领域，推动了经济快速发展。那么，公共投资是否应该存在？还有多大活动空间？这些问题都值得深入探讨。

（二）公共投资与政府的责任

究竟哪些投资领域应当由市场主导，哪些应当由政府介入？不管是过去还是现在都有争议。

主张由政府介入的人认为：①基础产业具有公共产品属性和自然垄断特点，决定了其很难单纯依靠私人投资主体的力量来完成，而应当由政府公共投资和私人投资共同完成；②农业本身比较脆弱，在市场竞争中处于不利地位，需要政府介入加以扶持；③外部效应明显、投资数额大、周期长、回收慢、低盈利甚至是无盈利的投资领域或项目需要由政府主导；④政府可以通过参股、持股和控股等形式，引导全社会的投资流量与流向，实现宏观调控的整体目标。

主张由市场主导的人认为：①政府资金紧张，难以满足公共投资对巨额资金的需要；②政府部门的管理一般效率较低，不利于提高资金使用效益；③民间资本不断增加，需要更多的投资渠道。

我国于1993年作出的《中共中央关于建立社会主义市场经济体制若干问题的决定》明确要求：深化投资体制改革，竞争性项目投资由企业自主决策，自担风险，所需贷款由商业银行自主决定，自负盈亏；基础性项目建设要鼓励和吸引各方投资参与，国家重大建设项目通过财政投融资和金融债券等渠道筹资，采取控股、参股和政策性优惠贷款等多种形式进行；社会公益性项目建设要广泛吸收社会各界资金，根据中央和地方事权划分，由政府通过财政统筹安排。

在我国，公共投资领域逐步向国内民间私人投资开放，是公共投资发展的必然趋势。长期以来，我国公共投资领域不对国内民间企业和私人开放，严重制约了公共基础设施建设，对经济增长十分不利。不少学者建议借鉴国外对公营企业私有化和对政府基础设施特许经营权转让方式，通过对现有公用事业单位企业化、股份化和出售政府股份的方式筹集建设资金，或采取特许经营权转让中的BOT和TOT（经营-转让-经营）方式筹集资金。实现公共投资领域向民间企业和私人开放，既可以解决政府公共投资的缺口问题，对提高公共投资效率和效益也十分有利。2013年后我国提出政府和社会资本合作方式（PPP），就是上述思路的典型表现。

政府介入的理由显然不能是“根据以往的惯例”，而应当在理论上站得住脚，有充足的理由。同样，我们运用第二章的分析步骤来讨论。

※第一步，基础设施是不是公共产品？

☞一般来说，基础设施受益面很广，一旦建成，受益人数增加与成本没有必然联系，也就是说边际成本接近零；除高速公路可以封闭收费外，城市道路、防洪工程、广场、照明设施、公共绿化等没办法对受益人收费。所以，大多数基础设施具有公共产品的两个基本特征，属于纯公共产品。

※第二步，基础设施是不是应当由政府提供？

☞基础设施一般投资额巨大，需要讲求效率；同时，由于受益面广，也要考虑公平。政府财政很难拿出足够的钱来独家承担建设费用，所以，可以由政府和社会资本合作，共同提供。具体可根据不同项目的特点考虑。

※第三步，基础设施应由哪一级政府提供？

☞这是政府间的事权划分问题，也是财政体制的重要问题。对于自来水供应、广场、绿化等主要是当地居民受益的基础设施，应由当地政府承担；对于大江大河的水利工程，跨地区的铁路、公路等，则应由中央政府、高层级政府提供。

※第四步，基础设施应由哪一级财政出钱？

☞对于有正外部效应的公路、河道整治等，即使由地方政府建设，也应由中央及高层级财政给予补助。

思考与讨论：近几年，财政领域的PPP是一个值得探讨的热门话题。PPP在西方国家有多年的实践，引进到中国后能不能解决我们面临的问题？会不会水土不服？怎样防止出现假的PPP项目？这些问题都在考验我们。有这样一个例子：河南周口郸淮一级公路2009年经省发改委批准立项，开工近6年，仍然处于“烂尾”状态。这条路全长52.1千米，概算总投资9.63亿元，其中银行贷款7亿元、自筹资金2.63亿元。建设总工期为24个月，预计2010年5月开工，2011年年底建成通车。经过招标引入一家民营公司参与建设，到2015年8月只完成一半，全线停工，投资方玩失踪。这样的例子在全国并不是个别现象，需要找出好办法来解决。了解当地有没有类似情况，在班上开展讨论；可以组队申报全国大学生创新创业训练计划项目，在项目研究中培养和锻炼自己的综合能力。

（三）基础产业投资

1.基础产业投资的特点

在社会经济活动中，基础产业与其他产业相比，具有自己的特点。从整个社会来看，基础设施为整个生产过程提供“共同生产条件”，基础设施不能被某单个生产厂家独家使用，它不是独占性地处在某一特殊的生产过程中，不能被卖者当成商品一次性整体出售给使用者。也就是说，它具有公用性、非独占性、不可分性的特点，这些特点决定了其具有公共产品的一般特征。基础设施尤其是大型基础设施大多具有资本密集性、建设周期长、投资回收慢的特点，民间投资很难也不愿意涉足，因此需要政府采取有力的干预措施，不断完善基础设施的投资和建设，这在经济欠发达国家和地区特别明显。

2.基础产业投资的提供方式

从我国的实践经验来看，基础产业投资主要有以下几种形式：

（1）政府筹资建设，或免费提供，或收取使用费。由政府筹资建设的项目主要有三种：一是关系国计民生的重大项目，如长江三峡、青藏铁路、西电东送、西气东输、南水北调等关系国家社会经济发展以及人民的当前和长远利益的重大项目，只能由国家通过各种渠道集资来提供；二是维护国家安全需要的项目，如宇航事业、核电站、战备公路等；三是反垄断需要的项目，垄断排斥竞争，垄断利润可能是以损害社会福利为代价的，如垄断行业可能提供较高的垄断价格和低质服务，因此对于垄断行业，政府可以通过公共定价严加管理，也可以由政府直接承担投资责任。另外，还有一些基础设施，如市区道路、上下水道、过街天桥、路灯、航标等具有明显非排他性或很高排他成本的项目，单项投资成本不高，数量众多，也适合作为纯公共产品由政府投资提供。

（2）私人出资，定期收费补偿成本并适当营利，或由地方主管部门筹资建设，定期收费补偿成本。如我国的地方性公路、桥梁等公共基础设施，目前一般采取“贷款修路，收费还贷”的投资方式。

（3）政府与民间共同投资。对于一些具有一定外部效应、营利较低或风险较大的项目，如高速公路、集装箱码头及高新技术产业等基础设施或基础产业的建设，政府可以在其中发挥资金引导和政策扶持作用，即采用投资参股、优惠贷款、提供借款担保、低价提供土地使用权、部分补贴和减免税收等方式，与民间共同投资，混合提供。

（4）政府投资，法人团体经营运作。这种方式有两个优点：一是政府拥有最终决策权，还可以把政府从具体的经营活动中解脱出来；二是法人团体拥有经营自主权，责任明确，可以提高成本效益的透明度，提高服务质量。城市公共交通、港口等基础设施适合这种方式。

（5）BOT投资方式（建设–经营–转让）。这是近年来发展和兴起的一种基础设施提供方式，它是指政府将一些拟建的基础设施项目通过招商转让给某一财团或公司，组建项目经营公司进行建设经营，并在双方协定的一定期限内，由项目经营公司通过经营偿还债务，收回投资并营利，协议期满，项目产权收归政府。这种投资方式的最大特点是鼓励和吸引私人投资，特别是外国直接投资者对发电厂、高速公路、能源开发等基础设施、基础产业进行投资。广西来宾火电厂B项目是20世纪80年代末采取BOT投资方式的经典例子，大家可以查找相关资料了解情况并分析。

近几年，人们在实践中又摸索出委托运营或移交–经营–移交（TOT）、建设–移交（BT）、TOT与BOT融资方式组合（TBT）、BOOT和BOO等方式，详细内容请阅读相关文献。

（5）PPP模式，即公私合作模式，或政府和社会资本合作模式，是近年来比较热门的投资模式。北京地铁4号线就是一个较早的典型例子。2003年年底，香港铁路有限公司开始与北京基础设施投资有限公司谈判，2006年4月签署特许经营协议。项目总投资153亿元，分为建设期（4年）和运营期（30年）。其中，项目建设期投资分为A、B两部分：A部分为107亿元土建投资，B部分为47亿元机电投资，后者由社会投资组建项目特许经营公司（港铁股份为49%，首创股份为49%，京投为2%）负责投资建设。

四、支农支出

我们先运用第二章的分析步骤来探讨一下。

※农业需要政府介入吗？

☞我们可以用公共产品理论来分析农业是不是公共产品。

首先，看农业是否有竞用性。农业的边际成本不会为零，但当农业种植规模扩大到一定程度时，其人工成本将会下降，近年来国家鼓励适度规模经营，就是这个道理。此外，耕作面积大便于实行机械化生产，可以大大提高生产效率，边际成本也会下降。所以，农业具有一定的非竞用性。

其次，看农业是否有排他性。农业的收益不仅表现为农业生产者的收入及利润，而且表现为农产品的品质、价格有较强的正外部性。此外，农业不容易通过付费等手段将他人排除在受益范围之外。所以，农业具有非排他性。

※农业需要政府投入吗？

☞农业是有一定收益的，如果达到一定规模，收益会更加明显，所以，不需要政府包办一切。政府应当为农业做些什么呢？后文会继续讨论。

※农业应由哪一级政府投入呢？

☞农业具有外部性，比如，长沙市政府出钱补贴周边的蔬菜基地，结果，这些蔬菜卖到广州市了；东北的大米产量高、名气大，销往南方省份，全部由东北地区的地方财政来补贴也不合适。所以，应当由中央政府负担一部分；否则，地方政府没有积极性去补贴。

（一）财政对农业投资的重要性

1.农业是基础产业

农业是最典型的基础产业，也是一个国家最需要发展的产业。农业对于国民经济发展的重要性表现在三个方面：一是农业生产为我们提供吃穿的基本来源，为工业生产提供原材料。二是农业劳动生产率的提高是工业化的起点和基础。在大规模推行工业革命之前，必须有一个大规模的农业革命过程。从历史上看，18世纪末的工业革命，首先是从农业生产率较高的英国开始的，之后相继发生工业革命的国家，其农业生产率也都较高。从当前情况来看，凡是农业生产率较高的地区，工业化都取得了成功；凡是农业生产率较低的地区，工业化都遇到了相应的障碍。因此，发展中国家要顺利实现工业化，就必须老老实实地首先提高农业生产率，这个阶段是不能跨越的。三是稳定农业是使国民经济持续稳定发展的重要因素。俗话说“无粮不稳”，就是这个意思。

2.农业部门的特殊性和财政投资的必要性

农业部门是一个特殊的生产部门。一方面，从农产品供应来看，它受气候条件及其他多种条件影响，不仅波动很大而且具有明显的周期性；另一方面，对农产品的需求是相对稳定的。由于农业经济发展水平低下，农业危机很难依靠该产业自身力量通过市场加以克服，这又影响了国民经济的正常运行，因此，为了稳定农业，并进一步稳定整个农业经济，政府必须广泛介入农业部门的生产和销售活动，将农业部门的发展置于政府的高度关注之下。

财政对农业投资的必要性主要表现为：（1）农业部门的社会经济效益大而直接经济效益小，大量经济效益需要通过加工、流通部门辗转折射出来。由于直接经济效益小，所以投资农业往往得不到平均利润，这样不但吸引不了农业部门外的投资，就连农业内部资金也有可能向非农产业逆向流动。如果没有政府的扶持和保护，就很难保证农业的正常资金投入，结果将危及农业的基础地位。（2）农业对自然条件和基础设施的依赖性较强，而这些条件具有公益性，花钱多，涉及面广，个别单位和地区往往不愿意承担或无力承担，这就需要政府承担起相应的投入职责。（3）农业是风险行业，自然风险和市场风险并存，生产难免有周期性波动。农业部门为了克服生产的分散性、季节性及各种不利因素，必须不断提高投资和物质装备水平，也需要政府的扶持。(4) 农产品需求弹性小，市场扩张不利，加上农业需用固定资产多但利用率低，生产周期长而资金周转慢，从而使农业在市场贸易中处于不利位置，需要政府采取一定的方式给予扶持。

(二) 财政对农业投入的特点

从世界各国经验看，财政对农业投入的特点有：

(1) 以立法形式规定财政对农业的投资规模和环节，使农业的财政投入具有相对稳定性。比如，西方国家对农业都给予巨额补贴，美国对农业的补贴已经延续80多年，现在每年补贴高达几百亿美元；法国每年给予农业几百亿欧元的补贴，其中多数来自欧盟。

(2) 财政对的农业投入主要用于以水利建设为核心的农业基础设施建设、农业科技推广、农村教育和培训等方面。这些事务只适于由政府提供，像大江大河的治理、大型水库和各种灌溉工程等，因为花钱多、时间长、牵涉面广以及投资以后产生的效益不易分割等特点，投资成本与效益之间关系并不十分明显，因此需要政府通过财政手段完成投资。

(3) 支持农业科研活动，推动农业技术进步。传统的耕作方式已经过时了，只有注入科技这一新元素，才能勃发新的生机。农业科研具有明显的外部效应，即一项农业科研成果的推出，将使全部运用这项成果的农户受益，但从事这项科研活动的单位无法也不可能将这项科研成果所产生的全部收益据为己有。农业科研单位的研究成果所产生的利益是外溢的，但科研费用须自己承担，而且在研究过程中可能有失败的风险，因此农业科研、农业科技推广、农户培训教育等对农业发展至关重要的农业投资，应由政府来完成。而对于流动资金投资（如购买农药、化肥、农用薄膜、除草剂等）、类似农机具及供农户使用的农业设施等固定资产投资，则适合农户自己来承担。

进入21世纪以来，我国对农业投入非常重视，大家可以到国家统计局网站检索每年的《中国统计年鉴》，收集财政对农业支出的数据，与农业增加值、农民纯收入等数据相比较，看看有什么关系，运用统计学方法进行分析，结合上面的内容开展讨论。

思考与讨论：运用第二章的分析步骤分析乡村公路、高速公路、城市轨道交通、水利设施、农民技术培训等是不是公共产品；如果是，进一步分析属于哪一类公共产品，应由政府还是企业、第三部门提供；各级政府应当承担什么责任。

第二节　转移性支出

一、转移性支出的内容

(一) 社会保障支出

社会保障包括社会保险、社会救助、社会福利和慈善事业。

我们可以运用第二章的分析步骤来分析社会保障是不是公共产品、是否应当由政府举办、应由哪一级政府提供，以及保险资金的所有权、监管权、保值增值责任等问题。

※社会保障是不是公共产品？

☞社会保障建立在广大社会成员普遍参加的基础上，参加的人数越多越能更好地分散风险，在一定范围内其成本不因消费人数增加而增加，所以它具有消费的非竞用性；对于社会救济、社会优抚、社会福利来说，所有社会成员都可以无差别地受益，无法将任何人排除在外，但是，社会保险可以通过缴费与否来决定谁能继续享受社会保障待遇，即具有受益的排他性。所以，社会救济、社会优抚、社会福利属于纯公共产品，而社会保险属于准公共产品中的俱乐部产品。

※社会保障是否应当由政府举办？

☞一般的逻辑是：如果侧重于提高供给效率，社会保障由市场举办比较好；如果侧重于保证公平，社会保障由政府举办比较妥当。显然，无论是社会保险还是社会救济、社会优抚、社会福利，都是为了社会公平而建立的，主要目的是帮助穷人，由政府举办符合建立政府的初衷。如果让保险公司举办，由于其追求利润，必然嫌贫爱富；再说了，穷人也没有钱去投保。

※社会保障应由哪一级政府提供？

☞从受益范围来看，社会保障惠及全国大众，应由中央政府提供；再从信息获取来看，基层政府比高层级政府更了解哪些人需要社会救济，但在各项公共信息联网的情况下，中央政府也可以全面掌握大众的信息。从总体来说，社会保障应由高层级政府提供。

※高层级政府有什么责任？

☞政府要对无收入、低收入人群补助保险费，还要在保险基金入不敷出时出钱托底，如果由每个基层政府举办社会保险的话，欠发达地区可能难以为继，不同地区之间会产生不公平现象，因此，应尽可能提高统筹层次，最好由中央政府实行全国统筹，使全国各地的居民都能享受到基本相同的社会保险待遇。

思考与讨论：为什么生活中有些人对政府举办的社会保险存在不信任感？农村居民缴纳医疗保险费后，没生病或没住院就觉得亏了，如果每个人得到的金钱回报都高于所掏的保险费，那么医保制度能不能建立和维持？怎样向他们说清楚其中的道理，取得他们的信任呢？

我们还可以从公开的财政预算、决算信息中看到，近年来，各级财政对社会保险的补助支出大幅提高，那么，我们个人受益了吗？怎样参与才能受益更多？社会保险缴费收入大于各项支出就安全吗？

社会保障制度是具有经济福利性质的社会稳定制度。现代社会保障制度是一个内容丰富的庞大体系，社会保险是最基本的社会保障项目，是现代社会保障制度的核心内容，主要包括养老保险、失业保险、医疗保险、工伤保险和生育保险等项目，上面五项也是我国的法定保险项目。

社会保险是指由国家、企业、劳动者三方共同筹集资金，为了保障劳动者年老、失业、疾病、生育时的基本生活需要，依照法律法规强制建立的保障制度。从表面上看，社会保险是通过受益人或受益人所在工作单位缴纳保险费来筹集资金的，但实际上是带有福利性质的，加上需要照顾低收入人群，所以，财政补助是一个重要的资金来源。财政支出中的社会保障支出就是建立完善的、覆盖面广的社会保障制度的强大物质后盾，也是现代国家政府财政支出的重要内容。近二十年来，我国社会保障支出增长很快，对于帮助低收入家庭、促进社会公平发挥了重要作用。

由于我国社会保险制度起步较晚，且人口众多，工资水平较低，政府财政实力不是很强，收支矛盾大，所以社会保险仍然处于较低的保障水平，有些地区养老保险收不抵支，缺口较大，每年都需要财政补助。同时，社会保险统筹层次较低，不同省份之间还不能共享、接转，出现了不少问题。比如，四川省到广东省务工的农民在广东缴纳了几年的保险费，后来回到四川省，想继续参加社会保险，但原来的保险费无法转回四川省；在某个地方工作的人退休后到另一个地方的子女家生活，但还得在原来工作单位所在地领养老保险金，每年的年审颇费周折；行政单位、事业单位、企业的养老保险、退休金水平相差较大，不公平现象引发了社会矛盾等。这些正在通过改革不断完善。近几年，企业要求降低五险一金费率的呼声很高，一方面，经济下行周期使企业资金周转困难；另一方面，企业为员工缴纳保险费提高了用工成本。从政府角度来看，养老保险面临收不抵支的压力，地方财政每年对社会保险基金的补助越来越多，部分企业欠缴员工社会保险费的问题比较严重。如何协调好这一矛盾，确实在考验我们的智慧。

案例讨论5-2　　美国“全民医保”风波

2009年，奥巴马就任美国总统。这位非洲裔总统吸引世界各国眼球的新闻不少，其中之一就是“全民医保”改革。早在2008年的总统竞选中，奥巴马就提出了“全民医保”计划，主张建立一个覆盖全民的医疗保障体系。此前，美国是世界上唯一没有实现全民医保的发达国家，现有医保体系覆盖率约为85%，估计有4 700万人没有任何医疗保险，约占美国人口的15%。无保险者中绝大多数是有工作的穷人，包括新移民和非全日制工人。他们的收入刚过贫困线，没有资格申请政府提供的社会医疗保险，也没有能力购买私人医疗保险。美国每年医疗开销高达2.5万亿美元，平均每人8 000多美元，约占国内生产总值的18%，预计到2040年将升至34%，是世界上最昂贵的医疗体系。有调查结果显示：2007年美国申请破产的家庭中，有62.1%是因为医疗费用过高导致破产。医疗费用增长也是美国预算赤字不断上升的重要原因。这一改革是20世纪以来历任总统一直努力实现的任务，但都未能成功，其中一个关键问题是如何寻找支付这笔费用的财政来源。

讨论：

1.查阅有关资料，谈谈你对上述案例的看法。为什么美国作为最发达国家却难以解决医保问题？

2.举出生活中的例子，谈谈你对政府活动中公平与效率存在矛盾的体会。

案例讨论5-3　　故事中的财政知识

电视剧《喜耕田的故事》中有这样一个情节：村里有一位老大娘，她的养子叫栓子，娶了一个媳妇叫九仙，媳妇不愿意赡养老人，村里做思想工作也没有效果，村委会也没有能力照顾老人。后来，老大娘的手艺被人发现，得了一大笔钱，九仙的态度发生了很大变化。这是现实生活中有一定代表性的社会现象，随着越来越多的年轻人到城里打工，剩下老年人和小孩在农村，小孩是留守儿童，而老年人的问题尚未引起足够重视。中央电视台《新闻1+1》2009年10月26日播出了《今天的老人，明天的“我”》的电视节目，专门讨论老年人的养老问题。近几年来，我国政府也在逐步完善农村养老保险制度，并随着财政实力的增强加大扶持力度。

讨论：

1.对当地农村的养老保险制度进行调查，分析其原理。

2.分析家庭养老、政府养老、社会养老的利弊，谈谈自己的看法。

（二）财政补贴

财政补贴是指国家为了某种特定需要，通过财政分配，向企业或居民提供的无偿性补助支出。

1.财政补贴的理论分析

分析哪些领域应当给予财政补贴，同样可以运用第二章的分析步骤。比如，创新创业是否应当由政府补贴？

※第一步，是否存在市场失灵？

☞实现充分就业是政府的职责，但创新创业的风险应当由创新创业的个人负责，政府只能营造良好的外部环境，而不应包揽一切，更不应当承担风险。创新创业本身边际成本不为零，具有竞用性；其收益由参与者享有，但对全社会有好处，也就是存在效益外溢。从这个角度来说，它不是公共产品。由于风险很大，很多人不愿意介入，特别是年轻人没有足够的钱创新创业，这就需要政府以适当方式鼓励和扶持。

※第二步，是否需要政府介入？

☞前面的分析明确了政府有介入的必要，但不排斥市场的主导作用。不是政府直接成立公司来创新创业，而是制定一些扶持政策，引导和帮助创新创业者。

※第三步，由哪一级政府扶持？

☞创新创业没有区域的限制，区域间的外溢性也比较强，所以，高层级政府出资扶持比较合适。

2.财政补贴的种类

各国的财政补贴种类差别比较大，我国的财政补贴主要包括以下几方面：

（1）价格补贴

价格补贴按产品类别的不同，分为以下几种：①农副产品价格补贴，从20世纪80年代至今，大中专学生一直享受着的每个月22.3元（全年267.6元）的城镇居民副食品价格补贴就是其中一种；②农业生产资料价格补贴；③日用工业品价格补贴；④工矿产品价格补贴。

（2）企业亏损补贴

企业亏损补贴是对国有企业政策性亏损给予的财政补贴。随着社会主义市场经济体制改革的推进，企业经营机制转换逐步到位，这类补贴已经大大减少，更多的是对公益性企业给予补贴，比如对公共交通公司、轨道交通运营企业的补贴。

（3）财政贴息

财政贴息是指为了国家宏观调控的需要，政府财政对使用某些规定用途银行贷款的企业或个人，就其支付的贷款利息提供的一种补贴。其实质是政府财政代替企业或个人向银行支付全部或部分利息，是政府财政支持有关行业或事业发展的一种有效方式。近几年来，我国对大学生助学贷款给予贴息，即在校四年期间的利息由财政支付，减轻了家庭困难学生的负担。

在社会主义市场经济体制下，财政补贴的方式发生了很大变化，从补贴对象上看，既有对企业、事业单位的补贴，也有对个人的补贴；从补贴的环节上看，既有生产环节的补贴，也有销售环节的补贴、消费环节的补贴。

思考与讨论：大家可以调查本校或本院系的助学贷款情况、受益人的经济状况，分析这一政策有什么效果，注意运用第一章第四节中的分析方法、统计学或计量经济学中的分析方法，在运用中巩固专业知识，掌握专业技能。统计学专业的同学可以大显身手了，其他专业的同学可以自学相关课程，运用定量分析方法得出结论，锻炼和提高自己的思维能力。

3.财政补贴对经济的积极影响

财政补贴作为一种政府宏观经济调控手段，对经济产生的影响可以用图5-2来表示。

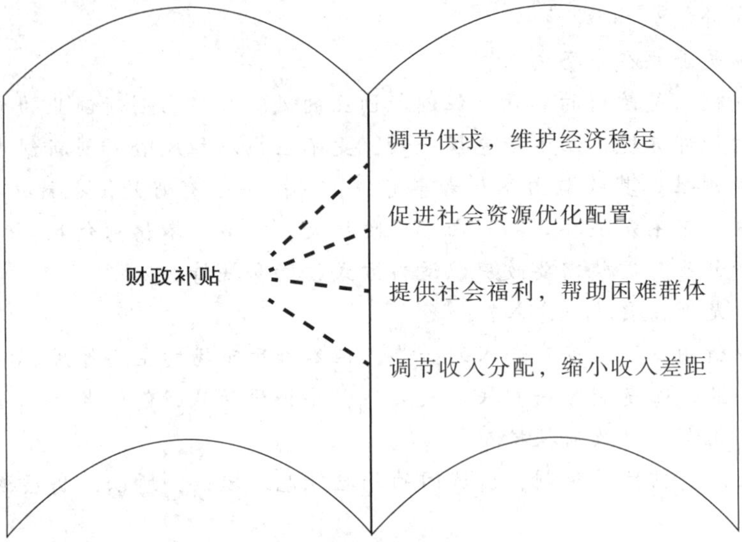

图5-2　财政补贴对经济的影响

近几年，人们逐步认识到应当发挥市场在配置资源中的决定性作用，政府尽量不直接参与经济活动。只有创新补贴方式，才能真正发挥补贴的作用。对于具有正外部效应的生产或服务领域，政府采取事后奖励性补贴的方式，可以提高补贴的效果。比如，对城市周边的蔬菜基地，以前确定补贴对象后就拨付资金，不管其蔬菜销售到哪里，现在根据其向本地供应蔬菜的数量进行补贴，避免了资金浪费。对于农民的种粮补贴、公益事业补贴也一样，以前是根据人头来发放补贴，分散到每家每户，其实不一定用到农业生产中。如果允许村集体在村民大会讨论通过的前提下，将资金集中用于修路、安装路灯、绿化美化村庄等公共事务，就能发挥更大的作用。

财政补贴是怎样发挥作用的呢？下面用图5-3来表示。

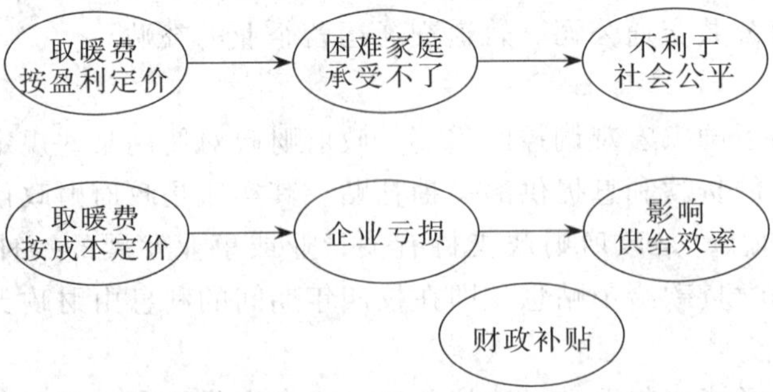

图5-3　财政补贴作用机理

思考与讨论：近几年来，社会上对我国一些国有大型企业享受高额财政补贴议论纷纷，2012年，中国石油和中国石化合计获得政府补贴122亿元，连续第三年攀升。相比之下，一些国企即使有政府补贴相助，但依然没能摆脱亏损的命运。比如中国远洋、中国铝业和中国中冶三大央企（均为上市公司）2012年获得的补贴总额达22亿元，但三家企业的累计亏损额高达247亿元。一直以来，央企享受着垄断经营以及低融资成本等多项优势，但又获得财政补贴，这种做法是否合理？哪些补贴是合理的，哪些不够合理？什么情况应当给予补贴？如何判断补贴是否合理？

案例讨论5-4　　怎样补贴更好？

扶贫工作中出现过这样的事情：政府送给贫困户一只羊或一头牛，本意是以后产下羊羔或牛仔就可以帮助农民增收，但有的农户把羊或牛吃掉了，问其原因：一是家里没有东西吃；二是当地不适合饲养这些家畜。

甘肃省渭县杨在乡有一贫困户，政府给了他一头牛，原本打算让他养牛致富，但没过多久，他想用钱，就把牛卖掉，然后买了一只羊；后来又把羊卖了，买了一只鸡。这下子既有钱花，又有鸡蛋吃。再后来，他把鸡杀掉、吃了，家里仍然穷得叮当响，但他觉得心安理得。

公交公司是否要由财政给予补贴？应当怎样补贴？有人对公园免费开放、财政给予补贴有不同意见，认为只有少部分人经常到公园去，好些人多年没有进公园游玩，这等于用全体纳税人的钱补贴给少数人，不公平，你怎么看？

讨论：

1.查阅有关资料，谈谈你对上述案例的看法。

2.举出实际中的例子，谈谈你对政府活动中公平与效率存在矛盾的体会。

（三）税式支出

1.什么是税式支出

1967年美国财政部税收政策助理、哈佛大学教授斯坦莱·萨里在一次讲话中第一次使用了“税式支出”这个词。1968年美国财政部将税式支出运用于财政预算分析，公布了美国第一个税式支出预算。1973年，萨里教授在其著作《税收改革之途径》一书中，第一次对税式支出作了理论上的探讨和阐述。

各国对于税式支出的概念有不同的定义，大致说来，税式支出就是在税收领域给予纳税人隐性的资金补贴，因此，只要事实上减少了国家的税收收入，或减轻了纳税人的税收负担，就可以视为税式支出。也就是说，税式支出是在现行税制结构不变的条件下，对于某些纳税个人、企业，或其特定经济行为，实行激励性的区别对待，给予不同的税收减免的优惠待遇（不直接给予现金）。

从本质上看，税式支出是国家为了引导、扶持某些经济活动，刺激投资、消费或者补助某些特殊困难而制定的各种税收优惠措施。其实质是政府以特殊的法律条款规定的、给予特定类型的活动或纳税人以各种税收优惠而形成的收入损失或放弃的收入。可见，税式支出是政府的一种间接性支出，属于财政补贴性支出。在实践中，它可以界定为：在现行税制结构不变的条件下，国家对于某些纳税人或其特定经济行为，实行照顾或激励性区别对待，给予不同的税收减免等优惠待遇而形成的支出或放弃的收入。其形式主要有起征点、税收扣除、税额减免、优惠退税、优惠税率、盈亏互抵、税收抵免、税收饶让、税收递延和加速折旧等。

2.税式支出的分类

从其发挥的作用看，税式支出可分为照顾性税式支出和刺激性税式支出。

照顾性税式支出，主要是针对纳税人由于客观原因在生产经营中发生临时困难而无力纳税所采取的照顾性措施，其目的在于扶持国家希望发展的亏损企业或微利企业以及外贸企业，以保持国民经济各部门发展的基本平衡。照顾性税式支出包括给发生自然灾害的地区减免税、对福利企业减免税、出口退税等。

刺激性税式支出，主要是指用来改善资源配置、提高经济效益的特殊减免规定，其目的是正确引导产业结构、产品结构、进出口结构以及市场供求，促进纳税人开发新产品、新技术以及安排劳动力就业等。刺激性税式支出既可以针对特定的纳税人，不论其经营业务的性质如何，都可以依法得到优惠照顾；又可以针对特定的征税对象，从行业产品的性质考虑，不论经营者是什么性质的纳税人，都可以享受优惠待遇。刺激性税式支出还可以分为针对特殊课税对象的税式支出，如我国对农、牧、渔业等用盐可减征盐税；针对特定纳税人的税式支出，如对下岗职工、伤残人、高校毕业生自主创业的，不论其经营业务的性质如何，可以给予税收优惠照顾等。

3.税式支出的形式

与税式支出定义的确定相比，税式支出项目的确定要复杂得多。许多国家把直接支出作为区分标准：如果能用直接支出替代的减免项目就列为税式支出，否则就不能算是税式支出。如根据所得税的构成原则，本不属于课税范围的一些扣除或减免项目，诸如个人生活费用的扣除、为取得所得而支出的成本扣除等，就不能列入税式支出的范围。虽然税式支出项目的确定有一定困难，但还是有一定规律可循。就刺激经济活动和调节社会生活的税式支出而言，其形式大致有：税收豁免、纳税扣除、税收抵免、优惠税率、盈亏相抵、退税、延期纳税、加速折旧（如图5-4所示）。

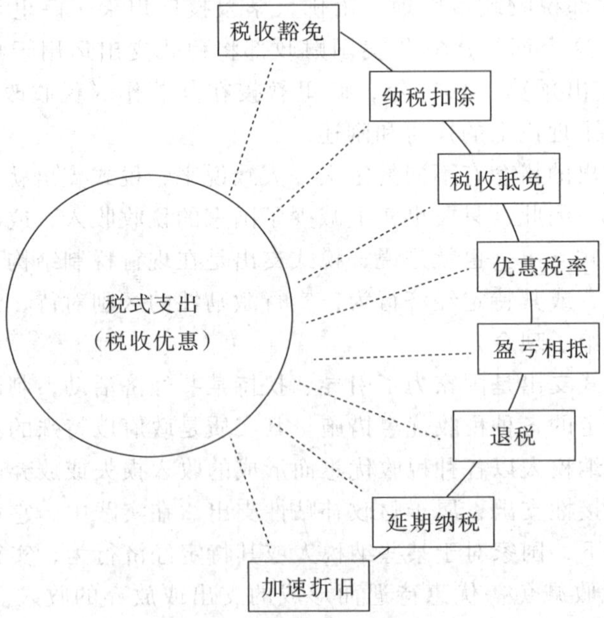

图5-4　税式支出的形式

二、转移性支出的难题探讨

转移性支出与我们每个人的切身利益息息相关，尤其是社会保险中的财政补助、对个人消费品的价格补贴。一方面，转移性支出在财政支出中的比重不断提高，可以让我们每个居民享受到更多的福利，提高幸福感、获得感；另一方面，财政的钱是有限的，福利开支将形成沉重的财政压力，可能变成“福利陷阱”。

近年来，我国老龄化进程加速，养老负担越来越重，如何筹集养老保险资金成为一个急需解决的现实问题，政府、社会、家庭的责任怎么划分也需要根据国情探索可行之道。

（一）养老负担问题

在建立养老保险制度的国家里，财政对养老保险的补助是一笔不小的投入。而对于我国，更具有特殊性。我国是1997年才开始全面推行养老保险制度的，起步晚，没有基金储备，面临几个特殊困难：①养老保险制度改革启动时已经达到退休年龄的人群数量巨大，由于以前没有缴纳保险费，个人储蓄又很少，需要财政补助来保障这部分老年人的养老资金来源；②由于改革以前老年人普遍收入水平较低，即使补缴养老保险费，钱数也不多，但随着物价水平提高，生活费用也水涨船高，必须持续提高养老金发放标准才能维持老年人的生活水准，维护社会稳定，由此需要财政给予大量补助弥补收支缺口；③不少企业经营状况不佳，欠缴职工养老保险费较多，只能由财政为这一历史欠账买单；④相比发达国家来说，我国是“未富先老”，老龄人口比重快速上升，养老金支出大幅增加，对财政补助的需求增长迅猛；⑤老工业城市等地区养老保险收支平衡压力更大，需要上级政府乃至中央政府给予财力支持；⑥由于经济面临下行压力，为了减轻企业压力，政府不得不阶段性降低各项社会保险费的缴费比例，这就需要财政给予养老保险等保险基金更多的补助。

从表5-1可以看到，我国2010年以来60岁以上人口的比重每年大约以0.6%的速度上升，八年时间全国60岁以上人口增加7 000多万人，养老保险参保人数增加近6亿人，领取养老金人数也同样大幅增加，相应地，2017年养老保险财政补助是2010年的4倍多，有力地支撑了保险基金的运转。就全国来说，养老保险基金是有结余的，但一些地方已经出现赤字，只能靠上级政府调剂来平衡收支，2014年10月起实行的机关事业单位养老保险也有不少地方需要财政补助才能保平衡，这就意味着现在在职人员所缴纳的养老保险费已经用于发放目前的退休人员养老金了，等到他们退休的时候如何发放养老金就成了问题。

出于促进社会公平、维护社会稳定的考虑，政府有责任保障老年人的基本生活，因此，如何破解上述难题就成了各级政府必须面对的重要考验。学术界为此提出了几个解决问题的思路：一是延迟退休，即由以前男性60岁退休、女性55岁退休（特殊工种除外）延长到男女均65岁左右，以此减轻养老保险基金支出负担，缓解收支矛盾；二是建立社会保障储备基金，为未来提前储备必要的资金，应对“白发浪潮”；三是提高养老保险统筹层次，由高层级政府发挥调剂作用，帮助老工业城市等地区缓解收支矛盾；四是分清养老责任，针对我国国情，分清政府养老、社会养老、家庭养老的责任界限，合理界定政府的责任。你觉得还有哪些招数可以用？不妨检索相关学术期刊，了解学术界的观点，运用所学的各科专业知识思考这些问题产生的原因是什么、如何寻求解决之道。

表5-1　　　　2010—2018年全国老年人口、养老保险财政补助数据

年　份	全国60岁以上人口（万人）	全国60岁以上人口比重（%）	养老保险参保人数（万人）	养老保险财政补助（亿元）
2010	17 765	13.3	35 984	1 910
2011	18 499	13.7	61 573	2 192
2012	19 390	14.3	78 796	2 527
2013	20 243	14.9	81 968	4 403
2014	21 242	15.5	84 232	5 043
2015	22 000	16.1	85 833	6 596
2016	23 086	16.7	88 777	7 634
2017	24 090	17.3	91 548	8 004
2018	24 949	17.9	94 240	—

数据来源　人口数据及比重来自国家统计局各年《国民经济和社会发展统计公报》、《2010年第六次全国人口普查主要数据公报（第1号）》，参保人数、财政补助数来自《中国财政年鉴》（2018）、财政部2010、2011、2012年全国公共财政支出决算表，2017年养老保险财政补助数来自《2017年度人力资源和社会保障事业发展统计公报》。

（二）财政补贴的绩效问题

财政补贴的目的不外乎两个方面：一是提高生产者的积极性和整体经济效率，二是促进社会公平。但有些时候财政的钱补贴出去了，不一定能够达到预期效果。比如，给广大农民发放种粮补贴，能否提高所有农民的种粮积极性呢？给予高新技术企业、环保行业的企业财政补贴，这些企业是不是真正把钱投入到高新技术的研发及产品生产、环保技术的创新及相关工作中呢？前几年针对国家出台的对家电下乡、新能源汽车的补贴政策，都出现了骗取财政补贴资金的案件，怎么样堵塞漏洞？防止骗补行为再次发生？这些问题都值得关注，并且应采取有效措施予以解决。

我国部分城市近年来建设了公共自行车项目，方便了市民，解决了出行“最后一公里”的问题，但是，也出现了站点设置不合理、借还不便、调度不及时等问题，在近两年共享单车蜂拥出现的情况下，大量车辆闲置，但财政仍然给予运营公司几百万元到几千万元不等的补贴，市民意见较大。究竟应当采用什么样的管理模式？怎么样考核运营企业？应该设计什么样的绩效评价指标体系来评价补贴资金的使用效益？怎么样将运营效果与补贴资金数额挂钩、提高市民的满意度？究竟是补贴给运营企业好，还是补贴给使用车辆的市民更好呢？这些都需要探讨，并且通过实践不断完善。

为了推动某些行业、新兴业态、新技术的发展，政府设立了各种财政扶持、补贴政策，但也出现补贴过多过滥、资金分配过于分散、使用效益不明显等问题。比如，西部某省会城市一个城区公示了2017—2018年度现代服务业发展引导资金（因素分配部分）拟拨付表，54家企业共获得229.7万元补贴资金，最多的20万元，最少的仅为0.3万元，除了GDP、社会消费品零售总额，还有哪些指标可以更好地衡量财政资金撬动社会资本投资的作用、推动新兴业态发展的作用？究竟是在生产环节补贴好，还是在销售、消费环节补贴更好呢？这些问题既需要理论研讨，也需要实践探索，才有可能不断摸索出一条可行、高效的路子来。

第三节　财政支出政策及影响

财政支出政策及影响

政府财政支出政策是财政政策的重要组成部分，一方面，能够满足城乡居民改善公共产品（服务）供给状况的需要，缓解上学难、看病难、住房难等突出问题，促进社会公平，维护社会稳定；另一方面，它还能够调节社会供给与需求，影响社会总供求的平衡。下面，我们分别以教育支出、支农支出为例来分析。

一、教育支出状况及影响分析

近十几年来，我国实施科教兴国战略，推行九年制义务教育，中央和各级地方政府把教育作为财政支出重点，大幅增加教育投入，切实保障适龄儿童受教育的权利。2000—2016年，全国财政教育支出不断快速增长（见表5-2）。2016年，全国财政性教育经费达到31 396亿元，占教育经费总额的比例达到80.73%，实现了历史性突破。

表5-2　　2000-2016年我国财政性教育经费比重及初中、高中升学率

年份	教育经费总额（亿元）	国家财政性教育经费（亿元）	财政性教育经费比重（%）	初中升学率（%）	高中升学率（%）
2000	3 849	2 563	66.59	51.2	73.2
2001	4 638	3 057	65.91	52.9	78.8
2002	5 480	3 491	63.70	58.3	83.5
2003	6 208	3 851	62.03	59.6	83.4
2004	7 243	4 466	61.66	63.8	82.5
2005	8 419	5 161	61.30	69.7	76.3
2006	9 815	6 348	64.68	75.7	75.1
2007	12 148	8 280	68.16	80.5	70.3
2008	14 501	10 450	72.06	82.1	72.7
2009	16 503	12 231	74.11	85.6	77.6
2010	19 562	14 670	74.99	87.5	83.3
2011	23 869	18 587	77.87	88.9	86.5
2012	28 655	23 148	80.78	88.4	87.0
2013	30 365	24 488	80.65	91.2	87.6
2014	32 806	26 421	80.54	95.1	90.2
2015	36 129	29 221	80.88	94.1	92.5
2016	38 888	31 396	80.73	93.7	94.5

数据来源　各年中国统计年鉴.

财政教育支出的快速增长至少带来两方面的影响：①一方面，从教育领域来看，城乡各级各类学校的基础设施、师资队伍、教学手段得到大幅提升，初中、高中升学率稳步提高，越来越多的适龄人口得到受教育机会，学校为社会输送更多优质人才，推动经济社会健康发展，也促进了教育公平；②另一方面，从整个经济层面来看，教育支出的增长也带动社会资本和家庭把更多的资金投入到教育领域，拉动投资和消费，为经济增长提供源源不断的活力。大家可以从《中国统计年鉴》中采集各年民办学校中举办者投入、社会捐赠经费、事业收

入（主要是学杂费）等数据，分析其增长率、在全部教育中所占比重，对各类教育支出增长的影响作出判断，既增进对社会现实的认识，又培养和提高自己的思维能力。

思考与讨论：改革开放以来，我国财政支出结构有什么变化？是否呈现出一些规律？请运用第一章第四节的分析方法及统计学、计量经济学的知识，检索相关数据，分组进行分析，总结归纳几条结论。同时，思考自己使用的是什么分析方法，这些分析方法有什么区别，分别适用于何种情况。需要注意的是，2007年我国使用了新的支出分类办法，前后数据可能没有可比性，必要时应进行技术处理。

二、支农支出状况及影响分析

近年来，围绕保障国家粮食安全、促进农业可持续发展和农民持续增收、城乡协调发展，我国各级财政不断加大对“三农”投入力度，建立健全“三农”投入稳定增长机制和强农惠农政策支持体系，有力地促进了农业生产、农民增收和农村社会事业全面发展。

表5-3说明财政对农林水领域支出在十年间增长357%，在一般公共预算支出中的比重也由7.26%上升到9.41%，其影响是多方面的：①引导和鼓励农民和各类社会资本持续增加“三农”领域的投入，确保了粮食等农产品产量的稳步增长，使饭碗牢牢地端在中国人自己的手上，同时也为工业发展提供大量原材料；②帮助亿万农民增产增收，表现在农村居民人均可支配收入增长192%，接近十年前的3倍，对于缩小城乡发展差距、降低贫困率、缩小城乡居民收入分配差距有着积极作用；③各类资金在农林水领域的投入可以增加全社会的投资总额，农村居民收入增加也提升了他们消费的潜力，从投资和消费两方面拉动经济增长。

表5-3　　**2008—2018年我国农林水支出比重及相关数据**

年份	一般公共预算支出（亿元）	农林水支出（亿元）	农林水支出比重（%）	粮食产量（万吨）	人均粮食产量（千克）	农村居民人均可支配收入（元）
2008	62 593	4 544	7.26	53 434	403	4 999
2009	76 300	6 720	8.81	53 941	405	5 435
2010	89 874	8 130	9.05	55 911	418	6 272
2011	109 248	9 938	9.10	58 849	438	7 394
2012	125 953	11 974	9.51	61 223	453	8 389
2013	140 212	13 350	9.52	63 048	464	9 430
2014	151 786	14 174	9.34	63 965	469	10 489
2015	175 878	17 380	9.88	66 060	482	11 422
2016	187 755	18 587	9.90	66 044	479	12 363
2017	203 085	19 089	9.40	66 161	477	13 432
2018	220 906	20 786	9.41	65 789	471	14 617

数据来源　中国国家统计局，中国统计年鉴（2018）[M].北京：中国统计出版社，2018.
2018年数据来自《2018年国民经济和社会发展统计公报》、财政部《2018年财政收支情况》。

大家可以结合经济学等课程所学专业知识，分析财政涉农支出增加还有哪些影响，采集相关统计数据进行分析。从逻辑严密的角度来说，财政支出的增长与农产品增加、农民人均收入增加有没有因果关系，需要进入科学分析，可以运用计量经济分析方法进行论证。

思考与讨论：收集相关数据，计算2000年以来全国、你所在省份财政医疗卫生支出占财政总支出的比重，结合实际情况，分析其变化趋势；同时分组进行社会调查，了解居民对医疗卫生改革的需求、意见和感受，运用公共产品理论，提出自己的看法及见解。

三、小结

改革开放以来，中国财政支出在总量、结构、效益等方面都发生了很大变化。总量上，伴随着经济总量的快速增长、政府公共服务范围的扩大，财政支出总额从千亿元到万亿元再到二十几万亿元，不断跃上新台阶；结构上，随着政府职能的转变、公共财政体系目标的确立，财政支出结构不断调整优化，由城市扩大到农村，由国有单位扩大到全体居民，由经济建设领域转向教育、文化、卫生等公共事业及社会保障；效益上，由只注重“分钱”转向重视“用好钱”，开展了财政支出绩效评价试点，并逐步扩展到全过程预算绩效管理，加强了财政监督。上述转变与财政管理的改革和完善是分不开的，财政管理的内容参见第八章第三节。

知识运用

本章所学的购买性支出、转移性支出等知识为我们分析财政资金管理中的各种问题提供了重要依据。由于前文已经分别详细地列出了教育、基础设施、农业、社会保障制度、创新创业等五个方面的分析思路，这里不再介绍知识运用思路。

专业论文与能力培养

阶段练习二

一、单项选择题

1.在公共支出理论中，政府活动扩张法则是由（　　）提出的。

A.马斯格雷夫　B.鲍莫尔　C.皮科克　D.瓦格纳

2.认为“公共收入和公共支出总是同步增长”的支出理论是（　　）。

A.梯度渐进增长理论　B.瓦格纳法则

C.公共支出增长发展模型　D.非均衡增长模型

3.现代社会保障制度的核心内容是（　　）。

A.社会保险　B.社会救济　C.社会福利　D.社会优抚

4.提供公共基础设施体现的是政府的（　　）职能。

A.政治　B.经济　C.社会公共服务　D.社会保障

5.一般来说，政府投资不应参与的领域包括（　　）。

A.公益性项目　B.基础性项目　C.国防项目　D.竞争性项目

6.购买性支出主要影响商品和劳务的生产和消费，可以调节经济结构，体现财政的（　　）职能。

A.收入分配　B.经济稳定　C.监督　D.资源配置

7.转移性支出主要是影响收入分配，体现财政的（　　）职能。

A.监督　　B.收入分配　　C.资源配置　　D.经济稳定

8.在（　）中，不存在交换的问题，它所体现的是政府的非市场性再分配活动。

A.消费性支出　　B.购买性支出　　C.投资性支出　　D.转移性支出

9.我国2007年以前国家预算科目按照（　）对支出分类。

A.功能　　B.最终用途　　C.具体用途　　D.经济性质

10.（　）倾向于用经济发展阶段论来解释公共支出增长的原因。

A.弗里德曼　　B.瓦格纳

C.皮科克和怀斯曼　　D.马斯格雷夫和罗斯托

11.以下最适合中央政府提供的公共服务是（　）。

A.学前教育　　B.初等教育　　C.中等教育　　D.高等教育

12.下列项目中，属于购买性支出的有（　）。

A.社会保障支出与行政管理支出　　B.财政补贴与社会保障支出

C.政府投资支出与国防支出　　D.政府投资与债务利息支出

13.财政补贴通过直接影响（　）来影响经济。

A.需求结构　　B.价格结构　　C.供给结构　　D.资源配置结构

二、多项选择题

1.下列属于购买性支出的是（　）。

A.行政管理支出　　B.外交支出　　C.补贴支出

D.教育支出　　E.对外援助支出

2.政府的消费性支出包括（　）。

A.行政管理支出　　B.文教卫生支出　　C.国防支出

D.支农支出　　E.基本建设支出

3.下列属于转移性支出的是（　）。

A.行政支出　　B.科技支出　　C.补贴支出

D.对外援助支出　　E.教育支出

4.目前我国的社会保障项目主要包括（　）。

A.社会保险　　B.商业保险　　C.社会优抚

D.社会救济　　E.社会福利

5.目前，我国的法定社会保险包括（　）。

A.养老保险　　B.生育保险　　C.医疗保险

D.工伤保险　　E.失业保险

三、判断题

1.（　）转移性支出有一个特点：政府一方面付出了资金，另一方面相应地购得了商品和服务。

2.（　）资本性支出是用于生产或购买能够长期受益的产品的支出。

3.（　）财政转移性支出直接形成有效需求，是社会总需求的重要组成部分。

4.（　）一般来说，发达国家转移性支出的比重比发展中国家高。

5.（　）政府活动扩张法则是由德国的经济学家瓦格纳提出的。

6.（　）一般来说，推行市场经济体制的国家，非政府投资额占社会投资总额的比重较大；而实行计划经济体制的国家，政府部门投资所占的比重较大。

7.（　　）从各国社会经济发展来看，发达国家或地区政府投资占社会总投资的比重较小；中等发达以下（尤其是欠发达）国家或地区政府投资占社会总投资的比重较大。

8.（　　）社会保险是最基本的社会保障项目，是现代社会保障制度的核心内容。

9.（　　）财政贴息是指国家财政在商品购销价格倒挂的情况下，对工商企业支付的补贴，或购销价格顺挂的情况下对消费者支付的提价补贴。

10.（　　）税式支出是国家为了引导、扶持某些经济活动，刺激投资、消费或者补助某些特殊困难而制定的各种税收优惠措施。

11.（　　）照顾性税式支出是指用来改善资源配置、提高经济效率的特殊减免规定。

12.（　　）我国2012年财政性教育经费支出占国内生产总值的比例首次达到了4%。

四、简答题

1.按财政支出的经济性质进行分类有什么意义？

2.简述瓦格纳法则的基本内容。

3.简述财政支出的公平原则。

4.简述如何加强我国行政管理费的管理和约束。

5.简述影响财政支出规模的因素。

6.简述财政补贴对经济有哪些积极影响?。

五、实务题（运用财政学专业知识分析图表中的数据，作出判断）

1.观察表5-4中1999—2017年失业保险基金收支数据，结合我国社会保险制度改革情况，分析这些数据有什么特点，反映经济发展及就业状况的哪些趋势，能够作出哪些判断。

表5-4　**1999—2017年失业保险基金收支情况**

年份	基金收入（亿元）	基金支出（亿元）	基金支出增长率（%）	基金结余（亿元）
1999	125.2	91.6	76.4	159.9
2000	160.4	123.4	34.7	195.9
2001	187.3	156.6	26.8	226.2
2002	213.4	186.6	19.2	253.8
2003	249.5	199.8	7.1	303.5
2004	290.8	211.3	5.6	385.8
2005	340.3	206.9	−1.9	519.0
2006	402.4	198.0	−4.3	724.8
2007	471.7	217.7	9.9	979.1
2008	585.1	253.5	16.4	1 310.1
2009	580.4	366.8	44.7	1 523.6
2010	649.8	423.3	15.4	1 749.8
2011	923.1	432.8	2.2	2 240.2
2012	1 138.9	450.6	4.1	2 929.0
2013	1 288.9	531.6	18.0	3 685.9
2014	1 379.8	614.7	15.6	4 451.5
2015	1 367.8	736.4	19.8	5 083.0
2016	1 228.9	976.1	32.6	5 333.3
2017	1 112.6	893.8	−8.4	5 552.4

注：1998年基金结余133.4亿元。

数据来源　国家统计局.中国统计年鉴（2018）［M］.北京：中国统计出版社，2018.

2.国务院办公厅2018年7月13日印发《关于进一步加强城市轨道交通规划建设管理的意见》，提高申报建设地铁和轻轨的相关经济指标，申报建设地铁的城市一般公共财政预算收入、地区生产总值的要求分别由100亿元、1 000亿元调整为300亿元、3 000亿元，市区常住人口要求在300万人以上，而且规定，除城市轨道交通建设规划中明确采用特许经营模式的项目外，项目总投资中财政资金投入不得低于40%，严禁以各类债务资金作为项目资本金。为什么这样规定？逐一分析原因，并思考为什么由政府介入城市轨道交通投资。通过《中国统计年鉴》等文献查找全国各个城市2018年的统计数据，看看哪些城市符合条件，哪些省会（首府）城市尚不符合条件。查找所在城市的上述几项统计指标，看是否符合，了解当地居民对修建轨道交通的期盼。

3.观察表5-5的预算数据，你对各高校的财政拨款情况有什么认识？为什么各高校财政拨款数相差那么大？为什么财政拨款数与支出数也有较大差额？高校除财政拨款外还有哪些收入来源？有哪些因素影响财政对高校的拨款？要想更科学地比较这些数据，还需要哪些相关数据？

表5-5　**教育部部分部属高校2019年预算收支情况表**　单位：亿元

高校	本年收入	财政拨款	本年支出	高校	本年收入	财政拨款	本年支出
清华大学	218.94	54.42	243.46	厦门大学	63.66	22.58	70.93
浙江大学	125.57	40.09	127.98	中国海洋大学	26.81	13.00	26.84
北京大学	133.08	58.33	135.77	华中农业大学	24.08	13.51	29.87
中山大学	123.02	27.71	137.21	合肥工业大学	24.20	15.36	24.99
复旦大学	89.52	32.76	95.12	中国药科大学	14.46	8.15	16.62
华中科技大学	74.37	33.59	83.19	上海外国语大学	12.34	5.75	13.09
武汉大学	70.08	35.91	79.44	中央音乐学院	6.74	3.75	6.88
山东大学	75.95	31.45	78.99	中央戏剧学院	4.58	3.38	4.86

数据来源　各高校2019年部门预算。

六、案例分析题（要求既有理论依据，又结合实际进行分析，提出自己的看法）

1.2019年5月，国务院办公厅印发《职业技能提升行动方案（2019—2021年）》。确定三年共开展各类补贴性职业技能培训5 000万人次以上，提高技能劳动者占就业人员总量的比例、高技能人才占技能劳动者的比例。决定从失业保险基金结余中拿出1 000亿元，加上部分就业补助资金、地方人才经费和行业产业发展经费中用于职业技能培训的资金，对各类人群给予职业培训补贴。结合我国经济发展的背景，运用所学财政学知识分析出现这一政策的现实原因、政策作用机理，提出自己的看法。

2.2019年5月，江西省彭泽县高级中学建设PPP项目正式签约。计划新建一所高中，占地263.5亩，教学规模为90个教学班，学生4 500人，可以解决周边学生上学远、上学难的问题，有效缓解高中生就学压力。项目总投资额为33 000万元，资本金比例为20%，由政府出资代表和社会资本方共同出资，其中政府出资3 234万元，占股49%，社会资本方九江市金融控股集团有限公司出资3 366万元，占股51%。其余80%由项目公司采用金融机构贷款、股东借款、信托、基金等多种方式筹措。采用BOT（建设-运营-移交），回报方式采用可行性缺口补助。项目合作期限为13年（其中：建设期3年，运营期10年）。项目公司通过政府支付可用性付费、运维绩效付费，获得合理投资运营回报。待项目合同期满终止后，由项目公司将项目资产及相关权利等无偿移交给政府。分析为什么采用这样的筹资及运营模式，该模式有何利弊。

3.2006年起，我国出台新能源汽车补贴政策，对购买新能源汽车给予购车补贴。补贴标准从几千元到30万元不等，地方财政按不超过中央财政补贴金额50%的比例进行补贴。此后，根据实施情况不断调整完善补贴政策，提高补贴技术指标门槛，逐步降低补贴力度（即补贴退坡机制），到2020年以后不再实行购置补贴。从2019年开始，对车辆完成销售上牌后预拨部分资金，满足里程要求后才能申请拨付全部补贴资金。车辆从注册登记日起2年内运行不满足2万公里的不予补助，并扣回预拨资金。政策过渡期后转为支持充电（加氢）基础设施"短板"建设和配套运营服务。请运用财政学知识分析为什么进行补贴、为什么逐步降低补贴力度，结合前几年出现的骗取补贴的案例分析原来补贴政策的漏洞及2019年新政策的导向。

4.2017年，我国启动国家现代农业产业园创建工作，要求发挥产业融合、农户带动、技术集成等功能作用，打造现代农业建设样板区和乡村产业兴旺引领区。中央财政通过以奖代补方式对认定创建的国家现代农业产业园给予资金支持。2018年，中央财政投入50亿元进行专项扶持，截至2018年底，全国已批准创建41个国家级现代农业产业园。思考为什么开展这一创建工作，为什么财政出资支持，为什么由以往直接补助改为事后奖励。根据财政理论知识进行分析，提出自己的看法。

5.2016年，我国财政部设立普惠金融发展专项资金，综合运用业务奖励、费用补贴、贷款贴息、以奖代补等方式，引导地方政府、金融机构以及社会资金支持普惠金融发展，保障农民、小微企业、城镇低收入人群、贫困人群和残疾人、老年人等重点服务对象的基础金融服务。资金管理办法规定，对贫困地区符合条件的个人创业担保贷款，财政部门给予全额贴息；对其他地区符合条件的个人创业担保贷款，财政部门第1年给予全额贴息，第2年贴息2/3，第3年贴息1/3。2019年财政部又加大了创业担保贷款贴息及奖补政策力度。请分析上述政策出台的背景和目的，从财政学角度分析政府干预的原因和所能发挥的作用、采用的政策工具（贴息）的特点及效果。

6.2017年以来，全国有50多个城市及几个省份出台了吸引人才的新政策。其中，2018年2月，吉林省出台激发人才活力支持人才创新创业的18条政策，对与用人单位签订5年以上正式聘用合同的引进人才，按照不同层次类型给予相应安家补贴（税后），所需资金按经费保障渠道由各级财政和用人单位共同承担。其中，A类200万元，B类120万元，C类60万元，D类30万元，E类3～10万元（分别给予"985""211"院校，"一流大学、一流学科"博士毕业生10万元左右、硕士毕业生8万元左右，省内省外特色高水平大学、特色高水平学科专业博士毕业生8万元左右、硕士毕业生5万元左右，普通高校博士毕业生5万元左右、硕士毕业生3万元左右）。此外，武汉提出留住百万大学生，呼和浩特出台大学生半价购房政策。结合近几年的经济社会状况，运用财政专业知识分析上述政策出台的背景、特点、效果。

阶段练习二参考答案

第三编 财政的钱从哪里来

第六章 财政收入形式与规模

知识结构图

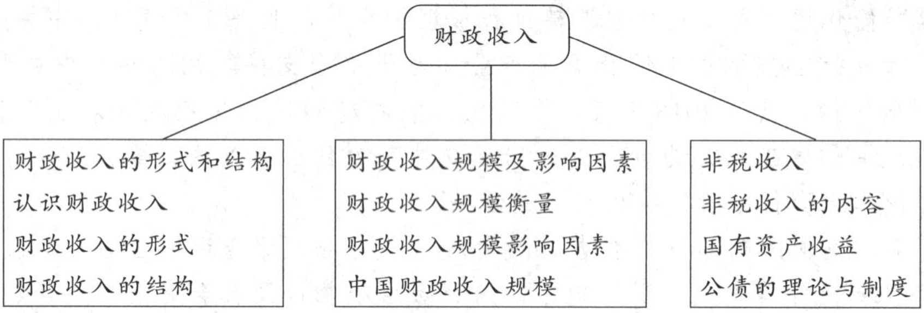

引　言

1994年税制改革后，国有企业的税后利润全部归企业所有，不再向国家上缴利润。在2007年之前尚未建立国有资本收益收缴制度的情况下，企业拥有国有资本收益自由支配权。效益好的企业职工收入不断增加，而效益不好企业的职工却收入下降，由此产生了企业内部分配秩序混乱的弊端，导致社会分配不公。

进入21世纪，我国财政收入连续突破2万亿元、5万亿元、10万亿元大关。国家财政收入增加固然是好事，可以让更多的人享受公共财政的阳光。然而，也有纳税人产生疑问：财政收入多了，对我有什么好处？是否应该降低纳税人的负担？国家财政收入绝大部分来自税收，税收的增加与经济发展有关，更与税负有关。一个国家的财政收入有没有一个合理的上限？政府在社会经济这个“大蛋糕”中应当拿走多大比例？以后我国财政收入还能不能保持高速增长？近几年在经济新常态的新形势下，我国政府出台了减税降费的若干政策，为什么这样做，效果如何？这些问题都与财政收入政策有关，本章将探讨财政收入形式、财政收入结构，财政收入的规模及其影响因素等问题。

待解问题——

政府修建的公路应不应当收费？

城市公共道路应当收取停车费吗？收费标准应该怎样确定？

城市出让国有土地使用权收入超过税收收入合适吗？

为什么很多地方政府越来越依赖土地财政？

第一节 财政收入的形式和结构

一、认识财政收入

财政收入是政府提供公共产品的物质保证，也是政府为公众提供服务、实施有效管理的强大后盾。财政收入是衡量一国政府财力的重要指标，政府在社会经济活动中提供公共物品和服务的范围和数量，取决于财政收入的充裕状况。财政就是为了满足社会公共需要，弥补市场失灵，以国家为主体参与的社会产品分配活动。它既是政府的集中性分配活动，又是国家进行宏观调控的重要工具。

从公共产品角度来看，财政收入就是政府筹集到的提供公共产品的资金。政府组织财政收入的目的不是满足政府自身的需要，而是为了公共利益，是为了向所有居民提供公共产品。因此，财政收入的所有权不属于政府，而是属于全体居民。这也是现代民主的理念，是政府财政信息必须公开的根据。

与财政收入类似的名词还有政府收入、国家收入、预算收入等，虽然现在它们涉及的金额统计口径不一样，但是随着我国公共财政体制建设的完善，以后这种差别会逐渐缩小，直至可以被忽略不计。

二、财政收入的形式

财政收入的形式是指政府取得财政收入的具体方式，即来自社会经济运行主体（包括企业和个人）的资源，通过什么方式上交给政府。

政府取得财政收入有多种形式，主要有：强制无偿形式（税收）、有偿自愿形式（公债）、近似“有偿服务”形式（非税收入）、产权收益形式（国有资产经营收益）、无偿转嫁形式（政府引致的通货膨胀）、自愿无偿形式（捐献收入）、机会分配形式（彩票收入）等。

（一）税收

税收是政府取得财政收入的最佳形式。税收是政府利用政治权力直接获得资源的方式，它是一种强制的、无偿的、固定的财政收入形式，政府不负偿还责任，可向管辖范围内的任何人、任何行为征税。只要国家足够大，政府就有充足的资金来源，它唯一的不足就是可能对经济产生副作用，还需要相当数额的征收实施成本。总的来说，税收是最好的政府融资方法，是世界上绝大多数政府最主要的财政收入形式。

中国古代社会财政收入的主要来源就是赋税，起源于禹，称为贡赋。唐代初期颁布租庸调法，确立了田赋制度的完整内容；中唐时推行两税法，把租庸合并到户税、地税中，征税依据由人丁向财产转变。宋代的田赋沿袭唐代初期税法，其中已含丁税。元代财政收入以赋税为主。明代财政收入以田赋为主，其次为人口税、工商税。

民国早期，京兆特区政府的财政收入来源由赋税收入、官业收入、官产收入和杂项收入四部分构成。赋税收入分别以税、捐、费、赋四种具体收入形式征收。民国后期，财政收入规模扩大，财政收入结构也发生了变化，由过去的以田赋为主转变为以课税为主。

目前，我国的税收收入已经占财政收入的90%左右，按照征税对象可以分为五类，即流转税、所得税、财产税、资源税和行为税。具体税种有大家熟悉的增值税、消费税、关税、个人所得税、房产税等。税收将我们的生活与政府的公共服务紧密联系起来，人们在缴税的同时，也关心这些财政收入用到哪里去、用得是不是妥当，近几年要求公开“三公”经费的呼声越来越高，正反映了人民作为纳税人的权利意识不断增强。

（二）公债收入

公债收入是政府取得财政收入的特殊形式，因为需要通过日后的税收作为偿债基金的来源，所以也被称为延期的税收。公债是政府利用国家信用借入资金为政府支出融资，所以也称为债务融资。它是一种自愿的、有偿的、灵活的财政收入形式，可弥补税收的不足，是财政收入的重要调剂、补充形式。一旦政府不能用税收和非税收入弥补其全部支出，它就必须借入资金。换句话说，政府可以利用债务融资推迟税收负担，这种形式比较适合为资本支出提供融资。公债的实施成本很小，它最大的不足就是债务负担。严格来说，公债不能称为一种财政收入，因为只有不需要偿还的资金才能称为收入，但习惯上还是把它归入收入来统计分析。

（三）各种非税收入

非税收入是指除税收以外，由各级政府、国家机关、事业单位、代行政府职能的社会团体及其他组织依法利用政府权力、政府信誉、国家资源、国有资产或提供特定公共服务、准公共服务取得的财政资金，是政府财政收入的重要组成部分。非税收入主要包括行政事业性收费、政府性基金、彩票公益金、国有资源有偿使用收入、国有资产有偿使用收入、国有资本经营收益、罚没收入、以政府名义接受的捐赠收入、主管部门集中收入、政府财政资金产生的利息收入等。

非税收入是政府参与国民收入初次分配和再分配的一种形式，属于财政资金范畴。从广义来说，非税收入是指政府通过合法程序获得的除税收以外的一切收入。

三、财政收入的结构

财政收入的结构主要是指财政收入的来源结构，大体可从项目结构、部门结构和地区结构几个方面加以考察。财政收入来源于多种收入形式、多个产业、多个部门，分析财政收入的结构可以准确预测未来的财政收入，科学合理地确定财政收入的目标任务，探求促使财政收入合理增长的途径。

1.财政收入的项目结构

财政收入的项目结构是指国家财政收入由不同的筹集方式形成的结构，主要由税收、企业收入（企业上缴利润）、债务收入、公共收费收入、基金收入等组成。1984年以前，财政收入的主要项目是税收和国有企业上缴利润。1983年实行利改税以后，国有企业改为征税，税收逐渐成为财政收入的基本形式。目前税收占财政收入的90%以上。分析财政收入各项目在总体结构中的比例及变化，有利于确保财政收入的集中，有效调节收入的合理分配。

案例讨论6-1　　财政收入结构

表6-1显示的是1994—2017年全国税收收入及占财政收入的比重数据，从中可以看出，自1994年税制改革以来，税收收入总额快速增长，每年增收额由900亿元上升到10 000亿元，税收在财政收入中的地位越来越重要。联系这30多年我国经济增长的情况，可以更深入地了解税收收入增长与经济发展的关系，分析税收收入在财政收入中的比重，对财政收入的结构将有更清楚的认识。

表 6-1 1994—2017年全国税收收入及占财政收入的比重 金额单位：亿元

年　份	税收收入	占财政收入的比重（%）
1994	5 071	98.25
1995	5 974	96.73
1996	7 051	93.28
1997	8 226	95.18
1998	9 093	93.79
1999	10 315	93.35
2000	12 000	93.93
2001	15 166	93.38
2002	16 997	93.30
2003	20 466	92.18
2004	25 718	91.55
2005	30 865	90.93
2006	37 636	95.59
2007	45 622	88.90
2008	54 224	88.41
2009	59 522	86.87
2010	73 211	88.10
2011	89 738	86.39
2012	100 601	85.83
2013	110 531	85.54
2014	119 175	84.90
2015	124 922	82.04
2016	130 361	81.68
2017	144 370	83.65

数据来源　中国国家统计局. 中国统计年鉴（2018）［M］. 北京：中国统计出版社.

自从1983年利改税等财税体制改革以来，税收已经成为财政收入的主要来源。而国营（有）企业上缴利润一度成为历史，与此同时，出现了政府基金收入、行政事业性收费、国有资产转让或出租收入、国有土地使用权出让收入、彩票公益金等新的财政收入形式。在有些地方，国有土地使用权出让收入甚至超过了税收收入，财政收入结构与改革开放前相比发生了很大变化。

讨论：

1.税收收入的比重变化有什么特点？为什么？除税收外，非税收入占财政收入的比重高低与财政收入质量有何关系？

2.如何看待有些地方国有土地使用权出让收入比重比较高这一现象？它会产生怎样的后果？

3.了解你所在地的财政收入结构，分析其是否合理。

2.财政收入的产业结构

财政收入来自于经济的第一、第二、第三产业，再具体地说，是来自农业、工业、建筑业、商业、交通运输业等部门。第一个五年计划时期（1953—1957年），财政收入中来自工业的收入占44.5%（轻工业占25.3%，重工业占19.2%），农业占14.9%，商业占22.5%，交通运输业占7.5%，建筑业占0.5%，其他占10.1%。到第六个五年计划时期（1981—1985年），财政收入的部门结构随着经济的发展发生了较大的变化，其中工业占77.2%（轻工业占32.3%，重工业占44.9%），农业占4.4%，商业占0.1%，交通运输业占6.5%，建筑业占0.4%，其他占11.4%。工业成为财政收入的支柱部门。分析财政收入的产业结构，可以为培植财源、调整结构、提高效益、实现增产增收提供主攻方向。有的地方产业结构比较单一，财政收入的大部分来源于某一个产业或行业，比如云南省曾经有一段时间超过一半的财政收入来自烟草行业，近年来不少地方政府的财政收入多数来自房地产行业。这就使财政收入的波动很容易受一两个行业的影响，难以保持稳定。

3.财政收入的地区结构

财政收入的地区结构是指财政收入在中央和地方之间以及各地区之间的分布。

（1）国家集中的财政收入在中央和地方之间的分布。中央支配的财政收入比例不但制约中央财政的宏观调控能力，而且直接影响地方积极性的发挥。1978—2002年，中央财政收入的比重总体是在提高的，起到了增强中央政府的宏观调控能力的作用，但2007年以来，这一比重明显呈现下降趋势，中央财政收入的增长速度慢于地方财政收入的增长速度（见表6-2）。

（2）财政收入在全国各省、自治区、直辖市的分布。一些经济较发达的地区，财政总收入和人均财政收入均高于经济较不发达的地区。有些地区，特别是老、少、边、山、穷地区，财政收入的自给率低，还需中央财政补助。进行财政收入的地区结构分析，有利于国家财政统筹规划、合理分工，使地区之间优势互补、协调发展、利益兼顾，走上共同富裕之路。

财政收入的产业结构和GDP的产业结构不完全一致。在GDP中所占比重大的，对财政收入影响就大，如增值税和工业增加值、商业增加值关系密切。2012年，全部工业增加值为199 860亿元，比上年增长7.9%；社会消费品零售总额为210 307亿元，比上年增

表6-2 **中央和地方财政收入及比重** 金额单位：亿元

年份	全国	绝对值		比重（%）	
		中央	地方	中央	地方
1978	1 132.26	175.77	956.49	15.5	84.5
1980	1 159.93	284.45	875.48	24.5	75.5
1985	2 004.82	769.63	1 235.19	38.4	61.6
1990	2 937.10	992.42	1 944.68	33.8	66.2
1993	4 348.95	957.51	3 391.44	22.0	78.0
1994	5 218.10	2 906.50	2 311.60	55.7	44.3
1995	6 242.20	3 256.62	2 985.58	52.2	47.8
1996	7 407.99	3 661.07	3 746.92	49.4	50.6
1997	8 651.14	4 226.92	4 424.22	48.9	51.1
1998	9 875.95	4 892.00	4 983.95	49.5	50.5
1999	11 444.08	5 849.21	5 594.87	51.1	48.9
2000	13 395.23	6 989.17	6 406.06	52.2	47.8
2001	16 386.04	8 582.74	7 803.30	52.4	47.6
2002	18 903.64	10 388.64	8 515.00	55.0	45.0
2003	21 715.25	11 865.27	9 849.98	54.6	45.4
2004	26 396.47	14 503.10	11 893.37	54.9	45.1
2005	31 649.29	16 548.53	15 100.76	52.3	47.7
2006	38 760.20	20 456.62	18 303.58	52.8	47.2
2007	51 321.78	27 749.16	23 572.62	54.1	45.9
2008	61 330.35	32 680.56	28 649.79	53.3	46.7
2009	68 518.30	35 915.71	32 602.59	52.4	47.6
2010	83 101.51	42 488.47	40 613.04	51.1	48.9
2011	103 874.43	51 327.32	52 547.11	49.4	50.6
2012	117 209.75	56 132.42	61 077.33	47.9	52.1
2013	129 209.64	60 198.48	69 011.16	46.6	53.4
2014	140 370.03	64 493.45	75 876.58	45.9	54.1
2015	152 269.23	69 267.19	83 002.04	45.5	54.5
2016	159 604.97	72 365.62	87 239.35	45.3	54.7
2017	172 592.77	81 123.36	91 469.41	47.0	53.0

注：①中央、地方财政收入均为本级收入。②本表数字不包括国内外债务收入。③数据来自《中国财政年鉴》（2018）。

长14.3%，扣除价格因素，实际增长12.1%；同年增值税增长8.9%。企业所得税的税基是企业利润总额，它主要是和GDP的运行效益相关的。总体来说，财政收入增长与经济增长及企业效益提高是密切相关的，同时受到其他因素的影响，具体请看第二节。

第二节 财政收入规模及影响因素

财政收入规模是政府经济实力的表现，是政府实施宏观调控的物质保证。如果财政收入规模过小，就会影响政府各项职能的履行；它也是政府在社会总财富中占有份额的体现，如果财政收入规模过大，势必影响企业和个人占有的份额，影响其他经济主体从事生产经营及创造财富的积极性。因此，必须保持适度的财政收入规模。

一、财政收入规模衡量

（一）怎么看待财政收入规模？

财政收入规模可以用绝对量来衡量，也可以用相对量来衡量。

从绝对量上看，我国财政收入在1999年突破1万亿元人民币大关，2011年突破10万亿元。财政收入规模的相对量通常有两类衡量指标：（1）财政收入占GDP的比重，20世纪末，美国为34%，法国为46%，英国为41%。而发展中国家一般处于较低水平，比如，泰国为21%，印度尼西亚为20%。（2）财政收入增长弹性系数，即财政收入增长速度与GDP增长速度之比。在税收政策和纳税环境稳定的情况下，财政收入增长弹性系数大于1，说明财政收入增长速度快于GDP增长速度，对增加财政收入有利；财政收入增长弹性系数小于1，说明财政收入增长速度慢于GDP增长速度，对于涵养税源有利。

财政收入占GDP的比重 = 财政收入÷GDP×100%，它反映了在全社会这个“大蛋糕”中，政府拿走多少，也就是所谓的“切蛋糕”问题。政府的份额太小，就没有足够的财力提供公共产品；政府的份额太大，就会使企业和居民个人占有的财富变少，没有更多的钱去投资和消费，经济发展的动力就会下降。总之，“蛋糕”就这么大，政府和企业、居民各占多少是一个此增彼减的关系，必须处理好。那么，究竟各占多大比重合适呢？这需要进行规范分析，而且不同国家在不同发展阶段，也不可能保持相同的比重。目前，学术界对此还没有取得一致看法，是需要继续研究的问题。

（二）我国财政收入规模及口径

对我国1978年改革开放以来财政收入占GDP的比重数据进行分析，或许会找出一些规律，为我们认识经济与财政的关系、财政收入的影响因素提供有益的启示。从图6-1可以看出，1978—1994年，我国财政收入占GDP的比重呈现大幅下降态势；1995年至今，这一比重逐步上升。是什么原因造成这样的结果呢？同学们可以结合当时的经济社会发展状况，收集相关的统计数据进行分析，形成自己的认识，得出自己的结论。

我国财政收入有多个口径，需要弄清楚。这些口径分别是：地方财政总收入、地方组织的财政收入、一般公共预算收入（公共预算收入）。

地方财政总收入是指一般公共预算收入范围内的有关收入项目，包括：地方一般公共预算收入，在当地缴纳的国内增值税中央分享收入、国内消费税、纳入分享范围的企业所得税和个人所得税中央分享收入。

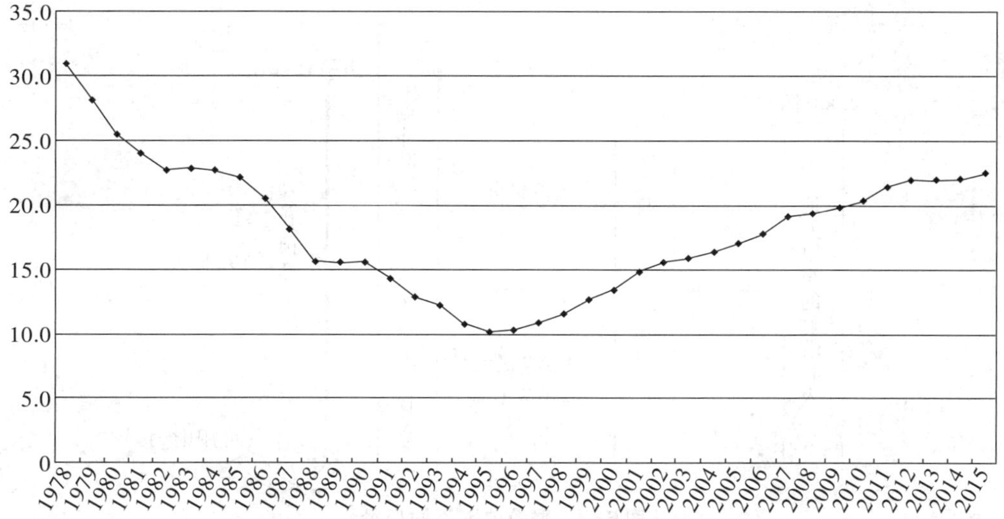

图6-1　1978—2017年我国财政收入占GDP的比重（%）

数据来源　中国国家统计局．中国统计年鉴（2018）［M］．北京：中国统计出版社，2018.

地方组织的财政收入是指由本地区各级财税部门组织征收的各项财政收入，包括按照现行财政体制规定属于当地财政的收入和属于上级财政的收入，但不包括基金预算收入（如土地出让金）、国有资产收益。如某地级市组织的财政收入=全市一般公共预算收入+全市上划中央“两税”（增值税、消费税）收入+全市上划中央所得税收入+全市上划省级财政收入。

一般公共预算收入（公共预算收入）是指按照现行财政体制规定，本地区各级财税部门组织征收的财政收入中属于当地可自主支配的财政收入。

在会计核算中使用的是地方财政总收入，与地方组织的财政收入差别不大。地方组织的财政收入是新闻中经常出现的指标，如财政收入突破100亿元等，其与一般公共预算收入的区别可以用下面的公式表示：

地方组织的财政收入 = 一般公共预算收入 + 上划上级的财政收入

对于初学者来说，弄清这几个指标不容易，详细内容请参阅第八章第二节政府预算体系的相关内容。下面以广西2013年财政收入为例说明（如图6-2所示），当年地方组织的财政收入为2 000亿元。其中，按照分税制上划中央财政683亿元；剩下的部分称为一般公共预算收入，有1 317亿元，有时也称为可用财力；中央补助1 875亿元，一般公共预算支出共计3 192亿元。

为了反映一个地区财政的自给能力，可以用一般公共预算收入占一般公共预算支出的比例来计算财政自给率，说明这个地区所用的钱中有多少是自己挣的。

财政自给率=一般公共预算收入÷一般公共预算支出×100%

二、财政收入规模影响因素

（一）经济发展水平

经济学原理告诉我们，经济决定财政，从根本上说，财政收入来源于国民经济的发展。没有经济的增长，财政就成了无源之水、无本之木。我国改革开放以来，经济连年高速增长，也造就了同期财政收入的高速增长。以2011年为例，当年经济平稳较快增长，

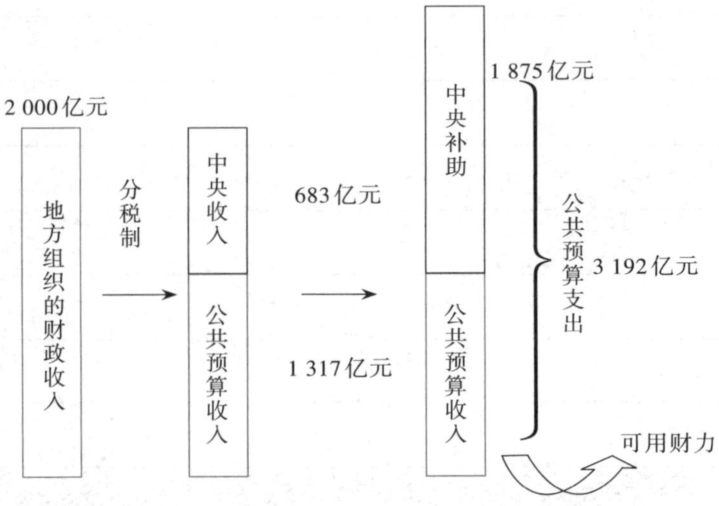

图6-2　财政收入不同口径

全年规模以上工业增加值增长13.9%，固定资产投资增长23.8%，社会消费品零售总额增长17.1%，规模以上工业企业实现利润增长25.4%，全年一般贸易进口额增长31.0%。经济平稳较快增长带动了国内流转税、企业所得税和进口环节税收等各主体税种收入的增长。[①]

政府理财不能仅就财政论财政，必须着眼于经济全局，发展经济，拓宽财源源源不断地为财政提供收入来源。

我们用1978—2015年中国的统计数据进行实证分析，看看经济发展与财政收入增长呈现什么样的关系。图6-3说明财政收入与国内生产总值的增长总体上一致，特别是2009年之后经济增长告别长期高速度进入中高速的“新常态”，财政收入也呈现快速下滑态势。

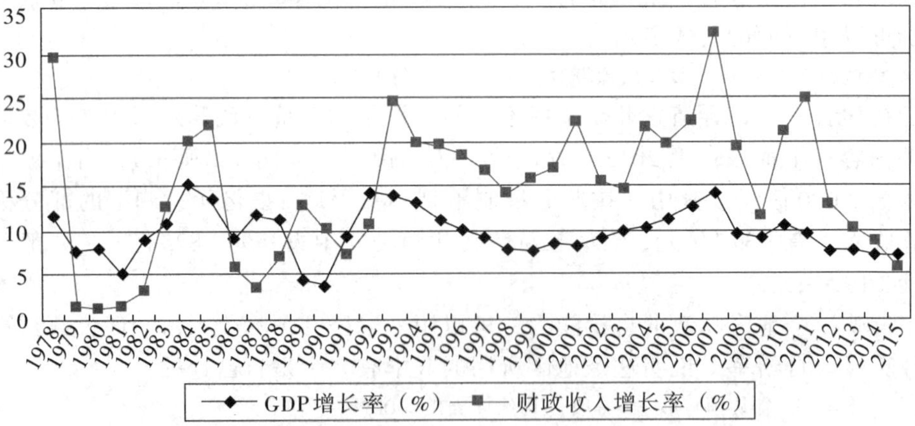

图6-3　我国1978—2015年国内生产总值与财政收入增长率

注：①按当年价格计算；②财政收入指一般公共预算收入，不包括国内外债务收入；③2015年数据来自《2015年国民经济和社会发展统计公报》。

只有先做大“蛋糕”，然后才能切好“蛋糕”，这个道理大家都懂，但是，对于怎样发

① 财政部税政司．2011年税收收入增长的结构性分析［EB/OL］．［2012-02-14］．http：//szs.mof.gov.cn/zhengwuxinxi/gongzuodongtai/201202/t20120214_628012.html．

展经济这个问题还存在很多争论。最主要的争论焦点就是怎样协调经济发展与保护环境的关系，有些地区长期以来通过发展税高利大的重化工行业，把经济“蛋糕”做大了，财政收入也大幅增长，但环境受到严重污染。近几年来，全国重点监测的70个城市空气质量优良率排名倒数10名中，河北省占了6个，水泥、钢铁等行业的发展带来了雾霾等严重问题。是得不偿失还是物有所值、得大于失呢？环保、生态行业会增加投入、提高成本，比如，原生态种植的蔬菜比普通蔬菜价格高一倍，你愿意买哪一种？这是一道不容易回答的选择题，对个人如此，对国家、企业也是如此。从财政角度来说，第一种思路是对造成污染的企业征收排污费或排污税，提高其生产成本，影响其生产决策；第二种思路是对绿色生产者给予补贴，降低其生产成本，鼓励其投入和生产；第三种思路是对消费者给予补贴，降低其消费成本。

王东京教授①讲过一个既有趣又有哲理的故事：从前有两口子生活很贫困，妻子埋怨说嫁过来尽受苦，没有享福。丈夫决心到外面打工改变现状，之后吃苦耐劳，每月的收入大部分寄回老家，自己省吃俭用，衣衫褴褛。一年之后丈夫回家过年，看到妻子穿着打扮很时髦，高兴地对妻子说：“这下子你感到幸福了吧？”“是的，但美中不足的是——你配不上我了。”这个故事让人感慨，人本身是经济增长的最重要因素，如果通过教育使人的素质提高了，那么经济增长的潜力就会很大。要发展经济，不能只关注资金、土地、物质投入，还要关注劳动力素质，关注技术水平。

（二）经济政策

因为财政收入主要来源于企业的利润，而国家制定的企业成本核算方法，包括固定资产的折旧方法、成本费用列支项目及标准、工资标准、缴纳所得税前的列支办法等，影响企业的利润水平，也就影响财政收入的多少。另外，国家制定的国有企业利润分配政策也影响国有资产收益的实现。下面以图6-4分析企业工资水平对财政收入的影响。

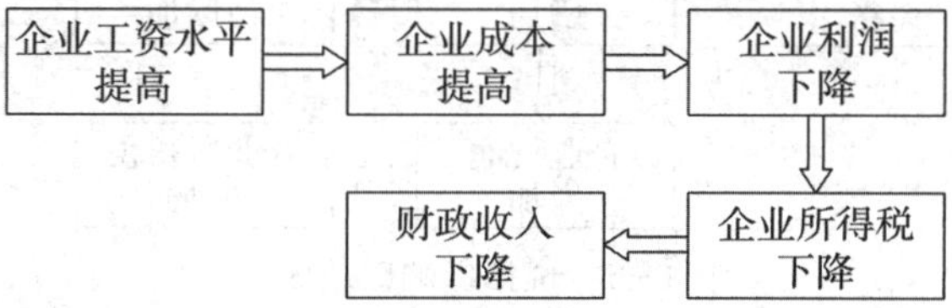

图6-4　企业工资水平对财政收入的影响

正是由于企业工资水平等成本因素影响企业所得税，进而影响财政收入，所以，国家在征收企业所得税时，要对企业计算的会计利润进行约束和调整，这就是大家在“财务会计”课程中学习的纳税会计调整。《中华人民共和国企业所得税法》（以下简称《企业所得税法》）第二十一条规定，在计算应纳税所得额时，企业财务、会计处理办法与税收法律、行政法规的规定不一致的，应当依照税收法律、行政法规的规定计算。《中华人民共和国企业所得税法实施条例》第四十三条规定，企业发生的与生产经营活动有关的业务招待费支出，按照发生额的60%扣除，但最高不得超过当年销售（营业）收入的5‰。这样做的目的是防止企业通过虚增成本、减少利润而逃避纳税，损害国家利益。

① 王东京. 与官员谈经济政策［M］. 北京：中国青年出版社，2001.

（三）经济发展阶段

不同的经济发展阶段，由于政府的职能范围不同、政府干预经济的程度不同、采取的财政政策不同，财政的集中度不一样，财政收入规模也不一样。

首先，在自由竞争的资本主义时期，政府的职能仅限于保卫国家主权和领土完整、维护社会稳定，即所谓的“夜警国家”，相应的财政收入总额及其占国内生产总值的比例较低。而当资本主义进入垄断阶段，国家大规模干预经济，同时社会福利和社会保障开支大幅增加，财政收入的规模也随之不断扩大。对于社会主义国家而言，在经济发展的初期，国家对经济和社会方方面面无所不包、无所不管，俨然一个“全能政府”，自然其财政收入规模相对较大。而当其进入工业化发展阶段，国家普遍放开对企业的直接管理，改为把生产经营自主权交给企业，减少指令性计划，实行指导性计划，逐步扩大企业的自主权，使企业逐渐摆脱高度集中、僵化的经济管理机制，走向市场。这样，企业的生产资金不再由财政供给，而是通过自身积累、银行贷款、发行股票等方式筹集，财政支出的需求减少，财政收入的规模相应缩小。

其次，当经济发展过热时，政府会实施紧缩性财政政策，采取增税等措施，相应地扩大财政收入的规模，提高财政收入占GDP的比重；而当经济萧条时，政府会实施扩张性财政政策，采取减税等措施，相应地缩小财政收入的规模，降低财政收入占GDP的比重。

（四）价格

财政收入是用货币来表示的，所以跟全社会的价格水平密切相关。当全社会的物价水平发生变动时，财政收入也会受到影响。用财政收入增长额除以上年的财政收入数，再乘以100%，这样计算出来的财政收入增长率称为名义增长率。名义增长率剔除了物价上涨率，才能称为实际增长率。如果财政收入增长率低于物价上涨率，那么，财政收入实际上是下降的。价格影响财政收入可以用图6-5来表示。

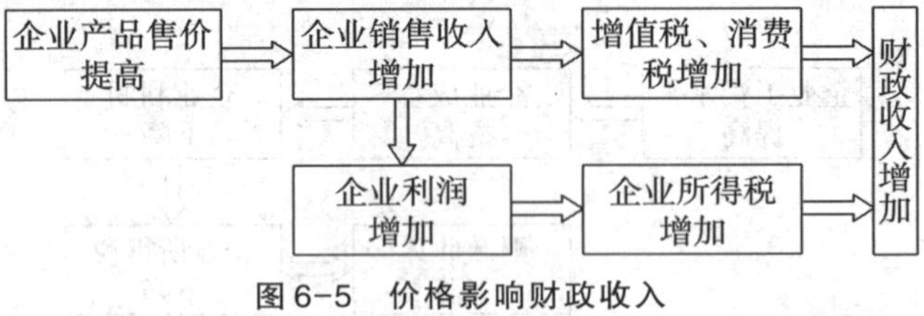

图6-5　价格影响财政收入

另外，在累进的税收制度下，由于计税时会随着名义收入增长而适用更高的税率，因此将使财政收入的增长率高于物价上涨率，这正是自动稳定器的作用所在。

那么，我国近年来的发展是否能够印证上面的结论呢？还是用数据来说话吧。我们采集1995年以来我国财政收入增长率、居民消费价格指数增长率两个指标，用图6-6可以直观地反映两者的关系。从图6-6中可以看出，两者的变化趋势总体是一致的，时间跨度越长，越能反映两者变化趋势的吻合程度。

我国财政收入口径规模及其国际比较

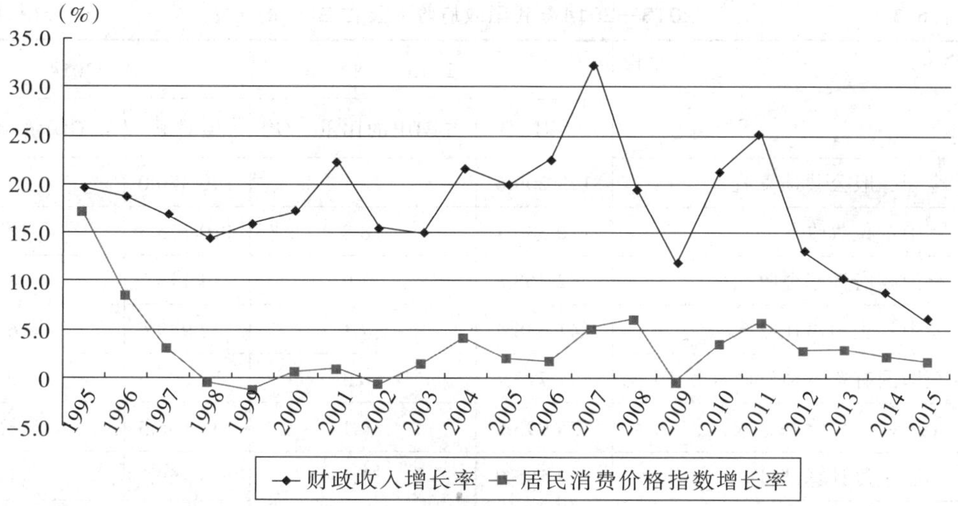

图6-6　我国财政收入增长率与居民消费价格指数增长率比较

注：①财政收入指一般公共预算收入，不包括国内外债务收入；②2015年数据来自2015年国民经济和社会发展统计公报。

数据来源　中国国家统计局．中国统计年鉴（2015）[M]．北京：中国统计出版社，2015.

三、中国财政收入规模

近年来，随着国民经济的快速发展，我国财政收入也保持较快增长态势，占GDP的比重逐步提高，政府公共保障能力进一步增强。但也要看到，与发达国家相比，我国财政收入绝对规模还比较小，占GDP的比重明显低于世界平均水平，人均财力也与发达国家有比较大的差距，还不能满足财政支出的需要，近几年财政赤字还在增加。

（一）我国财政收入规模的基本情况

我国财政收入主要是指纳入公共财政预算管理，可以统筹安排用于民生支出、提供一般公共产品和服务的公共财政收入。近年来，我国公共财政收入仍然保持较快增长态势，占当年GDP的比重为20%左右。

按照国际货币基金组织颁布的《政府财政统计手册2001》的口径，政府财政收入包括税收、社会保障缴款、赠与和其他收入（其他收入主要是指财产收入、出售商品和服务收入、罚金罚款和罚没收入以及其他杂项收入）。按这一国际可比口径，除公共财政收入之外，我国政府财政收入还应包括政府性基金收入（不含国有土地使用权出让收入）、国有资本经营预算收入、社会保险基金收入。之所以不包括国有土地使用权出让收入，是因为根据《政府财政统计手册2001》的定义，国有土地出让行为是一种非生产性资产的交易，结果只是政府土地资产的减少和货币资金的增加，并不带来政府净资产的变化，不增加政府的权益，因而不计入财政收入。按此口径计算，2014年我国政府财政收入为183 959亿元，占当年GDP的比重为28.9%（见表6-3）。

（二）我国财政收入绝对规模的国际比较

从绝对规模来看，我国政府财政收入规模位居世界前列，但人均财力远远低于世界主要国家的平均水平。2014年我国人均财政收入约折合2 189美元，不足主要发达国家水平的20%（见表6-4）。

相比非税收入，税收主要来自于经济发展，且由税务机关征收管理，能够反映经济增

表6-3　　2013—2014年我国政府收入及占GDP的比重　　金额单位：亿元

项目 \ 年份	2013		2014	
	绝对额	占GDP的比重（%）	绝对额	占GDP的比重（%）
一、全国一般公共预算收入	129 209.6	22.1	140 370.0	22.1
其中：税收收入	110 530.7	18.8	119 175.3	18.7
二、全国政府性基金收入	52 268.8	8.9	54 113.7	8.5
其中：土地出让收入	41 638.4	7.1	42 949.6	6.7
三、全国国有资本经营收入	1 713.4	0.3	2 007.6	0.3
四、全国社会保险基金收入	35 993.6	6.1	39 186.5	6.2
五、扣除重复计算部分	7 595.0	1.3	8 769.2	1.4
政府收入合计	211 590.4	36.0	226 908.5	35.7
IMF口径的政府财政收入	169 952.0	28.9	183 958.9	28.9

数据来源　财政部．中国财政情况（2014—2015）[M]．北京：经济科学出版社，2015.

表6-4　　2010—2014年我国人均财政收入的国际比较　　金额单位：美元

国家 \ 年份	2010	2011	2012	2013	2014
美国	14 844	15 404	15 743	16 306	17 162
日本	12 775	14 067	14 525	12 194	11 810
德国	17 524	19 499	18 745	20 109	21 193
法国	20 233	22 436	21 342	22 733	23 732
意大利	15 714	16 685	15 791	16 584	17 418
英国	13 266	14 303	14 435	14 929	16 340
中国	1 167	1 528	1 781	1 998	2 189

注：财政收入、人口数据来源于国际货币基金组织《世界经济展望》（2015年4月）数据库，其中，2014年美国、日本、德国、法国和意大利人均财政收入为预计数；汇率数据来源于WIND数据库。

资料来源　财政部．中国财政情况（2014—2015）[M]．北京：经济科学出版社，2015.

长的真实状况，不容易做假，所以，可以用税收收入占财政收入的比重衡量财政收入的质量。这一比重越高，财政收入质量越好；反过来，非税收入占财政收入的比重越高，财政收入质量越差。具体来说，可以分别计算一个地区组织财政收入、一般公共预算收入中，税收收入的比重，然后与其他地区、本地区以前年份进行比较，由此判断财政收入质量的好坏、变化趋势。计算公式如下：

一个地区组织财政收入的质量＝组织财政收入中的税收收入÷组织财政收入×100%

一个地区一般公共预算收入的质量＝一般公共预算收入中的税收收入÷一般公共预算收入×100%

举例说明：

广西2018年全年组织财政收入2 790亿元，其中税收收入2 228亿元；减去上划中央财政收入1 109亿元（含教育费附加2.7亿元）后，地方一般公共预算收入为1 681亿元，其中税收收入为1 122亿元。按照上面的公式可以计算出：

广西2018年组织财政收入的质量 = 2 228÷2 790×100% = 79.9%

广西2018年一般公共预算收入的质量 = 1 122÷1 681×100% = 66.7%

与前几年的统计数据进行比较，可以看出税收占比66.7%，是2016年以来最高水平，全自治区财政收入质量有所改善。

学术界对于财政收入质量存在争议，究竟怎么样界定和衡量财政收入质量，同学们可以查阅相关学术期刊，深入了解这方面的观点和争论，撰写毕业论文或者在以后就读研究生阶段进一步研究这一问题。

思考与讨论：判断一个国家或地区整体财政状况的规模、平衡、结构、均衡分别用什么指标？根据表6-5的数据，结合其他知识思考和分析，也可以参考其他书籍，看看目前有哪些共识，还存在哪些分歧。

表6-5　　部分国家2014年的赤字率

国　家	赤字率（%）
美国	4.1
英国	5.7
法国	4.0
中国	2.4
日本	8.8

数据来源　佚名. 图解政府工作报告（2016）视频图文版［M］. 北京：人民出版社，2016.

第三节　非税收入

近年来，人们对乱收费并不陌生，在日常生活中也有不少人对税与费分不清楚，甚至将其混为一谈。其实，并不是所有的政府收费都是乱收费，只有搞清相关的管理规定，才能大胆抵制各种乱收费行为，缴费才能缴得明明白白。而从政府管理的角度来说，如果收费项目过多，透明度不高，缴费的单位和居民个人就会有抵触情绪，社会上戏称“百费待举”就是一个例子。此外，有些行政部门把收费收入作为养闲人的资金来源，偏离了政府“为人民服务”的根本宗旨，严重损坏了党和政府的形象，所以政府必须清理收费项目，自觉接受人民的监督。适应市场经济的要求，加强对非税收入的规范化管理，建立合理的非税收入秩序，是构建公共财政框架的重要内容之一，也是整顿和规范财经秩序，从源头上、制度上防治腐败的重要举措。

近几年，国家多次取消不必要的职业资格许可和认定事项，清理和取消多项行政事业性收费项目，中央层面就累计取消、停征、减免了427项行政事业性收费和政府性基金，2014年各省（自治区、直辖市）累计取消收费项目超过600项。像质量专业技术人员职业资格、企业法律顾问执业资格、注册资产评估师执业资格、咨询工程师（投资）职业资格、房地产经纪人执业资格、报关员资格、注册税务师执业资格等多项考试、考务费都不用缴纳了。

一、非税收入的内容

（一）什么是非税收入

非税收入是除税收以外的其他财政收入的统称，也是政府财政收入的重要组成部分，是政府筹集公共产品资金的辅助形式。公债是需要偿还的，所以一般不计入非税收入。不同国家在不同历史时期非税收入的规模及非税收入在财政收入中所占的比例相差较大，但一般都受到控制，政府以税收为主要财政收入来源。

国际上（包括世界银行和国际货币基金组织）通常将政府财政收入分为经常性收入、资本性收入和赠与收入三大类。其中，经常性收入又分为税收收入和政府非税收入。经常性非税收入是政府为公共目的而取得的无须偿还的收入，如罚款、管理费、政府财产经营收入等，以及政府以外的单位自愿和无偿向政府支付的款项等。经常性非税收入不包括政府间拨款、借款、前期贷款收回以及固定资产、股票、土地、无形资产的售卖变现收入，也不包括来自非政府部门的以资本形成为目的的赠与收入。与税收相比，政府非税收入比较灵活、不太稳定。从管理上看，非税收入往往不是以法律形式设定的，而是通过政府部门规章来规定的，在法制不健全、监督不严格的情况下，容易出现乱收费现象；从比例上看，非税收入在不同时期变化较大，有时甚至超过了税收，有些城市政府土地出让收入就占据半壁江山。正是由于非税收入的这些特点，近些年来，我国一些地方政府为了完成财政收入任务，通过人为调节非税收入“做大”财政收入，实际上是虚假的收入，没有形成可用财力。

（二）非税收入的具体内容

根据世界银行的定义，狭义的非税收入是指政府为了公共利益而征收的所有非强制性、不需偿还的经常收入。在政府财政统计中，规范的非税收入包括下列内容[①]：

1.经营性资产收入

这是来自公共企业的利润，如邮政局、中央银行、彩票收入的净利润，以及特许使用费、利息、股息、土地租金等财产收入。

2.规费收入

政府医院的收费、公办学校的学费、许可证费、驾驶执照费、法庭费和法院裁定费等都属于规费收入。

3.罚没收入

罚没收入是指对违反法律法规的单位和个人收取的罚款、没收财产变价收入。

4.社会保障缴款

社会保障缴款包括政府举办的养老保险、医疗保险、失业保险、工伤保险等收取的保险费。

5.其他非税收入

接受私人部门的捐款就属于其他非税收入。

非税收入的构成要素包括：第一，征收主体是各级政府；第二，征收目的是实现公共

---

① 许正中. 公共经济［M］. 北京：新华出版社，2004：140.

利益；第三，征收范围和对象一般是受益人；第四，征收标准通常低于政府提供该项公共产品的成本；第五，必须依法管理，纳入政府预算。

部分国家中央政府财政收入中税收收入、非税收入的构成见表6-6。简单地比较后，可以看到，欧洲国家社会保障缴费占有较高比重，而亚洲国家这一比重较低。

表6-6 **部分国家中央政府财政收入构成**

国别	年份	货币单位	总收入	税收收入	社会保障（%）	捐赠（%）	其他收入（%）
印度	2010	亿卢比	89 699	83.23	0.32	0.23	16.22
印度尼西亚*	2010	亿卢比	9 706 510	72.07	0.00	0.22	27.71
韩国	2010	亿韩圆	2 657 800	66.87	16.11	0.00	17.02
中国	2009	亿元	40 653	88.38	0.00	0.00	11.60
日本	2010	日元	551 980	79.86	0.83	1.95	17.37
新加坡	2010	亿新加坡元	549	76.20	0.00	0.00	23.80
埃及	2010	亿埃镑	3 033	56.20	0.00	1.43	42.37
南非	2010	亿兰特	7 650	90.31	1.73	0.41	7.55
加拿大	2010	亿加元	2 803	69.15	22.87	0.00	7.64
美国	2010	亿美元	25 847	60.36	34.92	0.00	4.72
巴西	2010	亿雷亚尔	9 879	58.26	22.61	0.00	19.12
希腊	2010	亿欧元	617	71.10	10.24	1.07	17.58
法国	2010	亿欧元	3 612	77.15	12.13	—	—
德国	2010	亿欧元	7 137	39.85	55.87	0.91	3.37
意大利	2010	亿欧元	5 911	59.34	35.78	0.67	4.20
荷兰	2010	亿欧元	2 441	55.18	34.80	0.47	9.55
西班牙	2010	亿欧元	2 745	43.24	50.74	3.41	2.61
英国	2010	亿英镑	5 324	73.52	22.35	0.60	3.53
波兰	2010	亿兹罗提	4 385	53.96	35.80	3.23	7.01
俄罗斯联邦	2010	亿卢布	123 653	48.87	20.29	2.43	28.42
新西兰	2010	亿新西兰元	656	82.71	0.00	0.00	17.26
澳大利亚	2010	亿澳元	3 038	87.94	0.00	0.20	11.86

注：*指中央政府预算。

思考与讨论：从上面的数据中能得出什么规律或结论？收集中国的财政收入及非税收

入数据，与其他国家比较，看看有什么共同点与不同点。

（三）中国的非税收入

政府非税收入是除税收以外，由各级政府、国家机关、事业单位、代行政府职能的社会团体及其他依法利用政府权力、政府信誉、国家资源、国有资产或提供特定公共服务、准公共服务取得并用于满足社会公共需要或准公共需要的财政资金，是政府取得财政收入的另一种形式。

按照建立健全公共财政体制的要求，政府非税收入管理范围包括：行政事业性收费、政府性基金、国有资源有偿使用收入、国有资产有偿使用收入、国有资本经营收益、彩票公益金、罚没收入、以政府名义接受的捐赠收入、主管部门集中收入以及政府财政资金产生的利息收入等（如图6-7所示）。由于社会保险基金、住房公积金专门用于参加社会保险、住房公积金制度的特定受益人，严格来说并不属于财政收入，所以不纳入政府非税收入管理范围。

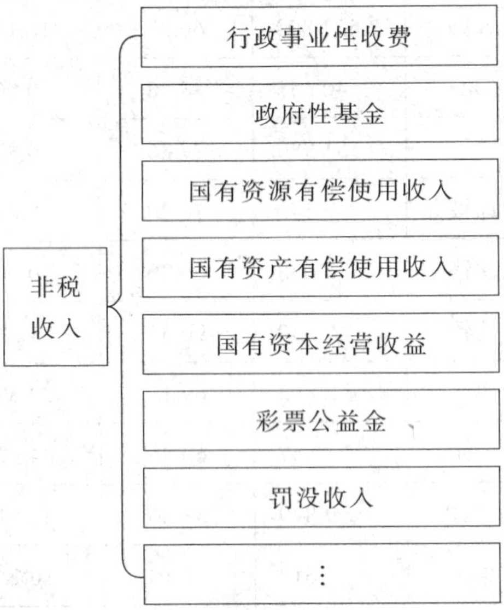

图6-7　我国的非税收入

行政事业性收费包括：行政管理类收费、资源补偿类收费、鉴定类收费、考试类收费、培训类收费等。

政府性基金收入是各级政府及其所属部门根据法律、行政法规的规定，在一定期限内向特定对象征收、收取或者筹集的，专项用于特定公共事业发展的财政资金。目前已经设立的政府性基金有很多项，较大的项目有电力开发基金、铁路建设基金、公路建设基金、三峡工程基金、民航机场管理建设费等。对这些基金的管理，一般是单独制定财务规定，由特定的行政部门或基金理事会负责，并接受财政部门的监督、审计部门的定期审计。

除上述收入外，还有其他形式，如国有土地出让金、彩票公益金、罚没收入、基本建设收入、利息收入、捐赠收入、国家资源管理收入、外事服务收入等。

国有土地出让金是国家将城市的土地使用权转让出去所收取的租金。由于城市范围不断扩大，各地政府将农村土地征收变为城市土地后，出租给房地产商建商品房、写字楼、超市等，得到的“土地收入”是一大笔钱。这种做法被称为“经营城市”，让不少地方政府“发了大财”，曾被认为是重大发现。看看下面的数据（见表6-7），你就会明白，第一

表6-7　　　　　　　　　　　2009—2015年全国土地出让金情况

年　份	土地出让金（亿元）	增速（%）	地方财政收入（亿元）	土地出让金相当于地方财政收入的比重
2009	14 253.80	43.3	32 602.59	0.4372
2010	29 397.98	106.2	40 613.04	0.7239
2011	33 477.00	13.8	52 547.11	0.6371
2012	28 892.30	−13.7	61 078.29	0.4730
2013	41 638.36	44.1	69 011.16	0.6034
2014	42 949.62	3.1	75 876.58	0.5660
2015	33 657.73	−21.6	82 982.66	0.4056

数据来源　土地出让金来自各年《中国财政情况》，地方财政收入来自各年《中国统计年鉴》。2015年土地出让金来自财政部网站《2015年全国土地出让收支情况》，地方财政收入来自财政部《关于2015年中央和地方预算执行情况与2016年中央和地方预算草案的报告》。

注：土地出让金属于政府性基金，不包括在地方财政收入内。这里的地方财政收入仅指一般公共预算收入。

个这样做的人一定在偷笑呢。

彩票公益金是国家发行彩票扣除返还奖金、管理费后，专门用于社会公益事业的资金，目前主要有体育彩票公益金和社会福利彩票公益金。我们买彩票的时候就是在做善事，等于向公益事业捐了一笔钱。

案例讨论6-2　　　　　　　　　任性的基金

出于节约资源、保护环境的考虑，1998年财政部颁布了《散装水泥专项资金管理暂行办法》，开始向水泥生产企业征收专项基金，并规定“执行期限暂定为2年”。2002年财政部和国家经贸委出台的《散装水泥专项资金征收和使用管理办法》规定，基金“征收至2005年12月31日”。2006年年初，财政部又将执行期限延续至2006年年底，随后又继续延期，引发水泥行业很大意见。中国水泥协会认为，随着市场经济体制不断完善，散装水泥的供应完全可以依靠市场机制调节，政府应当退出。

按照2002年管理办法的规定，散装水泥专项资金使用范围包括：(1) 新建、改建和扩建散装水泥、预拌混凝土、预拌砂浆专用设施；(2) 购置和维修散装水泥、预拌混凝土、预拌砂浆设备；(3) 散装水泥、预拌混凝土、预拌砂浆建设项目贷款贴息；(4) 散装水泥、预拌混凝土、预拌砂浆科研、新技术开发、示范与推广；(5) ~ (7) 项分别为宣传、手续费及有关的其他开支。其中，(1)、(2)、(3) 和 (4) 开支合计不得少于当年专项资金支出总额的90%。为此，全国共设立了1 100多个散装水泥办公室，工作人员近万人。由于基金收支不透明，社会无法监督，不论是从预算还是从决算来看，征收的资金有不少用于所谓的“其他”支出，实际上就是这些管理机构的办公、福利、管理费用，尽管每年都查出这些问题，但一直解决不了。此外，新型墙体材料专项基金、新菜地开发建设基金、残疾人就业保障基金等也存在此类问题，要么结余很大，要么使用不规范。比如，某地方墙体材料改革办公室2016年的预算中，安排为职工发放生日蛋糕4 200元、“六一”儿童节活动经费5 600元。由于涉及部门利益，历次清理都因为相关政府部门的阻挠而没有解决。

2016年1月29日发布的《关于取消、停征和整合部分政府性基金项目等有关问题的通知》（财税〔2016〕11号）明确规定，“将散装水泥专项资金并入新型墙体材料专项基金。停止向水泥生产企业征收散装水泥专项资金。将预拌混凝土、预拌砂浆、水泥预制件列入新型墙体材料目录，纳入新型墙体材料专项基金支持范围，继续推动散装水泥生产使用”。这一规定终于使权力不再“任性”。

讨论：

1.政府收费与其他收费有什么不同？举出你身边的例子，说说你对政府收费的看法。

2.哪些是合理的收费（基金），哪些是不合理的收费？它们为什么存在？结合本例和实际说说自己的看法。

3.怎样让政府收费（基金）不再“任性”？

二、国有资产收益

（一）国有资产收益的含义

国有资产收益是国有资产产生的收益，是国家通过财产所有权取得的财政收入。在不同国家，国有经济在经济中的比重不一。一般来说，实行经济国有化政策的国家，国有经济比重较大，其国有资产收益也较多，在财政收入中的比重也较大；反之，则较小。

与税收收入相比，国有资产体现了国家对经济的直接控制，其收益不是政府提供公共产品的补偿。税收收入则是弥补政府提供公共产品成本的手段，是国家政治权力的体现。不同经济学派对于政府控制经济的态度截然相反。自由主义经济学派反对国家干预经济，主张自由竞争，充分发挥市场自身的调节作用。该学派认为，政府财政收入应主要来源于税收。如果政府直接举办国有企业，就会由于缺乏竞争而导致效率下降，还会使政府集“运动员”与“裁判员”于一身，不符合公平竞争原则。而凯恩斯主义经济学派则主张国家干预经济，要求国家控制关键行业和经济部门，由此取得的国有资产收益也就成为政府财政收入的重要组成部分。如果这些行业和经济部门完全由私人经营，将难以保证公共利益。在实践中，如何把握国有经济在整个经济体系中的比重？哪些部门应当由国家直接控制？这些问题始终存在争议。

（二）国有资产收益的内容

从形式上看，国有资产收益包括利润收入、股利、股息收入、产权转让收入、清算收入等。从来源上看，国有资产收益包括公有财产收入（国有土地收入、国有森林收入、国有矿山收入等）、公有企业收入。

国有土地收入与土地所有权归属有密切关系，西方国家对于土地占有问题一直存在针锋相对的两种主张。一种以亚当·斯密为代表，主张废除土地国有化，认为国家除了保留公园、林圃的所有权外，应把其他土地都出售给私人，由此取得的收入用于偿还国债，可以减轻财政负担。此外，私人经营能够更有效地利用土地增加社会财富，促进经济发展，提高全社会整体福利水平，进而又增加了税收收入。另一种以19世纪德国经济学家卡尔·海因里希劳氏为代表，主张实行土地国有化，认为这可以使国家取得可靠的财政收入，而且不会引起人民的不满，只要改善经营方法，也可以提高使用效率，避免了增加税收招致民怨。

公有企业收入是由国家出资举办的公有企业上缴财政的收入。在实行公有制的社会主义国家，公有企业的范围较大，比重较高；资本主义国家倾向于由私人投资，政府一般不直接举办和经营企业，但投资额大、周期长、经济效益不明显的邮政、公共交通、水利、自来水、铁路等公用事业，也是由政府投资兴办的。①

对于不同的企业究竟公营好还是私营好，一直是公说公有理、婆说婆有理。有学者认为，之所以存在公共企业或公有企业，原因有以下几个方面：（1）提供公共产品。由于存在"搭便车"问题，单纯依靠市场无法充分提供社会所需的公共产品，需要通过建立公共企业来直接提供公共产品。（2）对大规模或战略性项目进行投资。如对私人部门不愿投资的、风险大、回收期长的钢铁、石化、电信、生物工程等行业直接投资，对军事工业、飞机制造、自然资源开发、银行、航空等关系国计民生的关键行业直接投资，以保障国民经济安全稳定。（3）控制自然垄断行业以保护公众利益，如自来水供应、电力供应等。（4）增加财政收入。通过垄断经营需求弹性小、利润高的行业来直接获取财政收入，如烟草行业、酒业、博彩业。（5）挽救亏损企业。政府为了避免造成大规模失业或社会震荡，对面临倒闭的私人企业进行接管。20世纪30年代初的经济大萧条时期，许多欧洲国家政府就对汽车、钢铁、造船等私营企业实行公共化，1978年法国政府对两个大型私营钢铁公司采取了拯救行动。（6）控制金融机构。由于金融体系对一个国家的稳定发展至关重要，所以不少国家设立了公共金融机构，以增强政府对金融的控制能力，保障金融体系的正常运转。②

（三）中国国有资产管理

我国在改革开放过程中，对国有资产管理体制进行了大刀阔斧的改革，期间经历了放权让利、政企分开、所有权与经营权分离、使企业真正成为相对独立的经济实体、承包制、建立现代企业制度、股份制改造、国有企业战略性改组与国有经济布局调整等历史进程（见表6-8），接着又提出推进国有经济战略性调整，健全国有资本有进有退、合理流动机制，优化国有资本战略布局。目前应继续推进国有企业公司制、股份制改革，加快建立现代企业制度，健全国有资本经营预算与收益分享制度，提高国有资本收益用于社会公共支出的比重。2007年国有资本经营预算制度开始施行，最初确立的资源类企业上缴比例为10%，竞争类企业上缴比例为5%，军工科研类企业上缴比例为5%、暂缓3年上缴。2011年资源类企业上缴比例由10%提高到15%，竞争类企业上缴比例由5%提高到10%，军工科研类企业维持5%的上缴比例，烟草行业上缴比例由15%提高到20%。5个中央部门（单位）和2个企业集团所属共1 631户企业纳入中央国有资本经营预算实施范围。

自2009年5月1日起施行的《中华人民共和国企业国有资产法》规定：国家建立健全国有资本经营预算制度，对取得的国有资本收入及其支出实行预算管理。国家取得的下列国有资本收入以及下列收入的支出，应当编制国有资本经营预算：一是从国家出资企业分得的利润；二是国有资产转让收入；三是从国家出资企业取得的清算收入；四是其他国有资本收入。

---

① 付伯颖．外国财政［M］．北京：经济科学出版社，2003：100-102.
② 邓子基，林致远．财政学［M］．北京：清华大学出版社，2005：289-291.

表6-8　　　　　　　　我国国有企业利润分配制度变迁历程

时　期	制　度	具体内容
1949—1977年	统收统支	国有企业利润全额上缴（期间曾两次实行企业留用少部分奖励基金制度）
1978—1982年	利润留成	在放权让利的背景下，允许企业留成少部分利润，其余上缴财政
1983—1987年	利改税	将国有企业向国家上缴利润改为缴纳所得税、调节税
1988—1992年	税利分流	国有企业缴纳所得税后上缴利润（期间实行承包制）
1993—2006年	利润留存	国有企业缴纳所得税，税后利润暂不上缴
2007年至今	收益分类上缴	按不同类型企业上缴一定比例的国有资产收益

该法明确规定：国有资本经营预算按年度单独编制，纳入本级人民政府预算，报本级人民代表大会批准。

案例讨论6-3　　　　　　　　拥堵费的是是非非

面对越来越堵的城市交通，北京、上海、广州等地都在研究出台开征交通拥堵费的措施，以便缓解交通拥堵问题。2016年5月，北京表示年内出台具体方案。对此，社会上褒贬不一。赞成者认为，作为拥有超过530万辆汽车的首都，拥堵收费能够降低车辆使用强度，缓解交通拥堵。反对者认为，连拥堵的原因都没弄明白，这样做不可能收到好效果。城市道路是准公共产品，不应完全由政府免费提供，但治堵问题并非通过价格杠杆就能解决。收费并不能提高效率，只是产生了转移效应。

据了解，新加坡在1975年最早开征交通拥堵费，取得了较好效果，但也同样存在争议。

广州、南宁等城市提高了中心城区停车费标准，希望通过这一措施缓解交通堵塞状况，同样引发争议，停车费的去向也引人关注。

近几年来，国家对行政事业性收费等非税收入多次进行清理，目的是减轻企业和个人负担，激发创业积极性。

讨论：

1.收费的目的是取得收入还是其他？结合本案例提出自己的观点。

2.税收与非税收入在地方政府财政收入中应当占有什么样的地位？哪种情况下可以采用收费形式？

三、公债理论与制度

公债是当代各国财政融资的重要方式，不仅是弥补财政赤字的首选方式，还是调控经济的有效工具。

（一）公债及其争论

公债是指政府以有偿方式筹集财政收入的形式。其中，中央政府举借的公债称为国债，而地方政府举借的公债称为地方公债。《中华人民共和国预算法》（以下简称《预算法》）原来规定，除法律和国务院另有规定外，地方政府不得发行地方政府债券。2009年，为应对全球金融危机，国务院同意地方发行2 000亿元债券，由财政部代理发行，列入省级预算管理。至此，省级政府通过代发方式取得了间接发债权。2014年修改、2015年生效的新《预算法》第三十五条规定：经国务院批准的省、自治区、直辖市的预算中必需的建设投资的部分资金，可以在国务院确定的限额内，通过发行地方政府债券举借债务的方式筹措。通过这一规定，省级政府发行债券得以合法化。

公债与税收相比，具有自愿性、有偿性、灵活性的特点。一般来说，人们是否认购公债、认购多少，完全由认购人决定；公债发行必须遵循信用原则，到期不仅要还本，而且要支付利息；公债是弥补财政收支缺口的一种方式，不是主要的财政收入来源，发行数量、期限、利率、对象是根据当时的具体情况灵活决定的。

借债对经济有什么影响？一直存在争议，分为公债有害论、公债无害论两派。争论的起源是19世纪初，拿破仑在法国称帝，发动战争，横扫欧洲大陆。英国等组成反法同盟，对于是通过征税还是举债来筹集军费，各国发生争论。李嘉图在《政治经济学及赋税原理》中表述了如下思想：政府为筹措战争或其他经费，征税或发行公债的影响是等价的。他认为，由于人们意识到政府以后会通过增加税收的方式来偿还债务及利息，所以他们会减少消费增加储蓄，以后政府增加税收时，正好用这些储蓄来缴税。由此，公债被称为“延迟的税收”。巴罗1974年发表了《政府债券是净财富吗》一文，对李嘉图的上述思想做了新的阐述，后人称之为“李嘉图-巴罗等价定理”。这一理论之所以引起大家的重视，主要在于它涉及发行公债究竟能不能带动国内需求的增加，从而刺激经济发展，直接关系到相机抉择政策的有效性。至今，争论仍在继续。

（二）公债的产生和发展

1.公债的产生

借债与税收一样，可以成为政府筹集财政收入的手段。但公债与税收等收入形式不同之处在于，它具有自愿、有偿、灵活的特点。公债与公司债券、金融债券都属于债券。

公债有悠久的历史，最初是国家为应对战争、灾害等紧急情况而举借的。早期公债的发行大多凭借国家的强制权力，公债发展到今天已成为国家经济实力的晴雨表。国家发行公债一方面是由于正常的财政收入无法满足财政支出的需要，另一方面是为了获得足够的应债来源。公债的产生条件有两个：财政收不抵支提供了必要性，而存在闲置资本则提供了可能性。

知识之窗6-1　　历史故事中的经济学

据《汉书》记载，战国时代，公元前315年周慎靓王驾崩。第二年，姬延嗣位，史称“周赧（nǎn）王”，他是周朝的最后一位天子。公元前257年，秦昭襄王令大将蒙骜率秦军30万伐赵。魏公子信陵君窃得兵符，引精悍魏军10万驰援邯郸。经过几番激战，秦军兵溃。楚考烈王十分仇视秦国，得到赵魏联军大败秦兵的消息分外振奋。他决心抓住良机，联合各诸侯国，由自己任主将，一举吞并秦国，为楚国报仇雪耻。考烈王自认为威望不足以号令诸侯，就派人请求赧王以天子的名义命令各诸侯联合起来，由楚考烈王为主将讨伐秦国。赧王早就觉察到对天子宝座的最大威胁来自秦国，他更想趁此良机重振天子的权威，于是很高兴地同意了楚国的请求，同时还决定集中周朝的部队，由西周公统领参与对秦作战。很久以前各诸侯国就断绝了对周天子的朝供，周朝衰微，天子的经费非常拮据，要调兵就需要备粮秣，赧王被迫向豪门富户借债。富户们经过慎重协商，同意贷款给赧王，但是要求赧王立下字据，保证在打败秦国之后，将本息一次还清，赧王觉得富户们的要求合情合理便同意了。周兵集结之后，由西周公率领，浩浩荡荡地从河南向陕西进发，准备沿途与各诸侯国的兵马汇合。当初，主意是楚考烈王出的，自然楚国发兵比较积极；燕国也很讲信义，派出了部队。待到三方部队汇合在一起时，却不见其他国家的动静，他们只好将人马驻扎下来，一直等了3个月，还是不见其他国家的一兵一卒。楚考烈王无计可施，只得下令撤兵，各归本国。周兵虽然没有打仗，但军费用了个精光。赧王见用兵无功而返，心情十分沉重，不知从何处筹措款项来还债。当时借债给赧王的富户见周兵已经回朝，纷纷带上借据向赧王讨债。赧王无钱可还，只得严令手下将债主们挡在宫外。债主不甘心，在门外吵吵闹闹，声音传进深宫，弄得赧王心神不定，寝食不安。后来，他只好躲进深宫里的一座高台，躲避讨债声。周王宫门外的混乱吵闹引起了卫士的不满，他们请求赧王将债权人轰走。赧王情绪低落地说："欠钱不还已经不好意思了，还不让人出出气，这也太霸道了！让他们闹去吧。"事情就这样不了了之，后人称此台为"逃债之台"。

这就是"债台高筑"的故事，说的是公债产生的史实。当然，周赧王借债是无可奈何，并不是主动运用公债这一手段拉动经济增长，其目的是发动战争。

2.公债的发展

尽管公债产生的时间比较早，但直到资本主义社会才得到迅猛发展。公债作为政府筹集财政资金的重要形式以及发展经济的重要杠杆，已经成为世界各国财政体系中不可缺少的组成部分。近年来，美国公债余额屡创新高，而欧洲国家的债务危机也敲响了警钟，警示各国注意防范债务风险。

大家可能都听说过美国老太太和中国老太太的故事（详见案例讨论6-4），说的是部分中国人观念落后，怕背负债务，消极地对待信用业务；而不是积极地利用借款，用明天的钱办今天的事。企业财务管理提倡积极地利用财务杠杆筹措资金，如今也有不少人通过贷款买房买车，那么国家能不能通过借债筹集财政收入呢？20世纪30年代后，凯恩斯提出的扩张性财政政策为美国政府所采纳，举债成为重要措施之一，之后为世界各国所青睐。其实，公债除了能弥补财政赤字外，还可以作为政府筹集建设资金、调控经济运行的有效手段，是中央银行开展公开市场业务、实施宏观调控的重要前提。今天，我们不再以"无债之国"而自豪；相反，我国积极运用公债激活社会投资，加快经济发展，公债也成为理论研究的热点问题之一。

案例讨论6-4　　现实故事中的经济学

版本1：来自中国和来自美国的两个老太太相遇。中国老太太说："我积攒了30年的辛苦钱，现在终于买了一套房子。"美国老太太说："我住了30年的房子，现在终于还清银行贷款了。"

版本2：在天堂门口，一位中国老太太和一位美国老太太相遇。上帝让她们各自说出自己一生最高兴的事情。

中国老太太说："我攒了一辈子的钱，终于买了新房子，这一辈子也算值了。"

美国老太太则高兴地说："我住了一辈子的房子，来这里之前终于把贷款还清了。"

上帝纳闷地问中国老太太："你怎么不通过贷款买房先享受呢？"

中国老太太回答道："我们当然想呀!但是贷款利息太高了，更何况贷款条件苛刻，手续也很复杂，我这样的收入水平哪里贷得到款啊!"

上帝转过头来问美国老太太："那你是怎么贷到款的呢？"

美国老太太回答："我这样的中低收入家庭可以申请无息贷款，也就是说贷款买房子是不用付利息的。"

上帝感叹地说："你真幸运啊!"

版本3：天堂养老院里，一位美国老太太正在闲坐，这时，门口走过一个乞丐，看起来眼熟得很，原来是以前遇到过的那位中国老太太。于是，两人就攀谈起来。中国老太太很奇怪美国老太太怎么住到养老院里来，得到的回答是："原来住的那套房子比较小，我就将它卖掉，另外办了抵押贷款买了一套更大的房子。没想到过了没几年房价哗啦啦就跌了下来，继续还贷款划不来，只好把房子退给银行了。现在我只能靠政府的养老金到这养老院来度日。"

美国老太太反过来问："你不是攒够钱买了一套房吗？怎么端起饭碗讨饭了？"中国老太太长吁短叹地说："说来话长啊。我那独生儿子谈了个女朋友，准备结婚了，但女方说一定要先在城市里买了房子才能结婚。我没办法，只好把县城里那套房子卖掉，打算帮儿子在城里买房。但这几年房价涨得太快，这点钱勉强够支付城里买房的首付，又借了些钱总算是安了个家。儿子、儿媳妇收入都不高，每月还了房贷所剩无几，成了月光族兼房奴，更顾不上我了，所以我只好讨钱过日子了。"

讨论：

1.怎么看待债务？政府负债与企业、个人负债有区别吗？有什么区别？

2.政府用什么来偿还债务？这对经济和社会有什么影响？

新中国成立以来，我国政府先后多次发行公债：1950年发行了人民胜利折实公债，1954—1958年连续五年发行国家经济建设公债，1981年至今每年都发行公债。图6-8为1997年发行的国库券票样。

图6-8　1997年发行的国库券票样

（三）公债的功能

公债是一个重要的经济杠杆。在当今世界各国，公债的作用已不仅局限于平衡预算、弥补财政赤字，它还是政府调节经济、实行宏观调控、促进经济稳定发展的重要经济杠杆。公债的载体——公债债券是一种重要的金融商品，是金融市场的重要组成部分，公债的发行、流通、偿还以及公债的期限、价格和利率都会对金融市场产生影响，公债是政府实现货币政策的重要工具。

1.弥补财政赤字

公债的产生就是为了弥补财政赤字，因此公债的首要功能就是弥补财政赤字。当国家出现财政赤字时，可以通过运用上年财政结余、发行公债、向中央银行透支等方式解决，但实际情况是，以前年度没有财政结余时，向中央银行透支容易导致超过经济发展的需要发行货币，从而引发通货膨胀。相比之下，发行公债是一种比较好的弥补财政赤字的方式。

2.筹集建设资金

在市场经济条件下，融资的手段有多种，发行建设公债筹集财政资金也是一种可行的方式。从1998年开始，我国通过发行长期建设公债，筹集了几千亿元的财政资金，主要用于在建的公债建设项目、西部开发项目、重点企业技术改造，以及南水北调、京津水资源保护工程、农村基础设施和教育、公检法司等方面设施的建设。由于居民储蓄存款增加较多，银行资金比较充裕，利率较低，市场价格稳定，公债余额占国内生产总值的比重仍在安全线以内，发行长期建设公债还有一定的空间，不会有大的风险。用公债投资进行重要的和社会急需项目的建设，不仅有利于促进经济增长和培植财源，而且有利于集中力量办大事，充分发挥各方面资金的使用效益，还可以引导和鼓励社会投资，带动固定资产投资较快增长。

3.调节经济运行

在市场经济条件下，公债除具有弥补财政赤字、筹集建设资金等基本功能外，还具有以下几方面重要作用：（1）形成市场基准利率：公债利率处于整个利率体系的核心环节，可以成为其他金融工具定价的基础；（2）作为财政政策和货币政策配合的结合点，短期公债是央行进行公开市场操作唯一合适的工具，图6-9反映了公开市场操作的原理；（3）作为机构投资者短期融资的工具：公债的信用风险极低，机构投资者可以利用公债这种信誉度最高的标准化证券进行回购交易，达到调节短期资金的余缺、套期保值和加强资产管理的目的。

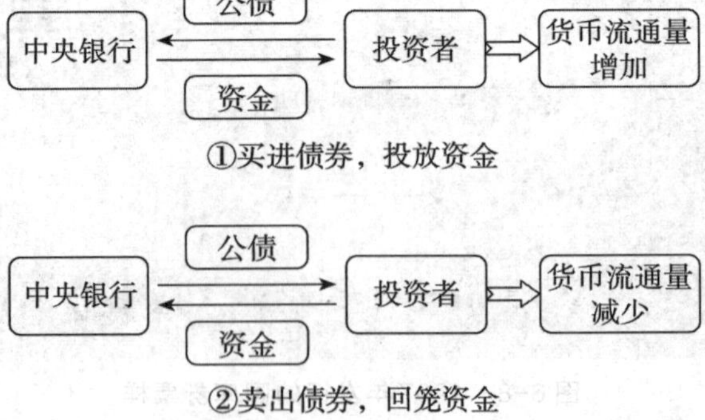

图6-9　公开市场操作示意图

公债发行对经济社会发展有着多方面的影响：一是它需要用政府未来的财政资金偿还，是一种负担；二是政府举债意味着将私人部门的一部分资源转移到公共部门，影响经济中积累与消费的关系；三是公债影响资金市场的供求，进而影响市场利率。因此，政府可以运用公债作为宏观调控的杠杆，有意识地对宏观经济实施调节和控制，使之朝着健康的方向发展。近几年来，我国及不少西方国家的财政政策实践已经充分证明了这一点，大家可以结合相关材料进行思考和分析，体会不同时期政府运用公债对经济生活实施干预的技巧。

（四）公债规模

1.公债负担与限度

公债虽然可以给政府带来一定的收入，也具有多方面的经济和社会功能，但公债本身是需要还本付息的，又体现一定的财政支出，所以公债负担是指由于公债的偿还引起的税收增加、财政还本付息支出增加而导致社会公众可支配的收入减少和其他财政支出减少等影响。公债不仅形成一种当前的社会负担，而且在一定条件下会向后推移。如果公债使用不当、效率低下，就会形成这一代人借的债由下一代甚至下几代人来负担的问题。所以，一国政府举借公债要受到社会政治经济多方面的制约，并不是越多越好。也就是说，政府借债是必要的，但并不是没有限度的。如果一国公债发行过多，还本付息的负担超过了该国实际的偿还能力，那么就意味着公债负担过重，这就要求控制公债的规模；否则，就会陷入偿债困境，甚至发生债务危机。

2.衡量一国公债规模的指标

人们一般认为，对公债规模的衡量依据的是公债的相对规模而不是绝对规模，目前国际上通用的衡量指标主要有：公债依存度、公债负担率和公债偿债率。

（1）公债依存度

公债依存度即当年的公债发行额占当年财政支出的比例，它表示财政收入对于公债的依存程度。国际上公认的安全线是15%~20%。其计算公式为：

公债依存度=年度公债发行额÷当年财政支出×100%

（2）公债负担率

公债负担率即公债余额占当年国民生产总值的比例，它表示国民负担公债的情况。其特点是从整个国民经济角度衡量和把握债务规模，反映一国整体经济对债务的承受能力。发达国家公认的安全线为20%~60%。其计算公式为：

公债负担率=公债余额÷当年国民生产总值×100%

（3）公债偿债率

公债偿债率即当年公债的还本付息额占当年财政收入的比例。其计算公式为：

公债偿债率=当年公债还本付息额÷当年财政收入×100%

目前国际上没有明确的安全界限，我国学者主张控制在8%~10%之间。

从世界各国实际公债发行情况看，由于经济发展水平、经济结构、金融结构和法律制度等不同，各国的基本指标值有较大差异，在运用这些指标进行分析时必须考虑实际的经济背景和含义。此外，由于各项基本指标只反映公债规模的一个侧面，在实际运用的时候应该将各个指标综合分析。

我国2001年以来中央财政国债余额占GDP的比重（如图6-10所示）。2003年，国债余额达到最高峰19.3%，此后逐步下降，总体上处于安全范围内，但一些地方政府债务负担较重，值得重视。

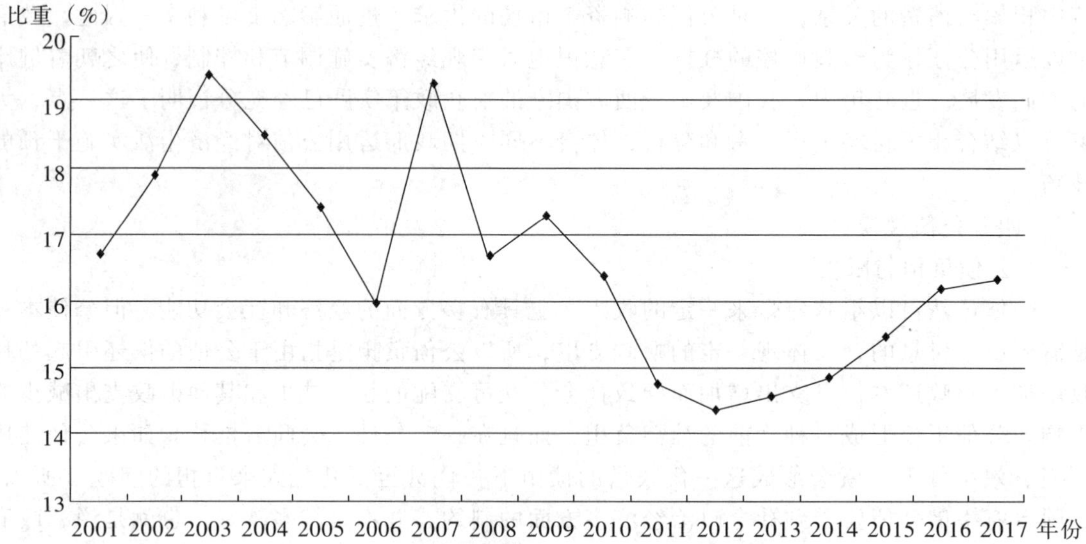

图6-10　我国中央财政国债余额占GDP的比重

资料来源　国家统计局. 中国统计年鉴（2018）[M]. 北京：中国统计出版社，2018.

国际上通用的衡量外债规模的控制指标主要有三个：

第一，偿债率。它是当年中长期外债还本付息额加上短期外债付息额后，与当年货物和服务项下外汇收入之比，其国际标准安全线为20%。

第二，负债率。它是指当年外债余额与国内生产总值之比。外债余额是债务国已经借入而尚未偿还的外债数额，将其与国民生产总值相比较，可以在一定程度上反映债务国的生产量对外债的负担程度。其国际标准安全线为20%。

第三，债务率。它是当年外债余额与当年货物和服务项下外汇收入之比，反映了债务国在偿债资金来源方面对外债所能承受的程度。其国际标准安全线为100%。

此外，短期外债与外汇储备之比的国际标准安全线为100%。

思考与讨论：近年来，厦门、宁波、昆明等地PX（对二甲苯）项目的建设引起当地居民对环境污染的担忧，地方政府关注经济发展、财政收入增加，而居民更看重生活质量及个人收入的提高。同学们可以分组调查当地居民对化工等敏感项目的意见、当地财政收入与居民人均收入的数据，比较两者的增长速度，运用第一章第四节的相关分析方法作出判断。

此外，大家可以通过《中国财政年鉴》查找各年全国各省税收收入、非税收入占财政收入的比例，比较哪些地区非税收入占财政收入的比例较高、有什么规律，结合经济增长速度、经济周期等资料分析原因，学习运用科学的分析方法探究经济社会现象中的深层问题，加深对所学财政学知识的理解。

案例讨论6-5　　　　南京试点对工地征收扬尘费受质疑

对于南京主城区的空气，很多市民用两个词“灰蒙蒙”和“脏”来形容。工地扬尘被认为是重要原因。扬尘不仅成为南京市民之苦，更成为城市之痛。2009年，由于南京一直持续无雨，城市灰尘越积越多，再加上城市主干道进行工程建设，导致扬尘增多，空气质量急剧下降。特别是当年10月16日至10月30日，南京连续15天陷入污染中，这也创了十年来的“脏”天纪录，也是7年来“蓝天计划”首次“泡汤”。

从2009年7月1日起，江苏省决定对工地扬尘开征排污费，征收标准为0.24元/平方米/月[①]，然后乘上达标削减系数，“如果施工单位措施到位，扬尘控制达标，达标削减系数为零，也就不用缴费。”南京市和徐州市是首批试点城市。某工地负责人算了一笔账，按上面的标准，交扬尘费只要两三万元，但如果落实路面硬化、建筑用料覆盖、围挡等所有降尘措施，可能需要20万元。这样一比，交费更划算。

开征扬尘费效果怎么样？抑制扬尘有没有更好的办法？市民对此提出质疑。

资料来源　宋南飞，王宏斌．“被试点”征扬尘费　一家也没收到［N］.扬子晚报，2010-01-18（A05）.

讨论：

1.通过收费来调控市场行为是否可行？收费是为了增加财政收入还是为了引导人们的行为？分析这一做法的利与弊。

2.与其他财政政策工具比较，收费作为政策工具有什么特点？结合本例说说自己的看法。

3.对于各地出现的类似问题，你觉得有没有其他办法来解决问题。

知识运用

本章所学的财政收入的基本理论知识为我们看待政府财政收入的相关现象提供了有力工具。下面分别列出现象（案例）、分析的理论依据、分析思路：

现象：近些年来，各国政府在运用财政手段引导和调节企业及个人行为方面不断创新，提出了新的征税、收费等办法，如拥堵费、差异化停车费等等；各地政府财政收入结构存在差异；各地政府财政收入质量的差异；某个地区不同时期财政收入增长的不同表现……

分析的理论依据：财政收入形式的知识、财政收入规模影响因素、财政收入质量的判别……

分析思路：可以运用财政收入形式的相关知识分析为什么采取不同的税费手段，其目的不一定是为了取得收入，有些只是为了限制市场主体的行为，如不少大学对外来车辆收费并不是为了弥补管理成本，更多地避免学校成为社会的停车场。可以运用财政收入规模影响因素分析不同地区财政收入总额的差异，通过财政收入及其结构的相关数据分析当地产业结构及发展状况，分析如何增加财政收入。

怎么样观察现实生活中的经济社会现象？

第七章 税收收入

知识结构图

- 税收原理
  - 税收的特征和职能
  - 税制要素
  - 税收原则
  - 税收负担和税负转嫁
  - 中国的税收制度

引 言

“税收连着你我他，富民强国靠大家”。这句税收宣传月的口号拉近了不少民众与税收的距离。是啊，我们每天都与税收亲密接触。从根本上说，我们每个人都是纳税人，也都是税收的受益者。从陌生到熟悉，从遥远到身边，税收离我们越来越近。当你对税收政策有什么疑问时，别忘了拨打税收咨询电话12366，您将得到及时、权威的回答。

以往我们比较关心税收收入增加多少，关注经济发展能够贡献多少税收，而西方国家一些学者则注意到税收如同一把双刃剑，一方面，它可以增加财政收入，帮助政府提供更多的公共产品；另一方面，它又会加重企业和居民的经济负担。所以，就得研究政府征税对经济和社会有哪些影响、最好的税制结构是什么、怎么样利用税收调控经济。美国参议院2013年5月6日表决通过《市场公平法案》，允许各州政府要求美国境内的网络零售商在本州的居民网购时向其征收消费税，但后来在众议院没有获得通过。期间引发不少企业和消费者不满，他们担心征税将影响企业利润和网购生活，我国的网购一族及电商企业对此也非常关注。海淘发烧友们关心国家征税政策的变化，2016年4月8日，我国跨境电子商务零售进口税收新政实施，电商企业和“剁手党”纷纷囤货，大家都在计算怎样购买更省钱。房地产税收政策调整也影响到大家的生活，近年来，我国对新房购买、二手房交易征收契税、土地增值税等政策多次调整，对房地产发展、开发商、希望改善住房条件的居民、打算投资房地产的居民的切身利益影响较大，说明税收调节企业和居民行为的作用明显。我们要维护自己的利益，就得了解税收的基本知识，关注税收政策，学会趋利避害。通过本章学习，我们将了解税收的含义和特征、职能、存在的必要性，掌握税收原则、税收负担及转嫁等基本理论知识，认识我国税制改革的历程。

待解问题——

在我国开征遗产税能缩小贫富差距吗？

对居民自住房征收房产税能够抑制炒房吗？

个人所得税薪金所得费用扣除标准应当继续提高吗？

第一节　税收ABC

一、税收与我们的生活

税收已经存在几千年了，我们每天都跟它打交道。曾有学者称“税收是文明的代价”，深刻地说明了征税过程中政府与纳税人之间的关系，也表明了税收在现代文明中的重要地位。

税收是国家取得收入的主要形式。国家征税只是转移这部分收入的所有权，使占有人改变，并不增加社会产品总量。我们经常把发展经济形象地称为“做大蛋糕”，而把征税称为“切蛋糕”。

税收是以政府为主体，凭借政治权力进行的分配。税收是政府的主要财政收入来源，是政府活动的主要物质来源，而政府又是税收的征税主体及权力依托，从税务人员的制服、帽子上的国徽就可以看出这一点。征税是国家行使政治权力的体现，任何一个政府都必须通过一定的方式取得财政收入，满足其履行职能的需要，从这个意义上说，国家征税是必然的。西方国家有句名言：“只有死亡和纳税是不可避免的。”

按照马克思的观点，税收分配的对象为剩余产品价值，即社会产品价值中的M部分。社会产品价值可以分为三部分：补偿部分（即满足简单再生产需要部分C）、必要产品部分（即满足个人需要部分V）、剩余产品价值部分（即满足公共需要部分M）。征税的目的是满足公共需要，所以只能对M征税，如果对C、V征税，则会影响社会再生产的进行。

国家征税是为了提供公共产品或服务。从公共产品的角度来看，居民纳税实际上是向政府让渡一部分财产权，为的是让政府提供公共产品。为了限制政府征税，必须通过立法来规定征哪些税，如何征税，也就是“无法则无税”。

二、税收的特征和职能

（一）税收的特征

税收具有强制性、无偿性、固定性，这是它区别于其他收入形式的特征。国家通过立法手段保证依法征税、依法纳税，目前我国已经出台了《中华人民共和国税收征收管理法》、《中华人民共和国企业所得税法》、《中华人民共和国个人所得税法》（以下简称《个人所得税法》）、《中华人民共和国车船税法》和《中华人民共和国环境保护税法》等，还要逐步出台增值税法、消费税法等法律，使政府征税建立在法律的基础上，避免征税过程中的随意性，也可以保护纳税人的权益。

每年的4月是我国的税收宣传月，通过多种多样的宣传活动，人们了解到更多税收知识，更积极地参与公共事务，既依法维护自己的合法权益，又共同营造良好的征税、治税环境。我国税务机关专门设立了12366税收咨询热线电话，为每一个纳税人提供周到的咨询服务，拉近税务机关与纳税人之间的关系，更好地服务于广大人民群众。

（二）税收的职能

1.筹集财政收入

税收收入是政府筹集公共产品资金来源的主要渠道，是政府取得财政收入最稳定、最可靠的形式。因为政府取得税收收入不需要出售商品，也不需要直接偿还，尽管成立征税机构需要付出一定成本，但相对于税收收入来说是值得的。筹集财政收入是税收最主要的职能。

2.调控经济

税收是国家调控宏观经济的重要杠杆，原因是税收具有经济效应，包括收入效应、替代效应（如图7-1所示）。税收的收入效应是指征税减少了纳税人可自由支配的收入，改变了纳税人的相对所得状况，影响纳税人对劳动、储蓄和投资等所作的进一步反应，会改变经济的效率与状况。税收的替代效应是指当某种税影响相对价格或相对效益时，人们就选择某种消费活动来代替另一种消费活动。国家可以利用税收政策，调节产业结构、产品结构，鼓励或限制某些产业或产品的生产和发展。例如，对高新技术产业，安置就业和再就业的企业，节约能源、利用“三废”的项目，直接为农业生产和农民生活服务的产业等，给予低税率或减税、免税的优惠政策，就可以促进这些行业、企业和项目的发展；而对那些不符合国家产业政策，或污染严重、能耗高的产业，不予减税、免税，而是通过提高税率等政策措施予以调节或限制，就可以抑制其发展。

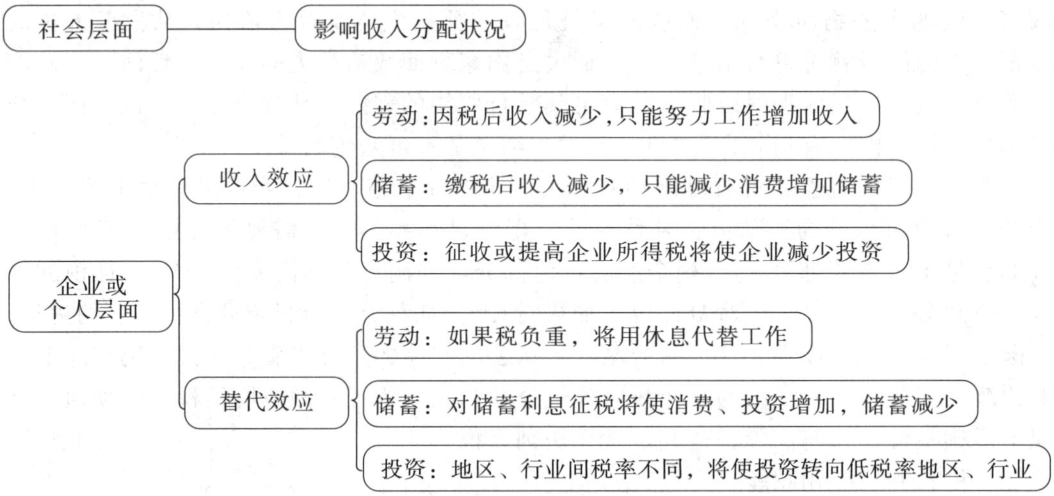

图7-1　税收的经济影响图示

税收效应一个最明显的例子是1747年英国开征的窗户税。政府开征这一税种的目的是取得财政收入，但大家为了不缴税，就纷纷将自家的窗户堵起来。这样一来，政府的初衷没有达到，财政收入没有增加，相反，居民因为将窗户封堵而影响了生活的舒适度，生活质量也下降了。

3.调节收入分配

经济体制改革以来，随着收入分配政策的调整，居民的收入差距逐渐拉大。解决收入分配存在的问题需要多管齐下，综合治理。税收作为重要的调节手段，通过政策的调整和征管力度的加大，可以起到有效调节收入分配的作用。比如，我国通过提高个人所得税中的工资薪金所得的费用扣除标准，可以惠及广大中低收入群体。同时，通过对个人所得税征管办法的修改完善，加强对高收入群体的税收监管。国家征收来的税款，或用之于公众，或用之于老弱病残及失业者等人群的社会保障，可以达到促进社会公平分配的目的。

三、税收存在的必要性

（一）政府提供公共产品需要税收作为价值补偿

公共产品一般是抽象的物品，不可分割，如保卫国家领土的安全、外交、维护公共治安、维护市场秩序、保护消费者权益、提供义务教育等，只能由政府免费提供，不能由市场通过收费方式解决。政府提供这些物品和服务耗费了成本，需要通过税收来补偿，或者说以税收作为收入来源。如交警指挥交通，不可能向行人、驾驶员逐个收费，这不符合公平与效率原则。随着税收收入的增长，政府用于民生方面的支出也在增加，大家享受到的公共服务越来越多，地铁、公园、博物馆、科技馆、文化馆给每一个公民的生活带来便利与乐趣，幸福感也就越来越强了。

（二）实现经济稳定协调发展需要税收进行调节

国家调节经济的手段有多种，主要包括法律、行政、经济手段，经济手段又有计划、财政、金融三方面，三者的关系曾被形象地比喻为“计委[①]点菜、财政出钱、银行算账”。税收是财政参与宏观调控的重要工具，其调节功能体现在：一是调节经济总量，保持经济稳定。经济发展过程中难免会出现起伏波动，而税收是国家干预经济、熨平经济波动的有效手段，这已为西方国家的实践所证明。二是促进结构调整。在经济发展中，国家可以充分发挥税收的调节作用，按国家的产业政策制定税收政策，对不同的产业进行鼓励或限制，使经济按国家的意图发展，形成良性循环。我国目前把产业分为鼓励发展的、允许发展的、限制发展的、禁止发展的四类，确定不同的税收政策。像农作物、家畜遗传基因工程及基因库建设，种（苗）脱毒技术开发，蔬菜、花卉无土栽培，汽车，电脑，软件，教育等采取免税或低税政策扶持；而对污染环境的、产品过剩的、工艺落后的、能耗太大的小煤矿、小炼钢厂、小造纸厂，汽油、柴油摩托车，电视机及其他传统家电等则征重税。

（三）实现共同富裕需要税收对居民收入进行调整

1998—2003年，国家较大幅度地提高工资，结果第三次提高工资时社会上反对声一浪高过一浪，说明人们的收入相差太大，一旦超过一定界限就会激化矛盾。而调整个人所得税工资薪金所得费用扣除标准的讨论也一浪高过一浪。孔子有言“不患寡而患不均”，收入差距拉大会演化成一个社会矛盾，需要通过税收等手段来缩小过于悬殊的收入差距，缓解社会矛盾，维护社会稳定，实现社会公平。

（四）对外开放需要税收维护国家权益

设立开发区、引进外资，需要通过税收优惠政策吸引外国资本流向中国，但要防止外国资本钻空子，“打一枪”就走；或者利用“免二减三”政策，在办厂不满五年时关闭，然后重新注册一个新的企业；还要防止有些人慷国家之慨，把钱放进个人腰包。对出口产品实行零税率，可提高出口产品的价格竞争力，扩大出口，增加外汇收入。此外，还要区分不同的进出口商品，制定不同的税率，将“洋垃圾”（国外落后的产品）拒于国门之外，引进国内急需的关键技术及商品。

案例讨论 7-1　　政府为什么征税？

新西兰政府从2004年起对牛、羊、鹿等家畜排放的废气征税，旨在控制温室气体的排放，被称为“打嗝儿税”、“屁税”及“污物税”，税款专项用于牲畜气体排放及减少温室气体排放的研究。据称，新西兰家畜排放的温室气体占该国温室气体排放总量的55%，这一指标在发达国家中名列前茅。环保人士赞同此举，但农场主坚决反对。

---

① 现在名为国家发展与改革委员会。

我们大多数人没有养牛、羊、鹿，但生活中处处有税收的影子。有人通俗地计算了一顿饭中包含的税收，如果一家人的早餐为包子（6元）和豆浆（4元），其中包括的税收为：

包子的税额＝6×13%增值税×（1＋7%城市维护建设税＋3%教育费附加）＝0.858（元）

豆浆的税额＝4×13%增值税×（1＋7%城市维护建设税＋3%教育费附加）＝0.572（元）

要是购买进口汽车，需要缴纳关税、增值税、消费税。

最终销售价＝到岸价＋关税＋进口环节增值税＋消费税＋进口商利润＋零售环节增值税

从价计征关税的计算公式为：

应纳税额＝完税价格×关税税率

从量计征关税的计算公式为：

应纳税额＝货物数量×单位关税税额

计征进口环节增值税的计算公式为：

应纳税额＝（完税价格+实征关税税额+实征消费税税额）×增值税税率

从价计征进口环节消费税的计算公式为：

应纳税额＝〔（完税价格+实征关税税额）/（1-消费税税率）〕×消费税税率

汽车的关税税率为25%，增值税税率为13%，消费税税率按排气量从1%到40%不等。

我们以德国进口的4.4排量的宝马X6为例，如果到岸价格为50万元，关税大约为12.5万元，进口环节增值税为10.625万元，消费税为41.6万元，这时这辆车的身价已经涨到114.725万元。为什么新款路虎揽胜行政版进口车的价格为100万~300多万元，跟税收大有关系。

讨论：

1.你觉得我们的生活中没有税收会怎么样？站在个人角度与政府角度考虑会有什么不同？

2.你希望承担更多的税收，同时又得到更多的公共服务，还是少缴税，得到更少的公共服务？请说说自己的理由。

第二节　税收原则

虽然政府无偿取得税收收入，但总需要通过一定的方式、依据一定的原则来征税，即政府征税应遵循一定的税收原则。

税收原则就是政府征税（包括税制的建立和税收政策的运用）所应遵循的基本准则。那么，政府征税需要遵循什么原则呢？从税收发展史看，人们对税收原则一直都有不同的看法，但总的来说，随着经济的发展、政府职能的拓展和人们认识的提高，税收原则经历了一个不断发展、不断完善的过程，而且这个过程仍将继续下去。

税收原则的思想萌芽可以追溯到很久以前。中国在先秦时期就已提出平均税负的朴素思想，按土地等级分别征税；春秋时代的政治家管仲则更明确地提出“相地而衰征”的税收原则，按照土地多少和田质的好坏确定税负的轻重。西方在16、17世纪的重商主义时期就提出了比较明确的税收原则，如英国经济学家威廉·配第初步提出了“公平、便利、节省”等税收原则。但人们一般认为，最先系统、明确提出的税收原则是亚当·斯密的“税收四原则”，即“公平、确实、便利、节省”。此后，税收原则的内容不断得到补充和发展，其中影响最大的当属集大成者阿道夫·瓦格纳提出的“税收四方面九原则”：财政原则，包括充分原则和弹性原则；国民经济原则，包括税源和税种的选择原则；社会公正原则，包括普遍原则和公平原则；税务行政原则，包括确实原则、便利原则、最少征收费原则（即节省原则）。在现代西方财政学中，通常又把税收原则归结为公平、效率、稳定经济三原则。

实际上还有多种税收原则的提法，但上述三种影响最大。这三种税收原则理论不仅代表和反映了三个不同时期人们对税收的认识，而且基本展示了税收原则理论发展和完善的脉络。根据上述税收原则的内容，结合税收理论和实践的发展，我们从社会、经济、财政、管理四个方面将新时期的税收原则归纳为公平、效率、适度和法治四个原则。

一、公平原则

公平原则是税收的基本原则。在亚当·斯密的税收四原则中，公平原则被列为首位。在我国历史上，也有很多强调税收公平的论述。在现代社会，公平原则更是各国政府完善税制所追求的目标之一。税收怎样才算公平，在不同时期，往往标准不同，人们的理解也不同。从历史发展过程看，税收公平经历了一个从绝对公平到相对公平的转变、从社会公平到经济公平的扩展过程。

税收涉及公平问题。“不患寡而患不均”，社会公平关系到每个人的切身利益，如果大家都穷，就会相安无事，但如果收入差距拉大，你多我少，那么不少人就接受不了。如果政府征税不公平，则征税的阻力就会很大，人们就会偷逃税款，严重时还会引起社会矛盾乃至政权更迭。举例来说，一位老人拥有一套房子，但没有收入，而另一位居民每月有固定工资收入，但没有自己的房子。如果对其征税，是按照收入、财产（房子）征税，还是按照收入与财产的总额征税？对此，人们有不同的看法。对于怎么样才公平，真可谓“公说公有理，婆说婆有理”。

人们对税收公平有不同的理解，亚当·斯密所指的公平是税负的绝对公平，他强调每个纳税人都应按同一比例纳税。这就是说，不同收入水平的纳税人，其缴纳的税收绝对额虽不同，但其承担的税负（或税率）是相同的。反映到税制上，就是实行比例税率。亚当·斯密的公平原则在强调按比例税率征税的同时，还强调税收应对所有国民一视同仁，不应有免税特权的存在。后来，瓦格纳将公平的标准从绝对公平发展到相对公平，即征税要考虑纳税人的纳税能力，纳税能力强的应多纳税，纳税能力弱的则少纳税。他要求在税制上实行累进税率。如今，在理论上，相对公平又分为横向公平和纵向公平。所谓横向公平，简单地说，就是纳税能力相同的人应负担相同的税；而纵向公平，就是纳税能力不同的人，负担的税负则不应相同，纳税能力越强，其承担的税负应越重。在现实税制中，财产税按财产、所得税按所得累进征收，对低收入者免税，允许家庭赡养扣除等都是这种公平观的反映。

以纳税能力作为公平标准，在理论上称为“能力说”。如何判断纳税能力，在理论上又有客观说和主观说之分。按照客观说，纳税能力应依据纳税人所拥有的财富、取得的收入或实际支付能力等客观指标来确定；而主观说则强调纳税人因纳税所感知到的效用的牺牲或者说效用的减少应相同，或者纳税后的边际效用相同。

除“能力说”外，公平标准还有“受益说”，即以享受政府公共服务的多少作为衡量公平的标准。根据这个标准，从政府公共服务中享受相同利益的纳税人，意味着具有相同的福利水平，因此，应负担相同的税，以体现横向公平；享受较多利益的纳税人，则具有较高的福利水平，因此，应负担较高的税，以实现纵向公平。这在社会保障方面往往有所体现，但在许多情况下受益水平是不好衡量的。

税收的社会公平之所以重要，不仅由于上面提到的公众对它的关注和反应，而且由于它反映了人类的文明进步。人类社会从等级分明的社会发展到提倡人人平等的文明社会，公民的平等权得以确立和强化。反映到税收上，也自然要求同等对待，即要求税收也要遵循公平原则，取消免税特权。而公平标准之所以从绝对公平过渡到相对公平，并强调纵向公平，则是因为在资本主义经济发展过程中出现了贫富两极分化。一方面，贫富两极分化激化了社会矛盾，使绝对公平失去了社会基础，要求富人多纳税的呼声越来越高；另一方面，贫富两极分化也在客观上导致市场经济运行的结构性矛盾，不可避免地出现了社会有效需求不足的问题，需要政府通过税收来调节收入分配，以减少贫富差距，缓解社会矛盾和经济矛盾。同时，随着政府职能的扩大，财政支出急剧增加，从而加大了增税压力，而税收的分配对象是国民财富，要拓宽税源，提高税负，自然需要更多地依靠纳税能力较强的富裕阶层，即需要考虑按纳税能力征税。

在西方国家，公平通常是指社会公平，瓦格纳称之为社会公正原则。而在现实中，政府征税不仅要满足社会公平的要求，而且要做到经济上的公平，也就是说，在现代经济中，税收原则事实上不仅包括社会公平，还包括经济公平。税收的经济公平包括两个层次的内容：首先是要求税收保持中性，即对所有从事经营的纳税人，包括经营者和投资者，要一视同仁，同等对待，以便为经营者创造合理的税收环境，促进经营者公平竞争。增值税的盛行、公司税税率以比例税率为主等都是这种公平要求的反映。其次是对于客观上存在的不公平因素，如资源禀赋差异等，需要通过差别征税实施调节，以创造大体同等或者大体公平的客观竞争环境。这两个层次的内容也相当于社会公平中的横向公平和纵向公平。

之所以强调税收的经济公平，是与经济的发展分不开的。经济的发展使公司、企业成为重要的纳税主体，与个人相比，它们对经济公平的要求比对社会公平的要求更迫切、更现实，而且经济公平也是税收效率原则的必然要求。税收效率原则也是税收的重要原则之一，而效率与公平是辩证统一的，特别是经济公平是以效率为目标的，要使税收有效率，就需要公平。

在我国，税收公平影响企业间的公平竞争，也影响个人之间的收入分配。促进收入公平分配是政府的职责，而通过税收缩小收入差距则是征税的目的之一。所以，税收制度应当体现公平，为社会和谐发展营造良好环境。

二、效率原则

税收的效率包含两层含义：一是行政效率，就是征税过程的效率，它要求在征收和缴纳过程中耗费成本最低；二是经济效率，就是征税应有利于促进经济效率的提高，或者对经济效率的不利影响最小。

税收行政效率就是指税收成本应尽量低。税收成本既包括政府为征税而花费的征收成本，也包括纳税人为纳税而耗费的缴纳成本，即西方所称的“奉行成本”。亚当·斯密和瓦格纳所称的“便利、节省”原则，实质上就是税收的行政效率原则。便利原则强调税制应使纳税人缴税方便，包括纳税的时间、方法、手续的简便易行。这无疑有利于节省缴纳成本，符合税收的行政效率要求。而节省原则，即亚当·斯密和瓦格纳所称的“最少征收费用原则”，强调征税费用应尽可能少。亚当·斯密说“一切赋税的征收，须使国民付出的，尽可能等于国家所收入的”。他们所说的征收费用，实际上只限于政府的征收成本。需要指出的是，税收的征收成本和缴纳成本是密切相关的，有时甚至是可以相互转换的。一项税收政策的出台可能有利于降低征收成本，但这可能是以纳税人的缴纳成本的增加为代价的，或者相反。这说明，税收的行政效率要对征收成本和缴纳成本进行综合考虑，才真正有意义。我们可以思考一下，在网络时代，对网店该不该征税，怎样征税？回答该问题需要考虑征税成本，如果花费1万元成本，只取得0.6万元税收收入，就不划算了。另外，近些年来，通过采用信息化技术，大量税款通过转账方式缴入国库，不用纳税人到税务部门排队交现金，大大降低了社会成本。

从1994年起，为保证中央财政收入，我国将税务机关分设为国家税务机关和地方税务机关。这样做有利有弊，同一个纳税人需要跑两个部门办理税务登记、纳税申报、减免税申请等事务，加重了纳税人的负担。2015年年末，中共中央办公厅、国务院办公厅印发《深化国税、地税征管体制改革方案》，要求“规范、简并纳税人报表资料，实行纳税人涉税信息国税、地税一次采集、按户存储、共享共用。能够从信息系统提取的数据信息不得要求纳税人重复报送，加快推行办税无纸化、免填单，让纳税人少跑腿、少费时、少花费”。“实施国税、地税合作规范化管理，全面提升合作水平。采取国税、地税互设窗口、共建办税服务厅、共驻政务服务中心等方式，2016年实现‘前台一家受理、后台分别处理、限时办结反馈’的服务模式。完善全国12366纳税服务平台，2016年全面提供能听、能问、能看、能查、能约、能办的‘六能’型服务。制订实施‘互联网+税务’行动计划，建设融合国税、地税业务，标识统一、流程统一、操作统一的电子税务局，2017年基本实现网上办税”。这些改革举措就是税收效率原则的体现。

税收经济效率要求征税不得阻碍经济发展。税收对经济的影响究竟是积极的，还是消极的？影响的程度如何、范围多大？对这些问题人们是有争议的。亚当·斯密认为，通过市场这只“看不见的手”进行自我调节的经济运行是最佳的，也就是说，通过市场配置资源的效率是最高的，任何税种的开征都会对良好的经济运行产生不利影响，导致资源配置扭曲。因此，他主张自由放任政策，政府征税越少越好，也就是要求税收的“额外负担”最小。这个“额外负担”就是征税所引起的资源配置效率的下降，通常又被称为税收的经济成本。

税收经济效率还要求保护税本。瓦格纳校正了亚当·斯密的不干预政策，认为税收具有促进经济发展的积极作用，政府征税应尽量避免税收对经济的不利影响，而发挥税收对经济的促进作用。基于此，他提出了税收的国民经济原则，包括税源的选择原则和税种的选择原则。他认为，为保护和发展国民经济，使税收趋利避害，政府征税应慎重选择税源。原则上，税源应来自国民收入，而不应来自税本。通俗地说，好比树上摘果，果是源，树是本，我们只能摘果，而不能伤树。或者说不要竭泽而渔，如果因为征税太重，使创造财富的企业垮了，那么，以后就没有税收来源了，这样做是得不偿失的。

税收经济税率的更高要求是通过税收分配来提高资源配置的效率。在政府干预的情况下，通过积极发挥税收的调控作用，可以有效促进经济的发展。西方现代税收理论中的税收稳定经济原则，实际上就属于这一层次的效率要求。它强调通过税收的内在稳定机制和税收政策的相机抉择来熨平经济波动，以实现经济的稳定增长。比如，在经济过热阶段，较高的所得税税率可以使企业税后利润减少，减缓其投资冲动，避免经济泡沫继续膨胀；在经济萧条阶段，较低的所得税税率可以使企业有更多的资金投入生产，拉动经济走出低谷，恢复元气。再比如，通过对创新创业型企业给予税收优惠，促进其发展，从而把社会“蛋糕”做大；对污染型行业征收排污税，可以引导企业采用新技术，减轻对环境的污染，从而促进经济良性循环。不少学者运用我国的数据进行了实证分析，但对于税制结构与经济增长的关系有截然不同的看法。比如严成樑、龚六堂认为，我国流转税税率与经济增长率正相关，企业所得税税率与经济增长率负相关，个人所得税税率与经济增长率存在倒U形关系。

税收的公平与效率存在一定的矛盾。比如，大企业高管人员薪酬高，如果对他们征收超过50%的个人所得税，对于低收入人群来说是公平的，但对于提高高管人员创造财富的积极性是不利的。再比如，是否应当在现阶段开征遗产税，也有很大争议。征税的目的当然是调节不同收入群体的收入，缩小收入差距，促进公平，但高收入者出于自身利益，必然想尽办法逃避缴纳税款，或者将收入及财产转移到低税负的国家或地区，或者将其转到子女名下，这都会影响他们创造财富的积极性，不利于经济效率的提高。怎样协调这一矛盾考验着各国政府的决策者。

三、适度原则

适度原则就是政府征税应当取之有度，可以形象地称为“拔鹅毛又不让鹅叫”。多年来，我们一直把不断增加税收收入、超额完成税收收入任务作为最重要的工作来抓，这是有问题的：一是没有认识到经济发展存在周期性，不可能一直是直线上升的过程，会有起伏波动，税收收入也会跟着波动；二是没有意识到当政府从社会财富这个“大蛋糕”中拿走更多份额时，企业和个人剩下的份额就更少了，企业就没有更多的资金发展壮大，个人创造财富的积极性也会受到影响。

那么，适度的界限怎样确定？税收收入占GDP的比重多少才合适？理论上一直没有统一的看法，各国在不同发展阶段差别也很大。这就需要通过规范分析找出一个能够被普遍接受的标准，从而指导各国的实践。一般的标准是：一要保证政府有足够的财政收入提供最基本的公共服务；二要保证经济顺利发展。在这两者之间保持平衡，再根据宏观调控的需要适当浮动，找出合理的界限。有兴趣的同学可以检索国内外的相关文献，看看哪些学者研究了这些问题，取得了哪些成果，有哪些观点值得关注，还可以采集各个国家和地区多年来税收收入占GDP比重的数据，结合其他数据，运用计量经济学的方法进行分析，得出自己的结论，加深对税收适度原则的认识。

知识之窗7-1 **“鹅叫最少”的税种**

英国经济学家哥尔柏说过：“税收这种技术，就是拔最多的鹅毛，听最少的鹅叫。”印花税就是具有“听最少的鹅叫”特色的税种，它的产生有深刻的政治经济根源，也具有一定的传奇色彩。

17世纪，随着资本主义经济的发展和海外殖民掠夺的加剧，荷兰国内的阶级矛盾也尖锐起来，政府和军队的巨额开支都通过税收由老百姓承担。为提高工资和改善劳动条件，工人多次与资本家展开斗争，而农民也不时掀起暴动。

1624年，荷兰政府陷入了严重的经济危机，财政十分困难。当时执掌政权的统治者摩里斯打算通过增税解决财政困难，但又怕遭到人民的反对，便要求大臣们出谋献策。众大臣议来议去，就是想不出两全其美的办法来。

万般无奈，荷兰统治者决定采用公开招标的办法，用重赏寻求新税的设计方案。方案中选的条件有：一是税源要可观，收入应该能基本弥补财政缺口；二是要保证不引起民愤，不出现难以控制的局面；三是要保证不会导致经济状况进一步恶化；四是手续要简便易行，税收成本低廉。

荷兰政府从成千上万个设计方案中，筛选出一个“完美方案”——印花税。这个设计方案可谓独具匠心：第一，考虑到人们在日常生活中经常使用契约、借贷凭证等单据，所以一旦征税，税源将很广泛；第二，顺应人们的心理，人们认为在凭证、单据上由政府盖个印戳而成为合法凭证是理所当然的，在诉讼时有法律保障，因而也乐于缴纳印花税。

正因为这样，印花税被誉为税负轻微、税源畅旺、手续简便、成本低廉的“良税”。印花税在荷兰出现后，欧美各国竞相效仿。丹麦在1660年、法国在1665年、美国在1671年、奥地利在1686年、英国在1694年先后开征了印花税。在不长的时间内，印花税就成为世界各国普遍采用的税种。

不少学者都研究并提出了税收的适度原则。我国唐代理财家提出的“量出以制入”就是根据国家财政支出的需要，安排和筹集税收收入。瓦格纳则把税收的财政原则放在四大税收原则之首，内容包括充分原则和弹性原则两个方面。著名的拉弗曲线也反映了这一原则，税收收入并不总是与税负成正比的，税负（率）越高，不等于税收收入越充裕，而可能是相反，即当税负（率）超过某个临界点后，实际所实现的税收收入可能反而下降，因为税负过高会导致税源萎缩。这说明，税负过高或过低都不好。税负过低，不能满足政府的正常支出需要；税负过高，则不仅不会增加收入，反而会制约经济的发展。

四、法治原则

法治原则就是政府征税（包括税制的建立和税收政策的运用）应以法律为依据，依法治税。法治原则的内容包括两个方面：税收的程序规范原则和征收内容明确原则。前者要求税收程序（包括税收的立法程序、执法程序和司法程序）法定，后者要求征税内容法定。税收的法治原则是与税收法学中的“税收法定主义”相一致的。

这一原则要求所有税收制度都必须严格遵循法律程序，而不能由政府自行决定。只有由居民代表组成的立法机关来制定税收法律，才能反映全体居民的意愿，确保公共利益不受侵犯。所以，就有了“无代表则无税”的现代民主理念。1765年，英国向北美13个殖民地征收印花税，1773年又征收茶叶税，但殖民地民众没有代表参加英国议会，于是，一场要求独立的民族解放战争爆发了，最终以北美殖民地的独立而告结束，这样就有了今天的美国。此后发表的《独立宣言》鲜明地提出，没有纳税人代表的同意，不得征税。

在现实生活中，违反税收法治原则的事例屡屡出现。比如，一些地方政府未经立法机关批准，擅自出台减免税政策，或者变相退还入驻开发区的企业所缴纳的税款，这是不符合法治原则的。1994年，全国人大常委会授权国务院制定税收条例，20多年过去了，我国大多数税种还是以国务院发布暂行条例的方式出台的，还没有上升为立法机关制定的法律。目前，只有个人所得税、企业所得税、车船税制定了法律，增值税、消费税、房地产税等上升为法律已经列入“十三五”期间的立法工作计划。2015年3月15日，《中华人民共和国立法法修正案》颁布实施，第八条规定“税种的设立、税率的确定和税收征收管理等税收基本制度”只能制定法律。

税法是税收制度的核心，其构成要素被称为税制要素，包括：征税对象、纳税人、税率、减免税、纳税期限、法律责任等。需要说明的是，平时大家经常说“偷漏税”，其实在法律上并没有“漏税”的说法。从字面上说，“偷税”是有意的，而“漏税”是无意的，但执法机关没有办法区别谁是有意、谁是无意，所以，《中华人民共和国税收征收管理法》并没有“漏税”的规定。

案例讨论7-2　　税收政策调控房地产市场有多大效果？

2005年5月，为抑制房地产市场价格过快上涨，我国决定对个人购买住房不足两年转手交易的，销售时不再享受按售房收入减去购买房屋价款后的差额征收营业税的优惠政策，而是按售房收入全额征收营业税。对于个人购买住房超过两年转手交易的，普通住宅可以继续享受免征营业税的优惠政策。

房价关系着每一个家庭，当年杜甫曾留下名句“安得广厦千万间，大庇天下寒士俱欢颜”。2005年，北京、上海等大城市房价平均每平方米10 000元，而2016年已经上涨到40 000元。在多数地区房地产供大于求的情况下，国家在2015年年底提出允许农业转移人口等非户籍人口在就业地落户，发展住房租赁市场；鼓励自然人和各类机构投资者购买库存商品房，成为租赁市场的房源提供者；鼓励房地产开发企业顺应市场规律调整营销策略，适当降低商品住房价格，取消过时的限制性措施等新政策。之后，财政部等多部门宣布自2016年2月22日起下调房地产交易环节契税、营业税（现已改征“增值税”）。除北京、上海、广州外，各地纷纷放松调控政策，沈阳市2016年3月出台政策，对毕业未超过5年的高校、中等职业学校毕业生在沈阳购买商品住房的，给予住房公积金政策支持，最高贷款额度为单方60万元、双方80万元。对高校、中等职业学校在校生购买商品住房的，给予每平方米200元的奖励政策。同时，对高校、中等职业学校在校生、新毕业生购买商品住房的，给予契税全额补贴政策。对就业、创业的高校毕业生租赁住房，按博士每月800元、硕士每月400元、学士每月200元的标准发放3年租房补贴。

讨论：

1.分析上述政策体现了税收的什么职能？它与哪个税收原则有关？

2.你觉得房价过高的原因是什么？了解一下你所在地商品房的价格在国家宏观调控后有什么变化。

第三节 税收负担及转嫁

一、税收负担及其衡量

税收负担是指纳税人因纳税而相应地减少了可支配收入，从而对其造成经济利益的损失或使其承受的经济负担的加重。

税收负担可以从宏观和微观两个角度分析。宏观税收负担是从整个社会或国民经济的角度来衡量的税收负担水平，主要指标有国民生产总值税收负担率和国内生产总值税收负担率。

国民生产总值税收负担率，是指一定时期内税收收入总额与国民生产总值的比率。计算公式为：

国民生产总值税收负担率（T/GNP）=税收收入总额÷GNP×100%

国内生产总值税收负担率，是指一定时期内税收收入总额与国内生产总值的比率。计算公式为：

国内生产总值税收负担率（T/GDP）=税收收入总额÷GDP×100%

微观税收负担指的是某个具体纳税人的税收负担，对于企业来说，通常采用以下指标反映企业整体税负率：

企业总税收负担率＝纳税总额÷同期销售收入×100%

企业净产值税收负担率＝纳税总额÷净产值×100%

企业流转税负担率＝流转税总额÷同期销售收入×100%

企业所得税负担率＝企业所得税税额÷（同期利润所得+其他所得）×100%

对于个人来说，可以用个人一段时间内所负担的税收除以总收入来衡量，也可以分别用不同税种来衡量，如个人所得税、消费税、财产税等税种的税收负担。个人所得税负担率就等于个人所得税税额÷同期个人所得总额×100%。比较不同企业或个人的税收负担率可以了解各自的税负情况，比较不同时期同一纳税人的税收负担可以了解税收对其生产、生活的影响，分析税收政策的效果。

案例讨论7-3　　税收负担的功与过

烟草行业经常说它对税收的贡献大，而不少行业都在努力争取减免税待遇。看看表7-1的数据，你可以对不同行业的税收负担有一个更清晰的了解。

表7-1　　2007—2011年我国部分行业税收负担率（%）

行　业	年　份				
	2007	2008	2009	2010	2011
建筑业	13.19	12.53	13.05	14.26	13.26
交通运输、仓储及邮政业	7.66	9.26	8.62	9.22	9.86
批发和零售业	29.82	29.55	30.84	32.39	32.78
住宿和餐饮业	7.86	7.84	7.72	8.12	8.73
金融业	31.61	38.80	34.52	29.65	31.80
房地产业	25.55	26.63	25.87	30.09	32.45

不同行业的税收负担受什么因素影响？为什么不同行业的税收负担有这么大的差异呢？

讨论：

1.对比本章我国宏观税收负担的内容，说说你的感受。

2.税收负担的高低反映了什么？如果让你选择就业的行业，你会优先选择税收负担高的行业还是税收负担低的行业？

二、税收负担转嫁与归宿

税收负担转嫁是在商品交换中，纳税人将其缴纳的税款通过种种途径转移给他人负担的过程。税收负担的最终落脚点或税收负担转嫁的最后结果就是税收负担的归宿。税收负担转嫁是通过商品交换中的价格机制来实现的，脱离了商品交换中的供求关系和价格变化，税收负担是无法转嫁的。由此可知，能够发生税收负担转嫁的税种主要是一些与商品流转及供求价格密切相关的流转税税种。王东京教授通俗地解释了这一现象：如果你的朋友请你下馆子，他买单了，但后来拿到国有单位去报销，实际上就将这笔开支转嫁到国家身上，最终买单的是全体老百姓。

税收负担转嫁是纳税人与负税人分离的过程。当纳税人同时就是负税人时，不存在税收负担转嫁；只有当纳税人在纳税后再将税收负担转移给他人，或纳税人不承担全部税收负担时，才会发生税收负担转嫁。

税收负担转嫁本身没有好坏之分。有些人会认为税收负担转嫁是企业老板道德品质不好，故意将其缴纳的税收加在价格中，转嫁给消费者。其实这只是误解，因为税收负担转嫁是一种正常的经济现象，既不违反法律，也不违背情理。商品流转或买卖环节的税收在一定条件下会出现转嫁，最终由消费者承担，这是合情合理的。所以，我们每一个消费者都是负税人，间接承担了税款。

税收负担转嫁的形式有前转、后转等。前者是指纳税人将其所纳税款沿着商品运动的方向，通过提高商品销售价格的办法，向前转移给购买者负担的一种转嫁形式。后者是指纳税人将其所纳税款逆着商品运动的方向，通过压低商品价格等方法向后转嫁给商品供应者负担的一种转嫁形式。税收负担转嫁的条件是价格提高或降低能够为对方所接受，否则就转嫁不了。

还有一种方式是税收资本化，又称资本还原，是指在某些资本品（土地、房屋、股票）的交易中，商品的购买者将所购买商品的未来应纳税款，通过从购入价格中预先扣除（即压低商品的购买价格）的方法，转嫁给生产要素的出售者。这种情况多发生于土地买卖或其他收入来源较具永久性的财产（如有价证券）的税收负担转嫁上。

征税导致的税收负担转嫁如图7-2所示。

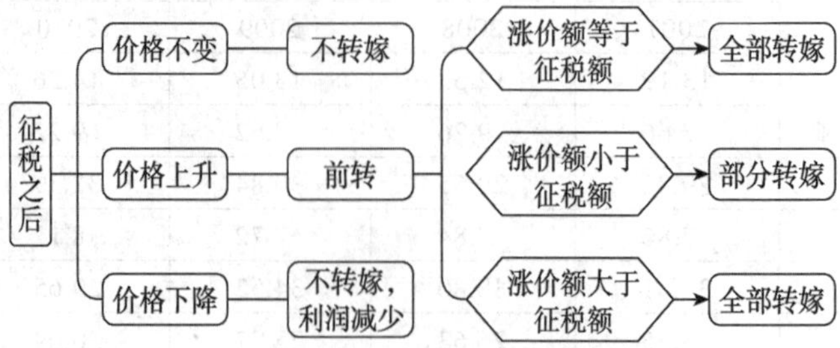

图7-2　税收负担转嫁

三、税收负担转嫁的影响因素

（一）商品供求弹性是决定税收负担能否转嫁的关键因素

纳税人税收负担能否转嫁、能够转嫁多少，主要取决于商品供求弹性的大小。一般来讲，需求弹性较大，供给弹性较小，税收负担很难转嫁（如图7-3所示）；需求弹性较小，供给弹性较大，税收负担较容易转嫁。

征税 → 提价 → 需求量下降 → 难以转嫁

图7-3　需求弹性对税收负担转嫁的影响

（二）商品价格形式对税收负担转嫁的影响

税收负担转嫁是通过税收改变被征税对象在商品交易中的价格来实现的，因此，税收负担能否转嫁、转嫁的程度如何与商品的价格形式密切相关。价格一般包括市场定价和计划定价。在市场定价下，价格受供求关系影响而发生变动，税收负担较容易转嫁；在计划价格下，税收难以通过改变商品价格而发生税收负担转嫁。

（三）税种对税收负担转嫁的影响

人们一般认为，在商品流转过程中，直接对商品征收的税，即流转税或间接税，其税收负担较容易转嫁；而在分配过程中对企业利润和个人收入征收的税，即所得税或直接税，其税收负担难以转嫁。流转税较易转嫁是因为课税必然引起价格提高，如果市场需求弹性小，税收负担就很容易转嫁出去。此外，商品课税是在销售者内部进行的，是以特定环节的流转额为课税对象的，其转嫁的隐蔽性较强，且比较容易顺着商品流转的方向，通过价格波动向前转嫁，所以客观上流转税容易转嫁。所得税属于企业利润和个人收入的分配范畴，不会直接影响商品的价格，自然就不会通过价格改变来转嫁税收负担。

税收究竟由谁负担的问题，通过例子会看得更清楚。假设销售者每出售一瓶矿泉水要缴纳0.2元的税，在不征税时，每瓶矿泉水的售价是1元，那么，0.2元的税由谁来承担呢？大致有以下几种情况：（1）仍按1元的价格出售，不管卖给谁，0.2元的税金将由销售者来承担；（2）考虑到征税因素，销售者将价格提高到1.2元，这时，0.2元的税款就由购买者承担；（3）如果价格提高到1.1元，这时买卖双方都承担一部分税款，即各负担0.1元。

通过这样一个简单的例子，我们看到，税款可能由纳税人承担，也可能由其他人承担。也就是说，税收负担是可以转嫁的，纳税人与最终负担人并不一定是一致的。由此产生了税收归宿问题，也要求政府在制定税收政策时，不仅要考虑税收政策调整对纳税人的影响，还要考虑对最终负税人的影响。

税收负担转嫁发生在商品交换过程中，纳税人通过提高销售价格或压低购进价格，将税收负担转嫁给购买者或供应者。税收负担转嫁是税收征收管理中的一个重要问题，西方国家政府在制定税收政策时非常重视研究税收负担的变化及生产者、消费者的税收负担，以避免出台的税收政策带来负面影响。

第四节　中国的税收制度

中华人民共和国成立60多年来，随着国家政治、经济形势的发展，税收制度的建立与发展经历了一个曲折的过程。从总体来看，60多年来，我国的税制改革大致经历了三个历史时期：第一个时期是从1949年新中国成立到1957年，即国民经济恢复和社会主义改造时期，这是新中国税制建立和巩固的时期。第二个时期是从1958年到1978年年底，这是我国税制建设曲折发展的时期。第三个时期是1978年之后的新时期，是我国税制建设得到全面加强、税制改革不断前进的时期。

在上述三个时期内，我国的税收制度先后进行了五次重大改革：第一次是新中国成立之初，1950年，在总结老解放区税制建设的经验和全面清理旧中国税收制度的基础上建立了中华人民共和国的新税制。第二次是1958年的税制改革，其主要内容是简化税制，以适应社会主义改造基本完成、经济管理体制改革之后的形势。第三次是1973年的税制改革，其主要内容仍然是简化税制，这是“文化大革命”的产物。第四次是1984年的税制改革，其主要内容是普遍实行国有企业“利改税”和全面改革工商税收制度，以满足发展有计划社会主义商品经济的要求。第五次是1994年税制改革，其主要内容是全面改革工商税收制度，以满足建立社会主义市场经济体制的要求。

一、1978年以前的税制状况

从1949年中华人民共和国成立到1978年，我国税制建设和发展的历程十分坎坷。这一时期税种的变化如图7-4所示。

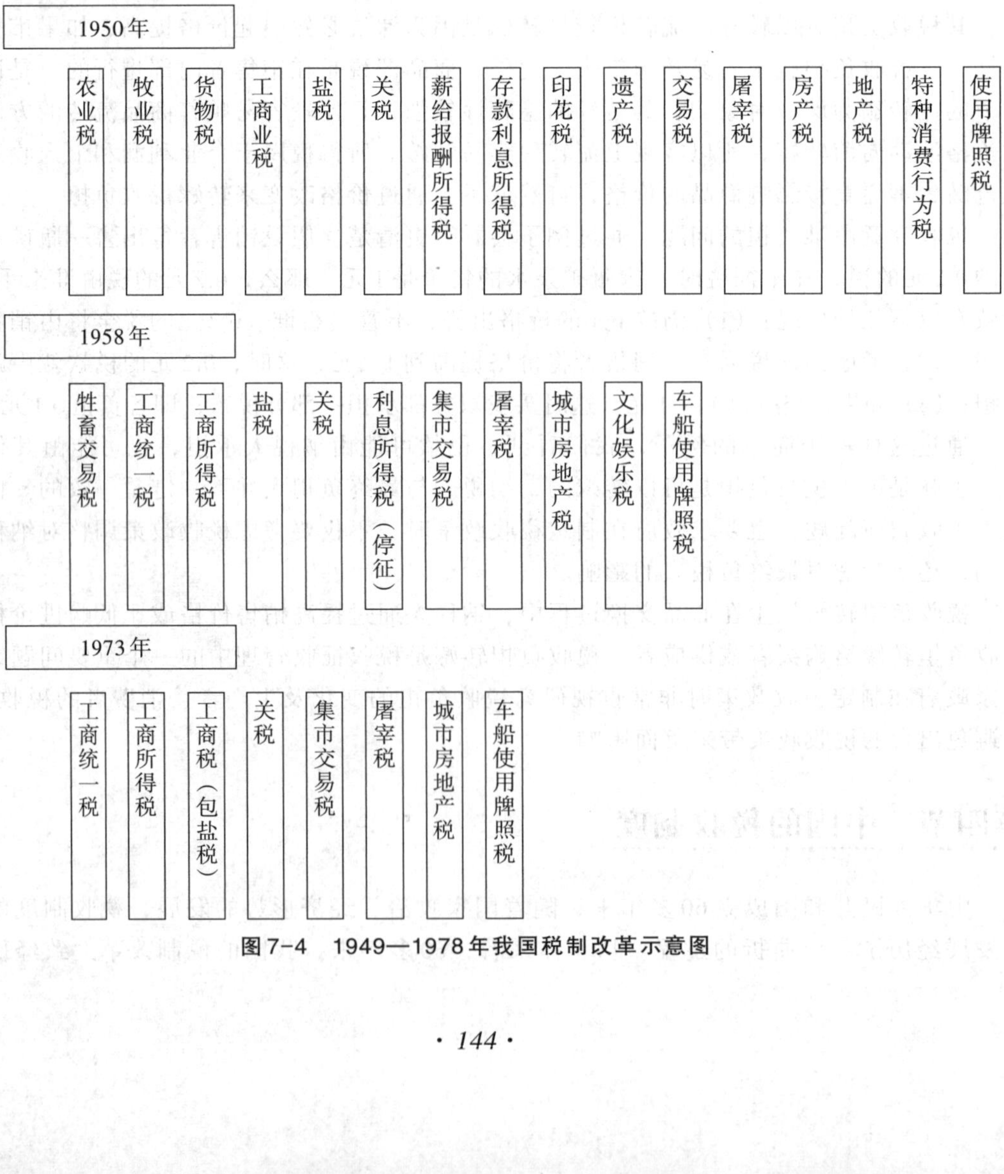

图7-4　1949—1978年我国税制改革示意图

总的来看，从生产资料私有制的社会主义改造基本完成到1978年，由于“左”的指导思想的作用和苏联经济理论及财税制度的影响，我国的税制建设受到了极大的干扰。税制几经变革，走的都是一条片面简化的路子。同时，税务机构被大量撤并，大批税务人员被迫下放、改行，使税种越来越少，税制越来越简单，大大缩小了税收在经济领域的活动范围，严重影响了税收作用的发挥。

二、1978年至1982年的税制改革

这一时期是我国税制建设的恢复时期和税制改革的准备、起步时期，从思想上、理论上、组织上、税制上为后来的改革做了大量准备工作，打下了坚实的基础。在此期间，我国的税制改革取得了改革开放以后的第一次全面重大突破。

从1980年9月到1981年12月，我国第五届全国人民代表大会先后通过并公布了《中华人民共和国中外合资经营企业所得税法》（以下简称《中外合资经营企业所得税法》）、《个人所得税法》和《中华人民共和国外商投资企业和外国企业所得税法》（以下简称《外国企业所得税法》）。同时，对中外合资企业、外国企业和外国人继续征收工商统一税、城市房地产税和车船使用牌照税。这样，我国初步形成了一套大体适用的涉外税收制度，满足了我国对外开放初期引进外资、开展对外经济技术合作的需要。

在建立涉外税制的同时，财税部门就改革工商税制和国有企业利润分配制度做了大量调研工作，并在部分地区进行了试点。在此基础上，财政部于1981年8月向国务院报送了《关于改革工商税制的设想》，并很快获得批准。

1982年11月，国务院向第五届全国人大五次会议提交《关于第六个五年计划的报告》，提出包括“利改税”在内的3年税制改革任务，并获得批准。

在此期间，国务院还批准开征了烧油特别税，发布了《牲畜交易税暂行条例》。

三、1983年至1993年的税制改革

这一时期是我国税制改革全面探索的时期，取得了改革开放以来税制改革的第二次重大突破。

作为企业改革和城市改革的一项重大措施，1983年，国务院决定在全国试行国有企业“利改税”，将新中国成立以来实行了30多年的国有企业向国家上缴利润制度改为缴纳企业所得税制度，取得了初步成功。这一改革从理论和实践上突破了国有企业只能向国家缴纳利润，国家不能向国有企业征收所得税的禁区。这是国家与企业分配关系改革的一个历史性转变，此后，我国陆续出台了多个新税种。

这套税制的建立在理论上、实践上突破了长期以来封闭型税制的约束，转向开放型税制；突破了统收统支的财力分配关系，重新确立了国家与企业之间的分配关系；突破了以往税制改革片面强调简化税制的框子，注重多环节、多层次、多方面发挥税收的经济杠杆作用，由单一税制转变为复合税制。这些突破使中国的税制建设开始走上健康发展的新轨道，与国家经济体制、财政体制改革的总体进程协调一致。

这一时期的工商税种达到32种，如图7-5所示。

产品税	增值税	营业税	工商统一税	盐税	关税	资源税	城镇土地使用税	印花税	国有企业所得税	集体企业所得税	屠宰税	房产税	牲畜交易税	私营企业所得税	集市交易税
城乡个体工商业户所得税	个人收入调节税	国有企业奖金税	集体企业奖金税	事业单位奖金税	国有企业工资调节税	固定资产投资方向调节税	城市维护建设税	烧油特别税	筵席税	特别消费税	车船使用税	城市房地产税	外企所得税	个人所得税	车船使用牌照税

图7-5　1983—1993年我国的税种

四、1994年的税制改革及税制结构

1992年，我国明确提出建立社会主义市场经济体制的改革目标。1994年以来，我国对工商税制又进行了一次全面性、结构性改革。这次工商税制改革的指导思想是：统一税法，公平税负，简化税制，合理分权。其主要内容是：改革流转税制、改革所得税制、开征和简并部分税种、规范减税免税、强化税收管理，颁布并修订了《中华人民共和国税收征收管理法》及其实施细则，使税收征管工作全面走上系统化、规范化、法制化的轨道。

从税制结构可以了解我国有哪些税种，以哪些税种为主、哪些税种为辅。我国改革后的工商税收，是以流转税为主体，以所得税为发展重点的多税种、多次征、主次分明的复合税制体系。流转税以增值税为核心，所得税包括企业所得税、个人所得税，意在调节企业利润，促进公平竞争，调节个人收入，缩小收入差距，体现效率优先、兼顾公平的导向。此外，还有与之相配套的辅助税种：城镇土地使用税、资源税、土地增值税、房产税、车辆购置税、车船使用税、印花税、城市维护建设税、契税和耕地占用税，以及下放由省、直辖市、自治区地方政府决定开征与否的屠宰税和筵席税，待开征的证券交易税，属于海关负责征收的关税、船舶吨税等。

目前，我国有些税种由税务部门负责征收（增值税、消费税、企业所得税、个人所得税等，还包括暂停征收的固定资产投资方向调节税），而关税、进口环节的增值税、消费税由海关部门代征。税务部门负责征收的税种如图7-6所示。

增值税	消费税	企业所得税	个人所得税	资源税	土地增值税	城镇土地使用税	印花税	城市维护建设税	车辆购置税	车船税	房产税	契税	耕地占用税	烟叶税

图7-6　税务部门负责征收的税种

2012年，我国开始启动营业税改征增值税试点工作；2016年5月1日，全面实行营业税改征增值税。至此，营业税退出了历史舞台。

我国的税制改革仍然在进行，那么，什么样的税收制度最适合我国？实行这样的税收制度需要哪些条件？很多年来，经济学家都在研究这个问题。1927年，庇古的学生、剑桥经济学家拉姆齐总结出“拉姆齐法则”，主张对生活必需品采用高税率，而对高档品采用低税率。1971年，诺贝尔经济学奖获得者詹姆斯·莫里斯也对最优所得税问题做了研究。大家不妨阅读相关文献，了解他们的研究方法和不同观点。有人干脆提出一个国家只征收一种税，也就是单一税制理论。这些讨论丰富了税收理论，正所谓“一花独放不是春，百花齐放春满园”。

案例讨论7-4　　谁应当交税？

2005年以来，鉴于1980年规定的个人所得税工资薪金所得的费用扣除额800元已不适应不断增长的居民收入，我国先后三次提高了这一标准，目前已经提高到5 000元；再加上可以在计税前扣除的社会保险缴费、缴存的住房公积金等，实际扣除额还要高。由于各种原因，媒体常常将这一标准称为“起征点”。

在个人所得税改革的讨论中，有一个深层次问题影响大家的看法。多数人都觉得费用扣除标准越高越好，有人曾经提出提高到1万元，好像大家都不用缴税就合理了。那么，谁应当交税呢？难道只有极少数亿万富翁应当交税吗？

近几年，媒体时不时爆出“馒头税”“月饼税”“房产证加名税”等新闻，不断吸引大家的眼球，挑动大众的神经，让人感觉税种太多、税负太重。其实，做馒头的企业按照食品生产行业的税率缴纳增值税、单位发给个人的中秋节福利月饼计入个人工资薪金所得扣缴个人所得税、房产证增加名字按照房屋权属发生转移征收契税等都是按原有税收法律法规的规定执行的，并不是新增加的税种，也不是出台新的税收政策。至于这样做是不是妥当，那就另当别论了。如果大家认为不合理，那么就需要通过法定程序修改税法。

这些争议的背后有一个逻辑：似乎大家都觉得自己不应当交税？究竟对谁征税最合适呢？我国个人所得税在税收收入中的比重是应该提高，还是应该降低？不管是专家的建议还是国家的改革方向，都提出要提高直接税的比重，主要就是要提高企业所得税、个人所得税的比重。

讨论：

1.为什么未来要提高直接税的比重？谈谈你对其原因的理解。个人所得税在税收收入中的比重高低对国家的民主进程有没有影响？请与同学展开讨论。

2.人们对个人所得税的征收有一些怨言，是什么原因造成的？你觉得目前个人所得税真正起到缩小居民收入差距的作用了吗？请提出具体数据等说服力强的证据。

知识运用

本章所学的财政支出的范围、规模及影响因素、原则等知识为我们认识政府财政支出管理中的各种问题提供了重要工具。下面分别列出现象（案例）、分析的理论依据、分析思路：

现象：政府开征某种新税种、调整税率、增加或减少税收优惠政策，比较不同国家或地区的税收负担水平、税收政策调整对经济社会产生什么影响……

分析的理论依据：税收理论。

分析思路：可以从税收的特点分析税收对于政府取得财政收入的作用，根据税收收入的构成及各个税种的税基可以了解当地产业发展状况，从税收的职能可以分析税收政策调整所能发挥的作用，从税收负担衡量指标可以分析各国或各地经济发展水平……

如何分析案例?

阶段练习三

一、单项选择题

1.财政收入中最基本、最主要的形式是（　　）。

A.国有资产收入　B.公债收入　C.收费收入　D.税收收入

2.改革开放至今，我国财政收入的大部分直接来自（　　）。

A.第一产业　B.第二产业　C.第三产业　D.服务业

3.政府以债务人的身份，依据信用原则取得的财政收入是（　　）。

A.税收　B.政府收费　C.公债收入　D.国有资产收入

4.企业财务中，同财政收入成正比例关系的影响因素是（　　）。

A.利润　B.费用　C.工资　D.折旧

5.（　　）是征收面最广、最稳定可靠的取得公共收入的形式。

A.国有资产收入　B.公债　C.税收　D.政府收费

6.我国1983年实行（　　）以后，税收逐渐成为财政收入的基本形式。

A.分税制　B.利改税　C.税利分流　D.分灶吃饭

7.在我国，本地区组织征收的属于当地可自主支配的财政收入称为（　　）。

A.地方财政总收入　B.地方组织的财政收入

C.一般公共预算收入　D.全口径预算收入

8.非税收入中，不属于政府性基金收入的是（　　）。

A.铁路建设基金　B.公路建设基金　C.罚没收入　D.三峡工程基金

9.被称为“延期的税收”的是（　　）。

A.国有资产收益　B.公债　C.规费收入　D.罚没收入

10.税收最主要的职能是（　　）。

A.资源配置　B.筹集财政收入　C.调控经济　D.调节收入分配

11.能发挥收入分配功能的税种是（　　）。

A.增值税　B.车船税　C.个人所得税　D.关税

12.税收征税的主体是（　　）。

A. 国家　　B. 居民　　C. 纳税人　　D. 税务部门

13. 税收的（　　）是指税收政策要有利于一国经济的有效运行，使税收超额负担最小。

A. 收入效应　　B. 替代效应　　C. 经济效率　　D. 行政效率

14. 税负转嫁是通过商品交易中的（　　）来实现的。

A. 违章行为　　B. 收入效应　　C. 替代效应　　D. 价格机制

15. 历史上被称为“鹅叫最少”的税种是（　　）。

A. 印花税　　B. 遗产税　　C. 窗户税　　D. 契税

16. 下列税负较易转嫁的是（　　）。

A. 增值税　　B. 个人所得税　　C. 企业所得税　　D. 财产税

17. 我国（　　）年5月1日起施行的《中华人民共和国企业国有资产法》规定建立健全国有资本经营预算制度。

A.2000　　B.2008　　C.2014　　D.2009

18. 我国1988—1992年实行的国有企业利润分配制度是（　　）。

A. 统收统支　　B. 税利分流　　C. 利改税　　D. 利润留成

19.（　　）年，我国政府同意地方发行债券，由财政部代理发行，列入省级预算管理。

A.2000　　B.2008　　C.2014　　D.2009

20.（　　）为国债提供了必要性。

A. 财政收不抵支　　B. 利率市场化

C. 存在闲置资本　　D. 债券市场的出现

21. 公债负担率是公债余额和当年国民生产总值的比率，发达国家的标准为（　　）。

A.5%~10%　　B.15%~20%

C.20%~60%　　D.20%~25%

22. 公债依存度表示财政收入对于公债的依存程度，国际上公认的安全线是（　　）。

A.10%~15%　　B.20%~60%

C.15%~20%　　D.8%~10%

23. 对于内债来说，“年度公债发行额÷当年财政支出”称为（　　）。

A. 公债偿债率　　B. 公债依存度　　C. 公债负担率　　D. 债务率

二、多项选择题

1. 财政收入的形式包括（　　）。

A. 税收　　B. 债务收入　　C. 专项收入

D. 收费　　E. 国有资产收入

2. 财政收入的影响因素包括（　　）。

A. 经济发展水平　　B. 国家政体　　C. 政府职能范围

D. 价格变动　　E. 经济政策

3. 税收具有（　　）职能。

A. 稳定经济　　B. 资源配置　　C. 筹集财政收入

D. 调控经济　　E. 调节收入分配

4. 目前我国已经开征的税种有（　　）。

A. 增值税　　B. 消费税　　C. 遗产税

D. 物业税　　E. 关税

5. 目前我国由海关负责征收的税种有（　　）。

A. 契税　　B. 关税　　C. 车船税

D. 船舶吨税　　E. 房产税

6. 目前我国政府非税收入管理范围包括（　　）。

A. 彩票公益金　　B. 罚没收入　　C. 政府性基金

D. 社会保险基金　　E. 住房公积金

7. 以课税对象为标准，税收可以分为（　　）。

A. 流转课税　　B. 所得课税　　C. 资源课税

D. 财产课税　　E. 行为课税

8. 公债产生的两个条件是（　　）。

A. 财政收不抵支　　B. 有闲置资本　　C. 政府破产

D. 市场经济　　E. 经济衰退

三、判断题

1.（　　）1994年以来，我国中央财政收入在全国财政收入中的比重呈上升态势。

2.（　　）我国1994年在全国试行国有企业利改税。

3.（　　）我国现行规章规定，各级人民政府都可以审批行政事业性收费项目。

4.（　　）税收收入是国家凭借所拥有的资产取得的收入。

5.（　　）税收的收入效应是指征税减少了纳税人可自由支配的收入，改变了纳税人的相对所得状况，引起纳税人对劳动、储蓄和投资等所作出的进一步反应，会改变经济的效率与状况。

6.（　　）税收的替代效应是指当某种税影响相对价格或相对效益时，人们就选择某种消费或活动来代替另一种消费或活动。

7.（　　）目前我国已经出台《中华人民共和国税收基本法》。

8.（　　）我国已经开始征收遗产税。

9.（　　）我国准备开征房产税。

10.（　　）我国还没有正式开征物业税。

11.（　　）我国目前暂时停征农业税。

12.（　　）我国从2016年5月1日起全面实行营业税改征增值税。

13.（　　）税收公平原则是指以尽量小的税收成本取得尽量大的税收收益。

14.（　　）税收的横向公平是指纳税能力相同的人应负担相同的税。

15.（　　）税收行政成本既包括政府为征税而花费的征收成本，也包括纳税人为纳税而耗费的缴纳成本。

16.（　　）当纳税人同时就是负税人时，不存在税收负担转嫁。

17.（　　）一般来讲，需求弹性较大，税负容易转嫁。

18.（　　）我国1960年发行了人民胜利折实公债。

19.（　　）公债的首要功能是弥补财政赤字。

20.（　　）公债偿债率是公债余额与当年国民生产总值的比例。

四、简答题

1. 简述财政收入的影响因素有哪些。

2. 简述非税收入的含义和内容。

3. 说说除征税之外政府还要收取行政事业性收费的原因。

4. 简述税收的职能、原则。

5. 简述税制的要素。

6. 举出几个税收发挥调控经济职能的例子。

7. 简述公债产生的条件。

8. 简述公债的功能。

五、实务题（运用财政学专业知识分析图表中的数据，作出判断）

示例：

南宁市2018年的财政收入为753.20亿元，比上年同比增长9.5%。其中一般公共预算收入为358.96亿元，比上年增长8.1%。一般公共预算收入中，税收收入为261.38亿元，比上年增长5.4%。全年一般公共预算支出为697.93亿元，比上年增长8.0%。结合图7-7的数据及所学财政学知识，分析南宁市财政收入增长态势及收入质量，作出你的判断。

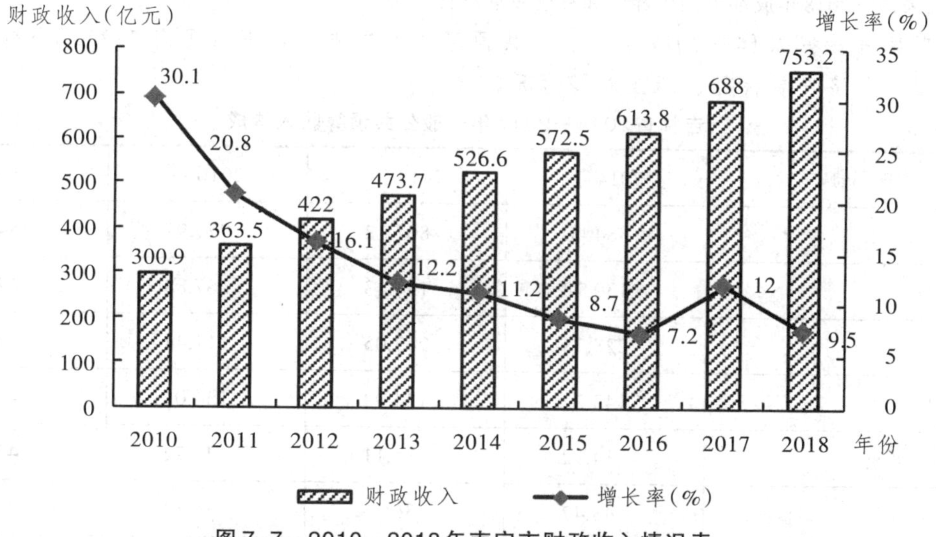

图7-7　2010—2018年南宁市财政收入情况表

数据来源　南宁市各年财政决算和2017、2018年南宁市国民经济和社会发展统计公报。

解答：①南宁市近年来财政收入增长速度呈明显下降态势，反映出经济进入新常态，发展速度放缓；

②南宁市一般公共预算收入中，税收收入比重约为72.8%，高于广西省内其他市；

③南宁市财政自给率约为51.4%；

④南宁市一般公共预算收入中，税收收入增长慢于总体收入增长，说明非税收入增长更快，财政收入质量有所下降；

⑤……

1.表7-2是成都市2018年主要经济统计指标，从经济与财政的关系角度分析各经济指标是否匹配并作出合理判断。

表7-2　　2018年成都市主要经济指标

指　标	总　量	增长率（%）
地区生产总值	15 342.77亿元	8.0
其中：第二产业	6 516.19亿元	7.0
第三产业	8 303.99亿元	9.0
全社会固定资产投资	8 341.1亿元	10.0
社会消费品零售总额	6 108.8亿元	10.0
一般公共预算收入	1 424.2亿元	9.4
其中：增值税收入	349.7亿元	7.0
企业所得税收入	151.7亿元	13.2
出口总额	2 746.9亿元	33.0

数据来源　2018年成都市国民经济和社会发展统计公报。

2.观察吉林省2014—2017年一般公共预算收入构成的数据（见表7-3），分析其财政收入质量、经济发展状况、产业发展情况。

表7-3　　吉林省2014—2017年一般公共预算收入构成　　单位：亿元

科　目	2014年	2015年	2016年	2017年
税收收入	884.40	867.12	972.97	854.03
增值税	139.78	134.43	267.88	367.53
营业税	228.78	242.05	111.44	3.88
企业所得税	143.22	134.92	134.01	144.61
个人所得税	34.92	34.11	41.72	43.35
土地增值税	48.47	36.15	34.14	31.03
耕地占用税	56.98	63.21	61.11	19.83
契税	78.00	66.35	65.36	70.62
其他税收（略）	……	……	……	……
非税收入	318.98	362.23	390.81	356.88
本年收入合计	1 203.38	1 229.35	1 263.78	1 210.91

数据来源　吉林省2014—2017年决算。

注：吉林省于2013年8月1日启动“营改增”改革试点工作，2016年5月1日全面推开。

3.武汉市2018年全年一般公共预算总收入为2 900.24亿元，比上年增长9.3%，其中地方一般公共预算收入为1 528.70亿元，增长11.0%。在地方一般公共预算收入中，税收收入为1 294.21亿元，增长9.8%。一般公共预算支出为1 929.54亿元，增长12.3%。结合图7-8的数据及所学财政学知识，分析武汉市近几年财政收入增长态势及收入质量，作出你的判断。

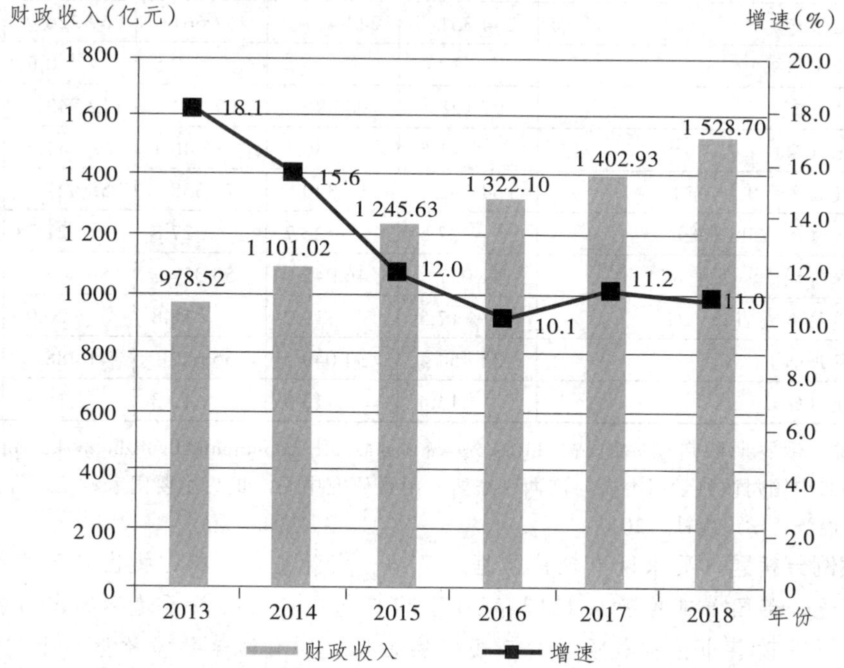

图7-8　武汉市2013—2018年财政收入及增速

数据来源　2017年武汉市国民经济和社会发展统计公报、武汉市财政局2018年全市一般公共预算支出执行情况表。

4.表7-4是2000—2018年主要年份广西财政发展指标，运用财政学知识进行分析，作出判断。

表7-4　**2000—2018年主要年份广西财政发展指标**

年　份	组织财政收入相当于地区生产总值比例（%）	一般公共预算收入相当于地区生产总值比例（%）	一般公共预算支出相当于地区生产总值比例（%）
2000	10.6	7.1	12.4
2005	11.9	7.1	15.3
2010	12.8	8.1	21.0
2012	13.9	8.9	22.9
2013	13.8	9.1	22.2
2014	13.8	9.1	22.2
2015	13.9	9.0	24.2
2016	13.4	8.5	24.5
2017	12.8	7.9	24.1
2018	13.7	8.3	26.1

数据来源　广西统计局，各年广西壮族自治区国民经济和社会发展统计公报。

5.观察俄罗斯政府预算收入结构（见表7-5），分析其收入来源的特点，查找相关资料，了解预算收入结构变化的原因。

表7-5 **俄罗斯政府预算收入结构（2012—2016年）**

项　目	2012年	2013年	2014年	2015年	2016年
预算收入（亿卢布）	234 351	244 427	267 661	269 220	281 815
预算收入增长率（%）	12.4	4.3	9.5	0.6	4.7
税收收入（亿卢布）	97 328	98 096	107 344	112 743	122 801
税收收入占比（%）	41.5	40.1	40.1	41.9	43.6
石油、天然气收入（亿卢布）	64 532	65 340	74 338	58 627	48 440
石油、天然气收入占比（%）	27.5	26.7	27.8	21.78	17.2
强制性社会保险缴费（亿卢布）	41 037	46 942	50 357	56 363	63 260
强制性社会保险缴费占比（%）	17.5	19.2	18.8	20.9	22.4
其他收入（亿卢布）	31 454	34 049	35 622	41 488	47 315
其他收入占比（%）	13.4	13.9	13.3	15.4	16.8

资料来源　俄罗斯联邦国库网站，http：//www.roskazna.ru/ispolnenie-byudzhetov/konsolid-irovannyj-byudzhet/。引自中国财政科学研究院，广西（东盟）财税研究中心．世界主要国家财政运行报告（2017）[M]．北京：经济科学出版社，2017.

六、案例分析题（要求既有理论依据，又结合实际进行分析，提出自己的看法）

1.据报道，英国首都伦敦从2017年10月24日起向尾气排放不达标的老旧机动车额外征税，希望借此改善市区空气质量。新规定实行后，所有污染物排放量高于“欧4”标准限值的机动车辆，如果在工作日7时至18时进入伦敦市中心，除了要缴纳原有的每天11.5英镑的交通拥堵费外，还须额外支付10英镑的尾气排放费。请结合税收职能等知识进行分析，说说其中的道理和自己的看法。

2.多年来，在上海，私人轿车的车牌号要通过拍卖才能取得，政府以此控制新增机动车总量、缓解交通拥堵。车牌号拍卖价现已攀升至7万~9万元，薄薄的一块车牌因此被称为“世界上最贵的铁皮”。2017年2月9日，河南省濮阳市公开拍卖机动车辆“吉祥”牌号，豫J00005最终以300万元成交。公开竞价所得款项作为财政收入，用于建立道路交通事故社会救助基金。近年来，广东、河南、安徽、浙江等地都尝试对特殊车牌号进行公开拍卖，明确所得款项用于交通事故社会救助基金或者道路交通建设。赞成者觉得，公开拍卖“吉祥”车牌号公开、公平、公正。反对者认为，“吉祥”车牌号拍卖容易滋生腐败，不值得宣扬和提倡。结合自己的所见所闻，分析上述现象，并提出自己的看法。

3.2018年，经税务机关查实，某知名演员在一部电影摄制过程中，以拆分合同的方式偷逃个人所得税618万元，少缴营业税及附加112万元。此外，其担任法定代表人的企业少缴税款2.48亿元，其中偷逃税款1.34亿元。税务机关已依法作出相应的追缴和处罚决定。有人评论说，明星们逃税未必不是好事，因为他们少缴税就可以多消费，对于拉动经济增长是有好处的，而且，如果拿这些钱缴税，形成财政资金后有可能被用于铺张浪费、公款吃喝、政绩工程等财政支出，反倒损害公众利益。你怎么看待上述评论，结合所学财政学知识分析上述案例并作出评论。

4.随着人口数量激增，交通拥堵也成为“大城市病”的重要表现形式。近几年来，北京市即将征收交通拥堵费的消息引发舆论关注。虽然征收拥堵费在新加坡、伦敦、斯德哥尔摩、米兰等地已有先例，但收费能否缓解拥堵、征收成本是否高昂、对工薪阶层私家车主是否公平等问题仍然存在很大争议。运用财政学理论和知识进行分析，提出自己的看法。

5.据《经济日报》报道，与往年相比，甘肃省金昌市2018年11月的空气质量大大好转。这源于《中华人民共和国环境保护税法》自2018年1月1日起的实施，将实施近40年来的排污收费制度改为征税。甘肃电投金昌发电有限责任公司及时对4台机组脱硫、脱硝及除尘等烟气处理装置进行了升级改造，大幅降低了排放浓度，由于符合国家环保税优惠政策的规定，前三季度累计缴纳环保税47万元，跟去年同期的排污费相比减少了116万元，降幅达71%。环保税体现了“多排多征、少排少征、不排不征”的原则，引导排污企业不断加大治污减排力度。环保税政策的激励作用有效发挥，让企业的排污压力转换为改造升级的动力。你怎么看待这一政策，运用所学的财政学知识进行分析。

6.我国根据《中华人民共和国残疾人保障法》《残疾人就业条例》的规定，出台了《残疾人就业保障金征收使用管理办法》，规定用人单位安排残疾人就业的比例不得低于本单位在职职工总数的1.5%。用人单位安排残疾人就业达不到其所在地省级政府规定比例的，应当缴纳保障金，纳入地方一般公共预算统筹安排，主要用于支持残疾人就业和保障残疾人生活。2014年，全国征收残疾人就业保障金284.27亿元，以后年度没有公布。应如何看待这一项财政收入？它与政府责任、财政职能有什么联系？说说你的理解与认识。

7.我国政府决定2019年积极的财政政策要加力提效，发挥好逆周期调节的作用。“加力”体现在实施更大规模的减税降费和加大支出力度。实施减税降费包括深化增值税改革，将制造业等行业现行16%的税率降至13%，将交通运输业、建筑业等行业现行10%的税率降至9%，确保主要行业税负明显降低；同时，从2019年5月1日起，下调城镇职工基本养老保险单位缴费比例至16%，继续执行阶段性降低失业和工伤保险费率政策，继续清理、规范行政事业性收费。综合各项减税降费措施，全年减轻企业税收和社保缴费负担近2万亿元。结合我国经济形势及专业知识，分析为什么出台上述政策措施，将能够收到哪些效果。

阶段练习三参考答案

第四编　财政的钱怎么管

第八章　政府预算

知识结构图

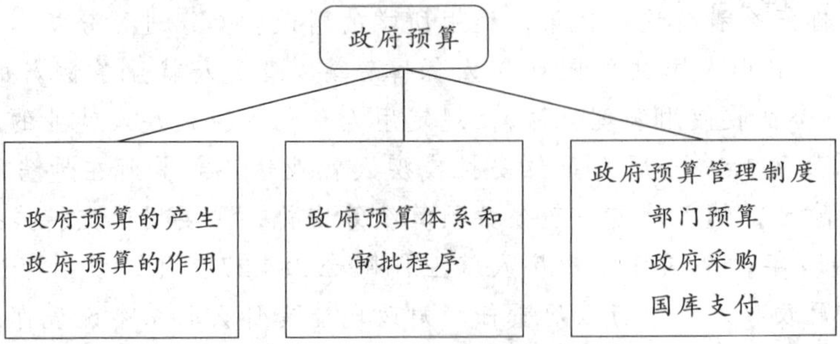

引　言

我们时常听说某个地方办文化节、博览会，那究竟花了多少财政的钱，值不值得举办这些活动，公众从中得到多少实在的好处，似乎都不清楚。作为学生，我们对自己交的学费用到哪里去，学校得到多少财政拨款，这些拨款是怎么确定的，也是知之甚少。

新闻里还播报过美国联邦政府先后17次因为预算通不过被迫关门，为什么会这样？政府预算与普通百姓有什么关系？我们能从预算改革中得到哪些益处？

预算是政府工作的真实写照，政府年度所有开支和收入都毫无保留地在预算中反映出来。当政府预算真正做到真实、明晰、充分、透明、公开时，公众就能够很方便地行使其对政府的监督权。预算也是纳税人监督政府的窗口，要充分行使纳税人的监督权，就必须保证这个窗口是透明的、开放的。否则，纳税人的监督权只能是空谈。近年来，我国提出建设“阳光财政”，其主旨就是通过预算的公开，使公众了解政府的工作。在此基础上，我们有理由相信，公众监督政府的权利将得到更充分的体现。政府预算是政府的年度财政收支计划，反映了政府的活动范围和内容，体现了一定时期政府的施政方针和要达到的政治、经济和社会发展目标。本章将介绍政府预算的概念、原则、分类和体系，阐明预算程序等问题。

待解问题——

怎样使政府部门的办公成本更低？

怎样加强公众对政府用钱的监督，防范官员的腐败？

怎样使财政的钱用得更有效，使更多的普通百姓受益？

第一节 政府预算的产生与作用

一、政府预算是什么

政府预算是指政府在每一财政年度经立法程序批准的全部公共收支计划。一位学者通俗地说：预算是政府为所有人实现更好的生活所提出的一个执行方案，它规定了人们应该缴纳多少税收，政府如何花钱，要实现什么目标。它是所有政府政策的概括。

通俗地说，政府预算是政府未来一年怎么收钱、怎么用钱的计划，是反映政府财政活动的一面镜子。通过政府预算，人们不仅能看到政府怎么花钱，还可以了解政府准备做哪些事。现代政府理念认为，政府是为大家提供公共服务的，不能由官员自己说了算，他们做事、花钱都得列出计划，征求公众的意见，经过立法机关批准才行。我们普通人正是通过预算公开这个手段，监督政府的一举一动，让政府真正"集众人之钱，办众人之事"。

我们经常可以在新闻联播中看到美国、澳大利亚等国政府将预算提交国会（议会），有时没有得到批准，无法开支，政府只好关门的报道，说明有了预算制度，政府就不能为所欲为，就有了约束政府权力的有力工具。

在第三章，我们讨论了政府会不会自觉地为公众服务的问题，"尤利西斯的自缚"的故事[①]形象地分析了对权力的限制必须靠外力才能起作用，而不能靠自我约束，预算正是一根捆住政府权力的绳索。

二、政府预算的产生

预算是一种制度，它以复杂的技术、精确的数据告诉人民，他们的政府打算做什么，正在做什么，以及做了什么。正是通过数据与图表，预算界定了政府活动的范围，确定了政府与社会之间的界限，进而划定了公共领域与私人领域的边界。现代预算制度由美国的威廉·艾伦（William Allen）、亨利·布鲁埃尔（Henry Bruere）、弗雷德里克·克里夫兰（Frederick Cleveland）（即著名的"ABC三人组"）提出，他们引领了美国最早的市政预算改革运动。[②]

预算的产生是英国资产阶级革命的成果之一，是人类文明进步的成果。几百年来，世界各国都建立、健全了预算制度，目的是使政府的财政资金收支成为"玻璃缸里的金鱼"。政府的权力来自人民，财政资金取之于民，因此，其使用及政府权力运行必须置于广大人民群众的严格监督之下。只有这样，才能减少和杜绝各种贪污腐败现象的发生，使财政资金真正用于提供公共产品，真正为广大群众服务。

权力的监督不能单靠内部机制，必须有来自外部、社会公众的舆论监督。同时，要分散权力，权力过于集中必然导致腐败。政府财政预算的钱就是广大纳税人的血汗钱，是提供公共产品的经济基础，是实现经济发展和社会进步的重要支撑。只有人人关心预算，人人了解预算，人人讨论预算，才能使预算深入人心，预算公开才更有意义，预算改革步伐才会更快，其成效也才能更多地惠及人民。

预算内容事关政府工作的方方面面，预算程序关乎民主，预算方法关乎科学，预算改

---

① 李纬光. 漫话我们的经济社会［M］. 北京：中国财政经济出版社，2014：134.

② 卡恩. 预算民主——美国的国家建设和公民权（1890—1928）［M］. 叶娟丽，等. 译. 上海：格致出版社，2008：译序.

革涉及多方面制度，把改革和完善预算制度作为抓手，必然能够有效地完善各项管理机制，为和谐社会的构建、小康社会的全面建成打下坚实基础。

三、政府预算的作用

有人把预算的作用归纳为控制、管理、计划三方面，在不同时期大不一样。随着社会的发展，预算的地位和作用越来越受到重视，已经不是一个简单的技术问题，而是一个国家的政治问题。政府预算过程被认为是政治过程，成为现代国家治理的基本制度之一。

（一）规划政府的资金，把公共资金用好

简单地说，预算过程就是平衡公众的公共产品需求与政府的公共资源供给，最大限度地满足公众的公共需要。换句话说，就是搞清楚公众需要哪些公共产品，政府现在能够提供哪些公共产品，确定需要做哪些事，然后通过税收等方式筹集足够的资金，从而保证这些事情能够完成。

要搞清楚公众需要哪些公共产品或服务，说起来容易，做起来难。因为一个国家、一个地区人口众多，意愿多样，他们的风俗习惯、民族传统、文化程度、兴趣爱好、收入水平、法律意识、道德水准等千差万别，特别需要一个科学民主、简便易行的表达机制，使政府能够全面、及时、准确地了解大家的真实想法、需要的公共产品种类及数量，这样，政府才能根据手头的钱来盘算能够满足到什么程度、首先供应哪些公共产品。这个过程是通过预算制度来实现的，对于政府来说，就是制定公共政策（确定办哪些事情）、掂量自己的钱袋子（确定钱怎么用）的过程。

（二）建立一个科学、民主的公共选择机制

前面我们了解了每一个居民对公共产品的需求，在财政资源不足，即资源稀缺的情况下，只能满足一部分需求，那么，如何确定优先满足哪些公共产品需求，满足多少呢？这也是预算所要做、所能做的事情，这个过程就是第三章讨论的公共选择过程，是一个取舍的过程，简单地通过投票、少数服从多数的办法并不能解决所有问题。

在实践中，各国总结和形成了多种多样的预算程序，目的都是让更多的人满意，让财政的钱用得更好。从这个角度来说，政府预算绝不仅仅是政府本身的事情，而是所有居民的事情，不能由政府中的少数人自行决定，也不能由少数居民决定，必须通过科学、民主的预算程序，最大限度地保障大家的利益，实现社会整体福利的改善。

（三）形成一个监督政府的有效机制

财政问责是现代公共预算的重要原则之一，要求政府对人民负责，财政资金的使用必须受到人民严格而有效的限制。限制的手段就是根据现代预算制度建立监督机制，由具有广泛代表性的立法机关审查批准。政府作为公共管理的实施主体之一，肩负着提供公共产品和服务的责任。只有建立起公共利益表达机制，才能使公众利益得到切实保障。这就要求建立预算公开制度，保障公民的预算知情权、质询权、参与权、监督权、评价权。对于老百姓来说，预算过程就是监督政府怎么用好钱的过程，是委托-代理过程，民众把一部分资金委托给政府来管理，用于公共事务，提高社会整体的福利水平。

预算改革的进程也表明民众监督作用不断得到加强，既顺应了民众要求民主的客观要求，也体现了社会的进步。其实，政府预算制度从产生到现在，都是为了限制政府的权力，因为公共权力的行使可能影响公众的利益，包括税款的征收、收费的收取、支出用途的决定等。有民众参与的预算制度可以确保政府财政资金用于为公众提供公共产品和服务，避免少数官员滥用职权，以权谋私，损害公众利益。

我们不妨看看以下几件事情：

2012年7月29日，南京市城管局市政综合管理处发布消息称，将利用3年时间对全市路牌逐步规范统一。当前已经更换326块，投资98万元人民币，平均一块路牌花费3 000元左右。有人计算了一下，南京市共有道路7 265条，共需规范设置路牌30 792块，南京市计划在2014年青奥会之前将路牌规范设置逐步完善到位。如果按照已经公布的第一批路牌的造价，全部更换的费用接近1亿元人民币。这些钱花得值不值？事先有没有编入预算？这些问题引发了社会广泛关注。

据《第一财经日报》2011年2月报道，香港特别行政区特首曾荫权在过去4年外出访问40次，费用不足百万港元，大约80多万元人民币，也就是说每次访问只花费2万多元人民币。这种对公款花费的节俭，令人敬佩。曾荫权的外出访问成本之所以如此低，从表面上看是因为曾荫权个人的品格。据悉，曾荫权的外出活动都是“直奔主题”，平均在每个地方停留时间不超过3天，有些时候当天就回到香港特别行政区，甚至他在休假期间办公事都自掏差旅费，这些做法节约了支出。但从深层原因来看，是因为香港特别行政区建立了一套严格的财政预算支出制度，这种制度确保了官员的廉洁和节约。作为全球最重要金融中心之一的香港特别行政区，一直以来以其政府的廉洁与高效而闻名。香港特别行政区的廉洁与高效首先就体现在财政透明上。香港特别行政区审计署2012年5月31日专门就行政长官离港职务访问的酒店住宿安排发表报告，指出有些职务访问支出超出标准膳宿津贴额，要求对行政长官职务访问的酒店住宿安排作出改进。

通过比较，我们一方面对近几年来我国预算改革的进步感到欣慰。另一方面期望更进一步的改革和完善，特别是每一个老百姓都应当关心预算、主动监督预算，这样，我们的公共服务才会越来越完善。

财政的钱怎么用？由谁来决定？这就是预算权问题。我们是先把钱用于建公园呢，还是建幼儿园、小学？或者是把路修得更宽？不同的人有不同的愿望。退休的人希望先建公园，子女还在读书的人希望优先建学校，有汽车的人希望把钱用于修路。在古代，“君权神授”，国家大权掌握在皇帝手里，老百姓根本无权参与决策。现在，人们的观念不同了，民主思想深入人心，政府是人们为处理公共事务组建起来的公共组织。因为有些事情每个人或者每个家庭自己做不了，需要大家凑钱来做，比如建学校、菜市场、医院等。那么，大家要交多少钱？这么多钱用来做什么？当然应当由大家来决定。

在人少的时候，这些事情可以由大家协商、投票来决定，但是，一个国家人数众多，每件事都投票决定显然是不可能的。于是，大家就选出代表来协商决定，也就是由政府官员来决策。他们是不是真正按照咱们的想法来做决定呢？这就需要监督了。预算就是大家监督政府的一种手段，政府的钱怎么收、收多少、怎么用？先要做一个计划，然后交给大家讨论，大伙同意后才能执行。这个计划就叫预算。

有人说：政府太自由，老百姓的自由就难以保障；政府不自由，老百姓才自由。确实有道理。预算就是老百姓监督政府的重要渠道和有力工具。

我们可以想象，如果没有严格的监督，在利益驱动下，很可能出现这样的事情：只要有钱，就巧设名目来用钱，比如开会、考察交流、开展各项评比、购置高档办公设备，或者以发放出差补贴、会议劳务费、咨询费、加班费等名义把公家的钱转化为个人福利等。

有人说得好，这样做的结果是老实人吃亏。“聪明”人总能想出各种办法来圈钱、花钱，而老实人只能眼巴巴看别人享受。

为了加强监督，2014年修订的《中华人民共和国预算法》规定，地方各级财政部门应当在每年全国人民代表大会会议举行的30日前，将预算草案的初步方案提交地方各级人民代表大会有关专门委员会进行初步审查（县级提交给人大常委会）。1999年出台的《全国人民代表大会常务委员会关于加强中央预算审查监督的决定》也对预算监督作出了详细的规定。

案例讨论8-1　　政府的钱谁说了算？

据报道，2001年5月，美国科罗拉多州丹佛市市长率领工商代表团访问中国，当地的媒体也一起访华。值得注意的是，除了政府官员外，其他代表团成员得自掏腰包。访问日程安排没有一个景点旅游项目，但在回国的前一天，市长利用半天时间游览了久负盛名的长城。没想到回国当天，他到长城游览的大幅照片就出现在当地的报纸上，人们质问：“市长用纳税人的钱到中国干什么？”弄得他灰头土脸。

另据报道，新西兰但尼丁市市长打算2015年下半年再次访华，预计访问需要8 000新西兰元，大约为30 000多元人民币。有议员质疑访问的必要性和实际价值，认为出国花钱必须有看得见的利益。

讨论：

1.结合上述案例，谈谈你对预算作用的认识。

2.如何通过预算改革促进财政管理向民主化和科学化方向转变？

第二节　政府预算体系及审批程序

一、政府预算体系

政府预算体系是指政府预算包括哪些部分，通俗地说就是政府有几个“钱袋子”。正像前文分类中提到的单式预算和复式预算，大多数国家将不同性质的预算收支分别编制，形成多个预算。下面列举一些国家的预算体系。

日本的预算体系如图8-1所示。

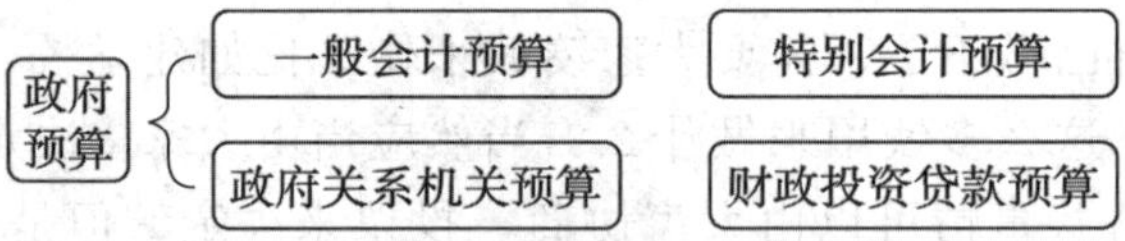

图8-1　日本的预算体系

美国的预算体系包括一般预算、基金预算两大部分（如图8-2所示）。

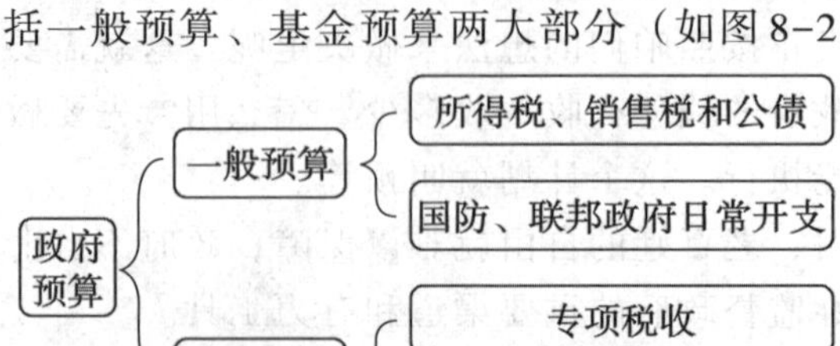

图8-2　美国的预算体系

就我国来说，预算体系告诉我们财政的钱有哪些部分。财政的钱包括哪几块，很多人不太清楚，有不少误解。比如，西安市2015年一般公共预算收入为651亿元，同年的土地出让金收入是214亿元，有人说土地出让的收入占了差不多1/3。其实，土地出让金收入属于政府性基金，不包括在651亿元的财政收入里面。

从纵向来看，有一级政府就有一级预算，我国现在有五级政府，所以就有五级预算。从内容来看，我国《预算法》规定，政府预算包括一般公共预算、政府性基金预算、国有资本经营预算、社会保险基金预算（如图8-3所示），称为全口径预算。

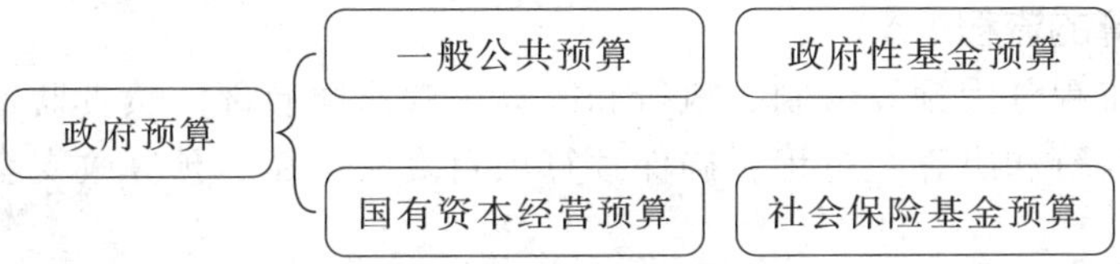

图8-3　中国的预算体系

一般公共预算的收入及支出（如图8-4所示）。

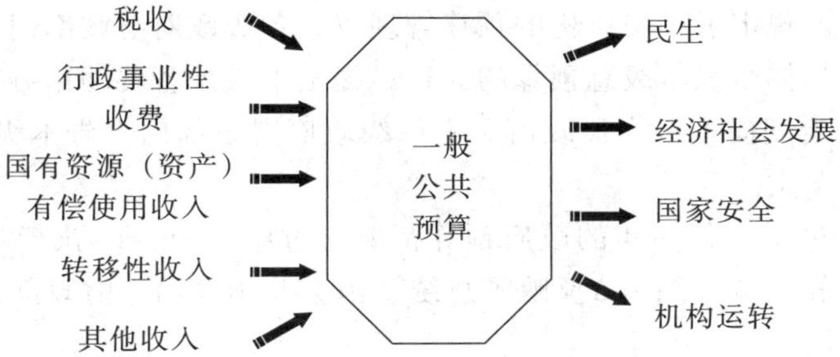

图8-4　一般公共预算的收入及支出

政府预算体系的范围反映了一个国家政府规模有多大，管的事有多少。在自由资本主义时期，经济学家主张限制政府权力，压缩政府开支，实行小政府、大社会，政府被形象地称为“夜警政府”“廉价政府”，当然，预算体系就比较简单。而20世纪30年代后，随着政府对经济社会生活的强力干预，政府管的事情越来越多，财政支出越来越大，支出类别也越来越复杂，这样，就根据需要分为两种、三种甚至更多种预算，以不同的收入来保障不同的支出。其中，社会保险基金预算由于其特殊性、重要性，往往单独编制及管理，因为涉及每一个公民的切身利益，涉及社会的稳定，受到各国的普遍重视。

改革开放之后，我国一直在积极探索适合自己国情的预算体系。20世纪90年代，在借鉴发达国家经验的基础上，我国提出了复式预算的基本框架，将经常性开支与建设性开支分开。通俗地说，就是把吃饭的钱与建设的钱分开，分别通过不同的方式来筹集收入，分别平衡，目的是保证经常性开支得到切实保障，同时确保财政平衡，具体如图8-5所示。

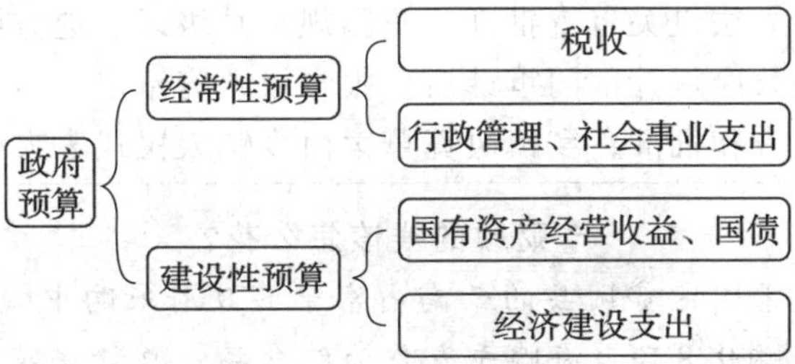

图8-5　中国的复式预算

从监督的角度来看，原来我国仅把少部分核心预算收支纳入预算，并提交立法机关审议，而预算外资金、国有企业的公共资金、公共资源收益等被长期排除在预算之外。进入21世纪后，顺应人民的期待，纳入政府预算的财政资金范围逐步扩大。2011年起，我国全面取消预算外资金，各级财政开始试编国有资本经营预算、社会保险基金预算，并报送本级人民代表大会审批。这使政府预算的完整性得以增强，对预算监督的范围扩大到各部门的所有预算资金，包括各个行政事业单位行政收费收入、经营性收支及由此产生的投资收益、非财政拨款等全部进入预算编制范围，为预算监督的落实提供了前提条件。

二、政府预算的流程

政府预算的流程分为预算编制、执行和决算。政府财政部门负责监督其他政府部门和单位预算编制、执行和决算全过程，确保预算项目真实可靠、预算收支全面完整、预算资金合法高效。

各国预算编制机构的设置不尽相同，有的国家设置了独立于财政部门的预算编制机构，如美国设立了直接受总统领导的预算编制局，而我国则由财政部门负责预算的具体编制。我国《预算法》规定了相关机构的预算管理权，各级政府财政部门的职权是：具体编制本级预算草案；具体组织本级总预算的执行；提出本级预备费动用方案；具体编制本级预算的调整方案；定期向本级人民政府和上一级政府财政部门报告本级预算的执行情况；具体编制本级决算草案。

从预算的流程来看，每一年的政府预算都要走过编制-审批-执行-决算这样的流程。美国的预算程序比较特殊，图8-6反映了总统、国会及预算局、财政部、国会专门委员会的各自职责及基本流程。

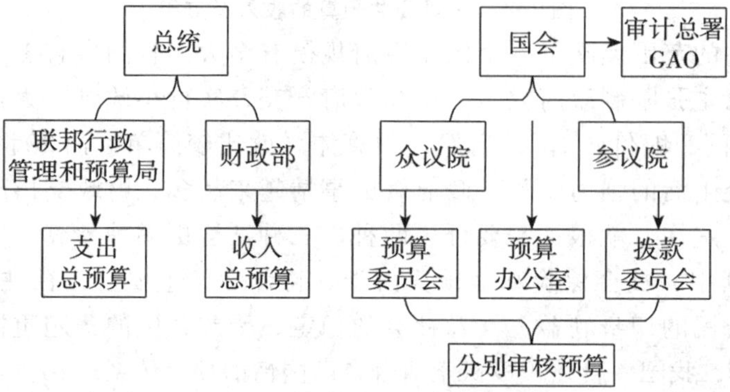

图8-6 美国的预算程序

我国财政部门编制完政府预算之后，需要依法提交同级人民代表大会审查批准，也就是说，全国人民代表大会审查批准中央本级预算，地方各级人民代表大会审查批准本级预算。年度决算也要报请立法机关审查批准，我国规定县级以上地方各级政府财政部门编制本级决算草案，经本级政府审计部门审计后，报本级政府审定，由本级政府提请本级人民代表大会常务委员会审查和批准，乡镇决算草案由乡镇人民代表大会审查批准。

案例讨论8-2　　财政的钱该怎么花？

2011年12月，属于国定贫困县的云南省富宁县政府采购中心准备为即将召开的县"两会"代表、委员采购978只上海牌手表作为纪念品，总计将花费60万元。这件事引发网友热议，也让人们对财政资金如此乱用感到担忧。在舆论压力下，富宁县政府决定，“两会”不购买、不发放任何纪念品，会后将向社会公开“两会”经费，接受社会监督，对违规工作人员启动问责程序进行行政问责。从这件事可以看出，如果严格遵守预算程序，是不应该出现这个问题的。首先是编制预算的时候如果出现这样的项目，人大审查不能通过；其次是没有编制这样的采购预算，执行的时候不能把钱花出去；再次是决算审查的时候通不过。我们无法知道富宁县2011年的政府预算有没有这样的项目，但是我们知道，预算这个工具可以避免政府乱花钱。

讨论：

1.预算是否应当保密？预算是政府领导的私事，还是老百姓的公共事务？

2.构建什么样的预算程序才能保证老百姓当家做主？关键环节是什么？

第三节　政府预算管理制度

现代管理学认为，一个和尚没水吃，三个和尚水多得吃不完。第一个庙里的三个和尚经过商量决定，三个人分段接力挑水，这样比一个人挑水轻松，很容易就把水缸挑满了。这是制度创新。第二个庙里的老和尚立下新规矩：谁挑的水多，晚上吃饭的时候给谁加一个菜；谁挑的水少，晚上吃饭的时候只有白饭。于是，三个小和尚你追我赶，不一会儿也把水缸挑满了。这是管理创新。第三个庙里的三个和尚把山上的竹子砍下来做成一个水槽，在山下河边装了一个辘轳，一个和尚在山下摇辘轳把水桶送到山上，另一个和尚在山上把水倒入水槽，水就顺着水槽流到庙里去了，第三个和尚再把水灌到缸里。这是技术创新。[①]这个故事说明管理是个大学问，奥妙不少。财政管理也是如此，如何把财政资金管好，把财政的职能发挥好，这些都需要讲究技巧，这也是财政改革所追求的目标之一。

随着经济“蛋糕”越做越大，财政的“钱袋子”越来越鼓，我们能从中获得更多的满足感吗？部门预算、政府采购、国库支付这三项21世纪头十年的财政重大改革就应运而生了。

一、部门预算

（一）部门预算的含义与特点

1.部门预算的含义

部门预算是指与财政部门直接发生预算缴款、拨款关系的国家机关、社会团体和其他单位，依据国家有关法律、法规规定及履行职能的需要编制的本部门年度收支计划。通俗地说，部门预算就是“一个部门一本账”。

新中国成立以来，一直编制传统的政府预算，也称为功能预算。各部门不需要编制详细的部门收支预算，全部由财政部门代为编制各项具体收入、支出，各部门、各单位只负责执行预算、会计核算、编制决算。2000年起，预算改革迈出了重要一步——部门预算改革。

① 张勇. 厉以宁教授讲故事［M］. 北京：京华出版社，2005：128.

2.部门预算的特点

部门预算相对于传统的功能预算而言，发生了诸多变化，具有以下特点：(1) 扩大了预算的编制范围，有利于提高预算的综合性。(2) 一个部门一个预算。(3) 取消了代编预算的方式，提高了预算的准确性。(4) 建立了新预算管理机制。编制部门预算要求统一预算分配权，为此，财政部的内设机构及职能也相应进行了重新设计，主要变化包括：一是由预算司作为统一管理预算的部门；二是改变了原来按经费性质设置机构的做法，基本上做到了一个部门归口财政部的一个业务司；三是统一了国有企业资产和财务管理，统一了预算内外资金管理，编制了综合预算，使预算编制、执行和监督相分离，初步建立起分工合理、责任明确、相互制约的运行机制。(5) 调整了预算批复的主体，由财政部预算司统一批复预算。(6) 有利于及时批复预算。

(二) 部门预算改革的背景、重要意义和进程

1.部门预算改革的背景

实践证明，预算编制环节存在的缺陷，不可避免地对后续的预算管理过程产生巨大冲击。长期以来，我国的预算编制质量较低，影响了预算执行的质量和预算资金使用的效率。预算编制过程中存在的问题主要体现在以下方面：

(1) 预算编制粗糙，内容简单；

(2) 预算编制的时间晚，预算编制周期短；

(3) 预算编制不科学，造成资金分配上的不公平；

(4) 支出分配的透明度不够，不符合公平原则。

2.部门预算改革的重要意义

(1) 从源头上预防和治理腐败；

(2) 有助于建立适应社会主义市场经济的财政管理运行机制，促进公共财政体制的建立；

(3) 有助于规范政府、财政及部门的行为，推进依法理财、民主理财，强化预算约束。

3.部门预算改革的进程

建设服务型政府对预算管理提出了新的要求：把保障公共利益作为服务目标，把民生作为服务内容，服务成本节约高效，服务过程公开透明。与之相对应，预算管理应当实现：预算内容详尽受控，预算过程公开透明，预算效果科学评价，预算管理严格问责。

1999年9月20日，财政部下发《关于改进2000年中央预算编制的通知》，从2000年起，选择农业部、科技部、教育部、劳动与社会保障部四个部门，作为报送部门预算的试点单位，拉开了部门预算改革的序幕。2001年起，各地方也开始在一些部门试点编制部门预算。目前，全国各级财政都实行了部门预算。

总的来说，这项跟百姓息息相关的改革要解决的问题就是原来预算编制粗糙、内容简单，预算编制不能反映真实需求，财政资金分配不够透明、不够公平等。现在，每年人大开会的时候，各级政府部门都要将一本厚厚的预算交给人大代表审议。以前，一个地方的政府预算才几页纸，现在有的部门的预算就超过一千页，很详细，这就是进步。近几年来，中央各部门、很多省级政府部门都把年度部门预算、决算公布在网站上、公告栏里，接受大家的监督，这也是很大的进步。财政的钱怎么用不再是由少数几个官员来决定，而是每个百姓都参与讨论，把钱用到大家真正需要的地方去。

河南省焦作市从2000年起在财政改革上取得了可喜的进步。以前有句社会流行语说“公家的钱，不捞白不捞，白捞谁不捞？能捞咋不捞？所以都去捞”。焦作市公共财政改革的目标之一就是切断政府性资金腐败的运作链条。在焦作市的“财经沙盘”里，有焦作市政府的年度预算与年度决算，有各行政事业单位的部门预算与预算执行情况、资产与财务情况，还有全市所有行政事业单位人员的统发工资以及惠民补贴……你可以在这里看到政府全年的财政收支，可以找到每一个公务员的工资收入，也可以查到某单位的公款招待、公车维修以及出国费用明细。

事实告诉我们，严格预算监督离不开细化、规范、透明。一是要使预算编制尽可能详细，把每一项收入是怎么来的，支出用到哪里去，是怎么测算的，支出标准是多少等都说清楚。只有这样，财政部门、立法机关才能在审核的时候判断合不合适、可不可行，最后执行的时候才有理有据。二是规范，包括收支分类、项目设立依据、决策程序、预算绩效目标、采购过程、资金支付等都要严格依法进行，遵章守法，不能由个别领导说了算，也不能胡编乱造。三是透明，只有公开透明，老百姓才能监督，才能使每一分财政的钱都用到公共服务中去。预算公开就是让政府做的事、花的钱都暴露在阳光下。近几年，这几个方面都取得了不小的进步。比如，四川省巴中市白庙乡人民政府推行“透明财政”制度，通过多种形式对财政支出明细进行公示。点开巴中市白庙乡政府网站，各种财务收支明细报表赫然在目，大至数万元的优抚金发放，小到购买1元钱的信纸、纸杯，每一笔财政支出的金额、事由、时间、经办人等明细信息都一览无余。这被称为“乡政府全裸”，引发了全国的关注，这确实是历史性的进步。

2007年，我国出台了《政府信息公开条例》，明确要求将政府预算、决算向全社会公开。中央各部委先后公开了年度预算的主要表格、“三公经费”的数据、决算的主要数据，迈出了历史性的步伐。预算改革绝对称得上是政府的一场革命，尤其是预算透明度改革，既有民间志愿者孜孜以求的推动，也有专家学者的潜心研究，一些地方政府及其财政部门也在谨慎地探索。以前，这是改革的一个禁区，也是盲区。坚冰逐渐消融，禁区终被打破，这是民主的胜利，是历史的进步，是一次制度上的有益变迁。它预示着政府与人民共同期望的财政管理民主化正在逐步变为现实，它意味着以前只由少数人掌握的公共资金分配权正在受到全社会的有力监督，向着最终由全体公民共同掌握转变。这是财政管理的质变，是具有里程碑意义的事件。

案例讨论8-3　　残保金预算公开有多难？

很多人对残疾人就业保障金可能很陌生，其实它与我们息息相关。我们所在的单位要么安排了残疾人就业，要么就要缴纳一定数额的残疾人就业保障金（以下简称残保金）。

残保金源于1990年12月28日出台、1991年5月15日起施行的《中华人民共和国残疾人保障法》的规定：“机关、团体、企业事业组织、城乡集体经济组织，应当按一定比例安排残疾人就业”。此后，一些省份制定出台了残疾人保障法实施办法，对安排残疾人就业达不到规定比例的单位收取残保金。财政部于1995年1月14日制定了《残疾人就业保障金管理暂行规定》。

2014年6月，媒体披露有人反映深圳市残疾人联合会下属的民爱残疾人综合服务中心每年经费达数千万元，但按照所承担的任务不可能用得完，随后市残联则答复“没有规定要求公开经费”。2013年，广州市民曾为此向法院起诉，但财政部门答复“没有设置相应明细科目来核算”。

2015年9月9日，财政部、国家税务总局、中国残疾人联合会联合出台《残疾人就业保障金征收使用管理办法》，自2015年10月1日起施行。该办法第二十条明确规定，各地应当建立用人单位按比例安排残疾人就业及缴纳残保金公示制度，残疾人联合会应当每年向社会公布本地区用人单位应安排残疾人就业人数、实际安排残疾人就业人数和未按规定安排残疾人就业人数，残保金征收机关应当定期向社会公布本地区用人单位缴纳残保金情况。第二十四条规定：地方各级残疾人联合会、财政部门应当每年向社会公布残保金用于支持残疾人就业和保障残疾人生活支出情况，接受社会监督。

查阅深圳市财政委员会公开的2016年政府预算，可以发现，它没有单独列出残保金收入数，市残联的部门预算同样没有公布此项收入的数额。

据统计，目前我国各类残疾人接近8 300万人，涉及2.6亿家庭人口。不管是残疾人还是缴纳残保金的单位，都有权了解残保金收入及支出，有权监督其管理和使用。从网上查询，只发现云南省玉溪市残疾人联合会于2013年6月19日发布的《2013年度残疾人就业保障金使用预算支出公示》，比较详细地报告了残保金的收支情况。加快预算公开步伐仍然任重道远。

讨论：

1.为什么预算公开如此难？思考一下深层原因。

2.你觉得预算公开对于保障老百姓的利益有没有作用？有什么作用？

二、政府采购

（一）政府采购的由来及发展

政府采购是伴随国际贸易一体化的形成而逐步发展起来的。1979年，东京多边贸易谈判在日内瓦签订了《政府采购守则》，初步形成了政府采购制度。随后，欧共体分别于1989年、1992年、1993年颁布了有关政府采购各领域的“委员会指令”，世界银行于1985年颁布了《国际复兴开发银行贷款和国际开发协会信贷采购指南》，联合国于1994年通过了《货物、工程和服务采购示范法》，这些有关政府采购的规则代表了国际政府采购的标准规范。1996年1月1日生效的《政府采购协议》则是在乌拉圭回合谈判中形成的，越来越多的国家建立了政府采购制度。

政府采购制度起源于18世纪70年代的欧洲。1782年，英国首先在政府内部设立了文具公用局，负责政府部门办公用品的采购工作。美国在1949年出台了《联邦财产与行政服务法》，专门的政府采购监督管理机构有联邦会计总署（GAO）和联邦政府采购政策办公室（OFPP）。采购机构由行政机关设立，属于行政机关的一部分，专门的采购机构“美国联邦政府总务管理局”有权制定和颁布联邦政府采购条例，也有权为几乎所有的联邦政府机构进行采购。这一机构的设置有利于美国联邦政府采购在法律法规的规范下有效运作。

国际通行的采购方式有公开招标、选择性招标、两阶段谈判、询价、竞争性谈判、单一来源采购等。其中，世界贸易组织（WTO）的《政府采购协议》规定了公开招标、选择性招标、限制性招标三种方式；联合国国际贸易委员会制定的《货物、工程和服务采购示范法》规定了公开招标、两阶段谈判、征求意见书、竞争性谈判、限制性招标、征求报价、单一来源采购七种方式；欧共体“委员会指令”规定了公开程序、限制性程序、谈判程序三种方式；《中华人民共和国政府采购法》（以下简称《政府采购法》）规定了公开招标、邀请招标、竞争性谈判、询价、单一来源等方式。①

发达国家在市场经济及信息化背景下，较早推行了政府采购制度。澳大利亚维多利亚州是最早实施政府采购管理、建设政府采购系统的一个州，其开发使用的政府采购电子商务项目是一个独立的采购电子交易平台，负责政府采购的招投标事宜（如图8-7所示）。

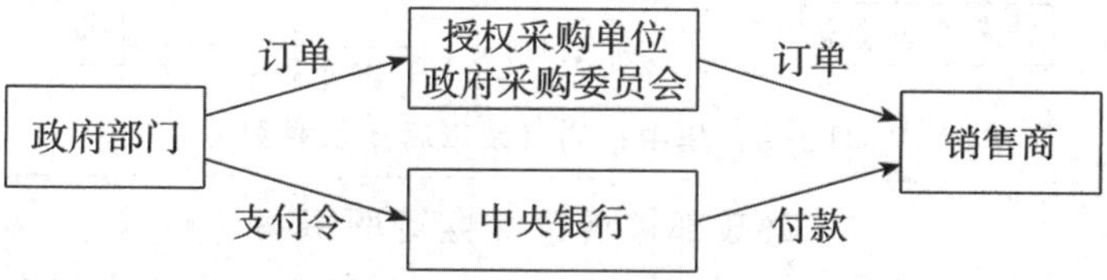

图8-7 澳大利亚维多利亚州政府采购流程

（二）政府采购制度改革

1.政府采购制度改革的意义

在原来分散采购的情况下，财政部门每年根据预算和各预算单位的用款进度层层下拨经费，各支出单位根据需要自行购买。这与传统的计划经济体制相适应，政府对财政资金的使用和管理体现在严格的物资审批中。但在社会主义市场经济体制下，这种政府采购方式与整体改革环境严重脱节。一方面，社会主义市场经济蓬勃发展，买方市场逐步成长壮大，各购买主体的自主权明显扩大，政府采购牵涉的范围更加广泛；另一方面，适应市场经济的政府支出管理制度并未建立，财政资金使用的监督管理机制不健全。在实际运行中，不可避免地出现了采购行为不规范的问题，财政支出资金使用效益低下，采购过程以部门或小集团利益为重，并引发了不同程度的“暗箱操作”和腐败行为，弱化了政府、财政的宏观调控能力。为此，我国在20世纪90年代开始进行政府采购制度改革，其意义在于：

（1）建立政府采购制度是社会主义市场经济条件下强化政府宏观调控的需要；

（2）建立政府采购制度是社会主义市场经济条件下加强财政支出管理的客观要求；

（3）建立政府采购制度是我国开拓国际、国内两大市场，壮大民族经济的必然选择；

（4）推行政府采购制度是防腐倡廉、整顿财经秩序的重要配套措施。

2.政府采购制度改革的历程

随着市场经济体制改革的深化，我国从20世纪90年代中期开始，在一些省（市）开展了政府采购试点，随后在全国范围内展开，取得了明显成效。财政部1999年出台了《政府采购管理暂行办法》，2002年，《中华人民共和国政府采购法》经立法机关审议通过，自2003年1月1日起施行。2017年，全国的政府采购规模持续快速增长，已达32 114.3亿元，比上年同口径增加6 382.9亿元，增长24.8%，占全国财政支出和GDP的比重分别为12.2%和3.9%②。总的来说，政府采购的实践发展很快，中央把政府采购作为宏

① 施锦明. 政府采购［M］. 北京：经济科学出版社，2010.
② 财政部国库司. 2017年全国政府采购简要情况［EB/OL］.［2018－9－30］. http://gks.mof.gov.cn.

观调控的一种手段，正在发挥积极的作用。

改革前后的资金流向如图8-8、图8-9所示。

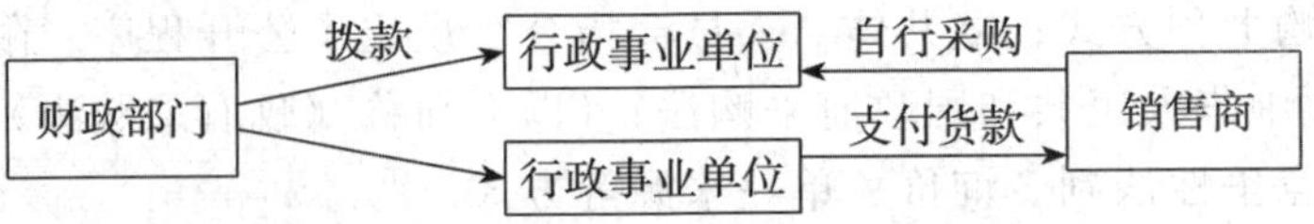

图8-8　分散采购（改革前）示意图

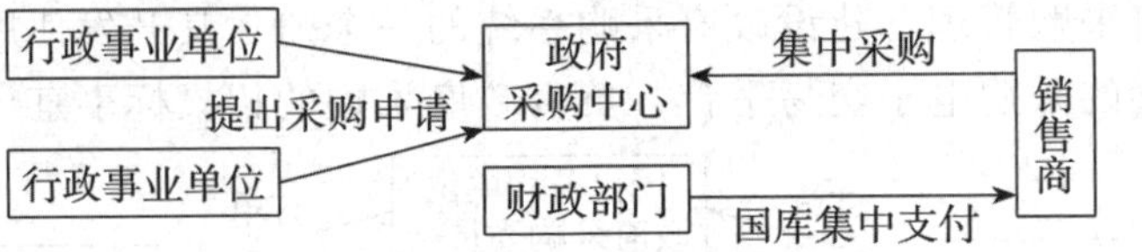

图8-9　集中采购（改革后）示意图

案例讨论8-4　　财政部被诉采购监管职责案

历经7年、一波三折的“政府采购第一案”终于有了结果：北京市高级人民法院于2012年11月21日作出终审判决，驳回上诉，维持一审判决。

2003年9月，国务院批准国家发改委、卫生部编制的《突发公共卫生事件医疗救治体系建设规划》。2003年10月，国家发改委、卫生部委托两家采购代理机构：国信招标有限责任公司和中国远东国际贸易总公司，分别对医疗救治体系项目进行公开招标，采购相关仪器设备。北京现代沃尔经贸有限责任公司（以下简称沃尔公司）分别参加了两家采购代理机构组织的各一个包的投标，但均未中标。

沃尔公司认为这次招投标的组织不合法，并于2004年12月21日向财政部投诉。财政部受理后，将投诉信及相关材料转交国家发改委稽查办处理，并要求其在处理后将结果抄送财政部。财政部因为没有收到国家发改委的处理结果，所以在规定期限内没有对投诉给予答复。

2005年3月23日，沃尔公司以财政部未履行对政府采购行为的监管职责和未对其投诉事项予以处理和答复为由，向北京市第一中级人民法院提起行政诉讼，请求判令财政部在一定期限内履行其法定职责，作出具体行政行为。由于这一诉讼是《中华人民共和国政府采购法》2003年1月1日起正式实施后的第一例状告财政部的政府采购案件，所以被称为“政府采购第一案”，引起各方关注。

2006年12月8日，北京市第一中级人民法院判决认定，本案涉及的招投标采购内容为突发公共卫生事件医疗救治体系项目中的286台血气分析仪，属于货物采购。沃尔公司向财政部投诉的是采购代理机构在以招投标方式采购上述货物过程中，招投标的组织不合法问题，根据相关法律及相关规范性文件的规定，属于财政部的监督管理权限范围。财政部未按《政府采购法》第五十六条的规定，在收到投诉材料后30个工作日内对投诉事项予以回复，应属于未履行法定职责。据此，判决财政部对沃尔公司就招投标的组织不合法问题所进行的投诉予以处理和答复。财政部不服一审判决，提出上诉。

北京市高级人民法院认为，根据《中华人民共和国政府采购法》第五十六条、中华人民共和国财政部2004年第20号令《政府采购供应商投诉处理办法》第二十条的规定，沃尔公司以相关招投标的组织不合法为由向财政部投诉，尽管财政部受理后将投诉信及相关材料转交发改委稽查办处理，并要求将结果抄送财政部，但财政部未将上述情况书面通知沃尔公司。上述事实表明，财政部就沃尔公司的投诉事项未履行相关的法定职责。因此，财政部关于对沃尔公司的投诉已履行了法定职责的诉讼主张，缺乏事实和法律根据，不予支持。一审法院判决并无不当，应予维持，故而驳回上诉，维持一审判决。

资料来源　曾亮亮. 财政部终审败诉“政府采购第一案”，须履行职责［EB/OL］.［2012-11-22］. http：//politics.people.com.cn.

讨论：

1.本案为什么出现争议？这反映了目前政府采购领域存在什么法律冲突？

2.如何保证政府采购的公正性？列出管理中的关键环节并结合实际说说自己的看法。

三、国库支付

（一）国库概述

1.国库及其类型

国家金库（简称国库）是办理预算收入的收纳、划分、留解和支拨财政资金的专门机构，通常被称为政府的出纳。

国库的类型有下面几种：

（1）独立国库制，即单独设置国库，与财政、银行平列，专司财政资金收付、管理业务。这样做的问题是运行成本高，所以只有芬兰等极少数国家采用。

（2）委托国库制，即财政部门委托中央银行代理国库业务。这样做的好处是能降低运行成本，充分发挥银行网点分布广泛的优势，可以快捷方便地处理国库收付业务，所以为大多数国家所采用。

（3）银行制，即由财政部门在各商业银行直接开设账户，用于办理财政资金的收付业务。采用这种做法的有美国的州及地方财政部门、蒙古国。

2.国库单一账户制度

国库单一账户是指将政府所有的财政资金集中在国库指定的代理银行开设的账户，同时，所有的财政支出均通过这一账户进行拨付，以便实现财政资金的直收和直支。

国库制度是财政制度的重要组成部分，是预算执行的重要手段和基本工具。国际货币基金组织确定的现代国库制度的基本特征为：效益、透明、监控。首先，必须减少账户设置层次，采取最直接、最简便的资金收付办法，避免财政资金在周转中环节过多，停留时间过长，给截留、挪用、贪污以可乘之机，应尽量依托银行发达的清算系统，提高资金的使用效率。其次，财政部门及审计等监督机构应能够及时、清晰地掌握、控制财政资金拨付、使用的全过程，立法机关、社会公众也应能够通过信息公开系统了解财政资金的分配、使用情况以及公共产品供给状况，行使知情权、监督权。再次，财政部门等监管机关能够实时监督、控制每一笔资金的流向，防止政府部门违反预算使用公共资金，从而确保公共利益。在实践中，符合上述要求的国库单一账户制度为各国所普遍采用。

（二）各国的国库制度

各个国家的国库制度与政治体制、行政管理模式、金融体系、经济管理水平有关，没有统一的模式。

从机构设置看，经济合作与发展组织各成员方的国库机构设置大致分为两种类型：第一种是在财政部以外独立设置国库机构，加拿大、意大利、澳大利亚等国采用这种做法；第二种是国库机构设置在财政部内，为财政部下属的一个司局或处，美国、日本、英国、法国等采用这种做法。国库不仅负责财政收入的入库、支出的拨付，还负责政府预算的测算和编制、财务报告的编写和报送、国库现金的管理，有的还负责国债的发行。我国1995年出台、2003年修改的《中华人民共和国中国人民银行法》明确由中国人民银行经理国库。

国库制度随着科学技术的发展、政府宏观调控的加强不断改革完善。为了加强对财政资金支出全过程的控制，充分发挥政府的调节、导向作用，西方发达国家逐步建立起高效运行的国库体系、科学合理的国库单一账户制度、快捷安全的支付流程。他们的经验表明，与以往的分散支付相比，国库集中支付能够有效掌握财政资金的流向，最大限度地发挥财政资金的使用效益，并能及时了解国库资金的余额，根据需要通过定期存款、购回国债、发行短期国债等方式调剂余缺。由于20世纪50年代以来计算机及网络系统迅猛发展，上述制度的优势越来越明显。意大利1976年起实行国库单一账户制度，挪威1990年起实行国库单一账户制度。澳大利亚国库部1976年从财政部分离出来，主要负责财政收入预算的编制、政府税收政策的制定、财政收入的征管、经济预测分析等。各国国库的职能随着国家干预程度的加深也不断扩展，从单纯的财政资金收纳、拨付拓展到政府预算的测算与编制、国债的发行与管理、宏观经济预测、财政运行监控等。

苏联解体后，俄罗斯也推行国库单一账户制度改革。当时为缓解经济困难，俄罗斯向国际货币基金组织申请贷款，在其压力下实行这一制度。俄罗斯国库1993年成立，设在财政部内，雇员超过25 000人。它的职责包括：一是负责联邦预算的执行、财政收入和支出的管理；二是向立法机构和政府报告财政运行状况；三是管理政府债务；四是负责财政状况预测和分析，同时负责国库现金管理；五是核算联邦政府财产等。

英国国库的具体支付程序如图8-10所示。

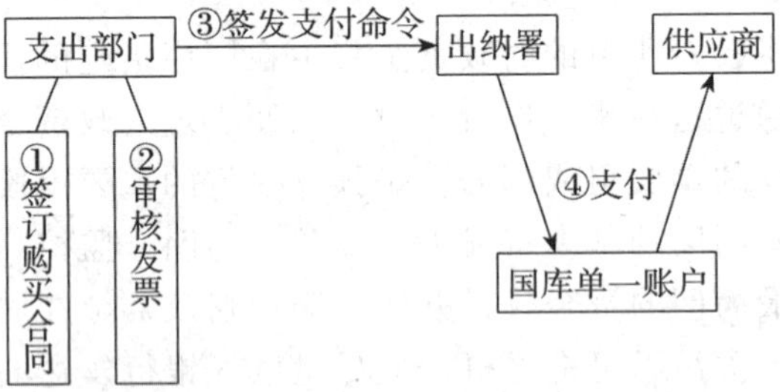

图8-10　英国国库的具体支付程序

资料来源　翟钢．现代国库制度研究［M］．北京：中国宇航出版社，2006：263．

知识之窗8-1　　特色鲜明的美国国库局

美国国库局的建立比美国的建立还早，这恐怕是世界各国中绝无仅有的，也是大家都想不到的。

1775年7月，美国独立革命风起云涌，位于费城的大陆议会任命乔治·克莱默和米切尔·海勒格斯两人为国库员，他们的任务就是为独立革命筹集经费。这与现在的国库大不一样，但这标志着美国国库局的诞生。1777年9月6日，美国国库局正式建立，初期的主要任务是打击假币。20世纪40年代至80年代，美国国库局还负责联邦政府各种专项资金的管理。目前，美国国库局掌管着美国纸币的印刷和硬币的铸造、发行，政府黄金储备和联邦政府国债。

见过美元的人可能会注意到，每张纸币上都印有“INGODWETRUST”字样，大意是“以上帝的名义，我们信任这张纸币”；同时，钞票的正面还有美国财政部部长和国库局局长的签名，这也许跟上面的历史有关。

值得注意的是，1949年以来，美国国库局局长都由女性担任，这在世界各国也是罕见的。

（三）国库集中收付制度改革

国库集中收付制度也称国库单一账户制度，是由财政部门代表政府开设国库单一账户体系，所有的财政资金均纳入国库单一账户体系，进行收缴、支付和管理。收入通过国库单一账户体系直接缴入国库，不设立过渡性存款账户；支出通过国库单一账户体系，以财政直接支付或财政授权预算单位支付的方式，将资金直接支付到商品和劳务供应者或用款单位，即预算单位使用资金但见不到资金；未支用的资金余额均保留在国库单一账户中，由财政部门代表政府进行管理、运作，以降低政府筹资成本。

在改革前，中国的财政资金缴库和拨付方式是通过在征收机关和预算单位设立多重账户分散进行的，这种在传统体制下形成的运作方式越来越不适应社会主义市场经济体制下公共财政的发展要求。其主要弊端是：重复和分散设置账户，导致财政资金运用透明度不高，不利于对其实施有效管理和全面监督；财政收支信息反馈迟缓，难以及时为预算编制、执行、分析和宏观经济调控提供准确依据；财政资金入库时间延滞，收入退库不规范，大量资金经常滞留在预算单位，降低了使用效率；财政资金使用缺乏事前监督，截留、挤占、挪用等现象时有发生，甚至出现腐败现象（如图8-11所示）。

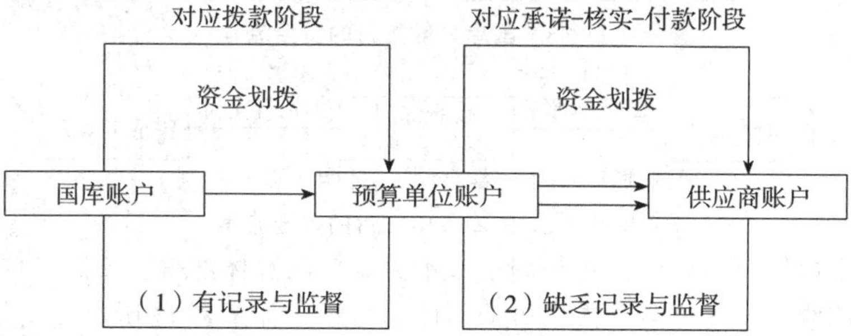

图8-11　分散支付示意图

资料来源　王雍君. 政府预算会计问题研究［M］. 北京：经济科学出版社，2004：133.

财政国库管理制度改革的主要内容是：按照财政国库管理制度的基本要求，建立国库单一账户体系，所有财政资金都纳入国库单一账户体系管理，收入直接缴入国库或财政专户，支出通过国库单一账户体系支付到商品和劳务供应者或用款单位。国库单一账户体系（如图8-12所示）包括：财政部门在中国人民银行开设的国库单一账户、按资金使用性质在商业银行开设的零余额账户、在商业银行为预算单位开设的零余额账户、在商业银行开设的预算外资金财政专户、在商业银行为预算单位开设的小额现金账户、特殊过渡性专

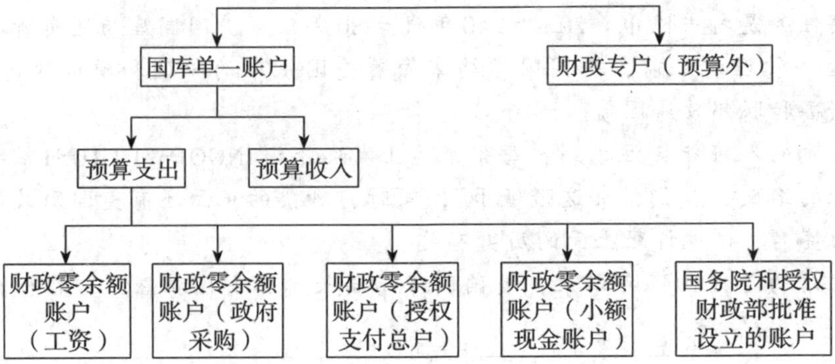

图 8-12 国库单一账户体系示意图

户。建立国库单一账户体系后，应逐步取消各类收入过渡性账户。预算单位的财政资金应全部纳入国库单一账户管理。在建立健全现代化银行支付系统和财政管理信息系统的基础上，逐步实现由国库单一账户核算所有财政资金的收入和支出，并通过各部门在商业银行的零余额账户处理日常支付和清算业务。

为逐步建立以国库单一账户体系为基础、资金缴拨以国库集中收付为主要形式的财政国库管理制度，加强财政管理监督，提高资金使用效率，2001年，我国出台《财政国库管理制度改革方案》，全面推行财政国库管理制度改革。分散支付与集中支付的资金流程如图 8-13、图 8-14 所示。

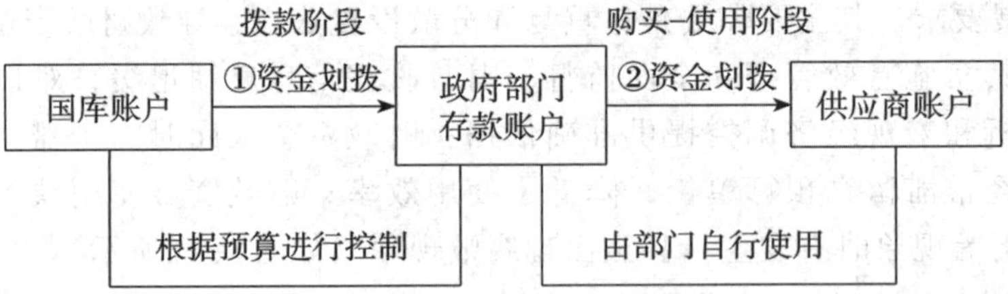

图 8-13 国库分散支付的资金流程

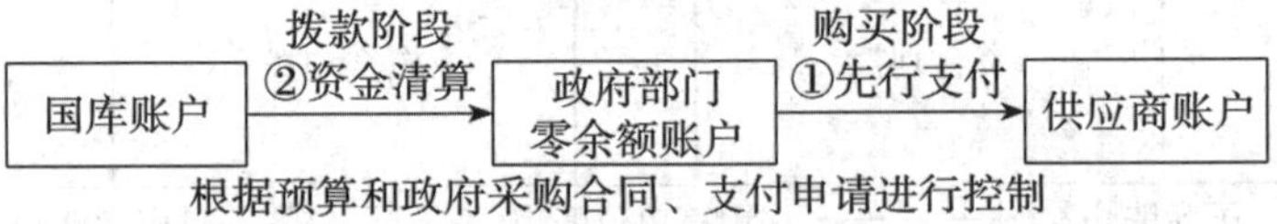

图 8-14 国库集中支付的资金流程

此后，各地按照《财政国库管理制度改革方案》的总体部署，实施了“横向到边，纵向到底”的国库收付制度改革。南宁市的国库支付程序如图 8-15 所示。

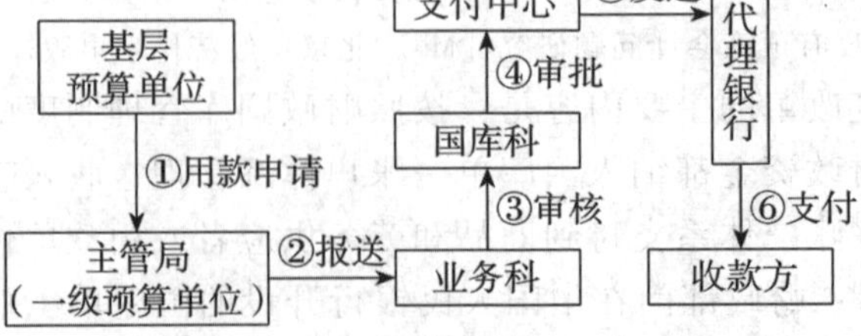

图 8-15 南宁市的国库支付程序

案例讨论8-5　　　　　　　　　　如何让预算更给力?

合肥市2009年开工建设市美术馆，耗资1.88亿元，原定2011年竣工使用，被称为“合肥版鸟巢”。但建设过程中发现渗水等问题，历经多次修补，后来发现室内比较潮湿，不适合收藏美术作品，于是一直闲置。2014年，该场馆被改为文化馆新馆暨合肥市群众文化活动中心。

云南河口县2009—2011年以政府主导、市场化运作的方式，花费2.7亿元建成边境文化景观长廊。2014年，按“将河口建成国际化滨江城市”的要求，花费3亿多元拆除，引起社会质疑。

河南南阳市2012年承办第七届全国农运会，为此拆除两栋投资数千万元、即将完工的经济适用房楼盘，补偿金高达8 000多万元。原地建设新闻中心，并计划运动会结束后作为市委、市政府的办公场所，但因为中央严格控制办公楼房超标，只有少数部门入驻，不少房间空置。其他地方也存在办公楼因为面积超标而闲置不用的现象。

类似的公共投资决策不科学的现象并不鲜见。怎样提高公共资源的利用效率？尽管《行政单位财务规则》规定实行“资源共享、装备共建，提高资产使用效率”，但在实践中还是存在不少障碍。从预算管理上看，因为使用公共资金，与自己的切身利益关系不大，所以相关政府部门责任心不强，监督不到位，信息公开机制不健全，出了问题也没有追责到个人，也就一而再、再而三地发生这类现象。

讨论：

1.为什么很多制度规定执行不到位?

2.出现上述问题的主要原因是什么？怎样解决？

四、小　结

上面介绍的三项改革都是政府预算管理方面的改革举措，总结起来就是：预算编制环节由功能预算改为部门预算，以部门为主体编制、执行预算、决算；采购环节实行政府采购制度，由分散采购改为政府集中采购为主；资金收付环节实行国库集中收付制度，由实拨资金、分散支付改为国库支付、一站直达，具体如图8-16所示。

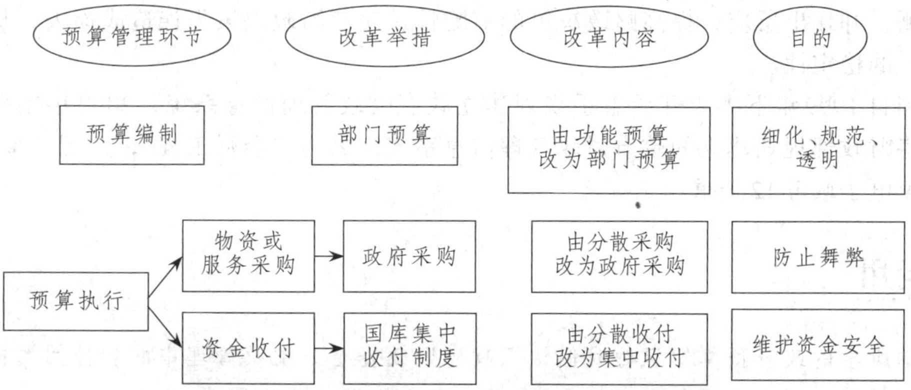

图8-16　21世纪头十年我国财政三大改革示意图

案例讨论8-6　　　　　　　　　我们的钱花到哪里了？

进入新千年以来，河南焦作市在预算改革上积极探索，迈出了可喜的步伐。当地的市民在市财政信息服务大厅的查询机上，可以很容易地查阅行政审批、财政预算、政府采购、公物拍卖、会计委派等公共财政事务信息，包括市主要领导的工资。这一变化是预算改革的一个缩影，是财政管理民主化的重要体现。

2007年年末开始编制2008年财政预算的时候，焦作市尝试将申请财政拨款的60个备选项目挂在网站上，让全体市民投票，并根据得票多少筛选出前10项，列入政府预算，给予拨款。这一做法被称为“参与式预算”，最早在巴西推行，被认为是财政决策民主化的重要试验，是提高财政支出效益的有效手段。

2009年，广州市财政局开全国先河，公开当年114个市本级部门的预算，社会反响很好。2013年年初，广州市质量技术监督局公布了共计6个部分、56页的部门预算。其中，“三公”经费预算表共有10页，详细列出了局机关及下属单位的公务接待标准、预计接待人数、公务用车数、每辆车每月的明细开支、因公出国人数及平均每人预计支出数等。尽管这10页表格仅亮相一个晚上就被删除，但仍然赢得一片喝彩。这说明公众对政府预算公开是很期待的。

作为纳税人，也是公共服务的受益人，我们每一个公民都希望清楚地了解我们缴纳的税费用到哪里去了，也有权提出我们的意见和建议。财政改革必将朝着公众期盼的方向阔步前行！

讨论：

1.怎样让城乡居民当家做主，参与财政决策？结合本案例谈谈自己的观点。

2.预算、国库、政府采购等财政改革与公众的利益有何关系？还需要在哪些方面加强财政管理和监督？

随着电子信息技术的普及，政府财政管理信息系统（Government Financial Manage Information System，GFMIS）应运而生。它利用先进的信息技术，服务于预算编制、国库集中支付和宏观经济预测分析、财政监督等财政业务、经济决策，借助财政信息化这一“顺风耳、千里眼”，可以建立财政风险预警系统，对财政经济的运行情况及发展趋势提前作出预测，并作出反应，提高财政决策的前瞻性，避免财政决策失误造成损失，从而提高财政运行的稳定性。

我国自1999年下半年开始着手规划建立政府财政管理信息系统，2002年年初，国务院决定将财政部规划建立的政府财政管理信息系统定名为“金财工程”，并把“金财工程”列为国家电子政务12个重点工程之一。

知识运用

本章所学的政府预算知识为我们认识政府财政资金分配及管理中的各种问题提供了重要工具。下面分别列出现象（案例）、分析的理论依据、分析思路：

现象：某个地方上马“形象工程”或出现“豆腐渣工程”、“土地财政”、财政资金分配不合理、使用效率不高、财政信息公开……

分析的理论依据：政府预算作用、政府预算体系、财政预算审批程序、政府预算管理制度。

分析思路：政府拥有财政资金管理权，如果缺乏外部监督，很可能出现不按纳税人意愿分配和使用资金的问题——既要在政府内部建立分权及制衡制度，又要建立外部监督制度——通过信息公开和立法机构监督保障公众知情权、监督权，避免出现“形象工程”或出现“豆腐渣工程”。政府财政有多个收入来源，一些有专门用途的资金通过政府性基金预算来管理，土地出让收入是其中重要部分，一些城市在城市化进程中通过土地开发取得大量资金，在可用财力中占比较高，形成所谓“土地财政”现象……

怎么样处理和分析数据？

第九章　政府间财政关系

知识结构图

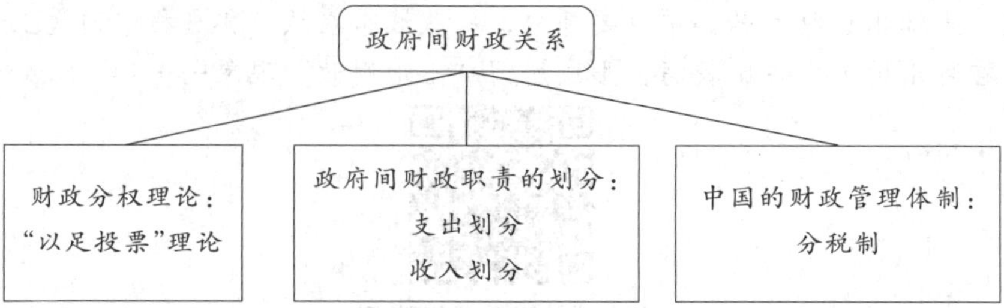

引　言

财政（预算）管理体制是处理政府间财政关系的基本制度，也就是怎样划分中央和地方各级政府的财力和管理权限。简单地说，就是中央集权还是地方分权的问题，是政府内部“切蛋糕”的问题。

财政管理体制是国家管理、规范财政分配关系，在中央和地方政府、地方各级政府之间划分财权和财力的根本制度。它包括三个方面：财政管理权责的划分、财政收支的划分（核心内容）、政府间的转移支付制度。

有人认为，县乡财政所有的钱都是上面拨下来的，对上下级财政的关系搞不清楚。幼儿园由地方来办，为什么中央财政2019年支持学前教育发展资金预算安排了168.5亿元？义务教育由县乡或城区政府举办，为什么中央财政2019年向地方下达城乡义务教育补助经费1 565.3亿元？为什么中央财政2019年给各地下达改善普通高中学校办学条件补助资金54.2亿元？为什么中央财政2019年安排各项学生资助补助经费484.398亿元？这些问题都需要了解政府间财政关系的相关知识，结合实际进行分析。

待解问题——

有什么办法解决“跑部钱进”的问题？

怎样缩小城市与农村的发展差距？

有什么办法让我国中西部地区接近东部地区的发展水平？

义务教育阶段的公办学校由哪一级政府出钱更合适？

财政分权理论

第一节　财政分权理论

一、政府间为什么需要分权

世界上绝大多数国家都是由多级政府来共同管理的，同时，地方政府拥有相对独立的财政“裁量权”和行政管理权，而不是充当中央政府派出机构的角色，它们能够根据地方纳税人的公共诉求，提供相应的公共政策组合。马斯格雷夫（1939）和萨缪尔森（1954）

提出的公共产品理论认为，由中央政府提供公共产品是有效的，即公共支出的决定不存在类似于私人竞争市场的方式，其暗含的假设是纳税人都真实地向政府表达其偏好参数，同时政府也能准确地作出回应。这也就意味着一个国家只需要一个政府，没有必要出现多级政府。然而，在现实中地方政府不仅存在，而且在众多公共领域发挥着非常重要的作用。那么，为什么一个国家不能由中央政府来统一管理呢？原因在于：

（一）纳税人也具有经济人的特征

公共产品具有非排他性特征，这意味着居民即使不纳税或少纳税也能够消费公共产品；同时，由于公共产品的供给要经由集体共同决策，理性的消费者会“打折扣”地表达其偏好，这样既能够享受公共产品又能避免缴纳太多的税款，中央政府无法有效获得纳税人的需求信息。

（二）地方政府有信息优势

通过“以手投票”方式选择领导人或决定公共事务，是地方选民“自下而上”表达偏好信息的有效机制。地方政府在地理和政治距离上更接近选民，因此能够更有效地获得纳税人的偏好信息，同时，地方选民也能更有效地对政府实施监督。

（三）地方居民对公共需求表现出异质性特征

正如消费者在市场上选择商品一样，每一类消费者的私人需求偏好都有所差异，纳税人对公共产品的需求也表现出异质性特征，如年老者更偏好于高税收与高福利的政策组合，而单身汉更倾向于政府提供低税收和低福利的组合。由中央政府“一刀切”地提供统一的公共政策组合，显然难以匹配各种不同人群的公共需求。

二、“以足投票”理论

（一）“以足投票”理论的基本内容

美国经济学家蒂鲍特（Tiebout）在1956年发表的《地方支出的纯粹理论》中，提出了“以足投票”理论。他认为，人们愿意围绕在地方政府周围是由于他们想在全国寻找地方财政支出与税收的一种精确组合，使自己的利益最大化。人们之所以在某一区域工作和居住，接受当地政府的管辖，是因为政府服务与税收符合自己利益最大化的原则。该理论设定了几个严格的假设：

（1）具有消费者和投票者双重身份的居民能够充分流动，他们将流向那些能够最大限度满足其公共产品偏好的地区——居民想到哪里生活都行。

（2）居民能够充分掌握各地区税收与公共产品供给的政策信息——居民知道所有相关信息。

（3）有足够多的社区可以供居民选择——每个居民都能找到适合自己的地方生活。

（4）不考虑各地对就业机会的限制，所有人都靠股息来维持生活——居民不需要重新找工作。

（5）各地区提供的公共产品不存在外部性——各地政府提供的公共服务使当地居民受益。

（6）每一种社区服务模式都是由城市管理者根据该社区原有住户的偏好来设定的——同一个地区的居民对公共服务的需求完全一样。

（7）为降低平均成本，没有达到最优规模的社区会试图通过优化其公共政策组合来吸引新的居民；超过最优规模的社区会产生拥挤、高税负等问题，原有居民会流出该社区；

处于最优规模的社区则力图保持其人口数量不变——每个地区都维持最优规模。

根据上述假设，居民以选择居住地的方式表达了对地方公共产品的需求，类似于在市场上的选择行为。这能够实现各地区公共产品的供求均衡，并使资源配置达到帕累托最优状态。

（二）“以足投票”理论的缺陷

“以足投票”理论的假设条件过于严格，在现实中难以同时满足。

（1）居民迁移完全自由的假定与现实差距较大。在很多国家，劳动力的流动并不是完全自由的，如中国的户籍制度极大限制了劳动力的自由流动。

（2）由于“以足投票”理论以居民迁移作为其表达需求偏好最有效的途径，因此假设居民迁移必须以寻求提供最符合其偏好的公共政策组合的社区作为迁移的唯一动机。然而事实上，影响居民迁移决策的变量不仅包括公共需求偏好因素，还包括其他经济和社会因素，如就业、收入。在发展中国家，地区间收入差异才是关键因素，更好的就业机会和更高的劳动报酬才是这些国家劳动力流动的主要因素。

（3）居民以追求公共需求最大化为目标的迁移必须是无障碍的，这样才能确保居民能够及时地对地方公共政策组合变动作出反应，从而进一步保证“以足投票”机制能够完全、有效且不打折扣地反映居民的公共需求。该理论假设迁移是无成本的，否则迁移就是不充分的，就无法真实、完全地反映纳税人的公共需求信息。显然，迁移无成本是不现实的，居民迁移不但涉及经济成本，还包括人文、情感等非经济成本，如怀旧情结、人际关系网、亲情等。这些非经济成本对居民迁移的影响有时要大于经济因素。

（4）存在足够多的社区提供差异化的公共政策组合，以保证每一个居民都能够找到最符合自己偏好的公共政策组合社区。显然这是不可能的。

（5）各社区之间不存在外部经济或外部不经济，即地方公共产品不存在外部效应，否则按照边际收益等于边际成本提供的公共产品就会因为外部性而失去最佳提供数量。正外部性的地方公共产品会提供不足，负外部性的公共产品却会供给过剩。

（6）居民必须拥有关于社区间公共政策组合差异的完全信息，且不存在获取信息的成本。显然这是不可能的。

（7）以所辖区域足够小假定为前提。这是不现实的。

地方政府，特别是基层政府比中央政府或高层级政府更了解居民对公共产品的需求，因此分权比集权更有效率，但在实践中又受到政治体制、政府层级、历史传统、经济发展水平等因素的限制，所以人们只能在分权与集权之间寻求一个合适的度。

尽管蒂鲍特模型的假设与现实有较大差异，但他认为地方性公共产品的提供与人们在市场上自由选购商品一样，哪个地方的公共产品符合自己的愿望，就搬到哪里去居住，通过缴纳税款来购买当地提供的公共产品（服务），各地区政府之间形成一种竞争态势。这一理想状态为人们分析和研究财政体制提供了一种新思路。

第二节　政府间财政职责的划分

一、财政支出责任的区分

财政支出责任的区分是建立中央与地方政府财政关系的基础，它要解决中央与地方在财政的资源配置、收入分配和经济稳定三大职能之间的分工问题。

（一）资源配置职能的分工

政府的主要任务是提供公共产品。根据公共产品受益范围的大小，可以将之分为全国性公共产品和地方性公共产品。根据收益与成本对称原则，全国性公共产品应由中央政府提供，而地方性公共产品应由地方政府提供。这样做有助于提高公共部门经济活动的效率。

全国性公共产品应由中央政府来提供的理由有两个：一是可以降低公共产品的供给成本，一些公共产品具有规模经济效应，如国防，它的平均供给成本会随着消费人数的增加而下降；二是全国性公共产品相对于地方政府来说有较强的收益外溢性，如大江、大河的治理。

地方性公共产品由地方政府来供给也有其理由：一是地方政府能够以低成本来获取纳税人对公共产品的需求信息，如通过投票机制；二是地方政府能够根据本地经济发展状况来提供相应的公共产品，如道路。

（二）收入分配职能的分工

收入分配的目标是实现社会公平。在多级政府制度中，这一职能应由中央政府（联邦政府）承担。

在市场经济条件下，一个国家的市场是统一的，具备流动性特征的劳动力和其他要素能够在全国范围内自由流动。这样，如果由地方政府来履行收入分配职能，那么地方政府之间采取的不同做法可能会扭曲资源的配置。

假设有两个不同的地区甲和乙，两地政府在促进社会公平上的举措是不一样的，甲地区更偏好公平，而乙地区更偏好效率。甲地区将实施更多的收入再分配政策，即对高收入者征收更高的累进税率，对低收入者给予更多的补贴。这样，高收入者就会大量向乙地区迁移，而低收入者可能为此所吸引，会从乙地区大量涌入甲地区。最终，即使是想推行高福利公平计划的甲地区政府也会因融资困难而难以有所作为。此外，富人迁出和穷人迁入同时进行，将直接导致地区间出现更大的不公平，甲地区会越来越贫困，而乙地区将越来越富裕。实行高福利公平计划的地方政府也将面临资本流出和外地资本不愿进入的问题，可能导致该地区经济停滞，出现任何一个政府管理者都不愿看到的结果。基于此，各个地方政府最优的选择是不推行公平计划，但这样收入分配职能就无法实现。相反，如果由中央政府履行收入分配职能，就不会产生流动性要素在地区间流动所带来的负面影响。

（三）经济稳定职能的分工

与收入分配职能一样，经济稳定职能也只能归中央政府，理由如下：经济稳定职能即政府的宏观经济调控职能，一般涉及总需求和总供给调节问题。如果由某个地方单独行使宏观调控权，要实现当地的经济稳定目标可能难以达到。这是因为政府政策作用于经济，必然牵涉资本和商品、劳务的流动，而在一个统一的国家内，资本和商品、劳务是自由流动的，一地为扩大本地区总需求政策的好处往往为国内其他地区所获得，或其他地区的竞争使该地政府的宏观经济调控能力大打折扣。如果某一地方（如广西壮族自治区）政府，想单独使用扩张性财政政策，通过减税或增加政府开支来刺激本地区经济的发展，在没有其他地区政策配合的情况下，它会发现新增的购买力大量用于对其他地区的商品和劳务的购买，好处可能为浙江省、广东省、江西省等周边省份甚至全国其他地区获得，形成大量的贸易漏损。这样，广西的积极财政政策对本地区的收入和就业的影响就要大打折扣，反而为周边省份创造了新的就业机会和经济增长点。若中央政府统一实行积极财政政策，就不会出现地区间贸易漏损问题，财政政策的目标可以更好地实现。此外，考虑到财政政策与货币政策的协调性，也应将经济稳定职能归于中央政府。

二、财政收入权限的划分

（一）收入划分的基本问题

各级政府要实现其职能，就应有相应的财政收入，即遵循“财权与事权相适应”原则。为此，必须在不同级别的政府间划分财政收入。从理论上说，财政收入应该满足财政支出的需要，但在实际中，一般都是从收入本身的特性（如商品课税与所得课税是保证生产要素自由流动的两大税种，完全由地方政府征收会有碍于商品和劳动力的自由流动）以及政府的其他目标（如实现中央政府对地方政府的控制等方面）着手划分政府收入。这样划分的后果是，地方政府的财政收入是不足以满足地方财政支出需要的。与此同时，中央政府收远大于支。这样，地方政府财政支出的不足部分在很大程度上要依靠中央政府的转移支付来解决。当然，如果地方政府收入与支出差距过大，也会影响地方政府获得财政收入的积极性。

要在中央和地方政府间进行合理的分税并不容易，原因在于如果由地方政府对在地区间流动的商品和生产要素课税，带来的税收效率和负担问题要比由中央政府课税复杂得多。例如，就劳动力供给来说，如果由地方政府来征收所得税，那么各地方政府就会围绕争夺劳动力展开税收竞争，它们可能选择降低高档次的所得税税率，由此具有较强再分配性质的所得税就难以达到目的了。就资本供给来说，在作为一个整体的国家内，资本供给几乎没有弹性，即资本供给几乎不受税收的影响。因此，中央政府对资本课税只会带来较小的效率损失。如果由地方政府课税，资本就可能被配置到边际产出较低的地方。就商品流动来说，即使对地方销售税而言，也可能带来同样的问题，税收差异可能促使人们花大量时间和精力到外地购买本地可以买到的商品。

（二）税收划分的两种基本思路

从理论上说，税收划分思路大致可以分为两类：

一是根据税种本身的属性在中央政府和地方政府之间划分税收。美国经济学家塞利格曼三原则提出税权的划分应根据效率、适应和恰当原则进行。效率原则就是哪级政府征税效率高，就由哪级政府征税；适应原则以税基大小为划分标准，税基大的归中央政府、税基小的归地方政府；恰当原则以税收负担公平为划分标准，若为公平目标而设的税，由中央政府征收。另外，迪尤就税权的划分提出了效率原则和经济利益原则。前者与塞利格曼的观点相同；后者则以增进经济利益为标准，税收的划分应以归属何级政府更有利于经济发展，不减少经济收益为标准。

二是根据受益原则确定税权，要求各级政府根据支出的需要课征收入，并且税收应与公共支出相对应。

发达国家的收入划分与支出划分并没有一个统一的模式，各国有时相差很大。表9-1、表9-2分别显示了美国、澳大利亚各级政府收支划分情况，大家可以检索更多国家的资料，结合上述知识进行归纳、比较，寻找其中的共同点与不同点。

表 9-1 **美国各级政府收支划分**

级　次	收　入	支　出
联邦	个人所得税和公司所得税	联邦政府行政、国防、外交、征税、借款和货币发行，对州与地方政府的补助
州	销售税	高等教育、社会保障、医疗卫生、公路建设以及自然资源
地方政府	财产税	治安、消防、环卫、小学和初中教育、图书馆、医疗、卫生、航空、水运等

表 9-2 **澳大利亚各级政府收支划分**

级　次	收　入	支　出
联邦	个人所得税、经营税、物料和服务税	社会服务、国防、外交、海外贸易、邮电、广播、跨国产业关系、规范经济活动、国际运输
州	财产税、工资税、博彩税、特许经营税、房地产税、车辆税	教育、卫生、警察、监狱、司法、交通、住房、农业、矿业、森林、基本服务（电力等）、国家公园
地方政府	财产税	防火、地方紧急和安全服务设施、废品收集和处理、教育、福利、计划和土地利用、财产服务、文化和娱乐服务设施、道路

资料来源　全国人民代表大会常务委员会预算工作委员会调研室. 中外专家论财政转移支付［M］. 北京：中国财政经济出版社，2003：355-356.

案例讨论 9-1　乡村图书馆的多与少

在美国开车，经常可以看到路边竖立着公共图书馆的标志。在小城镇，公共图书馆的建筑规模通常都明显大于市政厅的建筑规模。一个国家的文明程度往往不在于有多少高楼大厦，而在于国民的教育程度和生存质量，图书馆系统的发达程度直接影响国民的启蒙和教化。

统计数据显示，美国有近12万个各类图书馆，其中公共图书馆（大部分在社区乡镇）有9 445个。有的大学就有几十个图书馆。按照美国3.1亿人口计算，平均2 500人就拥有一个图书馆。调查表明，每年至少有11亿人次光顾公共图书馆。在美国，公共图书馆主要由财政税收支持，设立管理委员会，对所有人免费开放。

在中国的广大中小城镇、农村和边远地区，基本上看不到图书馆的影子。近年来，我国设立了“全民读书日”，期望能够改善上述状况。

资料来源　周大伟. 被改变的小环境［EB/OL］.［2012-10-23］. http://viewpoint.inewsweek.cn/columns/columns-2444.html.

讨论：

1.乡村公共图书馆的经费来源是什么？查找相关资料，分析上述现象反映了什么问题。

2.基层公共服务的数量与质量与财政体制有没有关系？结合身边实际分析为什么我国乡村公共服务与城市相差较大。

三、政府间的转移支付

（一）政府间转移支付的必要性

1.弥补各级政府财政缺口

按税权划分原则分税，通常无法保证地方政府获得足够的收入满足自身支出的需要。转移支付的做法有两种：一是纵向转移支付，即上级政府向下级政府转移支付，促进纵向财政平衡；二是同级政府之间的转移支付，即比较富裕的地方政府向比较贫穷的地方政府进行转移支付，达到横向财政平衡。现实中以前者为主。

2.促进地区间基本公共服务均等化

转移支付还有助于地方基本公共服务均等化目标的实现。地区之间用自有财源满足支出需求的能力不同，可能存在较大差异，因而财政能力差的地区应获得较多的中央政府的补助，以保证不同地区的居民能享受到大体一致的基本公共服务。

3.推动跨地区公共产品投资

中央政府向地方转移支付还有助于推动一些对具有外溢性的地方公共项目的投资。比如，跨地区的道路、通信设施和一些使外地受益的环保项目，某一地的政府往往由于低估其整体效益而不愿投资或投入低于最佳投资额的数量，这时就需要中央政府进行直接投资，或给予一部分补贴，以鼓励地方政府投资。

4.帮助落后地区加快发展

一个地区发展的快慢受自然条件影响很大，山区、偏远地区仅凭自身努力很难赶上沿海或平原地区的发展步伐。中央政府有责任帮助这些地区加快发展，缩小地区间发展差距，维护民族团结、促进社会和谐。因此，需要由中央政府及高层级政府向落后地区提供财政援助。

（二）转移支付的种类

按照转移支付是否附加条件，可以将之分为有条件转移支付和无条件转移支付。

1.有条件转移支付

有条件转移支付又称分类转移支付，包括配套转移支付、封顶配套转移支付和无配套转移支付。配套转移支付要求接受转移支付的地方要有配套资金。例如，地方政府在教育上投了1元钱，中央政府才会有相应的转移支付。配套转移支付可以用于解决正外溢性问题。地方政府与个人和企业一样，当存在边际上的正外溢性时，恰当的补贴可以提高效率。从理论上说，这要求中央政府准确评估外溢性的实际规模。封顶配套转移支付就是捐款人（如中央政府）可以规定转移支付的最高数额。无配套转移支付不要求地方政府为某一公共支出项目提供配套资金，而只要求将款项用于约定项目，专款专用。

2.无条件转移支付

无条件转移支付不对款项的具体使用项目作出规定。此类转移支付通常可用于收入分配目的，但这也存在争议，因为一个地区既有穷人又有富人。如果中央政府要帮助穷人，它可以直接把钱给穷人，而且穷人会消费更大数量的公共产品（如教育）。

不同的转移支付形式会对地方政府的行为造成不同的影响。无条件转移支付给地方政府较大的选择权，有条件转移支付会约束地方政府的行为。地方政府更偏好无条件转移支付。在无条件转移支付下，地方政府在追求地方利益最大化的目标上有充分的选择自由，因为这种拨款在增加地方财源的同时又不影响地方政府本身的开支格局。这样，地方政府就能使它自己的福利最大化。

四、案例分析

下面，我们把目光转向现实生活。在我国不同的地区间、城市的不同地段间存在教学质量、社会声誉差别较大的中小学校，不少家长将孩子送到非户籍所在地的学校读书，为此，要缴纳高额赞助费。对此，赞同、反对的意见都有。尽管政府禁止这种做法，但似乎没有改变这种现象。我们用公共产品理论、财政管理体制的知识来分析一下。

第一，从供给来说，好学校总是供不应求的。即使政府不断增加财政投入，好学校不断扩招，但人们的需求上升得更快，对优质教育的需要远远超过现实的供给。于是，好学校的入学门槛就会提高，收费就成了顺理成章的事情，这符合供求原理。

第二，中小学校是由地方政府举办的，在城市是由市、城区财政出资提供的准公共产品，属于地方性公共产品。它首先会满足本地或本地段的纳税人，对这些人可以免费或部分免费入学；而对外地或其他地段的居民，就要收费或提高收费标准（美国州立大学也是对本州学生同样收取较低廉的费用，对本州以外的学生则收取高得多的学费）。如果学费标准不能提高，就会以赞助费或建校费等名目收取，以合法或不合法的方式出现。这恐怕是赞助费等教育乱收费行为屡禁不止的经济原因。

第三，从财政管理体制看，地方政府的财政收入一大部分来源于本地纳税人，也要用于为本地纳税人提供教育、医疗卫生、治安、交通设施等公共服务。如果为外地居民服务，就会产生外部效应，应当由中央或上级财政给予补助，即通过转移支付来弥补提供这些额外公共产品的成本。如图9-1所示，S_1是中央或上级财政补助前的供给曲线，当学费标准为P时，供给的优质教育数量为Q_1。中央或上级财政补助后，弥补了部分教育成本，所以，供给曲线下移，变为S_2，同样学费标准对应的优质教育供给量为Q_2，比Q_1增加了。

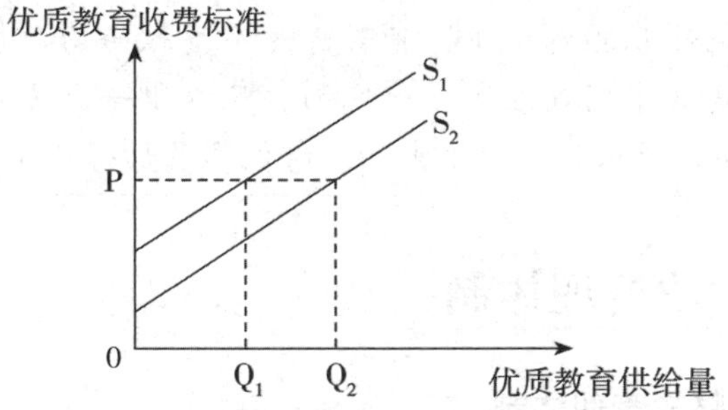

图9-1　转移支付对优质教育供给量的影响

近几年，一直被热议的高考移民或异地高考问题也与此类似。在一个地方参加高考就要占用当地的招生指标，在招生指标确定的情况下，外地考生增加就会将本地考生的录取机会挤掉。或者说，对一个地方而言，到名牌大学受教育的机会相当于一种公共产品或准公共产品，当然应当由本地居民享受。特别是对于名牌大学林立的北京、上海、广州等发达地区，原来分得的名牌大学招生指标很多，当然不愿意让外地考生来分享。但从另一个角度看，这些地区的不少名牌大学，如清华大学、北京大学、复旦大学、中山大学等主要由中央财政提供经费，全国各地的居民都有平等的受教育机会，不应当仅由这些省份或城市的考生独享。

思考与讨论：大家可以运用所学过的经济学及财政学知识思考、分析学校收取的借读费、赞助费问题，并与老师、同学分享自己的看法。

我们运用第二章的分析步骤探讨一下绿化治沙的问题。

华北地区每年3月份常有沙尘暴，西北地区风沙很大，沙进人退问题严重。为什么没有人愿意出钱出力绿化治沙呢？政府应当干预吗？该由哪一级政府来做、哪一级政府来出钱呢？

※第一步，绿化治沙是不是公共产品？

☞我们讨论的依据是公共产品理论，也就是按照公共产品的两个基本特征来判断。绿化的边际成本一般不为零，但无法通过收费等办法将别人排除在受益范围之外。它的好处会外溢到很多地方，有比较强的正外部性，属于准公共产品。

※第二步，绿化治沙是否应当由政府提供？

☞由于存在正外部性，而且投入大、短期内没有收益或收益很小，所以，如果没有特别的鼓励措施，没有人愿意做这件事。但这并不代表绿化治沙一定要由政府来做，也可以通过补贴等方式来扶持和鼓励，使做这件事的人觉得有钱赚，值得干。靠奉献是无法长期有效提供准公共产品的，也不符合经济原则，不利于维护公共利益。

※第三步，绿化治沙应由哪一级财政出钱？

☞这是政府间的支出责任问题。由于绿化治沙具有正外部性，所以，补贴要由较高层级政府来负担，像跨省区的绿化事务更应由中央财政来承担，起码承担大部分。

知识之窗9-1　　切蛋糕的艺术

老张和老李切蛋糕的故事形象地说明了制度的重要性。老张和老李每人出一百元钱买了一个蛋糕，老张说“我来切”，老李怕他切得不公平，就找了三个朋友想办法：第一个是从事思想工作的，他教育老张要提高道德素质，不以权谋私；第二个是搞技术的，他让老李好好把面积测定一下，再考虑这个蛋糕的均匀度，通过优化计算，选择切入的面；第三个是从事制度经济学研究的，他提出一个办法，就是老张切，切完以后，老李先挑，这样就能保证不管谁来切，都能尽量切得公平。

第三节　中国的财政管理体制

对财政体制误解的分析

一、1994年以前的财政管理体制

我国财政管理体制自1949年以来，伴随各时期经济形势的发展变化，也相应发生了变化。从1949年新中国成立到1994年实行分税制，其变化轨迹可描述为：中央集权型统收统支体制–行政分权型财政包干体制–与国际惯例接轨分权型分税制和公共财政体制。这一时期体制变化频繁，建议大家阅读《中国财政60年回顾与思考》（王丙乾，2009）、《中国财政60年》（谢旭人，2009）、《共和国财税60年》（高培勇，2009）等书籍了解其详细过程。图9–2简要地反映了中华人民共和国成立至1994年我国财政体制的变迁历程。

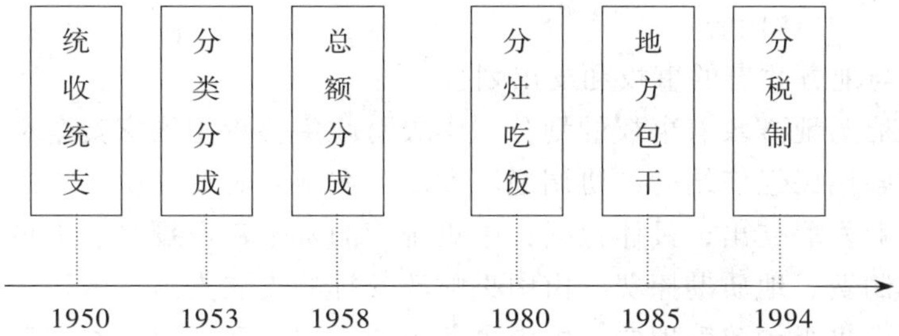

图9-2　中华人民共和国成立至1994年我国财政体制变迁历程

1980年起，我国开始试行中央与地方“分灶吃饭”（即“划分收支，分级包干”）的财政体制；1994年1月1日起，改革地方财政包干制度，对各省、自治区、直辖市和计划单列市实行分税制财政管理体制。

二、1994年后的财政管理体制改革（分税制改革）

（一）分税制改革的必要性和指导思想

分税制是分级分税财政管理体制的简称，是指按税种划分中央与地方政府的财政收入，同时划分各级政府的支出范围。

当时，原有的预算包干体制虽经过多次改革或修正，但未打破财权高度集中或基本高度集中的统收统支体制，虽然在一定程度上增加了地方经济的活力，但其弊端也日益明显。

图9-3反映了分税制改革的背景、指导思想和改革目标。

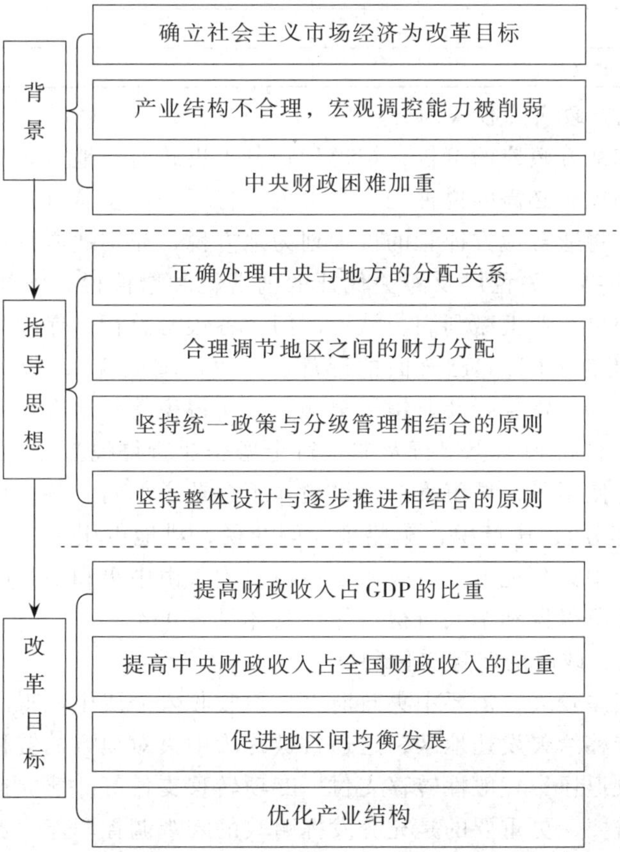

图9-3　分税制改革的背景、指导思想和改革目标

（二）分税制的具体内容

1. 中央政府与地方政府的事权和支出划分

根据中央政府与地方政府事权的划分，中央财政主要承担国家安全和中央国家机关运转所需经费，调整国民经济结构、协调地区发展、实施宏观调控所必需的支出，以及由中央直接管理的事业发展支出，具体包括：中央统管的基本建设投资、中央直属企业的技术改造和新产品试制费、地质勘探费、由中央财政安排的支农支出、国防费、武警经费、外交和援外支出、中央级行政管理费、由中央负担的国内外债务的还本付息支出，以及中央本级负担的公检法支出和文化、教育、卫生、科学等各项事业费支出。地方财政主要承担本地区政权机关运转所需支出以及本地区经济、事业发展所需支出，包括：地方统筹的基本建设投资，地方企业的技术改造和新产品试制经费，支农支出，城市维护和建设经费，地方文化、教育、卫生等各项事业费和行政管理费，公检法支出，部分武警经费、民兵事业费，价格补贴支出以及其他支出。具体见表9-3。

表9-3　**现行支出划分**

中央财政支出范围	地方财政支出范围
国家安全、外交事务	本地区政权机关运转
中央国家机关运转	本地区经济发展
调整国民经济结构	本地区事业发展
协调地区发展	
实施宏观调控	
中央直接管理的事业发展支出	

2. 中央政府和地方政府的收入划分

根据中央政府和地方政府的事权，按税种划分中央政府与地方政府的收入。将维护国家权益，实施宏观调控所必需的税种划为中央税；将同经济发展直接相关的主要税种划为中央与地方共享税；将适合地方征管的税种划为地方税，充实地方税税种，增加地方税收入。中央固定收入包括：关税以及海关代征的消费税和增值税，海洋石油资源税，消费税，中央所得税，中央企业上缴利润，铁道部门、各银行总行、保险公司总公司等集中缴纳的营业税（2016年5月1日起已全面推行营业税改征增值税）、所得税、利润和城市维护建设税，地方银行和外资银行及非银行金融企业所得税等。地方固定收入包括：地方企业所得税（不含地方银行和外资银行及非银行金融企业所得税），地方企业上缴利润，个人所得税，城镇土地使用税，城市维护建设税（不含铁道部门、各银行总行、各保险公司总公司集中缴纳的部分），房产税，车船税，印花税，耕地占用税，土地增值税，国有土地有偿使用收入等。中央与地方共享收入是指税收收入由中央和地方政府按比例分享的税收，如增值税、企业所得税和个人所得税等。具体见表9-4。

3. 中央财政对地方政府的转移支付制度

由于各地财力相差较大，需要中央政府将从税收收入分成中取得的收入（主要是发达地区产生的税收）转移给欠发达地区，这通常被称为中央对地方的转移支付。中央对地方的转移支付包括税收返还、一般性转移支付、专项转移支付等。建立这一制度不仅有利于保证地方基本支出需要，更重要的是充分发挥财政的宏观调控职能，促进社会资源的优化配置、产业结构的合理调整和地区间的均衡发展。

表9-4　　**现行财政收入划分**

中央固定收入	中央地方共享收入	地方固定收入
①关税 ②海关代征的消费税和增值税 ③消费税 ④铁道、银行总行、保险公司、总公司等集中缴纳的增值税、中央企业上缴利润 ⑤车辆购置税 ⑥证券交易（印花）税	①增值税：中央50%，地方50% ②资源税：海洋石油资源税归中央，其余归地方 ③企业所得税、个人所得税：中央60%，地方40%	①城镇土地使用税 ②城市维护建设税（不含铁道部等集中缴纳部分） ③房产税 ④车船税 ⑤其他印花税 ⑥耕地占用税 ⑦契税 ⑧土地增值税 ⑨烟叶税 ⑩国有土地有偿使用收入

注：1994年后，先后对部分税种的分享做了调整。

4.中央财政对地方税收返还的确定

改革的初始目标是在全国财政这个“大蛋糕”中，中央切走60%（改革前的1993年仅占22%）。这样做，地方政府肯定不乐意，为了争取地方政府的支持，保持地方既得利益，使改革能顺利推行，中央确定各地改革后净上缴的收入以税收返还的方式给回各地，以1993年为基期年核定。按照1993年地方政府实际收入以及税制改革和中央地方收入划分情况，核定1993年中央从地方净上划的收入数额（即消费税加75%的增值税减中央下划收入），以后增加的财政收入由中央与地方三七分成，总的原则是：存量不动，增量微调。表9-5反映了2019年中央财政对地方转移支付预算的情况。

（三）分税制的进一步完善

1.深化分税制改革的内容

我国实行分税制的目的是实现政府间分配关系的规范化、公正化、公开化，对由经济发展不平衡所造成的地区间行政能力差异进行必要调节，使各地方政府的基本行政能力大体均衡；主要是在现行分税制改革的基础上，进一步理顺关系，完善制度，规范责权利，清除旧体制遗留的弊端；进一步规范转移支付制度，按照客观、科学、规范的要求，破除原有不合理的利益格局，真正达到彻底分税制的要求。具体来说，主要内容包括：（1）事权、财政的界定明确、合理，符合政治体制改革的要求和权利、义务对等原则；（2）中央财力的主导地位得以确立和巩固，转移支付制度更加完善，宏观调控体系健全，适应社会主义市场经济运行机制的要求；（3）进一步完善税制，健全和强化中央和地方税收征管体系，各级主体税源逐步形成并发展，满足财政管理的需要；（4）预算硬约束机制建立，符合各级政府自主理财的要求。

2.1994年以来分税制体制的调整

1994年以来，根据分税制运行情况和宏观调控的需要，我国对分税制财政管理体制进行了必要的调整：改革了出口退税中央与地方财政的承担比例，调整了所得税分成办法。从2002年开始，改革原来按企业的行政隶属关系划分所得税收入的办法，对企业所得税和个人所得税实行中央和地方按比例分享；证券交易税和其他一些收入也进行了相应

表9-5 **2019年中央对地方转移支付预算表** 金额单位：亿元

项　　目	2018年执行数	2019年预算数	预算数为上年执行数的百分比
一、一般性转移支付	63 016.83	67 763.10	107.5
均衡性转移支付	14 095.00	15 632.00	110.9
重点生态功能区转移支付	721.00	811.00	112.5
县级基本财力保障机制奖补资金	2 462.79	2 709.00	110.0
资源枯竭城市转移支付	192.90	212.90	110.4
老少边穷地区转移支付	2 170.46	2 489.05	114.7
产粮大县奖励资金	426.40	447.86	105.0
生猪（牛羊）调出大县奖励资金	29.96	29.96	100.0
共同财政事权转移支付	29 745.81	31 845.69	107.1
税收返还及固定补助	11 672.22	11 872.70	101.7
体制结算补助	1 500.29	1 712.94	114.2
二、专项转移支付	6 138.00	7 635.90	124.4
食品药品监管补助资金	28.76	28.74	99.9
文化产业发展专项资金	30.26	3.23	10.7
重大传染病防控经费	162.00	167.00	103.1
大气污染防治资金	200.00	250.00	125.0
水污染防治资金	156.00	190.00	121.8
可再生能源发展专项资金	59.66	86.00	144.2
城市管网及污水治理补助资金	186.50	186.50	100.0
土壤污染防治专项资金	35.00	50.00	142.9
农村环境整治资金	59.84	59.84	100.0
农村综合改革转移支付	313.55	340.40	108.6
⋮（部分项目省略）	⋮	⋮	⋮
基建支出	4 108.67	4 396.00	107.0
中央对地方转移支付	69 154.83	75 399.00	109.0

的调整。关于证券交易税，1997年以后，分享比例曾进行了几次调整。1997年调整为中央80%，地方20%；1997年将证券交易税由3%调高为5%，其中调高税率所增加的收入全部归中央，由此分享比例折算为中央88%，地方12%。2000年将证券交易税的分享比例分三年最终调整为中央97%，地方3%。从2016年1月1日起，将证券交易印花税由中央、地方按97%、3%比例分享全部调整为中央收入。2016年4月29日，国务院印发《全

面推开营改增试点后调整中央与地方增值税收入划分过渡方案》，决定自2016年5月1日起中央分享增值税的比例由75%调整为50%，过渡期暂定为2~3年。

3.转移支付制度的构建和完善

分税制平稳运行后，迫切需要实施规范的转移支付制度，这不仅是完善分税制财政体制的需要，也是地方财政运行的现实要求。但是，由于受中央财力等因素的制约，转移支付制度的规范化建设只能采取“总体设计、分步实施”的战略。在此背景下，财政部于1995年出台了《过渡期财政转移支付办法》。

过渡时期转移支付办法是在不触动地方既得利益的条件下，由中央财政安排一部分资金，按照相对规范的办法，用于对边远的少数民族地区和贫困地区的转移支付，并向民族地区适度倾斜，调节这些地区的最低公共服务水平。我国于1995年起实行过渡时期转移支付办法，随后又在2002年改为一般性转移支付，以基本公共服务均等化为目标，按照各地标准财政收入和标准财政支出差额以及转移支付系数计算转移支付额，逐渐建立起一套适合我国国情的转移支付制度。随后，我国调整了企业所得税和个人所得税的分享办法，但基本没有触及支出划分、地方税收立法权等重大问题，并且在收入划分上也更多地偏向中央，各级地方政府仍然没有自己的主体税种。当时引起争议的是，1994年后的财政体制改革走向财政集权化，地方财政收入占全国财政收入的比重总体上呈下降趋势。

1996—1997年，我国改进了客观性转移支付的计算方法，以标准收入替代财力因素。标准收入测算范围包括增值税、农业特产税、资源税、土地使用税，同时，标准财政收支的测算方式得到进一步改进。标准收入的测算方法尽可能向经济税基（平均有效税率）的规范做法靠近，标准支出测算方法则尽可能考虑客观因素（如寒冷程度）的影响。

1998年，在保持过渡时期转移支付办法总体框架的前提下，标准化收支项目的测算面进一步扩大，并针对财政数据口径的变化，对部分项目的测算方法做了改进，使标准收支测算结果更趋合理。1999年调整居民收入分配，改革中央对地方的补助；2000年起为配合西部大开发战略的实施，加大对民族地区（包括民族省区和非民族省区的民族自治州）的转移支付力度；此外，为配合西部大开发，保护和改善生态环境，还对天然林保护、退耕还林还草造成的财政减收等进行转移支付；2001年调整机关事业单位职工工资，调整中央对地方的补助等项目，也都采用了过渡时期转移支付的办法。

从2002年起，过渡时期转移支付的概念不再沿用，其资金合并到中央财政因所得税分享改革增加的收入中分配，统称为一般性转移支付。同时，2002年继续对民族地区实施民族地区转移支付政策。

转移支付制度实施的效果如何？我们可以比较这一制度实施前后，全国各省、自治区、直辖市财力的变化，这也是运用实证分析方法的典型例子。

首先，通过《中国统计年鉴（2015）》查询到2014年各省、自治区、直辖市财政收支数据见表9-6。由于公共财政收入反映各地组织的财政收入按分税制留成的部分，而一般公共预算支出相当于公共财政收入加上中央的转移支付，所以比较公共财政收入、一般公共预算支出，可以看出各地接受中央转移支付后财力的变化。

表9-6　　　　　　2014年各省、自治区、直辖市公共财政收支数据

省、自治区、直辖市	人口（万人）	公共财政收入（亿元）	人均公共财政收入（元）	排名	一般公共预算支出（亿元）	人均一般公共预算支出（元）	排名
天津	1 517	2 390	15 755	3	2 885	19 018	5
北京	2 152	4 027	18 713	2	4 525	21 027	3
上海	2 426	4 586	18 904	1	4 923	20 293	4
江苏	7 960	7 233	9 087	4	8 472	10 643	12
浙江	5 508	4 121	7 482	6	5 160	9 368	18
内蒙古	2 505	1 843	7 357	7	3 880	15 489	6
辽宁	4 391	3 191	7 267	8	5 080	11 569	10
广东	10 724	8 060	7 516	5	9 153	8 535	22
福建	3 806	2 362	6 206	11	3 307	8 689	20
山东	9 789	5 027	5 135	14	7 177	7 332	28
吉林	2 752	1 203	4 371	17	2 913	10 585	13
重庆	2 991	1 922	6 426	10	3 304	11 046	11
湖北	5 816	2 492	4 285	19	4 934	8 483	23
陕西	3 775	1 890	5 007	15	3 963	10 498	14
宁夏	662	340	5 136	13	1 000	15 106	7
新疆	2 298	1 283	5 583	12	3 318	14 439	8
湖南	6 737	2 260	3 355	27	5 017	7 447	27
河北	7 384	2 447	3 314	28	4 677	6 334	31
青海	583	252	4 322	18	1 347	23 105	2
黑龙江	3 833	1 301	3 394	26	3 434	8 959	19
海南	903	655	7 254	9	1 100	12 182	9
河南	9 436	2 739	2 903	30	6 029	6 389	30
四川	8 140	3 059	3 758	23	6 797	8 350	25
山西	3 648	1 820	4 989	16	3 085	8 457	24
江西	4 542	1 882	4 144	20	3 883	8 549	21
安徽	6 083	2 218	3 646	24	4 664	7 667	26
广西	4 754	1 422	2 991	29	3 480	7 320	29
西藏	318	124	3 899	21	1 186	37 296	1
云南	4 714	1 698	3 602	25	4 438	9 415	17
贵州	3 508	1 366	3 894	22	3 543	10 100	15
甘肃	2 591	672	2 594	31	2 541	9 807	16

数据来源　中国国家统计局．中国统计年鉴（2015）[M]．北京：中国统计出版社，2015.

其次，考虑到全国有31个省、自治区、直辖市（不包括台港澳地区），为避免个别特殊现象影响判断，先将公共财政收入、一般公共预算支出按高低排序，分别计算31个省、自治区、直辖市的平均值、前五名的平均值、后五名的平均值，再计算前五名的平均值与31个省、自治区、直辖市的平均值之比、后五名的平均值与31个省、自治区、直辖市的平均值之比。

可以看到，公共财政收入最高的五个省、自治区、直辖市平均值是各省、自治区、直辖市平均值的2.37倍，而公共财政收入最低的五个省、自治区、直辖市平均值仅是各省、自治区、直辖市平均值的0.17倍，两者相差近14倍（极差率）；一般公共预算支出最高的五个省、自治区、直辖市平均值缩小到各省平均值的1.81倍，而一般公共预算支出最低的五个省、自治区、直辖市平均值是各省、自治区、直辖市平均值的0.34倍，两者的差距缩小到5倍左右（如图10-4所示）。

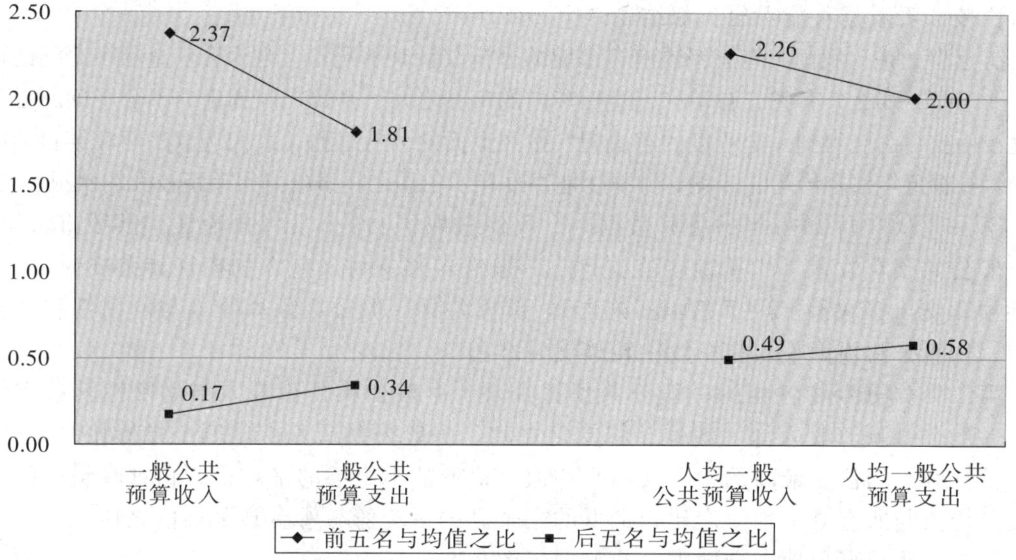

图9-4　全国转移支付效果

再次，考虑到各个省、自治区、直辖市之间人口差异较大，为更准确地反映它们之间财政实力的差距及变化，进一步计算人均财力数据并进行比较。做法与上面差不多，分别计算各省、自治区、直辖市的人均公共财政收入、人均一般公共预算支出，然后按高低排序；接着分别计算31个省、自治区、直辖市的平均值、前五名的平均值、后五名的平均值，再计算前五名平均值与31个省、自治区、直辖市平均值之比、后五名平均值与31个省、自治区、直辖市平均值之比。

可以看到，人均公共财政收入最高的五个省、自治区、直辖市平均值是各省、自治区、直辖市平均值的2.26倍，而人均公共财政收入最低的五个省、自治区、直辖市平均值仅是各省、自治区、直辖市平均值的0.49倍，两者相差4.6倍（极差率）；人均一般公共预算支出最高的五个省、自治区、直辖市平均值缩小到各省、自治区、直辖市平均值的2倍，而人均一般公共预算支出最低的五个省、自治区、直辖市平均值是各省、自治区、直辖市平均值的0.58倍，两者的差距缩小到3.5倍左右。

这说明，通过转移支付，发达省、自治区、直辖市与落后省、自治区、直辖市之间财政能力的差距已经缩小。我们可以得出结论：从2014年的数据来看，现行转移支付制度起到了抽肥补瘦的作用。如果要判断转移支付制度建立20年来是不是不断缩小各地的差距，需要进一步比较近20年上述极差率的变化，大家可以按照类似方法采集数据并进行统计分析。如果细心一点就会发现，上面的计算及分析仅是判断转移支付制度对解决横向不公平的效果。建立转移支付制度的目标有多个，那么怎样分析这种制度对解决纵向不公平的效果呢？怎样分析转移支付制度对于优化资源配置、产业结构、促进地区间公共产品均等化的效果呢？这一点就留给大家思考，相信大家一定能够找到合适的方法，形成自己的见解。

思维无止境。我们还可以思考以下问题：能不能用标准差、变异（离散）系数等统计指标来分析转移支付制度的实施效果？还有没有其他方法对转移支付的效果作出判断，结合统计学、计量经济学的方法，对上述数据可以进行哪些技术处理？当然，大家也可以按照同样的思路，计算上述各省、自治区、直辖市前十名、后十名的平均值、极差率，然后进行比较，看看是否能得出类似结论。

有意思的是，我国共有五级政府，上面的分析仅针对不同省、自治区、直辖市之间的横向不公平问题，那么，各省、自治区、直辖市内的市县之间、乡镇之间的横向不公平问题是不是通过转移支付制度得到一定程度的解决呢？按照上面的分析思路，我们选取广西壮族自治区来剖析，看看近年来自治区的转移支付制度是否改善了各县之间财政能力差距较大的状况。

第一，从广西2013年的决算数据中，我们获取了110个县（自治县、县级市、城区）的一般公共预算收入、均衡性转移支付、一般性转移支付（包含均衡性转移支付）、一般公共预算支出等数据（限于篇幅不列出）。计算各县一般公共预算收入与均衡性转移支付之和、一般公共预算收入与一般性转移支付之和。

第二，先分别将各县的一般公共预算收入、一般公共预算收入与均衡性转移支付之和、一般公共预算收入与一般性转移支付之和、一般公共预算支出四个指标按高低排序，逐一计算其平均值、最高的十个县的平均值、最低的十个县的平均值，再计算最高的十个县的平均值与所有县平均值之比、最低的十个县的平均值与所有县平均值之比。

第三，为更形象地表现数据，我们做了图9-5。

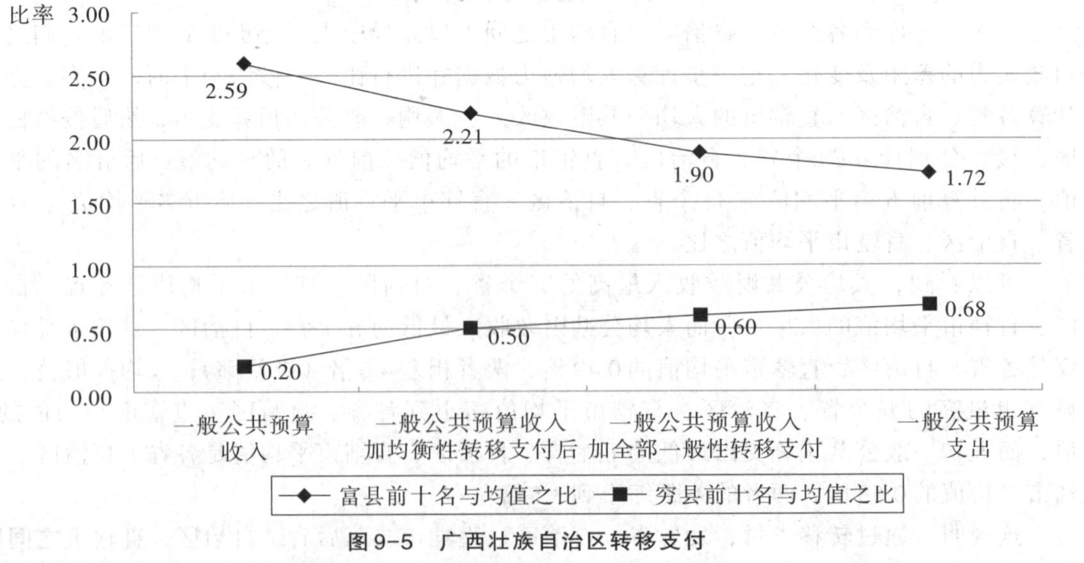

图9-5 广西壮族自治区转移支付

从图9-5可以看到，一般公共预算收入最高的十个县平均值是各县平均值的2.59倍，而一般公共预算收入最低的十个县平均值仅是各县平均值的0.20倍，两者相差近13倍（极差率）；将一般公共预算收入加上均衡性转移支付后，最高的十个县平均值是各县平均值的2.21倍，而最低的十个县平均值是各县平均值的0.50倍，两者的差距缩小到4.5倍左右；再将一般公共预算收入加上一般性转移支付后，最高的十个县平均值是各县平均值的1.90倍，而最低的十个县平均值是各县平均值的0.60倍，两者的差距缩小到3.2倍左右；最后，比较一般公共预算支出（基本等于上述数据再加上专项转移支付），最高的十个县平均值缩小到各县平均值的1.72倍，而最低的十个县平均值是各县平均值的0.68倍，两者的差距缩小到2.5倍左右。从图9-5可以非常直观地看到，两条线从左到右逐步接近，说明发达县与落后县之间的财力差距随着转移支付制度的实施明显缩小。同样道理，我们还可以据此计算人均数据，分析其效果如何。

如果想分析1994年以来广西壮族自治区对下转移支付制度的效果是不是不断改进，应该怎么做呢？各位不妨动动脑筋，也可以采集其他地区的数据进行统计处理和分析，将会得到有意义的结论，对我们认识为什么要建立转移支付制度、现行转移支付制度是否达到预期目的大有裨益，也能提高我们的思维能力。

事实上，对于转移支付的效果是有争议的。财政部认为效果较明显，而不同地区从自身利益及实际感受出发，则有不同看法。比如，均衡性转移支付考虑了北方地区冬天取暖的因素，但没有考虑南方地区夏天防暑降温的因素，南部省市区当然不满意；再比如，民族自治区得到了民族地区转移支付，那些少数民族较多的省市区就会觉得不公平。

所谓“公说公有理，婆说婆有理”，站在不同的利益角度，自然会有不同的看法。尽管中央对地方的补助增加很快，但指定用途的专项转移支付一直是大头。地方尽管得到了更多的钱，但要做的事更多了，而且自己还要拿出配套资金，近两年不要求配套资金了，可是上面给的补助根本不够用。举例来说，村村通、屯屯通公路建设是近几年缩小城乡差距的一个重要举措，前几年省级财政按照水泥路每千米30万元、砂石路每千米15万元的标准拨付补助经费，但山区、丘陵地区、平原地区的建设成本并不一样，偏远山区的修路成本较高，这些经费根本不够用。2015年，补助提高到水泥路每千米50万元，仍然不够用，但工作任务必须完成，欠发达地区的县乡政府还得从紧巴巴的口袋中再掏出钱来，才能完成上级布置的硬任务。

现实生活不可能十全十美，人们对问题的看法不可能完全一致，解决问题的办法也不会只有一种。所以，我们不希望给同学们一个标准答案，而是告诉大家如何思考、如何分析问题。至于解决问题的办法，就靠大家去开动脑筋，“八仙过海，各显神通”了。

三、财政省管县改革

2002年之后，出于缓解县乡财政困难的考虑，鉴于我国政府层级较多、行政支出庞大的实际情况，有学者提出了“财政省管县”的改革思路。这一构想是：由省级财政直接管理县级财政，避免地级市对县级财政的截留抽提，赋予县级政府更大的管理权限，以利于发展县域经济。随后，浙江、湖北、安徽等地陆续开展了试点，形成了多种模式。2009年起，我国启动省直接管理县财政的改革。

改革多是摆脱困境的办法，在这之前，我国在1980年后逐步实行市管县体制，但有些新成立的地级市本身实力不强，不仅不能帮助下属县，而且要用县级财政的钱来养活自己庞大的机构和人员，被称为“小马拉大车”现象。实行省直接管理县财政改革，就是在政府间收支划分、转移支付、资金往来、预决算、年终结算等方面，省财政与市、县财政直接联系，开展相关业务工作。简单来说，就是由省级财政直接补助县级财政，地级市财政不得从县级财政抽走资金。有数据显示①（如图9-6所示），省级财政占地方政府财力的24.9%，负责供给占地方政府11.9%的行政事业单位人员；地级市财政占29.7%，负责供给14.4%的人员；县级财政占45.4%，负责供给73.7%的人员。有人形象地描述：省级财政喜气洋洋，市级财政勉勉强强，县级财政哭爹喊娘，乡级财政没爹没娘。近几年来，中央财政采取措施建立县级财政基本财力保障机制，在一定程度上缓解了上述矛盾，但问题还没有得到根本解决。下一步怎么改革还需要探索。

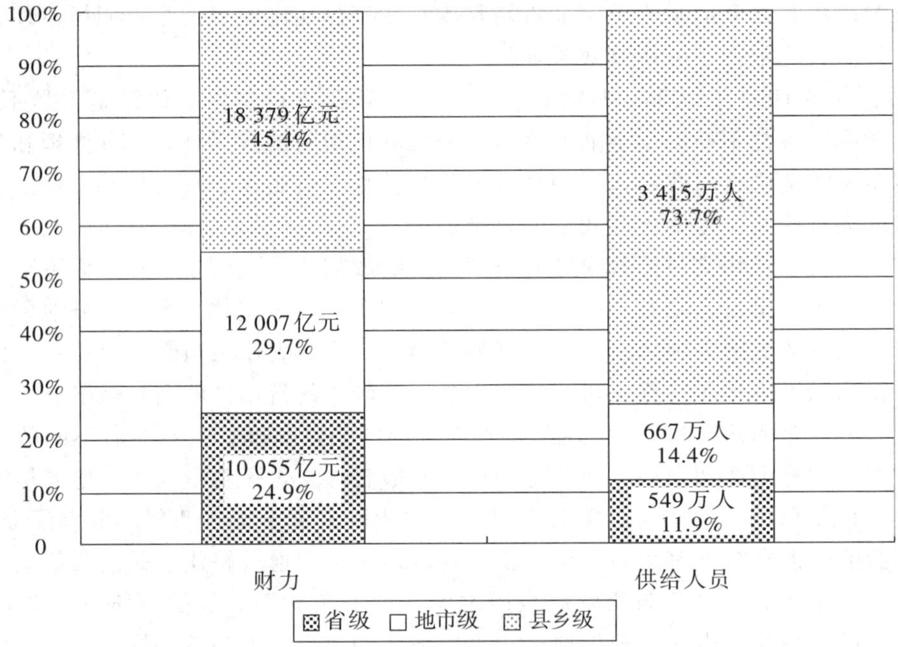

图9-6 2008年地方各级财政财力及供给人员数

案例讨论9-2　　如何从预算体制上保护生态环境？

有人用“上游青山绿水饿肚皮，下游吃香喝辣喊减肥”来形容河流上下游之间不对等的关系。近年来，生态保护补偿受到高度关注。

从2003年开始，福建省选择10个水库进行生态补偿机制探索，用水费提留对周边林农进行补偿，取得了明显的生态效益。2007年3月，福建省在全国率先出台了《江河下游地区对上游地区森林生态效益补偿方案》。根据这一方案，下游城市以每年工业和生活的用水量为依据，按每吨水5分到1毛钱的标准，从财政中支出补偿资金，上缴省财政专户，统一对上游地区的林农进行补偿。

广东省中山市2005年将五桂山纳入生态保护区，严格限制开发。2014年起，该市开始探索建立分区域激励型财政政策和生态补偿横向转移支付机制，由下属各镇区根据生态补偿责任，将生态补偿资金上缴市财政，市财政再将生态补偿资金划拨到各镇

① 李萍. 财政体制简明图解［M］. 北京：中国财政经济出版社，2010：120.

区，构建起横向转移支付制度。在24个镇区中，有11个镇区需要缴纳生态补偿金，承担生态保护任务的五桂山等13个镇区则得到生态补偿资金，用于提供公共服务。2015年，全市生态补偿资金约10 422万元。其中，省财政补贴1 418万元，市财政负担4 851万元，镇区财政负担4 152万元。

在西部地区，渭河流域的陕西、甘肃两省2012年建立了我国首个跨省流域生态补偿机制。截至2012年年底，陕西省渭河流域的四个城市因断面污染物超标，共缴纳污水补偿金13 282万元，而甘肃省定西、天水两市则得到补偿资金1 400万元。

在中央层面，重点生态功能区转移支付制度已经基本形成，中央财政2008—2015年累计安排转移支付资金2 513亿元。森林生态效益补偿制度不断完善，2001—2015年累计安排森林生态效益补偿资金986亿元；草原生态保护补助奖励政策全面实施，2011—2015年，中央财政累计安排草原奖补资金773亿元；湿地生态保护补偿机制正在积极探索，2014—2015年中央财政累计安排湿地生态效益补偿试点资金10亿元；新安江等跨流域、跨区域生态保护补偿试点稳步推进，2012—2015年中央和地方财政出资15亿元补偿新安江流域上游地区。

讨论：

1.上下游地区的利益与财政体制有什么关系？通过上述例子结合本章知识进行分析。

2.下游喝到干净的河水是否应当以财政转移支付的方式向上游支付费用？上游保障水源清洁是否付出成本？谈谈自己的看法。

3.查找德国横向转移支付体制的相关资料，分析其对我国的借鉴意义。

知识运用

本章所学的政府间财政关系理论（财政体制）为我们认识政府间的财政资金分配问题提供了重要工具。下面分别列出现象（案例）、分析的理论依据、分析思路：

现象：地区之间财力差异、中央与地方政府支出责任的分担、地区之间公共服务水平及质量的差异（比如教育发展水平差距大）、税收政策调整对各级政府财力的影响、某些地方某个时期不能按时发放行政事业单位员工工资……

分析的理论依据：政府财政分权理论。

分析思路：不同地区资源禀赋存在差异—经济发展水平不同—财政实力相差大—转移支付不足或者支出责任划分不合理—导致出现上述现象……

如何解答案例分析题？

第十章　财政政策

知识结构图

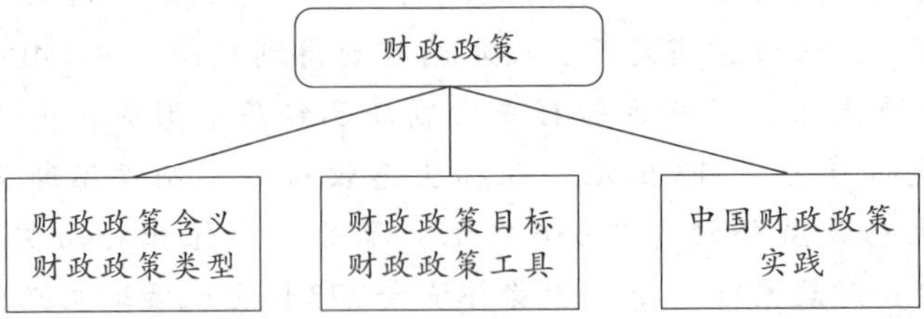

引　言

财政政策在近几年的出台频率之高是前所未有的，尤其是它与和谐社会、关注民生紧紧联系在一起，成为和谐“大合唱”中美妙的音符。20世纪30年代以前，自由主义经济学说以“自由市场、自由经营、自由竞争、自动调节、自动均衡”五大原则为基础，核心是“自动均衡”理论。该学说认为，在自由竞争条件下，经济能通过价格机制自动达到均衡；商品的价格波动能使商品供求均衡；资本的价格——利率的变动能使储蓄与投资趋于均衡；劳动力的价格——工资的涨跌能使劳动力市场供求平衡，实现充分就业。因此，一切人为的干预，特别是政府干预都是多余的，什么也不管的政府是最好的政府。人们应该信守自由竞争、自动调节、自由放任的经济原则，政府对经济的干预只会破坏这种自动调节机制，反而会引起经济的动荡或失衡。“凯恩斯革命”颠覆了上述观点，它主张政府干预经济，通过财政政策、货币政策实现供求平衡，促进经济增长。改革开放以来，我国运用财政政策进行宏观调控，取得了诸多成效，积累了丰富的经验，其影响已超出财政范畴。特别是中央提出构建和谐社会以来，财政部在“公共财政的阳光照遍每一片土地”的主旋律下奏响了激动人心的乐曲，从决策层不断传出让城乡居民高兴的好消息。2013年，我国提出“财政是国家治理的基础和重要支柱”的新论断，凸显财政在经济和社会发展中的重要地位。

待解问题——

怎样防范各级政府的债务风险？

哪种财政政策更利于促进大家创新创业？

在世界经济不景气的情况下，怎样保持我国经济快速发展？

第一节　财政政策及类型

一、财政政策与政府干预

财政政策是国家以一定的财政经济理论为依据，为实现预定的目标而规定的综合运用各种财政手段的基本规则。财政政策目标和财政政策手段是构成财政政策的两大基本要素。财政政策是政府干预理论产生后出现的，是政府这只“看得见的手”的有力工具。如果把政府的宏观调控手段比喻为工具箱，那么财政政策与货币政策、产业政策都是其中非常重要的常规武器。有人形象地比喻：当经济出现波动时，政府便一手举起财政政策、一手拿上货币政策，对过热或过冷的经济进行调节，直到使其“体温”恢复正常为止。

凯恩斯等人的研究发现，市场并非十全十美，有时也会失灵。他是从货币角度分析市场经济的缺陷的（如图10-1所示），他提出的对策是用政府这只“看得见的手”干预国家经济，修正市场的偏差，采用赤字财政政策和膨胀性货币政策来扩大政府开支，降低利息率，从而刺激消费，增加投资，提高有效需求，实现充分就业。总的来说，凯恩斯的政策核心是用国家干预来代替自由放任，包括通过收入再分配来刺激消费的收入政策、增加政府支出以弥补个人支出不足的财政政策。其中，最重要的是财政政策（如图10-2所示）。

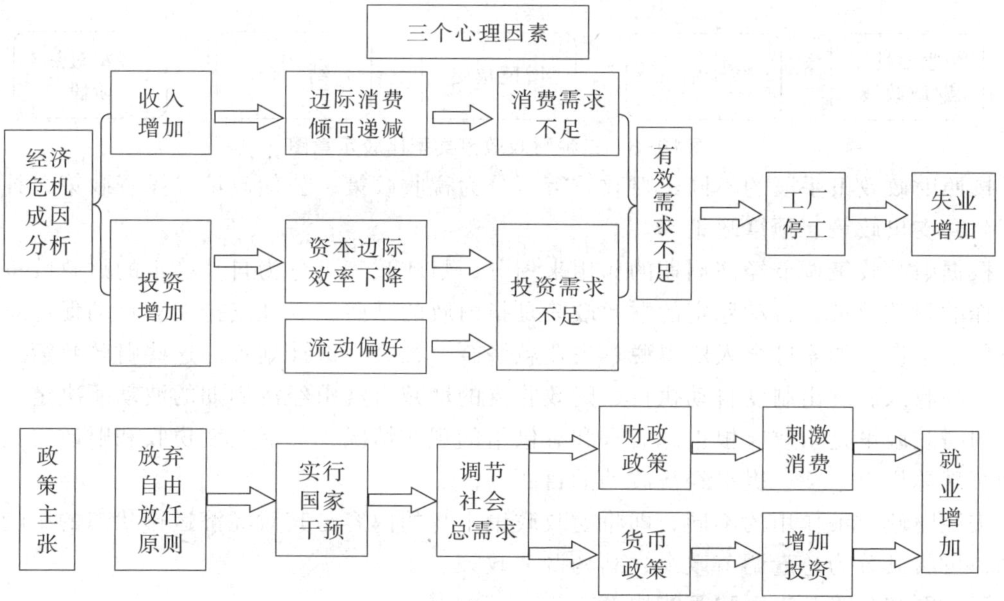

图10-1　凯恩斯对经济危机的理论分析与政策主张

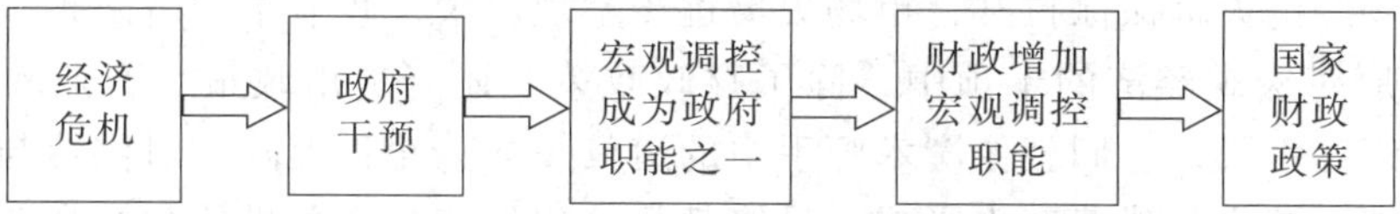

图10-2　国家干预理论与财政政策的关系

美国经济学家约瑟夫·斯蒂格利茨等人进一步研究和发展了政府干预理论，认为政府干预的主要作用是弥补市场失灵，政府干预不应限制在解决外部性、垄断、收入分配和公共产品提供这“老四条”的范围之内，应该遍布各个经济部门和领域。宏观调控理论初试于西奥多·罗斯福，功成于富兰克林·罗斯福，对世界各国影响很大。与此同时，凯恩斯“英雄所见略同”，根据自己的研究和实践经验，提出了完整的理论体系，为政府的活动范围开辟了新天地。

二、财政政策的主要类型

按照财政政策对经济的影响，财政政策可分为扩张性财政政策、紧缩性财政政策、中性财政政策（如图10-3所示）。扩张性财政政策是指通过减税或扩大财政支出，扩大赤字刺激需求，从而拉动经济增长。紧缩性财政政策是指通过增税或减少财政支出，抑制需求。中性财政政策是指保持财政收支平衡，对经济发展起稳定作用。

政策类型	对总需求的影响	政策手段	对预算的影响	适用情况
扩张性财政政策	增加需求	减税增支	出现赤字或增加赤字	经济下降阶段
中性财政政策	需求保持不变	收支总额不变	收支平衡	经济平稳阶段
紧缩性财政政策	减少需求	增税减支	结　余	经济过热阶段

图10-3　三种财政政策类型比较示意图

按照财政政策手段的不同，财政政策可分为税收政策、公债政策、投资政策、补贴政策、公共支出政策、预算政策等。

根据财政政策调节经济周期的作用来划分，财政政策可分为自动稳定的财政政策和相机抉择的财政政策。自动稳定的财政政策是指财政的某些制度性安排能够自动促进总需求和总供给平衡，如累进个人所得税、失业救济金、社会救助计划等。这些财政政策遵照法律规定的收入和支出制度自动执行，财政收支的增减自动由经济周期的波动所决定。相机抉择的财政政策是指政府根据总需求和总供给的现实情况，灵活改变税收和财政支出，以达到实现总供求平衡、熨平经济波动的目的。

按照财政政策作用的不同，即将财政政策本身的内容与其对经济运行状态的影响结合起来，可将其分为总量调节政策、结构调节政策。

三、财政政策与货币政策的协调

随着市场经济大幕徐徐拉开，市场失灵逐步呈现出来，政府干预越来越多地登上历史舞台。在政府对宏观经济的干预中，除了财政政策，还有货币政策、产业政策、价格政策、土地政策等手段，它们就像魔术师手中的道具一样，轮番上阵，对供给与需求、企业与家庭、生产、销售与消费产生影响，最终都是希望促使社会总供给与社会总需求达到相对平衡。

货币政策与财政政策是宏观领域政府调控经济的两大传统手段，可以说是政府的两只手，都直接影响社会资金的供给与物资的需求。货币政策由中央银行具体实施，而财政政策由财税部门实施，两者需要密切配合，往一个方向用力，不能相互“掐架”。西方传统三大货币政策工具是再贴现、存款准备金和公开市场业务，通过调整再贴现率、存款准备金率和在市场上买入或卖出有价证券，调节货币供给的总量和结构。按照对总需求的影响，也可以分为扩张性、紧缩性、中性的货币政策，这三种政策类型与扩张性、紧缩性、中性的财政政策产生了多种搭配方式，需要根据不同时期的经济发展状况灵活采用，从而达到促进经济稳定增长、降低失业率、平衡国际收支等目标。2008年美国金融危机之后，媒体上经常报道美国实行的量化宽松政策就是扩张性的货币政策。

大家在学习金融学课程的时候，不妨结合财政学知识思考财政政策与货币政策的协调问题，加深对上述内容的理解。从宏观调控的总目标看，两者是一致的。但是，财政政策与货币政策的目标各有侧重点，影响也不一样。下一节，我们将一起讨论财政政策目标与政策工具。

知识之窗 10-1　　凯恩斯——划时代的经济学家

约翰·梅纳德·凯恩斯是对现代西方经济学最有影响力的经济学家之一，他创立的宏观经济学与弗洛伊德所创的精神分析法、爱因斯坦发现的相对论一起被称为“20世纪人类知识界的三大革命”。他以财政政策和货币政策为核心的思想成为整个宏观经济学的核心，他也被称为“宏观经济学之父”。他首次提出国家干预经济的主张，曾被视为资本主义的救星。

凯恩斯1883年6月5日生于英国剑桥，他的父亲是一名经济学家和逻辑学家。凯恩斯14岁进入伊顿公学，主修数学，之后跻身剑桥大学国王学院，获剑桥大学文学硕士学位。此后，他师从马歇尔和庇古，攻读经济学，1906年以第二名的成绩通过文官考试，入选印度事务部。1908年，凯恩斯回到剑桥大学任经济学讲师，一直到1915年。第一次世界大战爆发不久，他在英国财政部任职。1919年年初，他作为英国财政部首席代表出席巴黎和会。1936年，其代表作《就业、利息和货币通论》出版。这本书和亚当·斯密的《国富论》、马歇尔的《经济学原理》一起被称为经济学思想史上最重要的三部著作。该书批判了古典经济学派充分就业、萨伊定律等假说，提出了不确定性思想、有效需求理论及边际消费倾向递减、资本边际效率下降、流动性偏好三大心理规律，形成“不确定性-预期-三大心理规律-有效需求不足-非自愿失业”理论体系，打破了价值论与货币论隔绝的传统。

1940年，凯恩斯出任英国财政部顾问，参与战时各项财政金融问题的决策。1944年7月，他率英国政府代表团出席布雷顿森林会议，并成为国际货币基金组织和国际复兴与开发银行（世界银行）的英国理事。在1946年3月召开的这两个组织的第一次会议上，他当选世界银行第一任总裁。凯恩斯于1946年4月逝世。

第二节　财政政策目标及工具

财政政策是宏观调控的重要手段，是政府干预宏观经济不可缺少的帮手，扮演着越来越重要的角色。财政政策工具有多种，如预算、税收、投资等。不同国家在不同历史时期的财政政策目标及工具会有所差异。

一、财政政策目标

财政政策目标是财政政策的核心内容，最终目标是促进社会总供给与社会总需求的平衡。

宏观经济学认为宏观调控的目标有四个方面：经济增长、物价稳定、充分就业、国际收支平衡。财政政策作为宏观调控的重要手段，当然也服从于上述目标，但侧重点和影响力稍有不同，通过调整预算政策、税收政策、支出政策、补贴政策等，更多地作用于经济增长、充分就业等方面，同时，还要发挥促进收入公平分配的职能，在一定程度上缩小收入分配差距，维护社会稳定。下面的“财政政策工具”的内容用示意图反映了各个政策工具的作用机理和影响，大家可以制作表格来比较各个政策工具的具体手段、目标、对应的财政政策类型，这样能够更加直接地学习和了解，从而准确理解这部分内容。

二、财政政策工具

财政政策工具也称为财政政策手段，是指国家为实现一定财政政策目标而采取的措施。财政政策工具包括政府预算、税收、公债、财政投资、财政补贴、财政支出等。其各自的作用方式如下：

1.政府预算

运用政府预算实现财政政策目标是通过以下几方面进行的：（1）确定预算收支规模和收支差额。（2）调整和变动预算支出结构。（3）确定预算本身的设计与编制方式，如复式预算较单式预算更能明确反映和贯彻财政政策目标，更具有政策工具的特征，具体如图10-4所示。

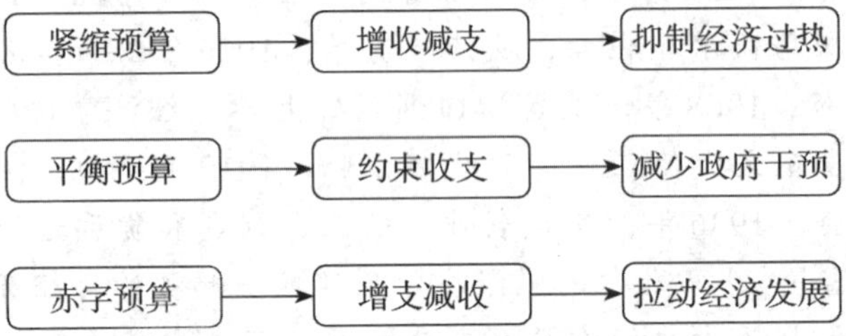

图10-4　政府预算的调节作用

2.税收

税收调节具有广泛性、整体性等特点。它可以通过调整税种、征税范围、税率、税收优惠措施等，影响生产者或消费者，使其改变生产或消费行为。图10-5反映了税收调节经济的具体措施及影响。

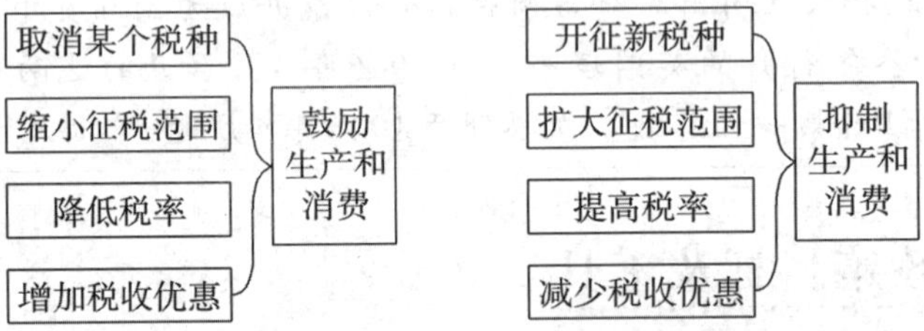

图10-5　税收调节经济的具体措施及影响

3.公债

公债作为组织财政收入的一种辅助手段，其金边债券的特点使得其在调节经济活动、实现政策目标方面起着其他手段不能替代的作用，可以调节经济发展速度（如图10-6所示）及流通中的货币量。

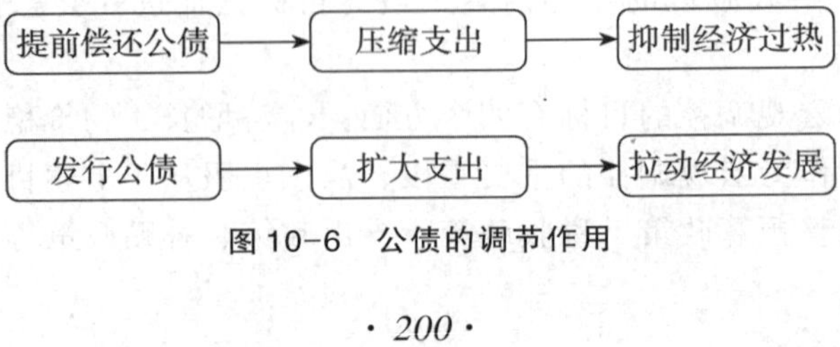

图10-6　公债的调节作用

4.财政投资

国家安排的财政预算内投资具有针对性强、作用直接、政策性强等特点。财政投资在国民收入分配格局已发生重大变化、投资主体多元化、投资决策分散化条件下，对协调全社会的资金使用、提高资金的总体使用效益具有特别重要的意义，将直接增加社会总需求，影响产业结构（如图10-7所示）。

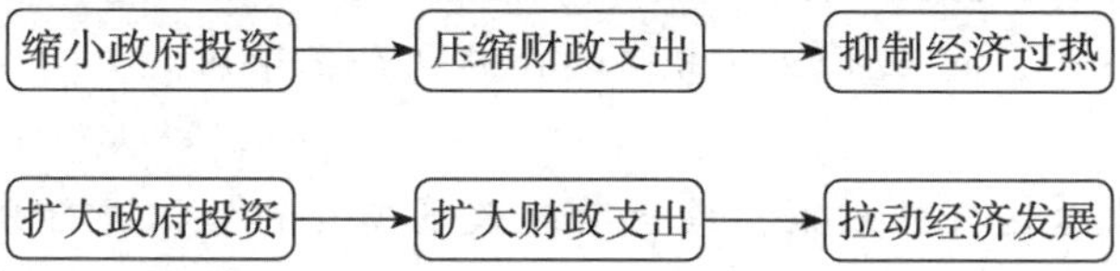

图10-7 财政投资的调节作用

5.财政补贴

财政补贴是与价格、工资等分配手段相配合发生作用的，具有调节灵活的显著特点。其调节作用如图10-8所示。

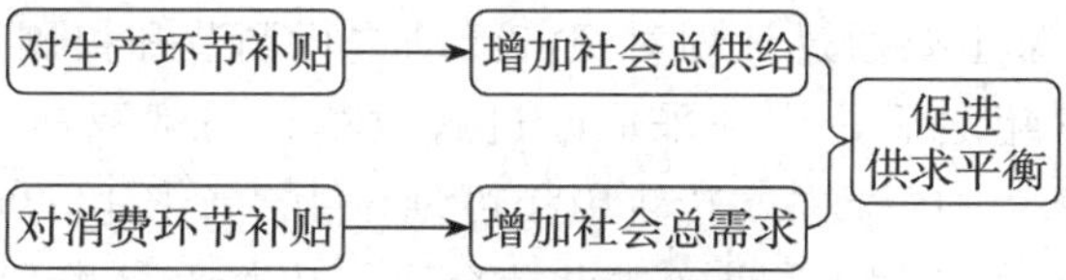

图10-8 财政补贴的调节作用

6.财政支出

财政支出是国家在预算中安排的行政、国防、社会事业等支出的总称。财政支出对国民经济和社会发展有长期的、潜在的重要作用且支出刚性较强，可以调节生产和消费、产业结构、收入分配等，对经济和社会全局构成重大影响（如图10-9所示）。

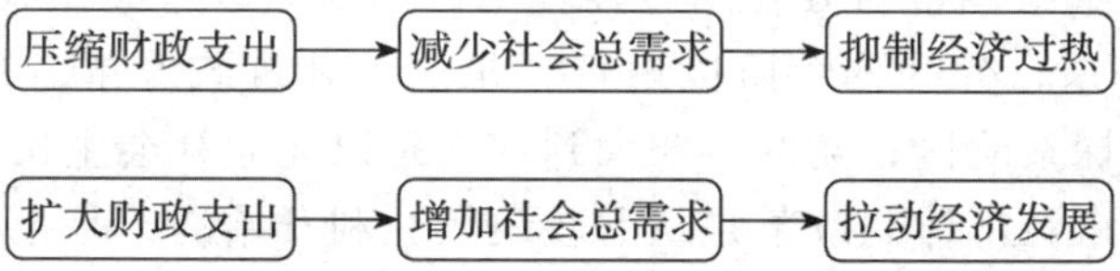

图10-9 财政支出的调节作用

政府购买服务这一新生事物也值得我们运用财政学知识来思考。财政政策工具服务于政策目标，怎样介入效果更好？以往政府直接介入生产、公共服务的所有领域，但效率不高，而且由于政府掌握的权力过多、过大，腐败问题一直困扰着各国。解决这个问题的思路之一就是缩小政府直接介入的范围，让市场和社会参与公共事务。比如，政府部门的课题研究、公共工程的规划设计、项目评审、会务服务，甚至义务教育、人力资源培训、公益性场所（公园、园博园、体育馆）的运营及维护都可以考虑让企业或非营利组织来负责。

案例讨论10-1　　平抑物价引争议

2015年年末，海南省五指山市出台支持“菜篮子”建设政策，对20亩以上常年蔬菜种植基地按照1 000元/亩/年的标准给予企业（合作社）土地租金补贴。最高补助标准不超过1万元/亩，单笔补助资金不超过50万元。此外，政府对新建平价商店或平价专区分别给予15万元、7.5万元的一次性开办费补贴。如按照政府要求正常运营，管理规范，经考核合格，每半年给予房租、水电补贴300元/平方米。考核达到优秀的，另给予150元/平方米的奖励性补贴。

2013年，云南省昆明市建立了100家平价商店。其中，要求粮油、肉禽蛋、水产品的价格应低于市场平均价格5%以上，蔬菜总体平均价低于市场平均价15%以上。

2015年9月，昆明市再次布局建立一批农副产品平价商店，并给予财政资金扶持。全国很多地方实行类似政策，普遍在超市中设置专区，或者建立专门的平价商店。人们对这种做法褒贬不一，对应不应当由财政补贴也存在争议。

讨论：

1.政府为什么出台这样的政策？结合财政政策工具的知识进行分析。

2.除补贴外，能否采取其他措施来扶持？比较不同政策工具的作用与效果。

第三节　中国财政政策实践

改革开放以前，国家主要通过计划对经济活动进行调节和控制，没有主动运用财政政策进行宏观调控。1978年之后，中国采取渐进式改革，与俄罗斯、东欧国家的“休克疗法”不同。到目前为止，中国渐进式转轨历程可划分为四个阶段：起点阶段（农村改革阶段）、扩展阶段（城市改革阶段）、明确建设社会主义市场经济阶段、建设和谐社会阶段。1993年开始实施的紧缩财政政策，是改革开放以来我国政府第一次明确将财政政策作为宏观调控的主要工具，是宏观经济管理由以行政手段为主的直接管理方式转变为以经济政策工具为主的间接管理方式的重要标志。

一、改革开放初期

改革是一个利益重新调整与分配的过程。中国的财政改革先是围绕调整国家与企业、中央与地方的分配关系，分为两个阶段进行，是一种渐进式改革。1979—1992年是以放权让利为特征的改革探索阶段；党的十四大到现在是以建立社会主义市场经济体制为目标的创新阶段。中国城市经济体制改革是从财政放权让利开始的，是把财政体制改革作为整个经济体制改革的突破口。

与渐进式改革相适应，财政政策也逐步、分阶段进行改革。自1980年起，我国推行“分灶吃饭”预算管理体制，向地方政府、国有企业放权让利，执行的是相对从紧的财政政策。这一时期的财政改革主要有六个方面：一是实行利改税，即把国有企业上缴利润改为缴纳企业所得税；二是改革财政体制，扩大地方财权，发挥中央和地方两者的积极性；三是改革企业财务体制，放宽政策，扩大企业自主权，增强企业活力；四是对基本建设投资实行由拨款改为贷款的办法，促进提高投资的经济效益；五是改革行政事业单位财务制度，调动各级行政事业单位和职工当家理财的积极性；六是配合对外开放政策的贯彻执行，本着税制从简、税负从轻、减免从宽的原则，在财政税收上采取了优惠措施，鼓励引进外资和国外先进技术。

中国开始经济转轨时，在世界上属于低收入国家，人均GDP排在100位以后，经济体制极其僵化，贫困人口比重高，城市化水平很低，生产、流通、分配、消费都离不开国家计划，自由市场、商品经济基本绝迹，人均财政收入仅为100元左右，财政赤字占财政收入的比重约为10%，中西部地区群众生活极为艰苦。在这种情况下，国家提倡过几年紧日子，采取从紧的财政政策，压缩支出，努力增加收入。由于国有企业利润分配制度还未改革，财政收入主要靠国有企业上缴利润，税收仅是个配角，居于次要地位。

从1978年到1992年的14年，中国改革开放和现代化建设取得了举世瞩目的成就，现代化建设的第一步战略目标已经实现，国家的经济实力显著增强，城乡人民的生活明显改善。14年间，中国国民生产总值和城乡居民收入翻了一番还多，成为中华人民共和国成立以来国家经济实力增长最快、人民得到实惠最多的时期。

二、明确社会主义市场经济目标的时期

这一时期实行的是紧缩的财政政策。

中国共产党第十四次全国人民代表大会明确了经济体制改革的总目标，改革进入了攻坚阶段。经过十几年的发展，我国经济实力得到显著提高，财政收入大幅增加。为进一步保持国民经济较快增长，财政政策逐步转变为鼓励消费，带动社会投资，吸引外资。

1993—1996年，中国宏观调控的着力点是控制通货膨胀。国民经济的总体运行态势主要表现为以下三个方面：一是四个“热”：房地产热，开发区热，集资热，股票热；二是四个“紧张”：交通运输紧张，能源紧张，原材料紧张，资金紧张；三是一个“乱”：经济秩序混乱，特别是金融秩序混乱。为了确保经济健康发展，1993年6月24日，中央下发了6号文件，决定通过实行适度从紧的财政政策和货币政策，对当时出现的经济过热现象进行治理整顿。其中，财政政策是主要调控手段。具体财政调控措施包括：一是通过适当压缩财政开支逐步减少财政赤字，控制固定资产投资规模和社会集团购买力，采取有效措施增加有效供给，缩小社会供求总量的差额；二是通过税制改革，调整税种结构和税率，严格控制税收减免，清理到期的税收优惠政策，进一步规范分配秩序；三是实行分税制预算管理体制改革，提高中央财政收入占全国财政收入的比重，增强中央财政的宏观调控能力；四是整顿财经秩序，健全规章制度，强化财税监管，加大执法力度，大力打击逃税骗税和设立“小金库”等违法违纪行为，加强对预算外资金使用情况的监督检查；五是支持汇率改革，实行以市场供求为基础的、单一的、有管理的浮动汇率制，完善出口退税制度，促进外贸出口增长。在货币政策的配合下，1996年国民经济成功实现了“软着陆”，既有效地抑制了通货膨胀，挤压了过热经济的泡沫成分，又保持了经济的快速增长。1996年国内生产总值增长9.6%，消费物价指数增长6.1%，形成了高增长、低通胀的良好局面。对此，国际上的评价是非常高的，说中国避免了一次经济灾难。这一时期财政投资和税收是财政政策调控经济的重要杠杆。

三、应对亚洲金融危机的特定时期

这一时期实行积极的财政政策，在类型上属于扩张性财政政策。

1997年7月起，一场始于泰国、迅速扩散到整个东南亚并波及世界的东南亚金融危机爆发了，许多东南亚国家和地区的汇市、股市轮番暴跌，金融系统乃至整个社会经济受到严重创伤。1997年7月至1998年1月仅半年时间，东南亚绝大多数国家和地区的货币贬值幅度高达50%，印度尼西亚盾贬值幅度最高，达70%以上。同期，这些国家和地区的股市跌幅达60%。据估算，在这次金融危机中，仅汇市、股市下跌给东南亚国家和地区造成的经济损失就达1 000亿美元以上。受汇市、股市暴跌影响，这些国家和地区出现了严重的经济衰退。

1998年，由于亚洲金融危机的影响，加上国内商品供求矛盾逐步由卖方市场转向买

方市场，需求不足成为主要问题。经济增长明显受到需求不足的制约。当时的提法叫做“出现了‘通货紧缩的趋势’”，实际上就是通货紧缩。1997年以前，中国经济面临的最大问题是通货膨胀，没有治理通货紧缩的经验。在国际上，也是治理通货膨胀的经验比较多，一般都是采取“关水龙头”的做法，包括控制银行货币投放量、提高利率、控制财政支出等。治理通货紧缩，最关键的是扩大需求，使社会总供给与社会总需求趋于平衡。为此，中国政府果断决策，及时调整宏观调控政策，由“适度从紧”“稳中求进”转向了“扩大内需”，实施了积极财政政策，实质上就是扩张性财政政策，主要是通过发行长期建设国债、增加财政赤字、扩大政府支出，特别是增加投资性支出等扩大需求，拉动经济增长。其中，国债和税收、投资是财政调控的重要杠杆。其主要措施包括：

一是发行长期建设国债，带动全社会固定资产投资。1998—2004年我国累计发行了9 100亿元的长期建设国债（见表10-1），集中力量建成了一批关系国民经济发展全局的重大基础设施项目，同时带动了社会投资，特别是民间资本的跟进。

表10-1 **1998—2004年长期建设国债发行情况** 金额单位：亿元

年　份	1998	1999	2000	2001	2002	2003	2004
发行额	1 000	1 100	1 500	1 500	1 500	1 400	1 100
债务余额	7 765.7	10 606.85	13 674	15 618	19 366.1	23 935.1	25 777.6
债务余额占GDP的比重（%）	9.9	12.9	15.3	16	18.5	20.5	18.8

数据来源　高培勇. 中国财税体制改革30年研究［M］. 北京：经济管理出版社，2008：134。

二是调整税收政策，刺激需求增长。对涉及投资、消费及进出口的税收政策及时做了相应的调整，分别实行对符合国家产业政策的技术改造项目的国产设备投资按40%的比例抵免企业所得税、对国家鼓励发展的外商投资项目和国内投资项目的进口设备在规定的范围内免征关税和进口环节增值税、停征固定资产投资方向调节税、恢复征收居民储蓄存款利息个人所得税、分三年将金融保险企业营业税税率由8%降至5%，以及多次提高出口货物增值税退税率等政策措施。

三是调整收入分配政策，改善居民消费心理预期。连续四次调整机关事业单位职工工资，建立艰苦边远地区津贴制度，实施机关事业单位年终奖金制度。同时，增加社会保障投入，提高社会保障水平。

四是规范收费制度，减轻社会负担，扩大消费。1998年以来，取消了行政事业收费项目1 805项，共减轻社会负担1 417亿元。农村税费改革不断深化，农民负担明显减轻。

五是支持国民经济战略性调整，促进国有企业改革和产业结构优化。

在稳健的货币政策的配合下，积极财政政策基本完成了预期的宏观调控目标：加强了基础设施建设，调整了经济结构，促进了企业技术改造，提高了居民的收入，更重要的是拉动了经济增长。国债投资平均每年拉动GDP增长1.8个百分点；从单一的投资拉动到扩大投资和刺激消费并重，使我们掌握和积累了应对通货紧缩的经验。这一时期，中国经济增长速度基本上保持在7%~9%之间，又一次实现了国民经济“软着陆”，避免了中国经济的大起大落。

四、解决“五个不协调”，建设和谐社会的新时期

经过20多年的改革开放，20世纪末，中国国内生产总值首次突破1万亿美元，人均GDP超过800美元，人民生活总体上达到小康水平，顺利实现了社会主义现代化建设“三步走”战略的前两步目标。2001年，中国人均GDP再上新台阶，突破900美元。至此，中国进入全面建设小康社会、加快推进社会主义现代化的新的发展阶段，并加速实现“第三步”战略目标。1998年我国提出公共财政理念，把财政分配范围定位为提供公共产品，解决以前存在的缺位、越位、错位问题。

2005年实施稳健的财政政策，是中央根据经济形势变化作出的一项重大决策。1998年以来，中国连续实施了7年积极财政政策，为应对亚洲金融危机和国内需求不足、促进经济稳定增长发挥了重大作用。到2005年，中国经济供求关系已发生了变化，经济结构调整任务突出。一方面，农业、教科文卫、环境保护、社会保障、基础设施等需要加强。另一方面，一些行业投资增长过快、重复建设严重的现象比较突出。当时全社会投资规模已经很大，社会资金增加较多，通货膨胀压力依然存在。这些情况充分说明，有必要也有条件由积极的扩张性财政政策转向松紧适度的稳健性财政政策，主要体现为适当减少财政赤字、适当减少长期建设国债的发行规模、着力调整财政支出结构和国债资金投向结构。2005年我国预算安排中央财政赤字3 000亿元，比上年减少198.3亿元；安排长期建设国债800亿元，比上年减少300亿元；同时，增加中央预算内经常性建设投资100亿元。保持上述规模赤字和长期建设国债，主要是为了全面落实科学发展观，按照“五个统筹”的要求，加强农业、教科文卫、社会保障、环境保护和生态建设等薄弱环节，特别是粮食增产和农民增收的长效机制尚不完善，需要财政加大支持力度。相当规模的在建国债项目仍需国债资金继续支持。西部大开发、振兴东北地区等老工业基地、促进中部崛起、推动区域协调发展，也需要国债资金的支持。国内外形势还存在不少不确定因素，需要我们加快发展，并留有必要的财力准备。另外，随着经济发展和国内生产总值的增长，2005年预算赤字占国内生产总值的比重由2004年的2.5%下降到2%，降低了0.5个百分点。按照实施稳健性财政政策的要求，2005年中央财政支出安排着力协调，着眼长远，有促有控，向经济社会事业发展薄弱环节倾斜，促进经济结构优化；向困难地区、困难群体和困难基层倾斜，促进构建和谐社会；向改革创新倾斜，促进经济增长方式的转变。

随着财政政策由“积极”向“稳健”转变，财政在经济社会协调发展中的职能作用得以最大限度地发挥。稳健（中性）性财政政策的主要内容概括起来，就是四句话、十六个字：控制赤字、推进改革、调整结构、增收节支。其中，最重要的是控制赤字，就是适当减少中央财政赤字，但又不明显缩小，松紧适度，重在传递调控导向信号，既防止通货膨胀的苗头继续扩大，又防止通货紧缩的趋势重新出现，体现加强和改善宏观调控、巩固和发展宏观调控成果的要求。具体来说，就是中央财政赤字在2005年的3 000亿元的基础上，保持稳定或逐步缩小，随着经济发展和GDP的不断增长，财政赤字占GDP的比重不断下降（2003年实际为2.7%；2004年预算为2.5%，2005年预算为2%）。这样做既便于保持一定的财政赤字规模，集中必要的资源，有效支持“发展是执政兴国第一要务”战略的实施，又便于保持一定的调控力度，促进经济“软着陆”，体现财政收支的增量平衡取向，体现按照财政可持续发展要求积极防范和化解财政及经济风险的取向。

五、2008年国际金融危机及我国的财政政策

2008年以来，我国一直施行积极的财政政策。

（一）背景

自2007年4月美国发生次贷危机以来，世界各国经济增长速度逐步减缓。此后，国际金融危机不断蔓延，从局部发展到全球，从发达国家传导到新兴市场国家，从金融领域扩散到实体经济领域，给世界各国经济发展和人民生活带来了严重影响，形势十分严峻。

2008年9月，国际金融形势急转直下。随着金融危机的扩散和蔓延，中国经济发展遇到的困难日益显现，主要表现在出口增速开始下滑，工业生产和企业效益受到不同程度的影响，房地产市场低迷，企业产品价格下跌，股市大幅下跌，财政收入增长放缓，就业形势不容乐观。

（二）政策出台应对措施

针对出口下降、需求不足的形势，2008年11月5日，我国政府决定财政政策由“稳健”转向“积极”，货币政策由“从紧”转向“适度宽松”。这是1998年之后第二次实行积极财政政策，也是第一次采用适度宽松的货币政策。

这次应对国际金融危机的一揽子计划包括：一是加大财政投入，全面扩大内需；二是实施适度宽松的货币政策；三是大范围实施产业振兴规划，全面推进产业结构调整和优化升级；四是大力推进科技进步和创新；五是大幅度提高社会保障水平。

积极财政政策的内容包括：

1.减税。这次是结构性减税，不是全面降低税率，而是有选择地对部分税种、部分征税对象调整了税基、征税项目、征税办法。具体做法是：通过实施增值税转型，由生产型增值税变为消费型增值税，允许企业将新购入的机器设备所含的增值税税款进行抵扣，减轻企业负担；实施成品油税费改革，公平税费负担，推动节能减排；取消和停征100项行政事业性收费；提高个人所得税工薪所得减除费用标准，暂免征收个人储蓄存款和证券交易结算资金利息个人所得税，提高居民的购买力；较大幅度地提高了部分产品的出口退税，取消和降低了部分产品的出口关税，鼓励企业出口；降低证券交易印花税税率，并且改为单边征收，增强证券市场的活力；降低住房交易环节契税、印花税以及营业税税率，保持房地产市场的平稳发展；减征车辆购置税，降低汽车消费税税率，拉动汽车消费。

2.扩大财政支出。这主要是指扩大财政投资，具体投资方向见表10-2。2008年第四季度至2010年新增的4万亿元扩大内需的投资中，新增中央政府公共投资1.18万亿元。在1.18万亿元投资中，2008年第四季度、2009年和2010年分别安排新增投资1 040亿元、4 875亿元、5 885亿元。正是在这一大背景下，全国各地掀起基础设施投资热。2013年，在建的城市轨道交通线路超过70条，总投资额达8 000多亿元，如果加上已经获批的项目，投资额达1.5万亿元以上。随后“城市快速轨道交通项目核准权限”下放地方，重庆、厦门、昆明、哈尔滨等14个城市批复城市轨道交通建设项目25个，线路总长度超过500千米，总投资额达到3 300多亿元，不少地方的市民终于圆了地铁梦。与此同时，高速铁路在我国突飞猛进，从2008年京津城际高铁运营开始，到2015年年末已经达到1.9万千米，日行千里可以轻松实现。

表10-2　**中央扩大内需4万亿元投资投向构成**　金额单位：亿元

重点投向	资金测算
总　计	40 000
廉租住房、棚户区改造等保障性住房	4 000
农村水电路气房等民生工程和基础设施	3 700
铁路、公路等重大基建和城市电网改造	15 000
医疗卫生、教育文化等社会事业发展	1 500
节能减排和生态建设工程	2 100
自主创新和产业结构调整	3 700
汶川地震灾后恢复重建	10 000

3.赤字预算及举债。为弥补财政减收增支形成的缺口，中央财政赤字规模不断扩大；允许地方政府发行债券，相应增加国债发行规模。中央财政债务余额由2008年的53 272亿元攀升至2014年的95 655亿元，地方政府债务2015年年末已经超过16万亿元。

4.增加消费性补贴。出台“家电下乡”“农机下乡”“汽车、摩托车下乡”“新能源汽车购置补贴”等鼓励消费的政策措施，积极发展消费信贷。财政对购买指定品种的上述产品给予一定补贴，激活了潜在的购买能力，刺激了消费，扩大了内需，带动了相关行业的发展。

（三）政策影响

上述措施出台后，经济增速下滑的态势受到抑制，物价相对稳定，就业持续增加，国内生产总值年均增速显著高于同期全球和新兴经济体的增速，通货膨胀率远低于其他新兴经济体。但是巨额投资的效果也不太乐观，政府债务潜在风险较大，经济发展与资源环境的矛盾日趋尖锐。有人对不少匆忙上马的投资项目表示担忧，认为其与房价上涨、产能过剩、地方债务加重密切相关。

对于我国近20年来两次实施的积极财政政策究竟是不是扩张性财政政策，人们有着不同的意见。财政部干部教育中心组编写的《当代中国理论与实践》一书提出：“积极的财政政策不是一种政策类型，而是一种政策措施选择……我国当前实施的积极的财政政策，只是在适度从紧财政政策的大方向下，根据变化了的新情况、新问题和始料未及的某些外部因素而采取的一种应对性财政政策举措，并非一种政策类型。”对此，每个人都可以进行思考，形成自己的看法。

与此同时，世界主要经济体也采取大规模的经济刺激措施。2008年9月20日，美国政府提出7 000亿美元的金融救援计划；10月30日，日本政府公布约2 730亿美元的一揽子经济刺激方案；11月26日，欧盟出台总额达2 000亿欧元的大规模经济刺激计划；2009年2月17日，美国总统奥巴马签署了总额为7 870亿美元的经济刺激计划；3月3日，美国公布了一项总额为2 000亿美元的刺激消费信贷计划；4月10日，日本政府宣布了总额为56.8万亿日元的经济刺激新方案。此外，各国还采取了降低利率等措施，将财政政策与货币政策结合使用，增加市场资金供应量，增强市场投资和消费信心。

总而言之，从20世纪90年代以来，财政政策逐步成为政府实施宏观调控的重要手段，发挥着越来越重要的作用，人们对它的认识也更为清晰，对财政的研究日益重视。特别是近几年，由于货币政策可能存在较大风险，所以，财政政策的主角地位越来越明显，在宏观调控中成了“主力军”。

思考与讨论：陕西省靖边县东坑乡农民牛玉琴从1985年起，以家庭承包形式在毛乌素沙漠南部沙区自费种草种树，治沙绿化，从“一棵树”到2 700万棵树，从11万亩茫茫荒沙到林草覆盖率达80%，把沙漠真正建成绿色家园，价值数千万元。但从2004年起，政府开始实施禁伐政策，财政补贴又少，贷款难以偿还，她曾经被迫外出躲债。结合所学的公共产品、财政支出、财政政策等专业知识，运用第一章第四节提到的分析方法，思考并相互讨论，形成自己的看法。

案例讨论10-2　　　　财政政策与光伏产业发展

在21世纪能源转型的大潮中，光伏产业立于潮头，离不开政府政策的支持。我国的光伏产业从2006年起经历了从无到有、迅猛发展的过程，光伏产业补贴政策也大致历经了从核准电价到标杆上网电价及度电补贴几个阶段。

2006年之前，我国仅有几个由政府主导建设的示范性项目，2007—2008年，国家发改委分批次核准了4个项目，核准电价为4元/千瓦时，开启了我国商业化光伏电站发展的历程。2009年开始，为应对2008年金融危机带来的产品积压局面，国家出台了特许权竞价和投资安装补贴等有力的财政激励政策，尽管出现骗补问题，但也大力推动了这一产业的规模化发展。2011年8月，国家发改委出台《关于完善太阳能光伏发电上网电价政策的通知》，对光伏发电项目的上网电价分别核定为每千瓦时1.15元、1元。2012年年底国务院出台新政策，通过产业结构调整、产业发展秩序、应用市场、支持政策、市场机制等综合举措扶持光伏产业发展，次年8月，又出台配套政策，实行三类资源区光伏上网电价及分布式光伏度电补贴，国内光伏应用市场进入“黄金时代”。2015年底，国家发改委出台《关于完善陆上风电、光伏发电上网标杆电价政策的通知》，实行风电、光伏上网标杆电价随发展规模逐步降低的价格政策（即俗称的退坡机制）。此后，国家先后四次下调上网电价。

此外，我国风电等新能源政策也经历了类似的政策演变过程。

讨论：

1.你怎么看待上述现象？财政政策与我们普通人的生活有什么联系？

2.政府在产业发展中充当什么角色？什么时候应当干预市场？用什么手段干预比较合适？怎样衡量政府干预是否妥当？

3为什么在光伏产业发展的不同阶段采取不同的扶持政策？对生产、消费环节的补贴政策有何不同的作用？

知识运用

本章所学财政政策的知识为我们认识与宏观调控有关的财政问题提供了有效工具。下面分别列出现象（案例）、分析的理论依据、分析思路：

现象：国家出台新能源汽车补贴政策、部分城市出台吸引人才的财政等优惠政策、国家对部分农产品实行目标价格补贴、某地对支线机场安排新开航线补贴、我国整合支农资金……

分析的理论依据：经济社会发展背景——公共服务出现新需求——政府主动作为——财政予以资金保障。

分析思路：具体看阶段练习四案例分析示例。

第十一章　国际财政关系

知识结构图

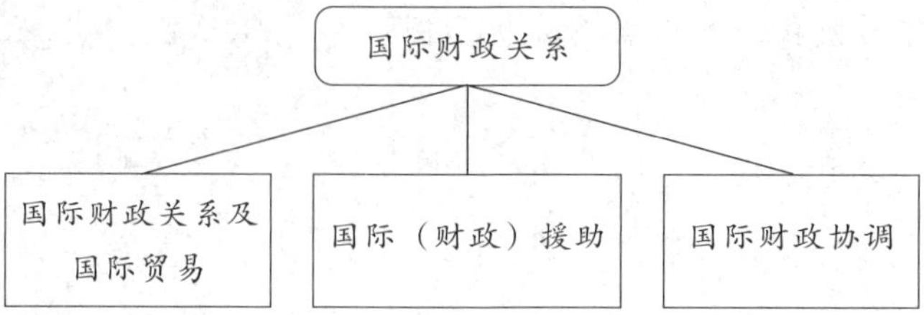

引　言

《北京人在纽约》《上海人在东京》两部影视剧曾在全国热播，其背景是人在国家间的流动在加快，涉及跨国投资和贸易等问题。如果北京人在美国纽约做生意，那么中国、美国两国政府都有权对其收入征税；而如果他在中国做生意，则仅需向中国政府交税，税收负担没有那么重。这样一来，人们就不会积极地到国外投资和做生意了，国际资本流动就会受到阻碍，国家间的资源配置就得不到优化。此外，为了吸引外国资本来投资，一些国家制定了税收优惠政策，这样就产生了国家之间的财政分配关系，于是，就需要相关国家坐下来耐心地进行协调。世界性或局部的战争和武装冲突不断发生，仅靠一个国家无法制止，联合国成为重要的协调组织，通过派出维和部队制止冲突，提供全球性公共产品，其经费是由联合国各成员国分摊的，这也是国际财政关系的重要内容。

2015年，欧洲迎来了百万之巨的难民，安置分配及资金成了头号难题。本章将学习国际贸易、国际财政援助、国际财政协调等内容。

待解问题——

欧洲难民危机安置费用如何分摊？

我国提出的“一带一路”倡议如何筹集资金？如何协调沿线各国的行动？

第一节　国际财政关系及国际贸易

一、国际财政关系的含义

（一）国际财政关系的概念

国际财政关系是指国家之间的财政分配关系，包括税收的分配、国家间政府资金的转移、国际公共产品的提供等。

（二）研究国际财政关系的意义

以前人们一般认为，财政是与国家紧密联系在一起的，财政就是国家财政，但从20世纪80年代开始，西方国家的一些学者提出了国际财政关系及理论问题，为财政问题的研究开辟了新的领域。一个尚存争议的问题是：是否存在全球性公共产品？这是国际财政存在的重要前提。更多学者讨论的是国与国之间的财政关系，它涉及国际税收协调、国际财政援助等。有人倾向于将一些需要各国共同努力才能解决的问题都归属为国际公共产品，如控制传染病的扩散、保持生物多样性、遏制腐败、应对气候变化、建立贸易和航空规则等。

二、关于国际财政问题的探讨

（一）关于国际财政问题的探讨历程

首先是西方国家一些学者在其专著中提及国际财政问题，最早并较为认真地在国际财政理论方面进行研究的是道格拉斯·多塞，他于1963年在Kyklos（德国期刊）上发表了一篇短文。他试图将一国公共财政的资源配置、稳定和再分配功能理论运用于国际领域，但其分析尚不深入。他认为，像世界卫生组织、北大西洋公约组织等提供的集体服务是资源配置功能的体现，而国际货币基金组织的作用在于稳定，世界银行和“联合国技术援助”的作用在于收入再分配。之后，门德兹、马斯格雷夫、罗森等人也研究了国际财政问题。门德兹在其专著《国际财政学》中认为，国际财政体系的建立和运用是一个新的有潜力的研究问题，这一时代已经来临，需要建立国际财政体系，因为世界正处于前所未有的关键时刻。贫困和疾病吞噬了整个世界，其根源在于土地遗弃和其他形式土地的减少、庄稼收成不好以及长期的饥荒；较不发达国家由于人口增加，经济和生活质量继续停滞，国家财富分布达到前所未有的不平衡；国际性的环境恶化威胁人类的生存，地球资源面临匮乏的危机。他认为，国际财政同样具有国家财政的三大功能。就资源配置功能而言，国际上同样有市场失灵问题存在，如全球性公共产品的存在、国际范围的外溢性的存在等，都需要国际财政来解决。就收入分配功能而言，国际上的不平等比一国内部的不平等还要严重，而这是一国内部无法解决的，同样需要国际财政来解决。就稳定功能而言，多年来世界经济及其主要组成因素都经历了经济周期和各种问题，也需要通过国家间的协调来解决。马斯格雷夫主要研究了税收协调问题，分析了税收政策从一国范围内扩展到国际环境中产生的国家间公平新问题。罗森指出，开放的贸易制度、航海自由、环境污染的治理、国际贸易的反垄断等问题仅靠一个国家难以解决，但由于不存在一个世界政府，因而没有一个权威机构可以运用恰当的课税和支出政策。虽然联合国和国际货币基金组织这样的机构在这方面能起到一定的作用，但由于这些机构不能强制其成员缴纳资金，因而它们的作用受到限制。他还讨论了国际所得税和产品课税问题。

（二）人们对国际财政问题的理解

一种意见认为，凡是国家之间的财政分配关系都属于国际财政问题；另一种意见认为，全球性公共产品是存在的，其提供需要依赖高于国家的国际组织或其他机构来进行。那么争议就随之而来，究竟是否存在高于国家的权力实体？一般来说，联合国只是一个协调组织，没有凌驾于国家之上的权力，它通过的决议多是依靠各个成员国自觉遵守的，并不具有强制性。也就是说，联合国不具备国家的所有政治权力，但现实中确定出现了一些全球性的、具有公共产品部分特性的公共需要。比如，国家间的武装冲突需要联合国维和部队介入，那么联合国提供的就是世界和平或大区域和平这种国际公共产品。同样，应对全球性气候变化及与之联系的国家间环境保护合作行动提供的是全球性良好生活环境，国际货币基金组织提供的是国际金融稳定，世界贸易组织提供的是良好的国际贸易环境，这些都可以看作全球性公共产品。从这个意义上说，研究国际财政具有重大的现实意义。

三、国际贸易的发展

伴随世界经济较快增长和经济全球化深入发展，当前国际贸易增长明显加速，已经进入新一轮增长期。20世纪90年代以来，国际贸易增长率连续超过世界生产增长率，导致世界各国的外贸依存度均有不同程度的上升。

各国为了保护本国利益，纷纷采取关税和非关税壁垒措施实施贸易保护政策。发展中国家出口初级产品和劳动密集型产品，在对外贸易中越来越不占优势，并且贸易条件日趋恶化。在这种情况下，发展中国家与发达国家之间进行自由贸易，最终受害的必然是发展中国家。墨西哥1994年12月爆发的金融危机就是一个例证。墨西哥是北美的发展中国家，它为了加入由美国和加拿大所倡导的北美经济圈，进入经济合作与发展组织，取得发达国家成员资格，主动放弃了在关税减让方面发展中国家应有的优惠待遇，把进口关税平均降到10个百分点以下，敞开了国内市场的大门。1992年，墨西哥的外贸赤字随着美国商品和劳务的滚滚涌入，比1991年增长了1.27倍。1994年1月，北美经济圈正式运转，墨西哥同美国的贸易形势不但没有好转，反而进一步恶化，外贸赤字高达280亿美元，最后终于爆发了比索汇率危机。比索汇率危机给其他发展中国家敲响了警钟，告诫发展中国家，如果盲目对发达国家开放市场，很可能得不偿失。对于发展中国家来说，为了保护本国企业不受发达国家经济势力的侵害，也为了发挥本国的潜在优势，在一定时期内实行贸易保护政策不失为一个明智的选择。

为了促进自由贸易的发展，各国、各地区之间通过各种贸易安排减少贸易障碍，提高贸易增长率，促进世界经济增长。最主要的做法是建立自由贸易区，在一定区域内降低乃至取消关税及各种非关税壁垒，相互开放市场，使各国的商品、资金、服务能够在更大的范围内流动。目前最主要的自由贸易区是欧洲自由贸易区、北美自由贸易区、中国-东盟自由贸易区。

四、关税政策的国际协调

贸易的发展呼唤关税的降低或取消，为此，各国在地缘经济的基础上自愿组成区域间的经济组织，通过谈判签订各种协议或协定，诸如建立自由贸易区、关税同盟、自由港等税收特区，签订税收协定等。其目的是协调相互间的财政关系，构建新的财政利益格局。关税政策的国际协调是维护世界经济秩序和完善各国税制的重要环节。如果关税政策各行其是，不进行国家间协调，实践证明将造成以下后果：削弱关税政策的有效性；扭曲国际竞争，扰乱经济秩序；制约国内税收政策的执行。

（一）关税政策国际协调的主要内容

由于税率是税收利益的集中体现，所以关税政策的国际协调实质上是税率协调。而税收减免具有灵活性，在国际协调中可以起到对各国税收利益进行调整和补充的作用。

关税协调政策的核心是优惠关税协调，即各国之间经过税收协调，根据不同的国际关系，提供不同的关税优惠待遇，以体现互惠互利原则，促进共同发展。优惠关税有三种形式：第一，特定优惠关税是一种指定享受国的关税。最有影响的特定优惠关税是洛美协定国家之间的特惠制，它是欧共体向参加协定的非洲、加勒比和太平洋地区的发展中国家单方面提供的特定优惠关税。第二，普遍优惠制是发达国家对从发展中国家或地区输入的产品，特别是制成品和半制成品普遍给予优惠关税待遇的一种制度。第三，最惠国待遇是缔约国中的一方现在和将来给予任何第三国的优惠待遇自动适用于另一方。

（二）关税政策国际协调的一般模式

关税政策国际协调按其协调程度的高低，一般分为三种：协商模式、趋同模式和一体化模式。

1.协商模式

协商模式是指在各协调国不改变其本国的税收基本制度的前提下，仅就各国的税收征收方法和税收优惠进行协商以达成共识。协商模式的基本特点是：不触动各缔约国的税收制度，缔约国可在相当程度上保留各自的财政主权，自主决定各自税收制度的基本要素，如税基、税率，不必要求各缔约国限制其税收制度之间的差异特征。由于协商模式允许各国保留其税收制度的差异，故易为国际社会所接受。协商模式的主要形式是国际税收协定。

2.趋同模式

趋同模式是指各有关国家通过某些共同规则或国际惯例的约束作用，使各自的税收制度具备某些相同或相似的特征。趋同模式的特点是税制模式的统一性和税收征管的相似性。可见，趋同模式的协调程度比协商模式高一些，因为协商模式不要求消除或减少各国间税制的差异，只要求协商解决由这些差异引起的冲突；趋同模式则要求在某些方面消除这些差异，如要求各国制定税率和计税方法以及税收优惠等方面大致相似的税收政策。世界贸易组织是一个致力于促进税收趋同的机构，比如在税收优惠方面，该组织的成员方均需按规定给予和享受既定形式和程度的税收优惠。

3.一体化模式

一体化模式是税制国际化协调的最高级形式。这种模式要求各有关国家之间的税收制度框架完全相同，不存在任何差别。

现行的关税政策国际协调途径有三条：国际税收协定、区域税收同盟和世界贸易组织。

国际税收协定是主权国家为了协调相互之间的税收关系、处理税务方面的问题，按照对等原则，通过谈判所缔结的一种协议或条约。国际税收协定是国家间税收协调的重要组成部分，其基本出发点是协调缔约国之间的税收利益分配关系，减轻跨国纳税人的税收负担，增进国际经济交流。

区域税收同盟是指区域经济集团成员国相互协调其税收政策，用以促进各成员国的经济发展和贸易水平。区域经济集团按层次可分为五类：自由贸易区、关税同盟、共同市场、货币同盟和经济政治同盟。

世界贸易组织作为一种多边贸易协调机制，在全球范围内对各国的税收政策加以协调。世界贸易组织所确定的多边贸易规则现已成为国际社会的共同规则，其税收优惠政策国际协调问题主要表现在三个方面：第一，最惠国待遇和国民待遇原则。最惠国待遇原则要求一国对特定的外国产品在进出口方面的税收待遇一视同仁；国民待遇原则要求一国内部的税收优惠待遇自动地由外国纳税人同等享受。第二，关税减让规定。关贸总协定要求缔约方通过谈判达成关税减让。第三，出口产品税收减让。关贸总协定规定，国际贸易货物进入别国市场的价格应是无税价格。

案例讨论11-1　　　　　　　　　　　中国调整关税税率

根据外贸的发展形势，我国2015年1月1日起对进出口关税进行部分调整。依据双方签署的自由贸易协定或关税优惠协定，继续对原产于东盟各国、智利、巴基斯坦、新西兰、秘鲁等国的部分进口产品实施协定税率，部分税率水平进一步降低。对原产于埃塞俄比亚、也门、苏丹等41个国家的部分商品实施特惠税率，其中对埃塞俄比亚等24个国家的97%税目的商品实施零关税特惠税率。

此前，我国自2005年7月20日起对文莱、印度尼西亚、马来西亚、缅甸、新加坡、泰国等6个国家（简称六国）实施中国-东盟自由贸易区协定税率。共有3 408种商品的协定税率低于相应的最惠国税率（包括37种从量税及复合税商品），其余商品的协定税率与相应的2005年最惠国税率持平。2005年7月20日后，我国对六国平均关税税率为8.1%，与最惠国平均税率水平9.9%相比低1.8个百分点。

自提出打造与东盟合作的“钻石十年”以来，双方贸易额继续快速增长。2015年1月至10月，双方贸易额高达3 792亿美元，双方累计相互投资超过1 500亿美元，朝着2020年双边贸易额达到1万亿美元的目标迅速发展。

讨论：

1.谈谈关税调整与自由贸易区建设的关系。

2.中国-东盟自由贸易区建设涉及哪些国际财政关系？

第二节　国际（财政）援助

国际援助是一国或国家集团对另外一国或国家集团提供无偿或优惠的有偿货物或资金，用以解决受援国所面临的政治经济困难或问题，或达到援助国家特定目标的一种手段。国际援助一般以主权民族国家为基本行为主体，从总体构成来看，官方援助在国际援助中占据绝对优势。因此，国际援助主要是指官方发展援助（ODA），国际援助体系目前由150多个多边援助机构、33个双边援助机构（其中22个国家为经济合作与发展组织发展援助委员会，即OECD/DAC的成员）、至少10个提供大量ODA，但非DAC成员的政府和正在迅速成长的全球纵向基金会组成。其中，双边援助机构提供了总援助支出的70%，而多边援助机构提供了其余的30%。近年来新的基金有所增加，包括对抗艾滋病、结核、疟疾的全球基金和千年挑战团体等。

一、开展国际援助的必要性

（一）国家间发展不平衡

世界的发展是不平衡的。全球70多亿人口中，有10亿人获得了全球80%的收入，还有10多亿人每天的生活费不足1美元。发达国家每年的国防支出是6 000亿美元，农业补贴达3 000亿美元，但它们每年仅提供560亿美元援助发展中国家。世界上所有国家是通过贸易、金融、环境、毒品、犯罪、移民、疾病（流行病）等联系起来的。一国的国内问题不可避免地会影响其他国家。比如，一个国家的内部冲突会产生许多国际问题：疾病传播，难民流亡，贸易被中断。贫穷的发展中国家的人口增长比发达国家快得多，全球70多亿人口中，10亿人生活在发达国家，60多亿人生活在发展中国家，未来新增人口大部分在发展中国家。然而，发达国家控制了全球约80%的资源，世界5/6的人口只拥有其余20%的资源。各个国家都必须充分发展，每个人才能生活在稳定和平的环境中。

联合国贸易和发展会议2004年9月22日在日内瓦发表的《2004年世界投资报告》指出，非洲大陆从世界经济恢复中的获益少于其他发展中区域。非洲经济有所增长，是因为初级商品价格有所提高。北非经济大幅度增长的主要原因是，天气条件有所改善、石油价格上涨以及旅游再度兴旺。但是，在撒哈拉以南的非洲地区，贫困和缺乏社会照顾仍是最大的危害之源，实际国内生产总值的增长仍然滞缓，这意味着人均收入增长进一步停滞。多数撒哈拉以南经济体面临严重的融资制约，投资率始终太低，不能达到必要的多样化程度，无法生产增值较高和在国际市场中活力较强的产品。但是只有这种多样化才能更迅速地融入世界经济，并降低本区域一直在外部冲击面前的脆弱性。依赖国内储蓄和私人资本流入不能使公共投资和私人投资水平实现必要的增长。减免债务和以赠款形式提供更多的官方发展援助，对于这些国家减轻贫困、改善社会状况是必不可少的。

一些国家需要外来的帮助发展经济基础，实现公平贸易。很多国家没有足够的资源、知识、专业技能或资金来独立发展。比如，一个国家可能有桥梁工程师，但缺乏资金，另一个国家可能有资金，但没有桥梁工程师，可能还有一个国家既需要资金又需要技术，有些国家可能需要帮助来设立培训项目培养未来的桥梁工程师。人类发展需要各国的共同合作和努力，贫困国家的政府尽其最大努力改善国内条件，世界银行、国际货币基金组织、美洲开发银行等多边援助机构为这些国家的发展提供资金和规划，大多数发达国家的政府直接为贫困国家提供资金和援助，世界慈善机构和基金也在这些国家开展项目，促进其发展。

（二）天灾人祸等需要国际社会开展援助

自然灾害的发生使一些国家遭受很大打击，仅靠本国的力量难以恢复，这时候国际社会进行援助极有必要。如干旱、洪水、地震、海啸、禽流感等灾难性事件对一些发展中国家影响很大，使本来就落后的经济社会雪上加霜，如果国际社会不伸出援手，那么遭受灾害的国家就可能一蹶不振，有的灾民可能大量涌向邻国，影响国际社会稳定。

另外，债务危机、经济危机等也会使一些国家的财政经济状况严重恶化，需要国际社会援助。如亚洲金融危机发生后，泰国、马来西亚、印度尼西亚等国家的经济一落千丈，不仅其本国受到影响，而且影响到世界经济的发展。近几年，欧洲部分国家发生债务危机，欧盟也启动了援助机制。

二、援助方式

财政困难的国际援助方式有：捐款、无息贷款、官方发展援助、豁免债务。

捐款是无偿的援助，包括有关国家的自愿捐款、国际组织的无偿援助。

无息贷款是政府间援助性质的贷款，但有些发达国家在提供贷款时附加了一些政治或经济条件，如要求改善人权状况、购买援助国的物资等。

官方发展援助是指发达国家或高收入的发展中国家及其所属机构、国际有关组织、社会团体以提供资金等方式，帮助发展中国家发展经济和提高社会福利的具体活动。

豁免债务是指在有些发展中国家由于经济状况较差、难以偿还贷款时，提供贷款的国家主动提出不再要求其偿还贷款，等同于提供无偿援助。

三、当前国际援助的背景和特点

（一）背景

2000年，联合国189个会员国的领导人举行千年首脑会议，共同发表了《千年宣言》，承诺要在2015年实现八大千年发展目标，包括把每天生活费不足1美元的贫困人口减少一半、普及小学教育、降低儿童死亡率、实现环境的可持续性等；要求各国努力采取有效措施，争取早日实现消除贫困、防治艾滋病、预防武装冲突、促进发展与保护环境等目标；特别是发达国家应当作出更大努力，开展国际援助，帮助穷国解决上述问题。

（二）当前国际援助的新特点

国际援助往往伴随着政治斗争和利益争夺，而不是单纯的经济支持。进入21世纪以来，国际援助的发展出现了一些新的变化和特点：发达国家基本垄断了国际援助和减免债务的发言权；ODA的数额和比重在经历了20世纪90年代连续5年较大幅度下降后，21世纪初又开始回升；援助的地理分布、国别重点、结构方式等方面也有显著变化；援助的政治和其他附加条件增多；发达国家的无偿援助比重加大，援助条件趋于优惠。债务减免成为国际援助中一个重要组成部分。

1.DAC成员，特别是主要发达国家是主要的援助国

近年来，DAC成员在国际援助中扮演主角。最大的援助国是美国，其次是日本、英国、法国和德国。2004年年末印度洋海啸以后，国际援助舞台上出现了一个引人瞩目的新趋势，即非DAC成员捐助者的兴起。发展中国家开始在国际援助中发挥积极的作用，如中国已经成为世界粮食援助的第三大捐助国。

2.国际援助的总体规模有所上升

进入21世纪以来，科索沃战争和阿富汗战争重新唤起了人们对国际援助的关注，新千年通过的一系列相关国际援助协定使国际援助恢复了活力，各主要援助国都相应加大了国际援助的力度。

3.国际援助的结构和方式发生变化

首先，ODA在对象和地区上呈现侧重于贫困国家和地区的趋势。其次，在ODA的部门分布中，社会公共基础设施已经成为国际援助的重要领域，具体表现为社会公共基础设施、人道主义援助占全部双边官方援助的比例不断增加，生产部门，如农业、工业和其他产业的援助以及物质和项目援助的比例相对下降。最后，在ODA的援助形式方面，人道主义援助和债务减免的比重有所上升，而项目援助的比重相对下降。

4.政治色彩日益浓厚，附加条件日益增多

20世纪90年代以后，发达国家越来越关注受援国的人权、民主等问题，越来越重视援助能否带来受援国的政治与社会经济进步。对外援助成为西方国家将本国价值观与社会力量投射到海外的过程。它们在进行对外援助时，往往以经济援助为手段，把按西方国家的意图进行政治和经济改革，将民主、多党制、私有制等作为向发展中国家提供发展援助的附加条件。

5.“特殊目的组织”出现并快速发展

像全球抗艾滋病、肺结核及疟疾基金会和全球环境基金都是这种类型的组织，它们对于许多全球性问题发挥着越来越重要的作用。

四、援助机制

国际援助一般通过国际组织进行，主要有国际货币基金组织、世界银行、联合国开发计划署、联合国难民事务高级专员公署等。

（一）国际货币基金组织

国际货币基金组织的主要任务是：促进国际货币合作，维持国际汇率的稳定；向成员方提供短期信用以帮助成员方调整其国际收支不平衡的状况，解决成员方的国际收支困难；向成员方提供技术援助，派出专家小组帮助成员方制订并实施经济、金融方面的改革计划。近年来，国际货币基金组织致力于三方面的工作：加强全球化金融监管；在特殊情况下为成员方提供紧急救援贷款，以维护成员方金融体系的稳定；帮助低收入的重债务国融入国际经济。

国际货币基金组织只对成员方的政府或政府机构发放贷款，贷款主要用于解决成员方的国际收支暂时性困难；形式一般为短期或中期贷款，期限为3~5年，长的也不超过10年，贷款额度根据成员方向国际货币基金组织缴纳的份额来决定；国际货币基金组织的贷款不管使用什么货币，都按特别提款权来计值和计算利息。

（二）世界银行

1.世界银行贷款的条件

贷款对象必须是成员方政府、政府机构或能获得政府和有关机构担保的公、私企业；成员方必须经世界银行的专家认可确实具有偿还能力，才能获得贷款资格；贷款国已无法按合理的条件从其他的渠道获得资金，才可申请贷款；项目贷款必须用于规定的项目，并要接受世界银行专家的监督。

2.世界银行对贷款的主要规定

贷款的审批程序严格，常常要派专家到借款方进行实地考察、认证；项目的资金一般占项目所需资金的50%左右，有时甚至高达70%；贷款的期限一般较长，平均为10年左右，项目贷款则按项目的建设长短而定；以美元计值，偿还时也必须偿还美元，万一发生汇率变动，由借款国承担汇率风险；贷款利率参照市场利率，但是一般低于市场利率。

3.国际开发协会关于贷款的规定

贷款的期限为35~40年，并含10年宽限期。贷款不计利息，仅对已使用的贷款部分每年征收0.75%的手续费。贷款对象仅限于根据1995年统计的人均国民生产总值低于905美元并缺少资金的国家。

（三）联合国开发计划署

联合国开发计划署是联合国技术援助计划的管理机构，1965年11月成立，其前身是1949年设立的“技术援助扩大方案”和1959年设立的“特别基金”。总部设在美国纽约，其宗旨是帮助发展中国家加速经济和社会发展，向它们提供系统的、持续不断的援助。

联合国开发计划署的援助是无偿的，资金主要来源于各国政府的自愿捐款，由联合国工发组织、联合国粮农组织、联合国技术合作部、世界卫生组织、联合国教科文组织、贸易和发展会议等30多个机构承办和具体实施。联合国开发计划署本身不负责承办援助项目或具体将其付诸实施，它主要是派出专家进行发展项目的可行性考察，担任技术指导或顾问。中国于1972年10月开始参加该署的活动。

（四）联合国难民事务高级专员公署

联合国难民事务高级专员公署是联合国大会的附属机构，简称“联合国难民署”。其基本活动是实施各项援助难民的方案，所需资金靠各国政府和私人自愿捐献。该机构的经费2%来自联合国拨款，用来发放工作人员工资，其余经费来自成员国和其他捐助者的捐款。其中，美国、欧盟、日本的出资占所有捐款的94%，其中80%是定向捐款。

五、中国与财政困难的国际援助

（一）我国参加的国际财政活动

1.世界银行

世界银行由国际复兴开发银行、国际开发协会、国际金融公司、多边投资担保机构和解决投资争端国际中心五个成员机构组成。中国于1980年恢复了在世界银行的合法席位，1981年起开始借用该行资金。财政部的数据显示，截至2010年6月30日，世界银行对华贷款承诺总额约478亿美元，共支持建设了326个项目。项目贷款遍及我国内地除西藏之外的省、自治区、直辖市，主要集中在交通（30.38%）、农业（23.61%）、城建和环境（15.57%）、能源（15.35%）、工业（6.35%）、教育（3.88%）、卫生（2.05%）等领域。

2.亚洲开发银行

成立于1966年的亚洲开发银行是区域性政府间国际开发金融机构。中国于1986年加入亚洲开发银行，并成为其第三大股东，已累计获得297.6亿美元贷款，是亚洲开发银行第二大借款国。

3.全球环境基金

全球环境基金（GEF）是由世界银行暨国际货币基金组织发展委员会部长会议倡议、于1991年5月成立的全球性赠款基金，其宗旨是促进环境领域的国际合作，为发展中国家在减缓全球气候变化、保护生物多样性、保护国际水域、保护臭氧层、防止荒漠化和减少持久性有机污染物六个领域开展的具有全球效益的环保活动提供赠款或其他形式的优惠资助。GEF主要关注以下领域：生物多样性、气候变化（适应和减缓）、化学品、国际水域、土地退化、可持续森林管理（减少毁林及森林退化带来的温室气体排放）、臭氧层损耗等。中国是全球环境基金的创始成员方，截止到2014年，GEF向141个中国项目提供了约10.62亿美元的赠款支持。此外，中国还参与了41个区域和全球项目。

（二）中国在国际发展援助中的角色变化

20世纪80年代之后，在国际贷款与援助的财政关系中，中国逐渐演变为国际发展援助中的主要受援国。根据相关报道，1979—2003年，中国接受的官方援助总额为1 072亿美元。

进入21世纪以来，我国逐步由受援国转变为援助国。随着我国综合国力日益增强，商务部与欧盟、德国、荷兰、澳大利亚、挪威等国以及联合国人口、儿童基金会签署了新一轮多双边发展援助国别战略框架。国际发展合作出现了一些新的特点和新的趋势：一是当前国际社会对华援助资金规模基本保持稳定；二是硬件设施方面的援助将逐步减少，援助方的重点逐步向政策层面转移，在环境保护、经济与社会改革、法制合作等方面给予支持；三是合作形式呈多元化发展趋势，欧盟、德国、加拿大不仅将技术合作项目与公共和私营部门合作，而且与经合组织、联合国计划开发署、世界银行等国际组织合作开展援助活动。

中国在作为国际政府援助的最大受援国的同时，又扮演着国际财政援助国的角色，并发挥重要作用。随着中国社会经济发展和综合国力的增强，我国作为财政援助国的地位也进一步提高，受援与援助使我国在国际财政关系事务中发挥着越来越重要的作用。2005年中国政府向南亚海啸地区捐款8 300万美元，这是迄今为止中国对国际性自然灾害捐款数额最大的一次；同年中国政府向亚洲开发银行捐款3 000万美元，用于亚洲地区的减灾扶贫。中国政府在近十年里多次免除30多个非洲国家欠中国的债务数百亿元人民币，向非洲联盟提供无偿援助，为非洲提供数万个政府奖学金名额。这些举措引起了国际社会的关注和震动，表明中国在国际人道主义救援体系中的角色转换。

案例讨论11-2　　中国的对外援助

2011年4月，中国第一次发布《中国的对外援助（2011）》白皮书；2014年7月，中国再次发布《中国的对外援助（2014）》白皮书。据统计，截至2009年年底，中国累计对外提供援助2 562.9亿元人民币，其中，无偿援助1 062亿元，无息贷款765.4亿元，优惠贷款735.5亿元。中国对外援助资金主要有三种类型：无偿援助、无息贷款和优惠贷款。其中，无偿援助和无息贷款资金在国家财政项下支出，优惠贷款由中国政府指定中国进出口银行对外提供。2010—2012年，中国对外援助金额为893.4亿元人民币。

发达国家的国际援助有一个标准，要求援助资金达到国民总收入（GNI）的0.7%。经济合作与发展组织发展援助委员会的统计数据显示，官方发展援助资金净额在2014年占成员方国民总收入的0.29%，与2013年持平。自2000年的千年发展目标确定以来，官方发展援助资金净额（扣除物价因素）增加了66%。

讨论：

1.你如何看待中国的对外援助政策？计算我国援外规模及比重。

2.分析国际财政援助体现怎样的财政关系。

第三节　国际财政协调

一、国际财政协调的必要性

（一）国际贸易和跨国投资的发展

在涉及国际财政关系的诸多经济活动中，对各国财政利益影响最大的是跨国公司的出现和发展。第二次世界大战后，国际经济迅速发展，跨国公司大量涌现，大大促进了国际税收关系的发展。跨国公司是国际资本流动的产物，它主要以生产资本的形式出现，通过对外直接投资，在其他国家和地区设立分支机构或子公司，从事国际性生产和经营活动。企业投资的国际化必然带来国际收入分配问题，任何国家都不可能放弃对跨国公司依法征税。除了跨国公司外，随着各国政府、团体和个人之间的政治、经济、文化艺术交流日益频繁，各种形式的国际收入也日益增加。为了协调各种分配关系，1963年，经济合作与发展组织起草了《关于对所得和财产避免双重征税的协定范本》；联合国于1968年成立了起草关于发达国家与发展中国家税收协定的特设专家小组，制定了一些适用于发达国家与发展中国家为签订双边税收协定进行谈判的基本原则，1979年12月通过了《关于对所得和财产避免双重征税的协定范本》的草案文本和条文注释，最终形成了这一联合国税收协定范本。

由于经济全球化的发展影响相关国家的财政利益，使国家之间的财政关系日益紧密，财政利益的配置已越过一国的界限，在国家之间进行。各项经济政策的制定都必须考虑其国际影响，也需要密切关注国际组织、其他国家的政策对本国经济利益乃至财政利益的影响，从而趋利避害，争取有利于本国的结果。国际贸易、跨国投资的发展促使经济要素在国家间流动，也使财政利益在国家间转移。各国如果只考虑本国利益，相互之间钩心斗角，要么采取经济封锁，要么进行恶性竞争，那么结果只能是两败俱伤；如果各国从长远利益出发，通过国际组织或其他协调机制进行财政利益的国际协调，就可以争取到“多赢”的结果。

（二）全球化的挑战

20世纪90年代以来，全球化已成为不可逆转的发展趋势。它关系到世界各国政府的决策和普通公民的切身利益，其影响日益为国际社会所广泛关注。目前，理论界和政治家正在寻求有效解决问题的途径，并致力于建立有效的运行机制——充分提供全球公共产品的机制。在此背景下，绝大多数国家都意识到，必须加强全方位的国际合作，包括财经领域的国际合作，以积极的态度融入全球化进程，勇敢迎接挑战，为本国经济发展创造良好的国际环境。

（三）保障国际财政利益分配秩序的需要

国家之间的问题要解决，就需要各国的合作和协调。通过财政关系国际协调，可以逐步实现全球内税制的融合和财政政策的相互配合，减少成员方之间的财政摩擦及税制异化引起的损失，以最小的成本实现合理的财政收入。财政关系国际协调是相关国家采取共同措施来处理国际财政关系问题的一种方法，具体表现在国家间债务及国际税收的协调上。

面对恶性税收竞争、严重的跨国逃税与避税、资本外逃等问题，加强财政关系国际协调成为保障国际财政利益分配秩序的必然选择。

财政关系国际协调主要致力于两个方面的调整：一是税制；二是税收征管。

国际税收协调的目标并不是一味地遏制国际财政竞争，而是通过协商对话、管理合作的方式合理划分税收等权益，使有关各国公平分享经济全球化的成果。财政关系国际协调机制定位于两个层面：一是通过协定调整国家之间税收管辖权与税收分配关系；二是通过协调达到财政一体化目标，改变各国原有税率或税制，形成经济共同体，积极推动贸易和投资自由化。

按照区域经济与国际经济合作的相关理论，区域经济一体化的发展同区域内国家间的财政政策协调与合作息息相关。随着经济一体化程度的加深，成员方之间的经济联系日益紧密，彼此的开放程度不断提高，成员方内部的市场失灵会部分转变为区域市场失灵，对区域市场失灵的有效防范依赖于财政政策的协调与合作。此外，伴随着自由贸易区建设进程的推进，区域内投资和贸易一体化继续发展，其结果必将需要财政政策的协调统一。因此，如何加强区域内成员方之间财政政策协调与合作、促进成员方内部财政体制调整与改革是各国都需要面对的现实问题。

二、财政协调的内容

（一）消除成员方财政政策对区域的溢出负效应

在封闭经济条件下，一个国家财政政策的成本与收益可以实现内部化，但在开放条件下，财政政策是有溢出效应的。所谓财政政策的溢出效应，就是指一国财政扩张、赤字及债务占GDP的比重扩大，会对自由贸易区的其他成员产生负面影响。这种溢出效应主要体现在两个方面：

一是在跨国界的资源配置中有溢出效应。这主要体现了财政政策溢出的微观效应。一国的财政政策有两种分类方法：一种是分为扩张的财政政策和紧缩的财政政策；另一种是分为相机抉择的财政政策和自动调整的财政政策。无论哪种财政政策，都通过改变政府支出（预算政策）、税收、公债来达到调节经济的目的。由于区域内各成员方之间的税种、税率有很大差异，在商品、服务、资本市场日趋一体化、自由化的条件下，资本所得税的差异会促使资本流向税率低的地区，而且税率差异会使商品的相对价格发生扭曲，降低资源配置的效率，这会导致要素在跨国界配置中产生负向溢出效应。

二是在宏观经济系统的稳定上有溢出效应。财政政策的溢出效应还体现在对宏观经济系统稳定的影响上。在一个经济合作区域内，如果某一成员方的财政赤字过大，就会对整个区域的宏观经济运行产生重大影响。当一国债务比例提高时，它对整个区域金融市场的依赖度也加大了，这会导致整个金融市场的利率提高；利率的提高又会加重其他国家政府的债务负担，如果这些国家控制债务负担，就必须采用紧缩财政政策。这样，个别国家的财政扩张导致其他国家财政紧缩，使它们的经济增长率下降，失业率上升，影响整个自由贸易区的经济运行。

随着自由贸易区合作的不断深入，各国之间经济相互依赖的程度增强了，经济政策的溢出效应愈发明显。由于自由贸易区内部客观存在国家利益与整体利益的矛盾，成员方在制定经济政策时，常常只考虑本国的经济目标，这会使各国之间的政策效果相互冲突，既不利于自由贸易区整体经济的运行，又不能实现各成员方的经济目标。为了避免溢出效应，各成员方之间要进行税率、税制、赤字的协调，降低其对要素跨边界配置、宏观经济系统稳定的负面影响。

（二）区别关税政策，培育新的财源，填补关税“退位”后的空缺

削减关税给欠发达国家政府财政收入带来巨大压力，贸易条件改善带来的收益在参与国中分布极为不均，会影响各方参与合作的积极性，有些国家甚至会为保护本国市场和民族工业而抵制合作。

为此，在降低关税的政策协调方面，需要关注两个问题：一是近期内采取区别关税政策。北美自由贸易区的一些做法值得借鉴。美国在北美自由贸易区中处于绝对的主导和支配地位，但它也不能不考虑其他两国（特别是墨西哥）的经济利益和承受能力。为此，北美自由贸易协定为墨西哥安排了过渡期和差别待遇。在关税减让的第一阶段，墨西哥只需对来自美国的35%的商品取消关税，而美、加对来自墨西哥的80%的商品实行免税。此外，北美自由贸易协定还为墨西哥缺少竞争力的产业部门安排了10～15年的缓冲期，使墨西哥有充分的时间进行结构调整。二是各成员国必须对现行财政收入结构进行调整，培育新的财源基地，形成新的财政收入增长点，填补关税“退位”后的财力空缺。

（三）实施经济援助，缩小自由贸易区内部发展差距

尽管从长期看，自由贸易区的建立有利于区域内各国扩大市场，整合经济资源，增强经济实力，但在短期内，贸易自由化不可避免地会冲击经济欠发达国家及地区的经济。因此，在建设自由贸易区的过程中，开展地区减贫方面的财政政策协调与合作是十分必

要的。

欧盟在这方面的成功经验值得学习。欧盟出于深化和扩大一体化的需要，为了缩小其内部区域经济发展的不平衡，专门设立了欧洲结构和投资基金（以下简称结构基金），主要任务之一就是支持落后地区或产业衰退地区的经济发展与产业结构调整。结构基金来源于欧盟预算，由欧盟理事会和欧洲议会批准，属于欧盟财政专项支出，是欧盟首创的一种全新的产业政策工具。

结构基金主要由四部分组成：欧洲社会基金、欧洲地区发展基金、欧洲农村发展农业基金以及欧洲海事和渔业基金。欧洲社会基金主要提供职业培训和就业帮助，以解决青年和妇女的就业问题。欧洲地区发展基金是四个基金中占比最大的，约占整个结构基金的一半。该基金的主要目的是支持落后地区中小企业的发展、促进投资和改善基础设施。欧洲农村发展农业基金主要是为农村地区采用农业新技术、改进农业产业结构和发展非农产业提供资金支持。欧洲海事和渔业基金是为帮助沿海地区受渔业生产萎缩影响的渔民而设立的。[①]

据统计，2007—2012年，结构基金为受援国创造了594 000个工作岗位，198 000个中小企业、77 800个起步企业受到直接资助。

（四）调整财政支出结构，加大跨国公共产品的供给力度

随着区域经济一体化的深化，公共产品的空间特征正在发生变化，其边界也由一个国家范围扩大到经济合作的区域。防务、安全、外交政策、环境保护、高等教育、科学研究、交通、通信和能源等作为跨出国界的区域公共产品已经出现，新的公共产品也在不断涌现。在欧盟，这些公共产品的供给是由欧盟预算集中提供的。由于公共产品的外部正效应诱发“搭便车”行为，所以需要区域内各成员国对此类公共产品的供给进行协调，促使各成员国加大财政投入，加大对这些公共产品的供给力度，保证经济合作的成效。而对地区性公共产品的供给来说，双边协商的效果似乎更好。

三、国际财政协调机制

（一）财政关系的国际协调主体

财政关系的国际协调可以通过国际组织、区域性组织，也可以由各国政府通过相互之间的磋商机制进行。国际组织有联合国、世界贸易组织、世界银行、国际货币基金组织等，区域性组织有欧盟、经济合作与发展组织、亚太经合组织、美洲联盟、非洲联盟、东南亚国家联盟等。

（二）财政关系的国际协调方式

财政关系的国际协调方式有：（1）全球性的国际协调，比如通过世界贸易组织制定贸易规则，处理由于贸易问题引起的摩擦，调解贸易争端；（2）国家之间的财政协调，如通过签订税收协定协调相互之间的税收制度，消除由于国际重复征税对国际贸易及跨国投资的消极影响；（3）国际财政援助，如由发达国家或国际组织提供无偿援助、豁免发展中国家的债务等。

欧盟财政政策协调是一个较成功的例子，其制度框架归结为两方面：

一是财政纪律约束。这主要体现在两个条约中：一是为了实施经济与货币联盟，1991

① 佚名. 欧盟结构和投资基金浅析［EB/OL］.［2015-04-30］. http://funds.hexun.com/2015-04-30/175462797.html.

年12月达成的《马斯特里赫特条约》为欧盟成员国进入经济与货币联盟第三阶段的财政趋同标准做了安排；二是为追求欧盟预算平衡或盈余的财政目标，1997年6月签署的《稳定与增长公约》为欧盟成员国进入经济与货币联盟第三阶段后对财政状况的约束做了进一步规定。

二是财政转移支付。结构基金和团结基金是用来实施对成员国落后地区和衰退地区的财政转移支付，这种财政分配改变了国民收入在区域内的利益格局，可视为财政协调的一种方式。

欧盟虽然没有集中统一的财政当局，财政政策仍由各成员国单独执行，但它已经在法制和民主的基础上建立起比较完善的组织机构和决策机制，呈现出高于国际组织但又低于联邦制的性质和特点。它拥有自己的立法机构，形成了完备的法律，并具备了一定的司法功能，为财政政策的协调提供了强大的组织保证。

案例讨论11-3　　欧洲难民潮难倒欧盟

2015年，战争、贫困、自然灾害等将中东、非洲地区的上百万难民推向欧洲各国，形成第二次世界大战以来最大的欧洲难民潮。进入2016年，这种趋势仍然没有改变。

欧盟成员国为分摊不断涌来的难民吵作一团。德国最为慷慨，接纳的难民最多；英国、丹麦、匈牙利、捷克、波兰和斯洛伐克等国则态度消极。欧盟经过讨论，给予接收难民的国家经济补助，初步定为成员国每收留一名难民将获得6 000欧元补助。2016年3月，欧盟领导人与土耳其达成协议：遣返所有经土耳其进入希腊的难民费用由欧盟负担，欧盟将提供更多难民援助资金等。

欧盟各国休戚相关，而难民逃难路线涉及多个国家。安置难民涉及内政外交，这一危机考验着欧盟的内部团结以及应对危机的机制。

讨论：

1.通过本案例分析欧盟的财政政策协调机制。

2.难民安置人数及费用的分摊反映了什么样的国际关系？有怎样的国际背景？

（三）国际税收协定

国际税收协定是两个或两个以上的主权国家，为了协调相互间的税收分配关系和处理跨国纳税人征税事务等方面的问题，通过协商、谈判等一定程序签订的一种对缔约国各方有法律效力的书面税收协议。

国际税收协定可以划分征税权，避免国际双重征税，加强国家之间的税务合作，避免税收的国际歧视，促进国际贸易和投资。现在，越来越多的国家重视国际税收合作，从而为扩大跨国投资创造良好的条件。

为了确保我国政府税收权益的独立完整，更好地处理国际税收分配关系，1980年和1981年，我国陆续颁布了《个人所得税法》、《中外合资经营企业所得税法》和《外国企业所得税法》。在这些法律的基础上，我国开始对外商谈和签订综合性的避免双重征税协定。1981年1月，我国与日本开始商谈综合性税收协定，并于1983年9月在北京正式签订了《中华人民共和国政府和日本国政府关于对所得避免双重征税和防止偷漏税的协定》。根据国家税务总局网站的统计数据，截至2015年年末，我国已经对外正式签署101个避免双重征税协定，其中97个已生效。

四、国际税收协调

随着国际贸易、跨国投资的兴起及蓬勃发展，国际税收问题也随之产生。为了鼓励和促进国际贸易、跨国投资的开展，各国之间就国际税收问题进行了协调，也就是对国家与国家之间的财政分配关系按照互惠互利、协商一致的原则进行磋商和处理，以求得利益的平衡。税收制度国际协调的形式与内容在不同的条件下是不同的。一般来说，在不要求改变各国税制的前提下，通过谈判缔结双边或多边国际税收协定，协调因国家间的税制差异而引起的国际重复征税问题，其协调范围仅限于所得税和一般财产税。这就是通常所说的国际税收关系协调。此外，国家间还可以通过谈判达成协议或者根据某种国际性规则确立税制的某种参照模式，在不同程度上实现税制的趋同。最终实现税制协调的最高级形式——各国税制一体化。

（一）国际税收

国际税收是指两个或两个以上国家，对同一跨国纳税人的同一课税对象分别行使各自的征税权力而形成的征纳关系中所发生的国家之间的权益分配关系。跨国所得的出现和各国确立的对所得额课税的制度，是产生国际税收关系的原因。

国际税收的本质是国家与国家之间的税收分配关系。因为对同一跨国纳税人的同一课税对象征税，就是对同一利益的分割，是在不同国家间的分配，如果一个国家得到的利益多了，另一个国家得到的利益必然受到影响。例如，为了避免对所得额重复征税，纳税人的居住国可以放弃对本国居民国外所得的征税权，而由所得的来源国单独行使征税权；或者居住国让来源国优先行使征税权，然后再在来源国征税的基础上对这笔国外所得进行补征。这样，居住国和来源国之间就发生了税收分配关系。又如，跨国公司把一部分利润由税率高的国家转移到税率低的国家，也会影响这两个国家之间的税收分配关系。而要减轻纳税人的税收负担，保护跨国纳税人从事国际贸易、跨国投资的积极性，就必须有这两个国家的协调和合作，并且需要双方在利益分配上作出让步，两个国家相互给予优惠待遇，这样才能使问题得到解决。

（二）税收管辖权

1.税收管辖权的含义

税收管辖权是指一国政府在其主权范围内对税收事务的管辖权力，包括对什么征税、征哪些税、征多少税等。税收管辖权是一个国家主权的重要内容，神圣不可侵犯，由各国独立行使。

2.税收管辖权的类型

税收管辖权一般包括三种类型：地域管辖权、公民管辖权和居民管辖权。前者是指国家有权对其所属领土全部空间范围的经营活动实施有效的征税权，后两者则是指国家有权对其所属的公民和居民收益实施有效的征税权。这样，不同国家政府在行使征税权的过程中，对同一跨国纳税人的同一课税对象的征税权，很容易产生交叉与重叠，而这会导致国际重复征税问题。尤其是世界上大多数国家为了维护本国的经济利益，都同时实行地域管辖权和居民管辖权，且各国判定居民身份和所得来源地的标准不一致，国际重复征税问题就此产生。

税收管辖权的冲突是造成国际重复征税的基本原因，具体有三种情况：一是地域管辖权和居民管辖权重叠；二是各国对来源地的不同解释造成地域管辖权重叠；三是各国对居民身份标准的不同规定造成居民管辖权重叠。

（三）国际重复征税

1.国际重复征税的含义

国际重复征税是指两个或两个以上国家，在同一时期内，对同一纳税人的同一课税对象或税源征收相同或类似的税收。它涉及所得税、财产税、国内商品税三大类，但主要是所得税。

对所得的国际重复征税是由不同国家的税收管辖权同时叠加在同一所得之上引起的。它加重了纳税人的负担，影响跨国投资的发展，不利于资本在国家间的流动。因此，必须采取各国能够接受的办法减轻或消除国际重复征税。

国际税收协调解决的是因各国税制差异而产生的国际税收竞争问题，避免有害的国际税收竞争。国际税收竞争是经济全球化条件下国际税收关系的一种必然现象。主动参与适度的国际税收竞争，既能维护国家主权，也能在一定程度上促进本国福利水平的提高。但是，过度乃至恶性的国际税收竞争则是有害的，它会弱化国家税收主权，破坏税收制度的公平，不利于资源在世界范围内合理配置。为了避免在经济全球化过程中出现有害的国际税收竞争，主权国家之间必须对各自税收制度的差异以及对跨国纳税人行使各自的税收管辖权所引起的冲突进行协调。

2.国际重复征税的减除

国际重复征税问题的解决办法有两个：一是相关国家通过签订国际税收协定，约束各自的税收管辖权，避免两国因制定居民身份或所得来源地的标准相互冲突而引起国际重复征税，这一点在前文已有介绍；二是实行居民管辖权的国家承认所得来源国的优先征税权，采用免税法、扣除法、低税法、抵免法等避免、消除或缓和国际重复征税。

（1）免税法，是指行使居民管辖权的国家，对本国居民来源于国外的所得免税，只对来源于国内的所得征税。实行该方法的指导原则是承认收入来源地管辖权的独占征税权，这就意味着居住国政府完全放弃对来自国外的所得征税的权力，将这种权力留给该笔所得的来源国政府。

（2）扣除法，是指居住国政府行使居民管辖权时，将纳税人的国内所得和国外所得汇总后，扣除纳税人来源于国外所得所缴纳的外国税额而仅就其余额按居住国政府规定的税率征税的方式。

（3）低税法，即居住国政府通过对其居民来源于国外的所得单独制定较低税率的方式来减轻国际重复征税的方法。

（4）抵免法，是指居住国政府行使居民管辖权时，通过允许纳税人以在国外缴纳的税款冲抵本国汇总国内外所得按本国税率所计征的税额的方法。

（5）税收饶让，是指一国政府对本国纳税人在国外得到减除的那一部分所得税，同样给予抵免待遇，不再按本国规定的税率补征税款。税收饶让也称饶让抵免，它是税收抵免的延伸或扩展，与税收抵免有密切关系。税收饶让一般要通过双边税收协定加以明确。准确地说，税收饶让不是一种消除国际重复征税的方法，而是居住国对从事国际经济活动的本国居民采取的一种税收优惠措施。

通常情况下，按照税收抵免制度，只有居民纳税人在所得来源国实际已缴的税额才能在居住国的应纳税额中抵免。如果纳税人来源于来源国的所得未在来源国纳税或少纳税，那么，居民纳税人可以在居住国应纳税额中抵免的外国税额就不存在或者减少。这样，所得来源国为吸引外资而实行的减免税优惠并不能使跨国投资人实际受惠，其所放弃的税收利益转为投资人居住国的国库收入，并没有发挥鼓励外国投资的作用。因此，税收饶让的意义并不在于避免和消除国际重复征税，而是为了配合所得来源国吸引外资的税收优惠政策的实施。

税收饶让在发达国家和发展中国家的税务关系中具有实际意义。因为自20世纪70年代以来，许多发展中国家为了尽快摆脱落后、贫困的面貌，很重视吸引外资和引进先进技术。为此，它们在税收上提供了很多优惠。如有的国家在一定时期内对外资不征或减征所得税；有的国家虽然不免除所得税，但规定在几年内不提高现行税率等。根据《关于发达国家与发展中国家间双重征税的协定范本》和国际税收惯例，收入来源国只有征税的优先权，而无独占权。如果收入来源国少征或免征所得税，居住国补征的税款差额就会相应增加，这实际上就削弱了发展中国家的税收鼓励作用，并且本应由发展中国家征收的税款无形中转移到了发达国家。这种现象与建立国际新经济秩序是不相符的，所以发展中国家迫切要求改变这种局面。发展中国家提出了税收饶让的问题，并力图通过税收条约实现税收饶让，以便获得远比实行税收抵免、避免双重征税更多的好处。

案例讨论11-4　　对手表征税引起的跨国协调

税收本来是一个国家主权范围内的事情，但有时又会引起其他国家的关注。2006年4月1日，我国实施消费税改革，将单价在1万元以上的高档手表纳入消费税征税范围中，目的是限制奢侈品消费。但始料不及的事情发生了，由于对这一政策不太了解，瑞士财政部长给我国财政部长写信，该国驻华大使也三次要求约见我国财政部税政司官员。他们提出，中国市场上1万元以上的手表96%是从瑞士进口的，这一税收政策是不是针对瑞士的？我国有关官员解释了我们的消费税政策设计初衷，表示这次税收制度改革是为了调节个人收入分配差距，促进社会公平。中国的消费税不仅针对进口产品，对本国产品也同样征税。只要产品质量好、工艺好，市场地位在世界上是不可撼动的。经过沟通和交流，对方打消了疑虑。

资料来源　刘克崮，贾康．中国财税改革三十年亲历与回顾［M］．北京：经济科学出版社，2008：502.

讨论：

1.通过上述案例谈谈你对税收功能的理解。

2.找出其他类似的例子，说明税收对我们日常生活的影响。

知识运用

本章的知识可以用于分析国家之间的财政分配关系，如国际税收、政府间援助、“一带一路”项目资金筹措等问题。

阶段练习四

一、单项选择题

1.我国新修订的《预算法》自（　　）年1月1日起施行。

A.2015　　B.2014　　C.2003　　D.2005

2.（　　）是政府的基本财政收支计划。

A.财政体制　　B.政府预算　　C.财政政策　　D.政府决算

3.（　　）是管理预算收入的收纳、划分、留解和库款支拨以及报告国家预算执行情况的专门机构。

A.国家税务总局　　B.商业银行　　C.财政部　　D.国家金库

4.我国政府决算的编制机关是（　　）。

A.财政部门　　B.中国人民银行

C.各级人民代表大会　　D.国库

5.我国现行法律规定由（　　）具体负责财政预算的编制工作。

A.财政部门　　B.全国人民代表大会

C.国库　　D.预算局

6.我国《预算法》规定政府预算由（　　）审查批准。

A.财政部门　　B.全国人民代表大会常务委员会

C.各级政府　　D.全国人民代表大会

7.在我国，土地出让金收入属于（　　）的内容。

A.公共预算　　B.政府性基金预算

C.国有资本经营预算　　D.社会保险基金预算

8.政府必须将所编预算提交（　　）批准后才能据以进行财政活动。

A.行政机关　　B.立法机关　　C.司法机关　　D.管理机关

9.我国一般公共预算收入以（　　）为主体。

A.基金　　B.收费　　C.税收　　D.国有资产收入

10.我国法律规定，由（　　）经理国库。

A.中国工商银行　　B.中国建设银行　　C.中国银行　　D.中国人民银行

11.（　　）是按照法定程序编制的反映政府预算执行结果的会计报告。

A.财政体制　　B.政府预算　　C.政府决算　　D.财政政策

12.《中华人民共和国政府采购法》自（　　）年1月1日起实施。

A.2003　　B.1995　　C.2000　　D.2008

13.我国国库制度改革的最终目标是实行（　　）。

A.收支两条线　　B.部门预算

C.复式预算　　D.国库集中收付制度

14.旨在推动政府预算编制细化、规范、透明的改革是（　　）。

A.收支两条线　　B.部门预算　　C.政府采购　　D.国库集中收付制度

15.我国现行分税制体制是从（　　）年开始实行的。

A.1988　　B.1978　　C.1994　　D.2002

16.我国的分税制改革将中央与地方政府的收入按（　　）进行划分。

A.税种　　B.受益原则　　C.隶属关系　　D.固定比例

17.按我国现行财政管理体制，属于中央固定收入的是（　　）。

A.关税　　B.增值税　　C.资源税　　D.契税

18.目前我国中央财政对消费税的分享比例是（　　）。

A.40%　　B.75%　　C.100%　　D.50%

19.目前我国中央财政对增值税的分享比例是（　　）。

A.50%　　B.75%　　C.25%　　D.40%

20.我国2005—2008年实行的稳健性财政政策属于（　　）财政政策。

A.紧缩性　　B.中性　　C.扩张性　　D.复合性

21.1993年开始实施的（　　）的财政政策，是改革开放以来我国政府第一次明确将财政政策作为宏观调控的主要工具。

A.适度从紧　　B.稳健　　C.扩张性　　D.积极

22.通过减税或扩大支出，扩大赤字刺激需求，从而拉动经济增长的称为（　　）财政政策。

A.中性　　B.紧缩性　　C.复合性　　D.扩张性

23.关税国际协调的最高级形式是（　　）。

A.协商模式　　B.趋同模式　　C.一体化模式　　D.关税同盟

二、多项选择题

1.我国下列组织应当编制财政预算的有（　　）。

A.村　　B.私营企业　　C.县政府

D.中央政府　　E.市政府

2.21世纪头十年，我国实施了下列财政改革：（　　）。

A.分税制　　B.部门预算　　C.政府采购制度

D.国库支付制度　　E.房产税

3.财政体制包括各级政府之间的事权划分、财权划分、转移支付等内容，下列属于财政体制的内容有（　　）。

A.各级政府对义务教育经费的分担

B.广西的隆安、平果两县政府为交界处的电站税收产生争议

C.社会保险由国家、单位、个人共同缴费

D.中央财政为到村任职的大学生“村官”拨付专项补贴

E.中央财政为地方高校的大学生设立中央政府奖学金

4.按现行财政管理体制，属于地方固定收入的是（　　）。

A.增值税　　B.土地增值税　　C.房产税

D.契税　　E.消费税

5.按现行财政管理体制，属于中央与地方共享收入的是（　　）。

A.消费税　　B.企业所得税　　C.个人所得税

D.增值税　　E.资源税

6.一般来说，可供选择的财政政策工具主要有（　　）。

A.税收　　B.公债　　C.财政支出

D.利息　　E.财政预算

7.根据所学财政学知识判断下列（　　）属于财政的职责范围。

A.编制年度财政预算草案　　B.管理行政事业单位国有资产

C.管理会计工作　　D.负责政府采购监督管理工作

E.负责各项税收的征收管理

8.可以抑制生产和消费的具体手段是（　　）。

A.取消某个税种　　B.扩大征税范围　　C.降低税率

D.增加税收优惠　　E.开征新税种

9.可以抑制经济过热的是（　　）。

A.扩大政府投资　　B.缩小政府投资　　C.压缩财政支出

D.扩大财政支出　　E.提高税率

10.关税政策国际协调的模式有（　　）。

A.协商模式　　B.关税同盟　　C.趋同模式

D.一体化模式　　E.互惠模式

三、判断题

1.（　　）社会保险基金预算是政府一般公共预算的重要组成部分。

2.（　　）我国地方各级政府预算由上一级人民代表大会审查和批准。

3.（　　）在我国，经理国库是中国人民银行的职责。

4.（　　）我国中央预算由全国人民代表大会审查和批准，地方各级政府预算由本级人民代表大会审查和批准。

5.（　　）我国从1994年起实行“划分收支，分级包干”财政管理体制。

6.（　　）根据收益与成本对称原则，全国性公共产品应由中央政府提供。

7.（　　）我国的关税划归中央财政收入。

8.（　　）2002年开始，企业所得税和个人所得税全部作为地方税。

9.（　　）财政对生产环节补贴，可以增加社会总需求。

10.（　　）扩张性财政政策一般会导致财政结余。

11.（　　）扩张性财政政策是当总需求大于总供给时采用的财政政策。

12.（　　）询价采购是一种无限竞争的招标，是各国政府采购的通行做法。

13.（　　）紧缩性财政政策是当总需求小于总供给时采用的财政政策。

14.（　　）扩张性财政政策经常导致财政赤字。

15.（　　）在有效需求不足时，主要增加生产性补贴。

16.（　　）在总供给不足时，主要增加消费性补贴，可以在一定程度上缓和供求矛盾。

17.（　　）税收管辖权的冲突是造成国际重复征税的基本原因。

四、简答题

1.简述政府预算的作用。

2.简述我国部门预算改革的背景和意义。

3.简述政府采购制度的社会经济意义。

4.简述国库集中收付制度的含义和内容。

5.简述为什么要建立政府间转移支付体系。

6.简述我国分税制改革的成效。

7.简述财政政策目标具体有哪些。

8.列举2008年末以来我国在财政政策方面采取的具体调控措施。

9.简述国际财政协调的必要性。

五、实务题（运用财政学专业知识分析图表中的数据，作出判断）

1.个人所得税是政府取得财政收入的一个来源，也是税收政策的重要工具。认真观察表11-1的数据，结合所学财政学知识分析从各省个人所得税收入及其中的工资、薪金所得、劳务报酬所得两个征税项目收入可以得出哪些结论，为什么一般会把个人所得税的全部或大部分划为中央财政收入，这说明个人所得税能够发挥什么作用。

表11-1　**全国个人所得税分地区分项目收入情况（2017年）**　单位：亿元

地区	合计	1.工资、薪金所得	4.劳务报酬所得
合计	11 961	8 105	484
北京	1 610	1 321	61
天津	291	197	12
河北	231	137	15
山西	120	85	8
内蒙古	141	86	8
辽宁	226	151	13
吉林	116	78	7
黑龙江	104	64	10
上海	1 731	1 367	38
江苏	967	612	36
浙江	988	534	29
安徽	199	114	10
福建	371	168	14
江西	174	70	7
山东	466	294	29
河南	216	133	19
湖北	305	203	17

续表

地　区	合　计	1.工资、薪金所得	4.劳务报酬所得
湖南	226	122	12
广东	1 890	1 341	67
广西	125	88	7
海南	72	48	3
重庆	182	120	8
四川	382	249	18
贵州	121	71	5
云南	173	122	6
西藏	47	20	1
陕西	198	149	9
甘肃	68	47	4
青海	22	17	1
宁夏	38	18	2
新疆	162	81	8

数据来源　国家税务总局. 中国税务年鉴2018［M］. 北京：中国税务出版社，2018.

注：1.数据作了四舍五入处理；2.计划单列市的数据汇总到所在省份；3.其他征税项目数据省略。

2.2006年开始，我国公开招聘30岁以下的高校毕业生到中西部地区“两基”攻坚县、县以下农村学校任教，简称“特岗计划”。聘任期间，执行国家统一的事业单位工资制度和标准，津贴、补贴由各地根据当地同等条件公办教师年收入水平综合确定。中央财政每年安排专项资金给予补助，差额由地方财政承担。结合表11-2的补助标准，分析为什么中央财政要对这一项目给予补助，为什么隔几年提高补助标准，后来为什么对西部、中部地区区分补助标准。

表11-2　**“特岗计划”中央财政补助标准**　单位：万元

年　份	西　部	中　部
2006	1.51	1.5
2012	2.7	2.4
2014	3.1	2.8
2016	3.46	3.16
2019	3.82	3.52

3.《中华人民共和国预算法》第六十六条规定“各级政府一般公共预算年度执行中有超收收入的，只能用于冲减赤字或者补充预算稳定调节基金”。为什么这样做？请结合表11-3的数据进行分析，提出自己的看法。

表11-3　　**近年来中央预算稳定调节基金变动情况表**　　单位：亿元

年　份	补　充	调出使用	余　额
2006	500.00		500.00
2007	1 032.00		1 532.00
2008	192.00	1 100.00	624.00
2009	101.13	505.00	220.13
2010	2 257.65	100.00	2 377.78
2011	2 892.00	1 500.00	3 769.78
2012	248.92	2 700.00	1 318.70
2013	1 206.80	1 000.00	1 525.50
2014	832.34	1 000.00	1 357.84
2015	703.99	1 000.00	1 156.37
2016	2 488.68	872.88	2 772.17
2017	3 416.29	2 130.00	2 708.46
2018	1 018.54	36.99	3 763.99

数据来源　财政部．中国财政情况（2014—2015）[M]．北京：经济科学出版社，2015：127．2015—2017年数据来自当年中央决算报告，2018年数据来自《关于2018年中央和地方预算执行情况与2019年中央和地方预算草案的报告》。

4.表11-4是安徽省黄山市徽州区的预算公开信息，结合政府预算知识，分析财政对农业的扶持资金信息公开起什么作用，能够让公众从中了解哪些信息，对于农民来说，这些信息能否满足他们的需要。

表11-4　　**徽州区2018年农业支持保护补贴资金分配表**

乡　镇	户　数	土地确权登记颁证到户面积（亩）	补贴面积（亩）	补贴系数（元/亩）	补贴资金（元）
岩寺镇	3 830	12 471.67	12 241.95	89	1 089 533.55
西溪南镇	4 009	15 940.02	14 867.18	89	1 323 179.02
潜口镇	3 483	11 630.62	11 499.903	89	1 023 491.37
呈坎镇	2 516	8 840.446	8 064.51	89	717 741.39
洽舍乡	447	284.33	284.33	89	25 305.37
杨村乡	1 227	1 112.75	1 113.17	89	99 072.13
富溪乡	1 202	649.46	649.46	89	57 801.94
全区合计	16 714	50 929.296	48 720.503		4 336 124.77

六、案例分析题（要求既有理论依据，又结合实际进行分析，提出自己的看法）

示例：

2009年5月22日，国家发改委、财政部宣布启动“节能产品惠民工程”，向购买能效等级1级或2级以上的空调、冰箱、平板电视、洗衣机等十大类高效节能产品的消费者，提供每台300~850元的补贴。请根据所学的财政职能、财政补贴、财政政策等知识，结合实际情况，分析其原因及必要性，谈谈自己的看法。

解答：①这一举措出台的背景之一是我国发展到今天，面临能源紧缺、消耗过快的局面，国家出台鼓励节能的政策，之二是2008年末受到美国金融危机影响，国内需求下降；②在经济下滑的情况下，通过财政政策刺激消费，扩大内需，从而拉动经济增长；③通过向消费者补贴，降低消费者购买成本，促进消费升级换代，发挥财政稳定经济职能及宏观调控作用。

1.桂林市2013年10月开始设立5家农副产品平价商店，旨在降低中低收入群体的生活成本。根据中低收入人群分布的情况，市物价部门将平价商店分别设在桂林轮胎厂、桂林棉纺厂、六合路花园村、铁西小区和平山廉租房小区，并由桂都肉制品公司经营。从2013年10月设立平价商店至2015年12月31日的两年里，5家平价商店共销售猪肉129万斤，食用油1.6万桶，价格差价补贴合计200.76万元，在稳定桂林市场物价和满足低收入群体消费方面发挥了积极作用，受到了群众的肯定和欢迎。

虽然取得一定成效，但在经营品种、门店设置、差价补贴、销售监管等方面也存在一些问题。如平价商店只销售猪肉和食用油两个品种，数量较少，食用油的销售在市民中反应较为平淡，具体的差价补贴在实际操作中存在问题，加上财政部贯彻减税降费精神，决定2016年2月1日起停止征收价格调节基金，上述补贴失去了固定的收入来源。市物价局、商务局、财政局商议后同意从2016年1月1日起暂停平价商店建设试点工作，停止平价商店销售价格差价补贴和门面租金补贴。请结合所学财政学知识进行思考，分析有没有必要设立平价商店，怎样补贴效果更好。

2.2015年4月19日，央视《焦点访谈》节目曝光了海南省临高县耗资1.3亿元建1.7千米长牌坊群的事件。其中，最大的一座牌坊高达37.7米，号称世界第一，准备申报吉尼斯纪录。临高县是国家级贫困县，不少乡村尚未脱贫，至今每年要从中央拿扶贫资金数千万元。全县有23 000多贫困人口，每人每年需要发放700多元的低保金，低保金总额1 600万元左右。当地领导称，该项目先后经过政府常务会、县委常委会审议，然后经党代会和人大会议审议通过。请结合所学财政学知识进行分析，说说自己的看法。

3.2016年11月，南宁市出台《南宁市民办非营利性养老机构补贴实施办法》，符合条件的民办非营利性养老机构可以获得一次性建设补贴及床位运营双重补贴。用自建房新成立民办非营利性养老机构最高可获每张床位3 000元的建设补贴，2015年6月1日以后依法登记的民办非营利性养老机构接收本市城区（开发区）户籍老年人入住的，按实际入住老年人数量，给予每人每月100元的床位运营补贴，连续补3年。请运用财政学知识分析上述政策出台的背景，谈谈自己的认识和看法。

4.据报道，我国已有170多个地区建设了公共自行车租赁系统，不仅城市开展此项服务，连县城也开始尝试。2016年5月，安徽蚌埠市五河县政府决定实施公共自行车服务系统建设项目。但不少地方出现了自行车出行率低、项目运营困难、亏损严重等问题，怎样真正实现绿色出行、便民利民？应当由政府直接运营，还是由民营企业来运营？政府是不是应当对运营的亏损全额补贴？请调查此类项目的运营模式有几种，比较它们的利弊。如果你所在的城市建设了公共自行车租赁系统，调查一下其网点布局、使用情况、运营状况，运用财政学理论和知识进行分析，提出自己的看法。

5.国家税务总局在2019年全国人民代表大会召开期间介绍，2018年对个人所得税的改革，使所有工薪阶层纳税人不同程度地减了税。其中，有8 000万人减了百分之百的税，也就是说他们不用再缴个税，还有6 500万人的减税幅度在70%以上。2018年10月到2019年1月，4个月共减税近2 000亿元。改革前（2018年1—9月）的个税收入同比增长20%，改革后（2018年10月到2019年1月）的个税收入4个月同比减少14.2%。从政府预算政策、财政预算与经济社会发展的相互关系的角度分析上述数据，提出自己的看法。

6.我国城乡居民基本医疗保险政策规定：一是对特困供养人员按其个人应缴费金额给予全额补贴；二是对最低生活保障家庭成员、城乡低收入家庭中的重病患者、年满60周岁以上老年人以及农村低收入家庭中的重度残疾人按其个人实际缴费金额的60%给予补贴。2018年参保人员按不低于180元缴费。财政人均补贴标准每年450元，其中，中央财政补助324元、地方财政补助126元。请结合所学财政学专业知识分析上述案例，提出自己的看法。

阶段练习四参考答案

参考文献

［1］陈共．财政学［M］．9版．北京：中国人民大学出版社，2017.

［2］财政部．中国财政情况（2014—2015）［M］．北京：经济科学出版社，2015.

［3］海曼．财政学：理论、政策与实践［M］．张进昌，译注．10版，北京：北京大学出版社，2015.

［4］罗森，盖亚．财政学［M］．郭庆旺，译．10版．北京：中国人民大学出版社，2015.

［5］楼继伟．深化财税体制改革［M］．北京：人民出版社，2015.

［6］上海财经大学公共政策研究中心．2017中国财政透明度报告［M］．上海：上海财经大学出版社，2018.

［7］钟伟伟．经济学原来这么有趣［M］．北京：化学工业出版社，2015.

［8］郑春荣．2016中国财政概况［M］．上海：上海财经大学出版社，2016.

［9］邓子基．财政学［M］．4版．北京：中国人民大学出版社，2018.

［10］中国财政科学研究院，等．世界主要国家财政运行报告（2017）［M］．北京：经济科学出版社，2017.

［11］高培勇，等．中国财政经济理论前沿（7）［M］．北京：社会科学文献出版社，2014.

［12］温娇秀，等．2017中国财政发展报告——中国政府性基金规范化管理研究［M］．北京：北京大学出版社，2017.

［13］茅于轼，等．大家的经济学［M］．北京：中央广播电视大学出版社，2014.

［14］中共中央宣传部理论局．改革热点面对面：理论热点面对面（2014）［M］．北京：学习出版社，人民出版社，2014.

［15］高培勇．宏观经济分析中的财政政策［M］．北京：中国社会科学出版社，2013.

［16］楼继伟．中国政府间财政关系再思考［M］．北京：中国财政经济出版社，2013.

［17］斯蒂格利茨．公共部门经济学［M］．郭庆旺．等，译．北京：中国人民大学出版社，2013.

［18］袁政．公共选择理论探索［M］．北京：中国书籍出版社，2013.

［19］林毅夫．解读中国经济［M］．北京：北京大学出版社，2012.

［20］沙安文．中国公共财政监测报告2012［M］．北京：经济科学出版社，2012.

［21］萨缪尔森．经济学［M］．萧琛，等，译．19版．北京：商务印书馆，2012.

［22］王东京，等．教你读懂西方经济学［M］．广州：广东省出版集团，2012.

［23］贾康，等．财政制度国际比较［M］．上海：立信会计出版社，2016.

［24］郑春荣．2016中国财政概览［M］．上海：上海财经大学出版社，2016.

［25］李燕．政府预算理论与实务［M］．4版．北京：中国人民大学出版社，2018.

［26］朱柏铭．公共经济学若干概念辨析［M］．北京：中国财政经济出版社，2016.

学生作业建议

（一）文献检索

调查2000年以来各年财政收入、财政支出数，列表反映，并用Word图形表示其发展趋势，然后结合经济学知识进行简要分析。5～6个同学为一组，分别调查不同的省份或市县。

目的：培养检索文献、观察和发现问题、分析问题的初步能力，增强运用专业知识的意识。

（二）撰写读后感

在认真借阅专业书籍的基础上，撰写一篇读后感。

要求：借阅一本经济学、财政学方面的书籍，就其中的一些内容进行思考，写出自己的感受、收获，培养专业兴趣，思维能力。可以分组进行，互相讨论。

（三）撰写观点综述

选择经济学或财政学的某一个问题，对该领域国内外的研究现状进行总体概括性描述，对有代表性的学者及观点进行梳理和归纳，从研究角度、研究方法、研究内容等方面进行总结和评价，指出研究进展及存在的不足，提出新的思路和方法。字数在1 000字左右，需附参考文献6~10篇。可以分组进行，互相协作。

（四）社会调查

1.义务教育经费保障情况调查

分组分别对城区初中、城区小学、郊区初中、郊区小学、农村初中、农村小学、县（区）财政局教科文股、教育局（计财股、基教股）、业内专家开展社会调查，共同讨论，写出调查报告。

注意事项：准备好调查提纲，不要问及收费等敏感问题，开动脑筋，注意询问技巧；事先应全面了解义务教育经费保障改革政策。

2.吸引人才政策与财政支持

分组分别对某一个新出台吸引人才政策的城市的在校大学生、人力资源和社会保障局、财政局、业内专家开展社会调查，共同讨论，写出调查报告。可以选取政策中的若干问题进行讨论，班里应做好组织协调，避免交叉、雷同。

注意事项：事先应准确了解吸引人才政策涉及财政部分的内容，拟好调查提纲，选取的调查对象应当有一定的代表性。

3.养老保险与财政支持

分组分别对社区退休人员、行政机关、事业单位、企业在职职工、社会保险经办机构、业内专家开展调查，了解当地养老保险制度的现状、存在的问题，分析原因，在讨论的基础上写出调查报告。

（五）案例分析

选择各章或阶段练习中列出的案例，运用所学专业知识进行分析，提出自己的看法。

注：具体在什么时间布置作业、布置哪些作业，由任课教师灵活掌握。可以每周在课堂上利用十几分钟时间让学生当场完成一个案例分析题，下次课讲评。

期末考试样题

一、单项选择题（本题型共14题，每小题1分，共14分。每题只有一个正确答案，请从每题备选答案中选出一个你认为正确的答案）

1.（　　）为政府介入或干预提供了必要性和合理性的依据。

A.经济波动　B.公共产品　C.公平分配　D.市场失灵

2.2009年诺贝尔经济学奖得主（　　）提出了“多中心主义”。

A.布坎南　B.奥斯特罗姆　C.马斯格雷夫　D.弗里德曼

3.消费上具有非竞用性，但可轻易做到排他的是（　　）。

A.俱乐部产品　B.纯公共产品　C.私人产品　D.公共资源

4.按照公共产品的几个基本特征，下列哪个属于纯公共产品（　　）：

A.食品生产　B.食品运输

C.食品安全检测　D.食品销售

5.政府投资一般不应参与的领域（　　）。

A.竞争性项目　B.基础性项目

C.国防项目　D.公益性项目

6.现代社会保障制度的核心内容是（　　）。

A.社会保险　B.社会救济

C.社会福利　D.社会优抚

7.认为政府的职责主要是保护国家的安全、保护人民不受其他人的欺侮或压迫、建立并维持某些公共机关和公共工程的经济学家是（　　）。

A.亚当·斯密　B.大卫·休谟

C.林达尔　D.约翰·穆勒

8.政府以债务人的身份，依据信用原则取得的财政收入是（　　）。

A.税收　B.政府收费　C.国有资产收入　D.公债收入

9.税收的（　　）是指税收政策要有利于一国经济的有效运行，使税收超额负担最小。

A.收入效应　B.经济效率　C.替代效应　D.行政效率

10.公债负担率是公债余额和当年国民生产总值的比率，发达国家的标准为（　　）。

A.20%～60%　B.15%～20%　C.5%～10%　D.20%～25%

11.（　　）是政府的基本财政收支计划。

A.财政体制　B.政府预算　C.财政政策　D.政府决算

12.我国政府决算的编制机关是（　　）。

A.国库　B.中国人民银行　C.各级人大　D.财政部门

13.我国预算法规定政府预算由各级（　　）审查批准。

A.财政部门　B.人大常委会

C.政府　D.全国人民代表大会

14.目前我国中央财政对消费税的分享比例是（　　）。

A.40%　　B.75%　　C.100%　　D.50%

二、多项选择题（本题型共2题，每小题2分，共4分）

1.目前，我国的法定社会保险包括（　　）。

A.养老保险　　B.生育保险　　C.医疗保险

D.工伤保险　　E.失业保险

2.一般来说，可供选择的财政政策工具主要有（　　）。

A.税收　　B.公债　　C.财政支出

D.利息　　E.财政预算

三、判断题（本题型共15题，每小题1分，共15分。请判断每题的表述是否正确，正确的打“√”；错误的打“×”）

1.（　　）“搭便车”现象导致市场对公共产品的供给不足。

2.（　　）根据收益与成本对称的原则，地方性公共产品应由中央政府提供。

3.（　　）公共产品具有的非排他性，说明公共产品消费的边际成本为零。

4.（　　）亚当·斯密在《道德情操论》中对财政问题进行了专门研究，创立了系统的财政学理论。

5.（　　）公共选择学派反对凯恩斯的经济干预政策，主张经济自由。

6.（　　）社会保险是最基本的社会保障项目，是现代社会保障制度的核心内容。

7.（　　）一般来说，发达国家转移性支出的比重比发展中国家高。

8.（　　）美国经济学家阿瑟·奥肯提出了“漏桶原理”，认为向富人征税可以同时兼顾公平与效率。

9.（　　）我国现行规章规定，各级人民政府都可以审批行政事业性收费项目。

10.（　　）我国一般公共预算收入以税收为主体。

11.（　　）我国的消费税划归中央财政收入。

12.（　　）社会保险基金预算是政府一般公共预算的重要组成部分。

13.（　　）在我国，经理国库是中国人民银行的职责。

14.（　　）紧缩性财政政策是当总需求小于总供给时采用的财政政策。

15.（　　）我国2009年至今实行的都是积极财政政策。

四、简答题（本题型共5题，每小题7分，共35分）

1.市场失灵有哪些表现？

2.场景分析：冯超凡同学就读大学后参加了志愿者协会，经常到政府举办的养老院、博览会、少年宫参加公益活动，最近他们正准备参加当地的志愿者文艺晚会。为此，他到市图书馆查阅一本编排节目的书籍，偶遇一位参军的高中同学，两人激动地拥抱起来。分析上面的场景中涉及哪些公共产品（服务）？分别属于哪一类公共产品（服务）？

3.瓦格纳法则是哪国、哪位学者提出来的？从哪些方面分析，基本内容、结论是什么？

4.简述财政收入的影响因素有哪些。

5.简述政府间转移支付的必要性。

五、实务题（本题型共2题，每小题6分，共12分）

1.根据下列数据计算并评价我国2017年全国国有企业经济运行及效益情况：

2017年我国全国国有企业经济运行情况 金额单位：亿元

指标	营业总收入		营业总成本		实现利润		资产总额		负债总额	
	总额	增长率	总额	增长率	总额	增长率	总额	增长率	总额	增长率
总　计	522 015	13.6%	507 004	12.6%	28 986	23.5%	1 517 116	10.0%	997 157	9.5%
中央企业	308 179	12.5%	297 048	12.0%	17 757	16.0%	751 284	8.2%	511 213	7.3%
地方企业	213 836	15.2%	209 956	13.5%	11 229	37.6%	765 832	11.8%	485 944	11.9%

数据来源　财政部。

2.下表是河北省唐山市2016年社会保险基金预算部分收支数据。请根据所学财政学知识进行分析，对基金运行情况作出判断，看看存在哪些隐患。

河北省唐山市2016年社会保险基金预算收支情况表（部分数据） 单位：万元

项　目	合　计	企业职工养老保险	城乡居民养老保险	机关事业单位养老保险	城镇职工医保	居民医保	失业保险
一、收入	3 041 740	1 488 427	165 978	79 588	606 096	326 078	170 711
1.保险费收入	1 898 050	995 463	30 530	49 660	578 343	80 343	65 538
2.投资收益	65 999	15 202	4 758	53	27 312	3 201	14 692
3.财政补贴收入	395 297	507	124 169	28 837		241 784	
二、支出	3 065 384	1 657 231	131 255	81 021	438 296	311 955	247 450
1.社会保险待遇支出	2 798 807	1 606 054	130 887	79 989	431 352	298 508	160 067
三、本年收支结余	−23 644	−168 804	34 723	−1 433	167 800	14 123	−76 739
四、年末滚存结余	2 490 220	590 168	323 940	−1 433	997 398	194 955	316 663

六、案例分析题（本题型共2题，每小题10分，共20分）

1.河南省三门峡市1998年制定的普通高中学费收费标准是市区每人每学期200元，县城、农村每人每学期150元。随着高中教育普及、新课程改革实施、学生培养成本提高，各所高中普遍反映上述学费标准过低。该市价格成本监测所2015年8月17日出具的《公办普通高中教育定价成本监审报告》显示：全市公办普通高中年人均教育培养总成本为7 460.20元，由财政补偿的成本为6 004.05元，由学费补偿的成本为1 456.15元。为此，当地政府部门2015年10月组织了普通高中学费标准听证会，家长、人大及政协、专家学者和高中校长代表分别发表意见，最后一致同意调整普通高中学费收费标准，即市区高中每人每学期1 100元，县（市、区）高中每人每学期875元，体育艺术类每人每学期增加

200元。结合所学财政学知识分析为什么要举行听证会，这一做法有什么作用，调整学费收费标准对财政有什么影响。

2.据报道，武汉市新洲区邾城街中心小学是一所百年老校，2017年上学期，随着大量农村人口涌进城镇，这所小学被4 331名学生挤成了全市在校生人数最多的小学，大大超过学校所承受的3 000人极限。为了让这么多学生安全上厕所，专门制定了学生上厕所安排表，哪个班级具体到哪里上厕所都做了详细分配，做操、放学也采取错开时间等安全措施。当地管理部门表示、城镇化进程来得太快、太猛，教育设施配套的速度来不及跟上。请运用财政学知识分析上述现象出现的原因，谈谈自己的认识和解决问题的思路。